Lehrbuch des Linienflugverkehrs

Von Sabine Rasch-Sabathil

Tourismusfachwirtin, Dozentin für Reise- und Luftverkehr

5., völlig überarbeitete Auflage

Hans-Jürgen Datz und Petra Weigand

Verlag

Die Deutsche Bibliothek – CIP Einheitsaufnahme

Lehrbuch des Linienflugverkehrs / Sabine Rasch-Sabathil – 5., völlig überarbeitete Auflage –
Frankfurt/Main: Schule für Touristik   Hans-Jürgen Datz und Petra Weigand Verlag, 2008
ISBN 3-929598-00-0
NE: Rasch-Sabathil, Sabine
Printed in Germany

Herstellung: Stadtdruckerei WEIDNER GmbH, Rostock

Vorwort

Sechs Jahre liegen zwischen vierter und vorliegender Auflage dieses Lehrbuchs und damit war eine „Rundum-Erneuerung" mehr als fällig.

Denn der Luftverkehrsmarkt ist seit Jahren in Bewegung – die Liberalisierung des Luftverkehrs in Europa hat jede Menge neue Markteintritte ermöglicht, die Billigflieger haben einen Boom sondergleichen erlebt und die weltweiten Allianzen erlangen zunehmend Gewicht im wachsenden Konkurrenzkampf. Diese Marktentwicklung und die veränderten rechtlichen Rahmenbedingungen haben auch dazu geführt, dass es immer weniger Einheitlichkeit im Tarifwesen gibt. Jede Fluggesellschaft stellt ihre eigenen Regeln auf, die sich mal mehr, mal weniger, oft jedoch auch gar nicht mehr an den Vorgaben der IATA orientieren. Das stellt Praktiker, Lernende und Lehrende gleichermaßen vor eine schwierige Situation. Ich habe mich dennoch oder gerade deshalb bei der Konzeption dieser Auflage dazu entschlossen, auf die Vorgaben der IATA als „kleinsten gemeinsamen Nenner" zurückzugreifen.

Lehrpläne und Abschlussprüfungs-Stoffkataloge, inbesondere für Reiseverkehrskaufleute, bieten einen großen Spielraum und lassen eine Menge Interpretation zu, was die Tiefe der einzelnen Themen angeht. Da der RVK-Lehrplan ohnehin überquillt, ist es nur verständlich, dass das Thema Flug in dieser Berufsgruppe oftmals nur am Rande gestreift wird. Mit diesem Buch möchte ich jedoch Mut dazu machen, sich wieder intensiver mit diesem spannenden und anspruchsvollen Thema zu befassen.

In der nunmehr fünften Auflage habe ich den Themen „Konstruktion und Kalkulation von Pauschalreisen" sowie „Umweltschutz" ein eigenes Kapitel gewidmet, um so dem aktuellen Rahmenlehrplan für Reiseverkehrskaufleute Rechnung zu tragen. Luftverkehrskaufleute und Servicekaufleute im Luftverkehr soll dieses Buch ebenfalls in der Ausbildung unterstützen, und mit den detaillierten Tarifberechnungs- und Ticketingbeispielen möchte ich auch Praktikern eine Hilfestellung geben. Denn auch wenn in der Praxis ohne Reservierungssysteme und automatische Tarifberechnung nichts mehr geht, so ist es doch nach wie vor hilfreich, zu verstehen, WAS die Systeme rechnen.

Mein besonderer Dank geht an Frau Anja Hoffmann, die als Dozentin im Linienflugverkehr exakte inhaltliche Korrekturen vorgenommen und Hilfestellung in kniffeligen Fragen geleistet hat; meiner Kollegin und Dozentin Frau Beate Lambers, mit der ich mich austauschen konnte, wenn mich die Widersprüche von Tarifhandbüchern und automatischer Tarifberechnung mal wieder zur Verzweiflung trieben, Frau Agnes Seifermann, die die formellen Korrekturen leistete sowie dem Schule-für-Touristik-Verlag mit Frau Petra Weigand-Datz, die mich zu dieser Neuauflage trotz aller Hürden und Hindernisse ermutigte.

Rostock, im Oktober 2008

Sabine Rasch-Sabathil

Inhaltliche Gliederung

Abkürzungsverzeichnis

ABB	Allgemeine Beförderungsbedingungen
ACARE	Advisory Council of Aeronautical Research
ACH	Airline Clearing House
ACI	Airports Council International
ADR	Airlines Direct Refund
ADV	Arbeitsgemeinschaft deutscher Verkehrsflughäfen
AEA	Association of European Airlines
APEX	Advanced Purchase Excursion
ATB	Automated Ticket and Boarding Pass
ATC	Air Traffic Control
ATCPO	Airline Tarif Publishing Company
BARIG	Board of Airline Representatives in Germany
BBR	Bankers Buying Rate
BDF	Bundesverband der deutschen Fluggesellschaften
BHC	Backhaul Check
BMVBS	Bundesministerium f. Verkehr, Bau und Stadtentwicklung
BSP	Billing and Settlement Plan
BSR	Bankers Selling Rate
CCCF	Credit Card Charge Form
COP	Country of Payment Check
CPM	Common Point Minimum
CRM	Customer Relationship Management
CRS	Computerreservierungssysteme
CT	Circle Trip
CTM	Circle Trip Minimum
DOJ	Double Open Jaw
DST	Daylight Saving Time
DRV	Deutscher Reiseverband
EADS	European Aeronautic Defence and Space Company
ECAC	European Civil Aviation Conference
EG	Europäische Gemeinschaft
EH	Eastern Hemisphere
EMA	Excess Mileage Allowance
EMD	Electronic Miscelleanous Document
ETIX [©]	Elektronisches Ticketing der LH
EU	European Union
EWR	Europäischer Wirtschaftsraum
GDS	Global Distribution System
GI	Global Indicator
GIT	Group Inclusive Tour
GMT	Greenwich Mean Time
HIP	Higher Intermediate Point
IATA	International Air Transport Association
IBE	Internet Booking Engine
ICAO	International Civil Aviation Organization
ICH	IATA Clearing House
IDS	Internet Distribution System
ISO	International Organization for Standardization
IIT	Individual Inclusive Tour
IT	Inclusive Tour

JAA	Joint Aviation Authorities
JTI	Clean Sky Joint Technology Initiative
LBA	Luftfahrt-Bundesamt
LCC	Low Cost Carrier
LVG	Luftverkehrsgesellschaften
MCO	Miscelleanous Charges Order
MPD	Multiple Purpose Document
MPM	Maximum Permitted Mileage
NOJ	Normal Fare Open Jaw
NUC	Neutral Unit of Construction
OAG	Official Airline Guide
OJ	Open Jaw
ONOJ	Origin Normal Open Jaw
OOJ	Origin Open Jaw
OPTAT	Off Premise TAT
OPATB	Off Premise ATB
OSC	One Way Subjourney Minimum Check
OW	Oneway
PC	Piece Concept
PEX	Purchase Excursion
PT	Passenger Tariff
PTA	Prepaid Ticket Advice
PU	Pricing Unit
PUC	Pricing Unit Concept
ROE	Rate of Exchange
RSC	Return Subjourney Minimum Check
RT	Round trip (Return)
RTW	Round-The-World
RTM	Round-The-World Minimum Check
SDÜ	Schengener Durchführungsübereinkommen
SITA	Société Internationale de Télécommunications Aéronautiques
SPEX	Super-Pex
START	Studiengesellschaft zur Automation für Reise und Touristik
SU	Sunday Return Rule
SZR	Sonderziehungsrechte
TAT	Transitional Automated Ticket
TC	Traffic Conference
TIM	Travel Information Manual
TNOJ	Turnaround Normal Open Jaw
TOJ	Turnaround Open Jaw
TPM	Ticketed Point Mileages
TSM	Transitional Stored MCO
TST	Transitional Stored Ticket
TWOV	Transit Without Visa
UATP	Universal Air Travel Plan
UCCCF	Universal Credit Card Charge Form
UTC	Universal Time Coordinated
VDR	Verband Deutsches Reisemanagement
VMCO	Virtual MCO

1 Einführung

1.1 Verkehrsarten und Marktsegmente

Das Flugzeug ist das Fortbewegungsmittel mit dem größten Zuwachs auf dem deutschen Markt. Bei Auslandsreisen nimmt es seit Jahren den ersten Platz unter den benutzten Verkehrsmitteln ein.

Für eine nähere Betrachtung lässt sich der Luftverkehrsmarkt in *vier Segmente* aufteilen, wobei die formalen Grenzen zwischen den Marktsegmenten immer mehr verschwimmen:

- internationale Netz-Fluggesellschaften (Linienfluggesellschaften)
- regionale Linienfluggesellschaften
- Charterfluggesellschaften (Ferienflug)
- Billigflieger („Low Cost Airlines/Carrier (LCC), No Frills Airlines")

Seit Jahren jagen die letztgenannten Low Cost Airlines sowohl Linienflug- als auch Charterfluggesellschaften Marktanteile ab, wenn auch ihre Wachstumskurve mittlerweile wieder abflacht:

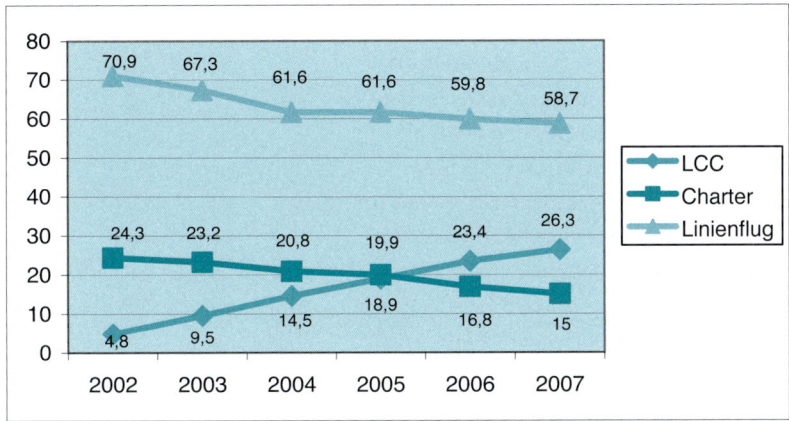

Quelle: Low Cost Monitor 1/2008, Hrsg.: ADV/DLR

Durch die zunehmende Vermischung der Segmente und die wachsende Konkurrenz öffnet sich die Qualitäts- und Preisschere immer weiter. Die „Mitte" bricht weg, und es ist zu erwarten, dass sich immer mehr Fluggesellschaften zwischen Billigflug oder Premiumsegment entscheiden müssen.

Ein gutes Beispiel für die Verquickung der Marktsegmente ist die *Deutsche Lufthansa.*

Als internationale Linienfluggesellschaft hält sie direkt oder indirekt Anteile an (Stand 2008):

- den überwiegend regional tätigen Linienfluggesellschaften Swiss und Eurowings
- den Charterfluggesellschaften Condor und Sun Express (die Anteile an Condor werden verkauft)
- den Billigfluggesellschaften Germanwings (über Eurowings) und bmibaby (über bmi)

Dieses Buch soll Sie mit den Grundlagen des *Linienflugverkehrs* vertraut machen und bezieht sich auf die hierfür gültigen internationalen und deutschen Vorschriften, Regelungen und Verfahren. Für Ferien- und Billigflüge gibt es starke Abweichungen hiervon; außer dem nachfolgenden kurzen Überblick über diese Marktsegmente sind sie jedoch nicht Gegenstand dieses Buches.

1.1.1 Internationale Linienfluggesellschaften

Unter **Linienflugverkehr** versteht man nach dem Abkommen von Chicago vom 7.12.1944 jeden *planmäßigen* Luftverkehr für die *öffentliche* Beförderung von Passagieren, Post oder Fracht. Diese Definition wurde auch vom Luftverkehrsgesetz der Bundesrepublik Deutschland im § 21 übernommen.

Nach Erteilung der erforderlichen *Genehmigungen* bezüglich ihrer *Zulassung, Flugpläne, Beförderungsentgelte und Beförderungsbedingungen* durch das *Bundesverkehrsministerium* sind die Luftfahrtunternehmen während der Dauer ihrer Genehmigungen zum Betrieb und der Beförderung grundsätzlich *verpflichtet*.

Viele Länder haben eine staatliche Fluggesellschaft, einen sog. **„Flag Carrier"**. Meistens sind dies privatrechtliche Unternehmen, an denen der Staat Anteile hält. Eine staatliche Subventionierung dieser Unternehmen ist aus kartellrechtlichen Gründen seitens der EU allerdings nicht erwünscht. Deutscher Flag Carrier war bzw. ist die Deutsche Lufthansa, die seit 1997 vollständig privatisiert ist.

***Weltweites* Ranking der Linienfluggesellschaften nach Passagierzahlen (2007)**
(Internationale und nationale Flüge)
mit ihren Abkürzungen in Flugscheinen und Flugplänen

Rang	Airline	Abkürzung
1	Southwest Airlines (USA)	WN
2	American Airlines (USA)	AA
3	Delta Airlines (USA)	DL
4	United Airlines (USA)	UA
5	China Southern Airlines (China)	CZ
6	Northwest Airlines (USA)	NW
7	Deutsche Lufthansa	LH
8	Air France (Frankreich)	AF
9	Continental Airlines (USA)	CO
10	Ryanair (Irland)	FR

Quelle: International Air Transport Association (IATA)/WATS 52nd Edition

Die größten *europäischen* Fluggesellschaften 2007
mit ihren Abkürzungen in Flugscheinen und Flugplänen

Rang	Airline	Abkürzung
1	Air France-KLM (Frankreich/Niederlande)	AF
2	Deutsche Lufthansa (Deutschland)	LH
3	British Airways (Großbritannien)	BA
4	Iberia (Spanien)	IB
5	SAS Scandinavian Airlines (S, DK, N)	SK
6	Alitalia (Italien)	AZ
7	Turkish Airlines (Türkei)	TK
8	Swiss International Airlines (Schweiz)	LX
9	Spanair (Spanien)	JK
10	British Midland Airways BMI (Großbritannien)	BD

Quelle: G+J Branchenbilder Tourismus – Luftverkehr G+J Marktanalyse Special 2008 (Quelle: AEA)

Weitere europäische Linienfluggesellschaften:

Airline	Abkürzung
Finnair (Finnland)	AY
LOT Polish Airlines (Polen)	LO
Malev Hungarian Airlines (Ungarn)	MA
Austrian Airlines (Österreich)	OS
Olympic Airways (Griechenland)	OA
TAP Air Portugal (Portugal)	TP
CSA Czech Airlines (Tschechien)	OK
Icelandair (Island)	FI
Tarom Romanian Air Transport (Rumänien)	RO

Der Linienluftverkehr kann folgendermaßen nach Strecken und Regionen untergliedert werden:

a) Unterscheidung nach Streckenlänge

- Langstreckenverkehr (ab ca. 2000 km),

- Mittelstreckenverkehr (ab ca. 1000 km),

- Kurzstrecken-/Nahstreckenverkehr (ca. 400 – 1000 km).

b) Unterscheidung nach Regionen

- Interkontinentalluftverkehr (zwischen Kontinenten),

- Kontinentalluftverkehr (auf einem Kontinent),

- Interregionalluftverkehr (Regionalluftverkehr zwischen zwei Ländern),

- Regionalluftverkehr:
  Ursprünglich wurde beim Regionalluftverkehr zwischen **Zubringerverkehr** (Verbindungen zwischen Regionalflughäfen und internationalen Verkehrsflughäfen) und **Ergänzungsverkehr** (der eigenständige Verkehr zwischen *Regionalflughäfen*) unterschieden. Mittlerweile wird diese Abgrenzung so nicht mehr gezogen. Vielmehr wird heute so der Einsatz von Flugzeugen mit einer Kapazität von weniger als 100 Sitzen bezeichnet.

  Einige der Linienfluggesellschaften haben sich auf diesen Regionalluftverkehr spezialisiert, so z. B. Swiss, LH City Line, Eurowings, OLT, Air Dolomiti, Augsburg Airways.

Im Luftverkehr werden zwei **Verkehrssysteme** unterschieden:

- Der **Verkehr über Drehkreuze** (**Hubs** = große Umsteigeflughäfen), also mit Umsteigeverbindungen. Dieser wird wegen seiner ökonomischen und ökologischen Vorteile von den international agierenden Netzfluggesellschaften bevorzugt.

- **Punkt-zu-Punkt-Verkehre (Point-to-Point)** verbinden zwei Flughäfen direkt, also ohne Umsteigen. Dieses System wird auch von Ferienfluggesellschaften und Low-Cost-Carriern bevorzugt.

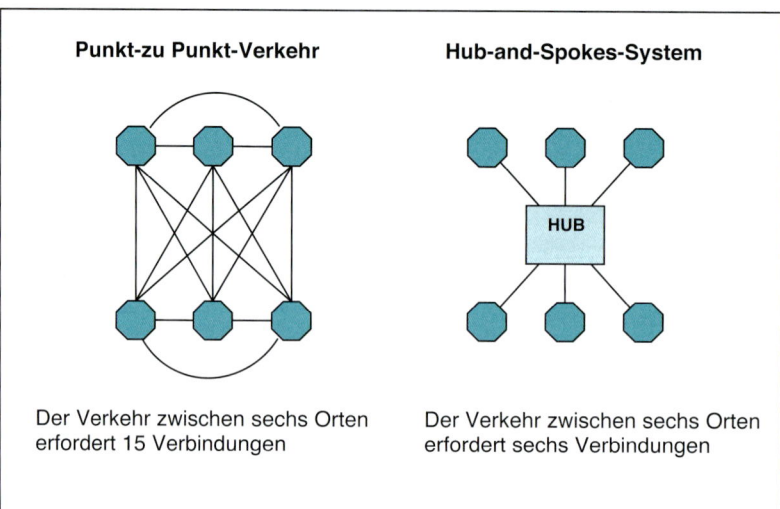

Eigene Abbildung; Quelle: Nachhaltigkeitsbericht 2005, Fraport AG

1.1.2 Charterfluggesellschaften (Ferienflug/Touristikflug)

Als weitere Art des Luftverkehrs definiert der § 22 Luftverkehrsgesetz den **„Gelegenheitsverkehr"** als *„gewerblichen* Luftverkehr, der nicht Fluglinienverkehr ist".

Diese Definition passte in den Anfängen des Touristik-Fluggeschäfts auf den sog. **„Charterflugverkehr"**, als die Sitzplätze der Ferienflieger ausschließlich (ganz oder in Kontingenten) an Pauschalreise-Veranstalter vermietet (verchartert) wurden. Seit 1981 sind Ferienfluggesellschaften jedoch auch zunehmend im sog. **Einzelplatzgeschäft** aktiv, d. h. sie verkaufen ihre Sitzplätze auch einzeln und verchartern sie nicht mehr nur als komplette Kontingente an Reiseveranstalter; bei einigen überwiegt dieser Geschäftszweig sogar mittlerweile. Im Zuge der Liberalisierung des Luftverkehrs in Europa sind jedoch seit Anfang der 90er-Jahre die rechtlichen Grenzen zwischen Linienluftverkehr und **Ferienflugverkehr** von Touristikfluggesellschaften verwischt.

Denn auch für die Ferienfluggesellschaften lassen sich heute folgende Merkmale des in § 21 definierten Linienflugverkehrs feststellen:[1]

- Sie werden *gewerbsmäßig* betrieben und erzielen *Gewinn*.

- Sie führen ihre Flüge nur noch selten als Bedarfsluftverkehr („Charter") durch, sondern überwiegend als *regelmäßige Flüge* (während einer Saison) nach einem *im Voraus festgelegten Flugplan*.

- Sie sind durch Verträge mit Pauschalreiseveranstaltern und Reisenden faktisch zur Durchführung der Beförderung verpflichtet, auch wenn es nach dem Luftverkehrsgesetz keine Betriebs- und Beförderungspflicht für den Gelegenheitsverkehr gibt und der Betrieb theoretisch auf unrentablen Strecken jederzeit eingestellt werden könnte.

Jedoch sind Charterflüge (auch **„touristische Linienflüge"** genannt) weder an bestimmte Streckenführungen gebunden noch uneingeschränkt öffentlich (z. B. nur für Pauschalreisende zugänglich). Darüber hinaus unterliegen sie keiner Tarifpflicht und können Preise frei bestimmen.

Ferienfluggesellschaften befinden sich überwiegend in der Hand von Reisekonzernen oder sind maßgeblich von einzelnen Veranstaltern abhängig. Ein Teil der europäischen Chartergesellschaften wird als „touristischer Ableger" von Linienfluggesellschaften betrieben.
Als Beispiel für diese Abhängigkeiten kann die deutsche Charterfluggesellschaft Condor genannt werden, die als ehemalige reine LH-Tochter durch die Übernahme von Karstadt/NUR zur Thomas Cook AG gehört (und verkauft werden soll).
Mittlerweile bedienen einige Fluggesellschaften auch beide Verkehrsarten (Linie und Charter) bzw. sind gleichzeitig im Charter- und Low Cost-Markt aktiv (z. B. Air Berlin).

Ferienfluggesellschaften in Deutschland
(mit Abkürzungen, die im Flugplan und Flugschein erscheinen)

Name	Abkürzung	Anmerkung
Air Berlin	AB	gleichzeitig Euro-Shuttle und Low Cost
Condor	DE	seit 2006 nur noch 24,9 % Lufthansa, gehört zu Thomas Cook. Geplanter Verkauf.
dba Deutsche BA	DB	gehört seit 2006 zu 100 % zu Air Berlin, auch Low Cost
Hamburg International	4R	
TUIfly	X3	2006 aus hapagfly und Hapag Lloyd Express HLX entstanden, auch im Low Cost-Bereich aktiv
LTU	LT	auch als IATA-Fluggesellschaft aktiv; gehört seit 2007 zu Air Berlin, Marke soll eingestampft werden.
Sun Express	XQ	Tochtergesellschaft von Thomas Cook und Turkish Airlines

---

[1] Vgl. hierzu: Sterzenbach, R., Conrady, R.: Luftverkehr, 3. Aufl. 2003, S. 7 ff.

1.1.3 Billigflieger („Low Cost Airlines/Carrier LCC", „No Frills Airlines", „Low Budget Airlines")

Eine relativ junge Erscheinung sind die sog. „Billigflieger". Diesen Namen verdanken sie der Tatsache, dass sie jeglichen Komfort und teure Extras gestrichen und die Betriebskosten so weit wie möglich gesenkt haben (**„No Frills" und „Low Cost"**):

- Service:
  Getränke, Speisen, Zeitungen werden nicht bzw. nur *gegen Zahlung* gereicht.

- Vertrieb:
  Der Vertrieb läuft vorzugsweise *direkt*, über Automaten, Internet, Call-Center.
  Allerdings gibt es auch LCC, die in Reservierungssystemen buchbar sind.

- Betriebskosten:

  - wenig Netzverbindungen, überwiegend Punkt-zu-Punkt-Verkehr. Dadurch *hohe Umläufe, geringe Standzeiten*
  - geringe Wartezeiten (Verspätungen) durch Starts/Landungen auf *wenig frequentierten Flughäfen*
  - Bevorzugung von Flughäfen mit *geringen Start- und Landegebühren*. So sind bestimmte deutsche Flughäfen auch schon fest in der Hand der Billigflieger, z. B. Köln/Bonn, Frankfurt-Hahn und Lübeck-Blankensee
  - ticketloses Fliegen (auch schon vor 2008).

- *Gleiche oder ähnliche Flugzeugtypen* in der Flotte. Dadurch geringerer Schulungsaufwand, geringere Wartungs- und Reparaturkosten etc., und das Personal ist flexibler einsetzbar.

Durch ihre ausgesprochen günstigen Tarife sind Low Cost Airlines gleichermaßen eine Konkurrenz für Ferien- und Linienfluggesellschaften, zumal sie neben den europäischen Metropolen auch vermehrt touristische Ziele im Mittelmeerraum ansteuern. Auch im Pauschalreisegeschäft, der klassischen Domäne der Ferienfluggesellschaften, mischen sie bereits mit – zum einen, indem sie selbst Pauschalreisen anbieten (z. B. Easyjet), zum anderen indem sie ganze Sitzplatzkontingente an Reiseveranstalter abgeben und/oder ihre Kapazitäten als Flugleistung zum Dynamic Packaging[2] von Veranstaltern kurzfristig eingekauft werden.

2006 hatten sie bereits einen Marktanteil von 19 % am europäischen Passagieraufkommen, bis 2010 soll er nach einer Studie auf 24 % steigen.[3] Ihre Zahl hat sich in den letzten Jahren zwar stark erhöht (2007 waren es 36 in Europa)[4], eine *Marktbereinigung* ist jedoch zu erwarten, zumal die beiden großen Billigflieger Ryanair und Easyjet beim Passagieraufkommen schon seit Jahren sehr klar führen. Auch sind die Zeiten enormer Wachstumsraten vorbei. Der hohe Ölpreis und die steigenden Kosten sind für die Billigflieger, deren Konzept ja gerade auf *Kostenminimierung* beruht, ein großes Problem.

Billigflieger drängen auch immer stärker in den Geschäftsreisesektor, indem sie zum einen ihr Streckennetz kontinuierlich mithilfe von Code Sharing (siehe Kap. 1.4.2.3) und Allianzen ausbauen, zum anderen aber auch Bonusprogramme für Vielflieger und Firmentarife anbieten.

Viele der Low Cost Airlines sind Ableger von Linienflug- und Ferienfluggesellschaften, die diesen Markt ebenfalls besetzen wollen.

---

[2] Dynamisch zusammengestellte Reisen, zumeist per Internettechnologie im Last-Minute-Bereich angeboten
[3] Mc Kinsey&Company
[4] Low Cost Monitor 1/2008, Hrsg.: DLR und ADV

Marktanteile der europäischen Billigflieger nach Anzahl der angebotenen Flüge in Deutschland
(in einer Januarwoche 2008)

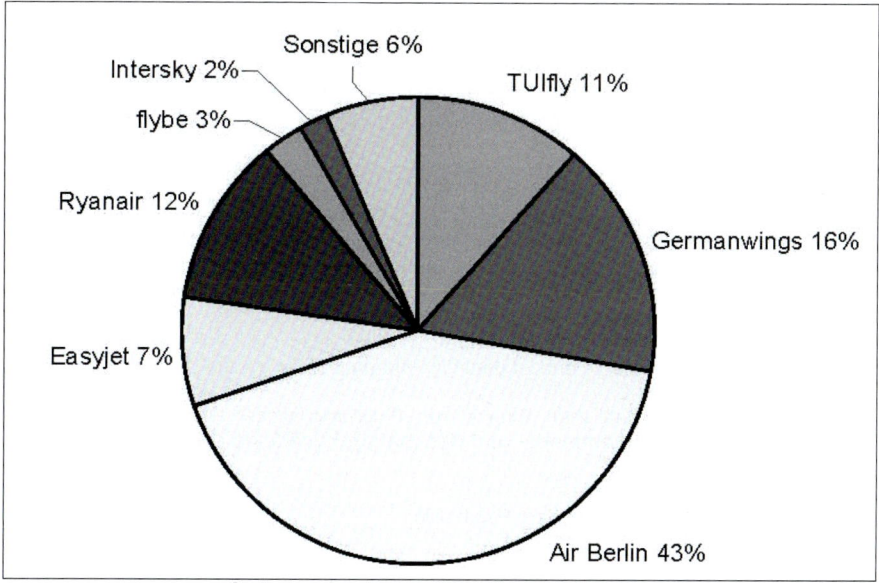

Quelle: Low Cost Monitor 1/2008, Hrsg.: ADV und DLR

ÜBUNG 1.1

1) In welchen Merkmalen unterscheiden sich Linien- und Charterflugverkehr voneinander?

3) Warum können Linienfluggesellschaften ihre Kosten nicht ebenso reduzieren wie Low Cost Carrier?

3) Warum steigen viele Geschäftsreisende von Linien- auf Billigflüge um, jedoch nicht auf Charterflüge?

1.2 Wirtschaftliche Bedeutung des Luftverkehrs[5]

Ein gut ausgebautes Luftverkehrsnetz ist ein wichtiger Standortfaktor für die Wirtschaft, der vor allem technologietreibende und innovationsfördernde Wirkung entfaltet.

Der Luftverkehr sichert zum einen das Bestehen und die Expansion der *Exportwirtschaft*, indem er Deutschland mit den Wirtschaftszentren der Welt verbindet. Zum anderen leistet er einen immensen Beitrag zur Entwicklung des Tourismus: Er macht nicht nur die inländischen Ziele für Gäste aus aller Welt erreichbar, sondern auch die deutschen Urlauber gelangen per Flugzeug schnell und bequem ans Ziel.

Diese Mobilität, die durch leistungsfähige Flughäfen neben ihrer bequemen Erreichbarkeit durch eine hohe Anzahl internationaler Direktverbindungen, hohe Taktfrequenzen und günstige Tagesrand-Abflugzeiten uneingeschränkt garantiert wird, ist angesichts der zu erwartenden weiteren Globalisierung der Wirtschaft und der damit verbundenen Reisetätigkeit ihrer Vertreter und Arbeitskräfte ein weiterer wichtiger wirtschaftlicher Aspekt. Immerhin erreichen 64 % der Einwohner Deutschlands den nächstgelegenen Flughafen innerhalb einer Stunde, 95 % innerhalb von 90 Minuten[6] – denn unser Land verfügt durch derzeit 35 Flugplätze mit Linien- und Ferienflugverkehr über eine *sehr hohe Flughafendichte* und ist damit im internationalen Vergleich gut aufgestellt.[7]

Die volks- und regionalwirtschaftlichen Effekte von Flughäfen lassen sich in **direkte**, **indirekte**, **induzierte** und **katalysierte Einkommens- und Beschäftigungseffekte** aufteilen:

- **direkte Effekte:**
  durch ökonomische Aktivitäten auf dem Flughafen

- **indirekte Effekte:**
  auf Grund von Auftragsvergaben an Dienstleister und Lieferanten durch die Betriebe auf dem Flughafen

- **induzierte Effekte:**
  durch die Konsumnachfrage aus dem Erwerbseinkommen der Beschäftigten auf dem Flughafen und der Beschäftigten bei den Lieferanten

- **katalytische Effekte:**
  durch luftverkehrsaffine Betriebe, Unternehmen und Branchen, für die die durch den Flughafen bereitgestellte internationale Luftverkehrsanbindung von existenzieller Bedeutung ist.

Durch den Luftverkehr werden heute bundesweit *283000 direkte Arbeitsplätze* geschaffen, incl. indirekter und induzierter Beschäftigungen werden *850000 Arbeitsplätze* gesichert.[8] Und die Prognose für 2020 geht von 411000 neuen Arbeitsplätzen aus.

Der Luftverkehr in Deutschland finanziert sich generell selbst und ist nicht steuerfinanziert, sondern *gebühren- und entgeltfinanziert*. Allerdings gibt es regionale Förderprogramme für Flughäfen oder auch Fluggesellschaften, wenn keine wettbewerbsverzerrende Situation eintritt und hierdurch eine langfristig gesicherte Nachfrage in der Region erzeugt wird.[9] Diese Maßnahmen und ihr Ausmaß sind durch die EU geregelt.

---

[5] Arbeitsmappe Frankfurt Airport / FRA – Drehscheibe für die Touristik, Hrsg: Fraport AG
[6] Masterplan (s. o.), S. 36 lt. ADV
[7] Masterplan zur Entwicklung der Flughafeninfrastruktur, Hrsg: Initiative Luftverkehr, S. 36
[8] http://www.initiative-luftverkehr.de/perspektiven/index.html#14849287 in 2007
[9] Masterplan (s. o.), S. 39

1.3   Kurzer Abriss über die Geschichte der Luftfahrt

Der Wunsch der Menschen, fliegen zu können, taucht schon in der griechischen Mythologie auf. Dädalus und sein Sohn Ikarus, die von König Minos im Labyrinth des Minotaurus auf Kreta gefangen gehalten wurden, sollen versucht haben, von der Insel zu fliehen. Hierzu befestigte Dädalus Federn mit Wachs an einem Gestänge. Da Ikarus auf dem Flug jedoch leichtsinnig wurde und zu nahe an die Sonne flog, schmolz das Wachs und die Federn lösten sich, so dass er abstürzte …
Die ersten Fluggeräte waren Drachen, die im 18. Jahrhundert von Ballonen abgelöst wurden. Aber bereits um 1500 machte sich Leonardo da Vinci Gedanken über Fluggeräte und entwarf neben verschiedenen Flugzeugen auch eine Art Hubschrauber.

1891 erreichte der Deutsche Otto Lilienthal erstmals mit starrem Segelfluggerät eine Flugweite von 25 m und gilt damit als Pionier der Luftfahrt.

1900 begann die Ära der Luftschiffe mit dem ersten Aufstieg des Luftschiffs von Graf Zeppelin, die 1937 nach dem verheerenden Unglück der „Hindenburg" endete.

1903 absolvierten die Brüder Wright in North Carolina den ersten gesteuerten Motorflug.

1914 Im 1. Weltkrieg wurden bereits tausende von Kampfflugzeugen produziert.

1915 baute Hugo Junkers das erste Ganzmetallflugzeug der Welt.

1916 produzierte William Boeing seine ersten Flugzeuge.

1919 wurde die erste international operierende Fluggesellschaft, KLM, in den Niederlanden gegründet.

1926 wurde Lufthansa gegründet.

1927 flog Charles Lindbergh als erster Mensch alleine nonstop über den Atlantik.

1930 wurde die erste regelmäßige Transatlantiklinie mit einem Luftschiff eröffnet.

1939 entwickelte Heinkel in Rostock das erste Düsenflugzeug.

1947 wurde das erste Düsenflugzeug für den zivilen Luftverkehr entwickelt; nach Ende des 2. Weltkriegs setzt sich diese Antriebsart überall schnell durch.

1955 wurden die ersten deutschen Charterfluggesellschaften LTU und Deutsche Flugdienst GmbH (Vorgänger der Condor) gegründet.

1968 Erstflug des ersten Überschallflugzeugs Tupolev Tu144.

1969 Erstflüge des Jumbojets Boeing 747 und des Überschallflugzeugs Concorde.

1972 Erstflug des ersten Airbus A300.

1978 begann die Deregulierung des Luftverkehrs in den USA.

1987 wurden die ersten Beschlüsse zur Deregulierung des europäischen Luftverkehrs getroffen.

2003 Letzter Flug der Concorde nach dem Unglück 2000 in Paris.

2005 Erstflug des Airbus A380.

1.4 Organisationen im Luftverkehr

1.4.1 Staatliche Ebene

1.4.1.1 ICAO (International Civil Aviation Organization) und das Abkommen von Chicago, Freiheiten der Luft

Im Jahr 1944, also kurz vor Beendigung des Zweiten Weltkriegs, lud die amerikanische Regierung alle verbündeten und neutralen Staaten zu der Konferenz von Chicago ein, um einheitliche Regelungen und Standards für die friedliche Entwicklung der *internationalen Zivilluftfahrt* zu schaffen.

Dazu wurde auf dieser Konferenz eine Organisation namens „ICAO" (International Civil Aviation Organization) geschaffen. Sie ist eine Sonderorganisation der Vereinten Nationen und stellt die öffentlich-rechtliche Vertretung aller am zivilen Luftverkehr beteiligten und als UNO-Mitglied zugelassenen Staaten dar. Sitz der ICAO ist Montreal, Kanada.

Die Bundesrepublik Deutschland ist 1956 Mitglied der ICAO geworden.

Das Abkommen von Chicago (Convention on International Civil Aviation)

Um den zivilen Luftverkehr zwischen den Staaten zu vereinfachen, wurde 1944 das „Chicagoer Abkommen" mit den zwei Zusatzabkommen **„Transit"**- und **„Transportvereinbarung"** verabschiedet. Nach dessen Art. 1 besitzt jeder Staat über seinem Hoheitsgebiet die volle und ausschließliche Lufthoheit.

Möchte eine Fluggesellschaft einen Liniendienst in ein anderes Land aufnehmen, so bedarf es grundsätzlich der Genehmigung der von Start, Landung oder Überflug betroffenen Staaten. Diese Genehmigungen werden als **„Freiheiten der Luft"** bezeichnet.

Im Abkommen wurden fünf Freiheiten geregelt, die in der Folgezeit noch um drei weitere offizielle ergänzt wurden. In Deutschland erteilt diese Genehmigungen das Bundesministerium für Verkehr, Bau und Stadtentwicklung.

Die erste und zweite Freiheit sind Bestandteil des Transitabkommens und werden auch als **„technische Freiheiten"** bezeichnet.

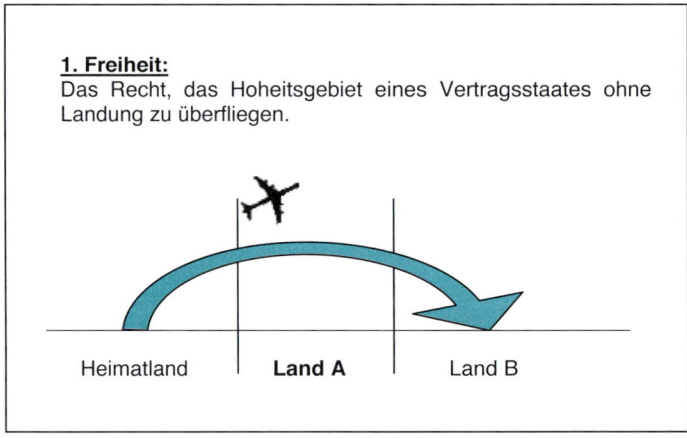

1. Freiheit:
Das Recht, das Hoheitsgebiet eines Vertragsstaates ohne Landung zu überfliegen.

Heimatland   **Land A**   Land B

2. Freiheit:

Das Recht, in einem Vertragsstaat eine technische Zwischenlandung einzulegen (z. B. zum Tanken), ohne hieraus gewerblichen Nutzen zu ziehen; d. h., es dürfen weder Passagiere, noch Fracht oder Post in diesem Land abgeladen oder aufgenommen werden.

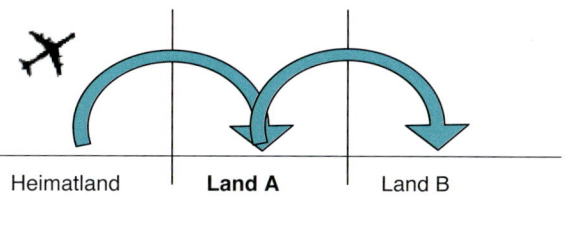

| Heimatland | **Land A** | Land B |

Die dritte, vierte und fünfte Freiheit fußen auf dem „Transportabkommen" und regeln die sog. **„kommerziellen oder auch gewerblichen Verkehrsrechte"**. Dieses Abkommen unterzeichneten auf der Konferenz jedoch nur wenige Staaten – nur eine sehr geringe Anzahl von Konferenzteilnehmern konnte sich in Chicago auf den vollen Umfang der in den fünf Freiheiten der Luft gegenseitig zu gewährenden Verkehrsrechte einigen.

3. Freiheit:

Das Recht, Passagiere, Fracht oder Post aus seinem eigenen Land in einen Vertragsstaat zu transportieren („Nachbarschaftsverkehr").

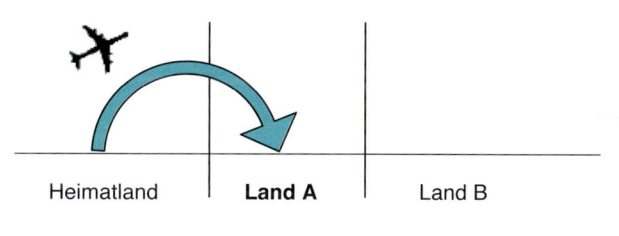

| Heimatland | **Land A** | Land B |

4. Freiheit:

Das Recht, Passagiere, Fracht oder Post in einem Vertragsstaat aufzunehmen, um sie ins eigene Land zu transportieren („Nachbarschaftsverkehr").

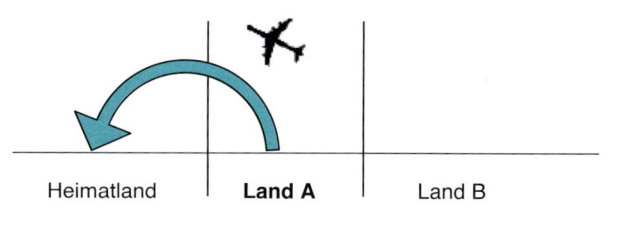

| Heimatland | **Land A** | Land B |

5. Freiheit:

Das Recht, Passagiere, Fracht oder Post zwischen zwei Vertragsstaaten zu befördern, wobei der Flug Teil eines Verkehrsdienstes sein muss, der im Heimatstaat beginnt oder endet.

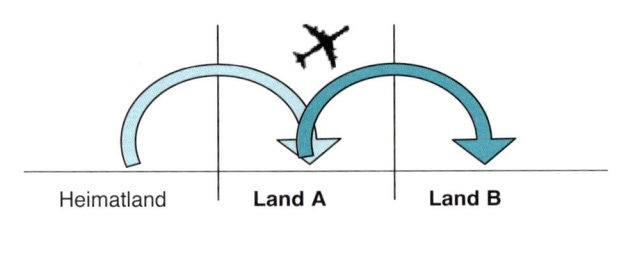

| Heimatland | Land A | Land B |

Diese fünf Freiheiten der Luft wurden später aufgrund immer neuerer Streckenführungen noch um folgende drei weitere Kombinationen erweitert:

6. Freiheit:

Das Recht, Passagiere, Fracht und Post aus einem Vertragsstaat in einen weiteren Vertragsstaat, mit einer Zwischenlandung im eigenen Staat, zu befördern. Sie stellt somit eine Kombination der 3. und 4. Freiheit dar und bildet die Grundlage für globale Allianzen (siehe Kap. 1.4.2.3.)

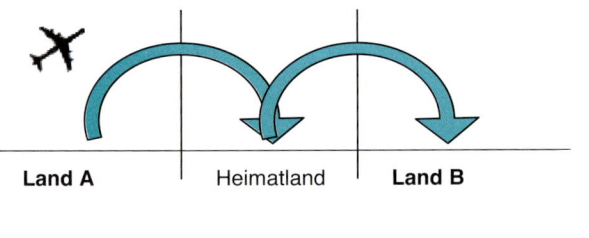

| Land A | Heimatland | Land B |

7. Freiheit:

Wie bei der 6. Freiheit handelt es sich hier um den Verkehr zwischen Drittstaaten, allerdings darf hier das eigene Land überhaupt nicht berührt werden. Sie wird gewöhnlich erteilt, wenn ein Staat entweder keine eigene Fluggesellschaft besitzt oder die nationalen Fluggesellschaften diese Strecke nicht bedienen.

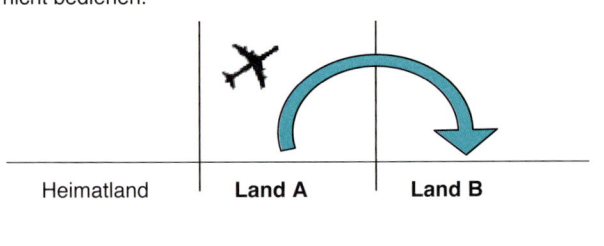

| Heimatland | Land A | Land B |

8. Freiheit:

Das Recht, Passagiere, Fracht oder Post zwischen zwei Orten innerhalb eines Landes zu befördern. Dieses Recht wird auch als **Kabotagerecht** bezeichnet. Es wird sehr selten eingeräumt, aber in allen Staaten der EU angewandt.

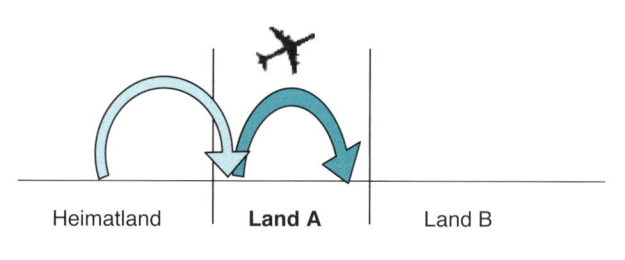

| Heimatland | **Land A** | Land B |

Inoffizielle 9. Freiheit:

Das Recht, Passagiere, Fracht oder Post zwischen zwei Orten innerhalb eines Landes zu befördern. Hierbei handelt es sich ebenfalls um Kabotage, allerdings ist der Inlandtransport nicht abhängig von einem internationalen Zubringer, so wie es in der 8. Freiheit der Fall ist.

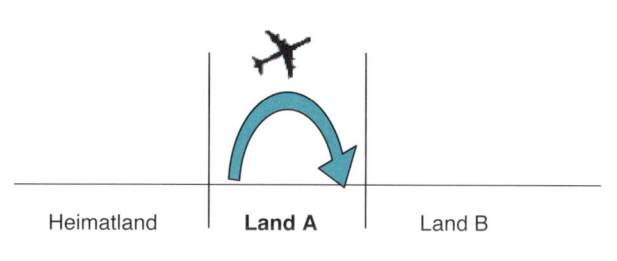

| Heimatland | **Land A** | Land B |

Die Luftverkehrsbeziehungen zwischen den Staaten werden daher heute durch ca. 3000 **bilaterale (gegenseitige) Luftverkehrsabkommen** geregelt, die diverse Einschränkungen enthalten oder die über diese acht Verkehrsrechte hinausgehen. Übliche Einschränkungen sind z. B. Vereinbarungen über eine *Kapazitätsaufteilung* und über die *Tarifgestaltung*.

1.4.1.2   Europäischer Binnenmarkt

Im Zuge der **Liberalisierung des Luftverkehrs in Europa** hat die EU-Kommission mit der Definition des Binnenmarktes das gesamte EU-Gebiet und in der Folge faktisch den Europäischen Wirtschaftsraum (EWR) zum Inland erklärt und damit die bilateralen Verträge über den Nachbarschaftsverkehr überflüssig werden lassen. Sogar der bis März 1997 exklusiv den jeweils inländischen Fluggesellschaften vorbehaltene Inlandsflugverkehr (Kabotage = achte Freiheit der Luft) ist seit April 1997 für alle EU-Airlines geöffnet.

Lediglich bei Überlastungen oder Umweltbeschränkungen greifen die nationalen Regierungen noch beschränkend ein. Denn nun hat jede EU-Fluggesellschaft die gleichen Rechte in jedem Land.
Durch Vereinheitlichung der Zulassungsbedingungen wurde auch der Marktzugang in der gesamten EU erleichtert. Jede Fluggesellschaft muss jetzt nur noch in einem EU-Land die Zulassung erhalten.

Im Verkehr mit Drittstaaten außerhalb des EWR gilt weiterhin das System der bilateralen (gegenseitigen) Verträge.

Ein sog. **„Open-Sky-Abkommen"** regelt den freien Marktzugang zwischen den Fluggesellschaften der EU und den USA. Es ist seit März 2008 wirksam.

1.4.1.3   Das Bundesministerium für Verkehr, Bau und Stadtentwicklung (BMVBS)

Dieses Bundesministerium ist die oberste Bundesbehörde für die zivile Luftfahrt in Deutschland. Es vertritt die Bundesrepublik Deutschland auf internationaler Ebene in ICAO, EU, ECAC etc. Ihm obliegt u. a. die Zulassung der deutschen Linienfluggesellschaften, ihrer Flugpläne, Beförderungsentgelte und Beförderungsbedingungen nach § 21 LuftVG und die Aufsicht über die nachgeordneten Behörden wie z. B. das Luftfahrt-Bundesamt.

1.4.1.4   Luftfahrt-Bundesamt (LBA)

Das Luftfahrt-Bundesamt ist dem BMVBS unterstellt und ist als Bundesoberbehörde für den flugtechnisch und flugbetrieblich geordneten Ablauf eines Fluges zuständig.

ÜBUNG 1.4.1

1) Welche Freiheit der Luft erteilt einer Fluggesellschaft das Recht, Passagiere, Fracht oder Post aus dem eigenen Land in einen Vertragsstaat zu transportieren?

2) Welches Recht wird in der 4. Freiheit der Luft beschrieben?

3) Welche Organisation wurde auf der Konferenz von Chicago gegründet?

1.4.2   Organisationen, Verbände und Abkommen von Fluggesellschaften

1.4.2.1   IATA (International Air Transport Association)

Die IATA wurde 1945 als *Dachverband für Linienluftverkehrsgesellschaften* gegründet. Sie war nach dem Zweiten Weltkrieg eine wichtige Einrichtung zum Wiederaufbau und Ausbau eines internationalen Luftverkehrssystems.

2008 zählte die IATA 230 Mitglieder (Fluggesellschaften) aus mehr als 100 Ländern.

Im Rahmen der IATA wurde das sog. **„Interline-System"** aufgebaut. Gegenstand dieser Kooperation ist die gegenseitige Anerkennung von Verkehrsdokumenten und Beförderungsbedingungen sowie Verfahrens- und Abrechnungsmodalitäten. Hierzu entwickelte die IATA einheitliche Dokumente und Verfahren und organisierte die Abrechnung der Fluggesellschaften untereinander durch das sog. „Clearing House" (ICH, s. u.).

Das Interline-System hat es möglich gemacht, internationale Flugreisen mit verschiedenen Fluggesellschaften auf einem einzigen Ticket in einer einzigen Währung ausstellen zu können, was auch eine durchgehende Gepäckbeförderung bis zum Ziel einschließt. Vorteile des Systems sind außerdem die nachträgliche Übertragbarkeit der Dokumente auf andere Fluggesellschaften und die Rückerstattbarkeit der Dokumente durch einen einzigen Ansprechpartner für den Kunden.

Um den weltweiten Vertrieb von Flugscheinen der verschiedenen Mitgliedsgesellschaften zu gewährleisten, hat die IATA ein Agenturnetz aus *IATA-Reisebüros* geschaffen, die bezüglich der Zulassungsvoraussetzungen und Provisionsregelungen zum Verkauf von Linienflugtickets eine sog. *„IATA-Lizenz"* benötigen. Voraussetzung für diese Lizenz sind u. a. ausgebildetes Personal, bestimmte Sicherheitsvorkehrungen und finanzielle Absicherungen (siehe hierzu S. 235).

Für die Fluggesellschaften wurde die IATA außerdem zum *Preisbildungsinstrument* im internationalen Luftverkehr. Die Tarifbildungsfunktion der IATA ist historisch begründet: Nach Beendigung des Zweiten Weltkriegs wurden einheitliche und weltweit gültige Regelungen des Luftverkehrs angestrebt, und hierzu gehörte auch die Festsetzung von gemeinsamen Tarifen. Durch das heute gültige EU-Recht ist die Tarifbindung und Genehmigungspflicht durch die Regierungen jedoch faktisch entfallen. Folge dieser Liberalisierung der Preisgestaltung ist, dass die Fluggesellschaften im Wettbewerb untereinander fast täglich neue Preise festsetzen.

Clearing House

Die Abrechnung der Fluggesellschaften untereinander wird über das bereits 1947 eingerichtete IATA-Clearing-House abgewickelt, das auch NON-IATA-Gesellschaften und weiteren Partnern offen steht. Zusammen mit dem amerikanischen Airlines Clearing House ACH wird es zzt. von über 430 Fluggesellschaften und ihren Partnern in Anspruch genommen.

Durch das Interline-System ist es möglich, einen Flugschein für die Beförderung mit unterschiedlichen Fluggesellschaften auszustellen, so z. B. für einen Hin- und Rückflug von Hamburg nach Kopenhagen, bei dem der Hinflug von der SAS und der Rückflug von der LH durchgeführt wird. Obwohl die Leistung von verschiedenen Fluggesellschaften erbracht wird, kann das Ticket vorerst nur einer einzigen Fluggesellschaft zugewiesen werden, z. B. der SAS. Diese kann damit zunächst die Einnahmen verbuchen, während der Lufthansa Kosten für die andere Strecke entstehen. Damit entsteht eine Forderung der LH an die SAS über einen Anteil des Ertrags aus dem Flugscheinverkauf.

Auf der anderen Seite hat die SAS evtl. aus einem umgekehrten Fall, in dem ein LH-Dokument für eine SAS-Beförderung ausgestellt worden ist, Forderungen gegen die LH, die nun gegeneinander aufgerechnet werden müssen. Diese gegenseitigen Ansprüche werden dem Clearing House gemeldet.
Dieses saldiert monatlich nach der Meldung aller Forderungen Soll und Haben der beteiligten Fluggesellschaften, so dass ca. 85 % aller Abrechnungen bargeldlos vonstatten gehen.

Die Fluggesellschaften haben monatlich bzw. seit 2007 wöchentlich nur noch eine einzige Abrechnung in einer Währung an das Clearing House zu erledigen, statt sich mit etlichen anderen

Fluggesellschaften kurzschließen und Abrechnungen in den verschiedenen Währungen erstellen zu müssen. Durch eine strenge Überwachung der Zahlungstermine wird ein Zahlungsverzug weitgehend eingeschränkt. Damit bietet die Abrechnung über das Clearing House eine erhebliche Vereinfachung und Kostenersparnis.

Kompliziert wird die Ermittlung der abzurechnenden Beträge vor allem bei internationalen Tickets mit mehreren Coupons, die die Beförderung mit verschiedenen Fluggesellschaften umfassen, denn nach den Regeln der Flugpreisberechnung ist es möglich, nur einen einzigen sog. „Durchgangstarif" für mehrere Coupons zu errechnen und auszuweisen (siehe hierzu S. 121).

Sollen nun die Ertragswerte der einzelnen Coupons für die Abrechnung der Fluggesellschaften untereinander ermittelt werden, so geschieht dies anhand bestimmter Rechenformeln im sog. **„Prorating-Verfahren"**. Allerdings haben sich die größten Fluggesellschaften wegen des großen Aufwands, den dieses Verfahren verursacht, auf ein sog. **„Sampling-Verfahren"** geeinigt, bei dem die Forderungen auf der Grundlage von Hochrechnungen aus einigen wenigen genauen Berechnungen festgelegt werden.

1.4.2.2   Vertikale und horizontale Integration

Im letzten Jahrzehnt haben die gesellschaftlichen Verflechtungen von Fluggesellschaften untereinander **(horizontale Integration)** und mit nachgelagerten Ebenen wie Reisevertrieb, Hotellerie, Incoming-Agenturen etc. **(vertikale Integration)** so stark zugenommen, dass es kaum Sinn macht, ein aktuelles Bild hiervon zu zeichnen.

Die Beteiligung von Linienfluggesellschaften an Fluggesellschaften mit anderen Geschäftsmodellen wie Ferienflug und Billigflug wurde bereits oben am Beispiel der Lufthansa erläutert.

Als Beispiel für die intensive Bearbeitung internationaler Märkte kann die SAS dienen.
Diese ursprünglich für Norwegen, Schweden und Dänemark gemeinsam agierende Fluggesellschaft wurde in vier Gesellschaften zerlegt und ist an mehreren ausländischen Gesellschaften beteiligt, was das folgende Schaubild verdeutlicht:

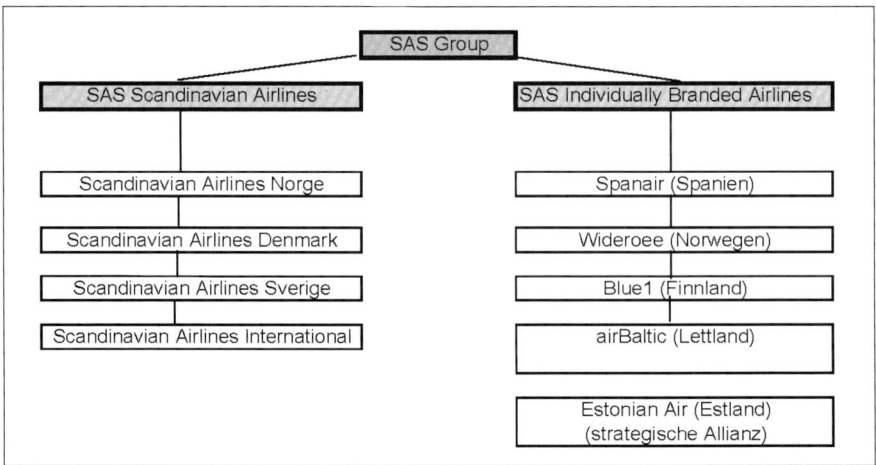

Quelle: http://www.flysas.com/de/de/Uber-SAS/SAS-Group/

1.4.2.3   Allianzen

Durch die Liberalisierung im Luftverkehr, die Rücknahme der staatlichen Unterstützung und den sich daraus ergebenden verschärften Wettbewerb haben sich strategische Allianzen als eine wichtige Strategie herausgebildet. Waren es ursprünglich Kooperationen zwischen europäischen Fluggesellschaften, die hofften, durch ihre Zusammenarbeit ein Gegengewicht zu den amerikanischen

Mega-Carriern zu bilden, so geht die Tendenz inzwischen zu globalen Kooperationen. Der Grad der Verflechtung kann hierbei völlig unterschiedlich ausgestaltet sein und reicht von der Zusammenarbeit bei Wartung und Technik über die Zusammenarbeit im Marketing und Verkauf bis zur finanziellen Beteiligung.

Durch *Übernahme der Abfertigung* für den Partner auf heimischem Terrain und technische Zusammenarbeit entstehen Kosteneinsparungspotenziale. Die *Abstimmung der Flugpläne* und ein *Zusammenrücken der Check-In-Counter* bringen dem Kunden kürzere Abfertigungs- und Gesamtflugzeiten. Durch die *gegenseitige Einbeziehung in Vielfliegerprogramme* oder *gemeinsame Nutzung von Lounges* an Flughäfen lassen sich Marketing- und Verkaufsvorteile erzielen.

Beim sog. **„Code Sharing"** wird eine Strecke unter der eigenen Flugnummer in Form einer sog. „Marketing-Flugnummer" verkauft, obwohl diese die Beförderung nicht selbst in voller Länge übernimmt[10]. Hierfür führt der „Code-Share-Partner" ein anteiliges Entgelt aus dem Ticketpreis an den jeweiligen **„Operating Carrier"** (der die Beförderung tatsächlich durchführt) ab.

Das Code Sharing ermöglicht durch die Verflechtung verschiedener Streckennetze eine Erweiterung des eigenen Streckennetzes ohne Schaffung zusätzlicher Kapazitäten. Nachteilig für den Kunden ist beim Code Sharing, dass er aus dem Ticket i. d. R. nicht ersehen kann, wer tatsächlich die Beförderung durchführt, und das Gepäck in einigen Fällen nicht bis zum Zielort durchgecheckt werden kann. Allerdings haben die EU-Airlines mit dem AEA in dem im Mai 2001 verabschiedeten **Passenger Service Commitment** (s. S. 44) empfohlen, dass Passagiere bereits bei der Buchung über den Operating Carrier zu informieren sind. Diese Vereinbarung hat jedoch keinen gesetzlich bindenden Charakter.

Code Sharing kann zum einen danach unterschieden werden, ob nur Zubringerflüge oder Hauptflüge abgestimmt und aufgeteilt werden, ein anderes Unterscheidungsmerkmal ist der Grad der Zusammenarbeit bzw. die Aufteilung des wirtschaftlichen Risikos. Außer im sog. „Block space agreement", liegt es meist beim durchführenden Carrier, so z. B. beim „Free-Sale-Abkommen".

In den letzten Jahren wurden viele Bemühungen angestellt, die verschiedensten Airline-Allianzen zu bilden, von denen jedoch nicht alle mit Erfolg gekrönt waren.

Im Folgenden ein kurzer Überblick über die wichtigsten internationalen Bündnisse (Stand 2008):

•	**Star Alliance** (seit 1997)	: Lufthansa, Swiss, Thai Airways, United Airlines u. a.
•	**Sky Team**	: Aeroflot, Air France KLM, Delta Air Lines, NWA Northwest u. a.
•	**Oneworld** (seit 1999)	: American Airlines, British Airways, Cathay Pacific, Japan Airlines u. a.

1.4.2.4   Poolabkommen

Poolabkommen sind Vereinbarungen zwischen zwei oder mehreren Fluggesellschaften über den gemeinsamen Betrieb des Flugverkehrs auf einer Strecke oder in bestimmten Gebieten und über die Teilung der Einnahmen und/oder Ausgaben für dessen Betriebsführung sowie die Aufteilung des Verkehrs nach festgelegten Schlüsselwerten.[11]

---

[10] Pompl, W.: Luftverkehr, S. 139
[11] Zantke, S.: ABC des Luftverkehrs, S. 374

Poolabkommen eröffnen den Zugang zu ausländischen Märkten, wenn Verkehrsrechte nur für die einheimische Fluggesellschaft zu erhalten sind.[12] So wird die Aufteilung der Erlöse manchmal an die Gewährung von Landerechten gemäß der Freiheiten der Luft gekoppelt.

Bis zur Liberalisierung im innereuropäischen und im von Europa ausgehenden Verkehr waren diese Abkommen sehr verbreitet.

In Europa sind sie seit 1988 von der EU-Kommission wegen ihrer wettbewerbshemmenden Wirkung verboten worden und werden zunehmend durch Franchise und Code Sharing ersetzt.

1.4.2.5   BARIG

Board of Airline Representatives in Germany; in ihm sind die in Deutschland vertretenen Linien-Fluggesellschaften zur Wahrnehmung und Koordinierung gemeinsamer Interessen zusammen geschlossen. Es ist u. a. für die Auslegung von IATA-Resolutionen zuständig.

1.4.2.6   BDF

Der Bundesverband der Deutschen Fluggesellschaften vertritt die deutschen Linien-, Charter- und Low Cost Carrier gegenüber Wirtschaft und Politik. Er ist aus der „Arbeitsgemeinschaft Deutscher Luftfahrtunternehmen" (ADL) hervorgegangen.

1.4.2.7   ADV

Die Arbeitsgemeinschaft Deutscher Verkehrsflughäfen e.V. ist die Dachorganisation der deutschen Verkehrsflughäfen.

ÜBUNG 1.4.2

1) Welche Funktion hat das IATA-Clearing-House?

2) Welche Vorteile hat eine Fluggesellschaft dadurch, dass sie eine Strecke im Code Sharing bedient?

3) In welcher Allianz befindet sich die Deutsche Lufthansa?

---

[12] Maurer, P.: Luftverkehrsmanagement, S. 68

1.5 Fluggeräte und -hersteller

Heute beherrschen im Wesentlichen zwei Hersteller den Markt um die großen Passagierflugzeuge: Die amerikanische Gesellschaft Boeing und der europäische Konzern Airbus/EADS.

1.5.1 Airbus und EADS[13]

Europas größter Raumfahrt- und Rüstungskonzern EADS (European Aeronautic Defence and Space Company) entstand im Jahr 2000 durch die Fusion dreier europäischer Großkonzerne: Der deutschen Daimler-Tochter Dasa, der französischen Aerospatiale Matra und der spanischen Casa. Das Unternehmen produziert Verkehrsflugzeuge, Hubschrauber, Raumfahrt- und Verteidigungstechnik sowie militärische Transport- und Kampfflugzeuge. Der Flugzeughersteller Airbus ist eine EADS-Tochter, an der u. a. DaimlerChrysler beteiligt ist.

Wichtigste Standorte der Flugzeugherstellung sind Toulouse (Frankreich) und Hamburg.

Heute im Einsatz befindliche Flugzeuge von Airbus:

- **A320-Familie (318, 319, 320, 321)**
  - Kurz- und Mittelstrecke bis ca. 6000 km Reichweite
  - 2 Triebwerke
  - max. 185 Passagiere (1 Mittelgang)

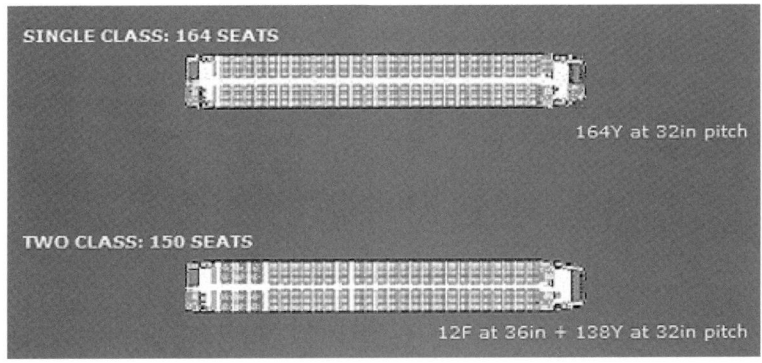

A320

---

[13] Abbildungen von www.airbus.com, mit freundlicher Genehmigung von Airbus

- **A300/310-Familie**
  - **-** Mittel- und Langstrecke bis max. 9600 km Reichweite
  - - 2 Triebwerke
  - - max. 260 Passagiere (Großraumflugzeug mit 2 Gängen)

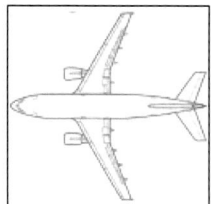

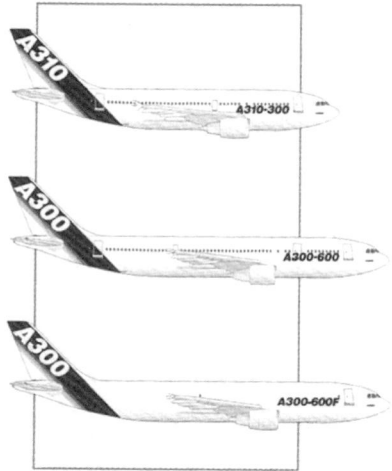

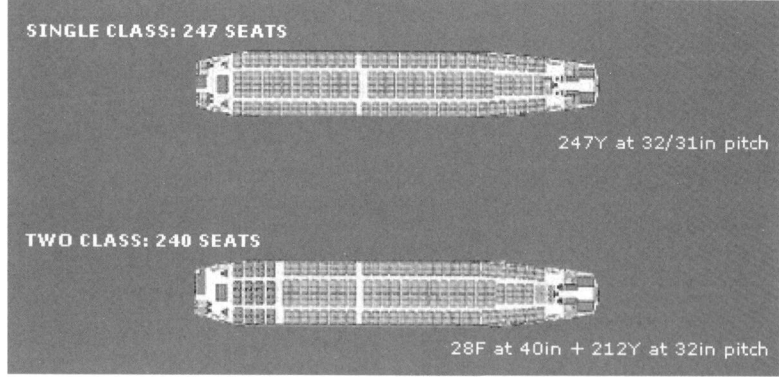

A310

- **A330/340-Familie**
  - Mittel- und Langstrecke bis max. 16000 km Reichweite
  - 4 Triebwerke
  - max. 380 Passagiere (Großraumflugzeug mit 2 Gängen) bei 3 Klassen

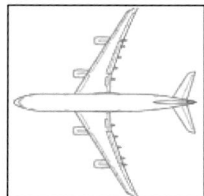

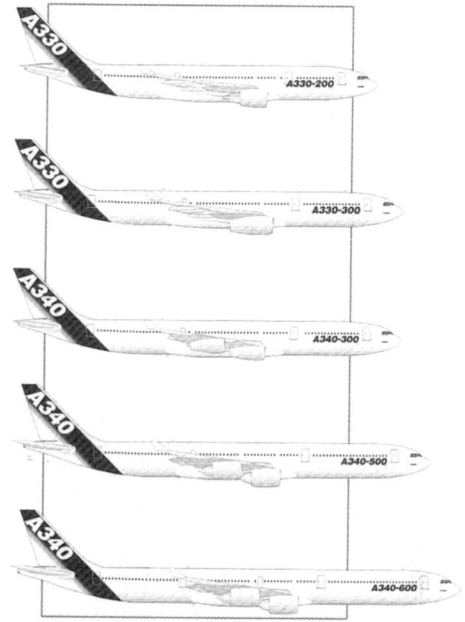

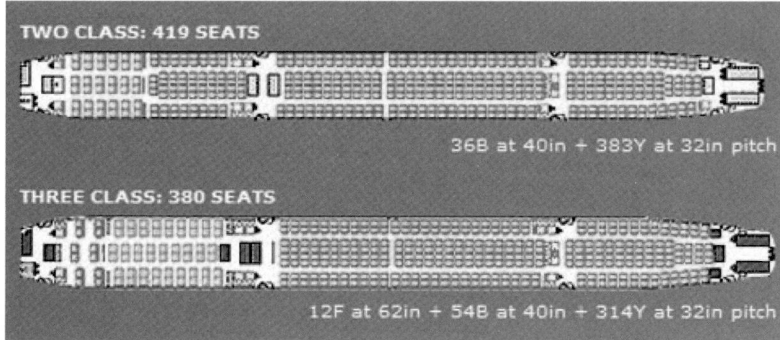

A340-600

- **A380**
  - **-** Langstrecke bis max. 15000 km Reichweite
  - - 4 Triebwerke
  - - max. 555 Passagiere (**„Doppeldecker/Megaliner"**)

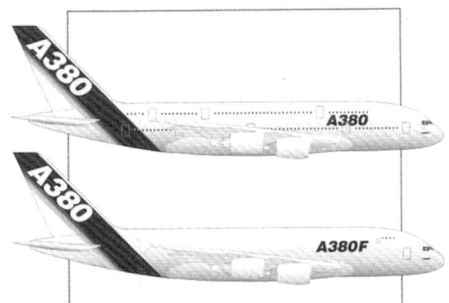

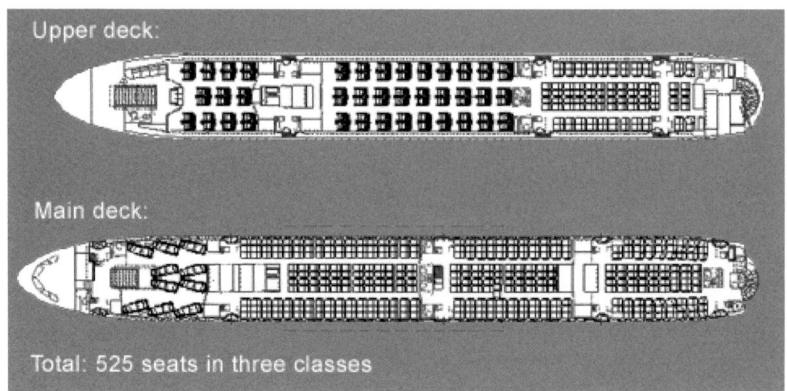

A380

1.5.2 Boeing[14]

Der US-amerikanische Boeing-Konzern ist einer der größten Luft- und Raumfahrtkonzerne der Welt und führte rund 40 Jahre die internationale Spitze in der zivilen Luftfahrt an. Gleichzeitig ist Boeing auch ein Raumfahrt- und Rüstungskonzern.

Boeing entwickelte das erste Ganzmetall-Verkehrsflugzeug, das erste Passagierflugzeug mit Druckkabine, den ersten erfolgreichen Passagier-Jet und das über 30 Jahre lang größte Großraumflugzeug, die Boeing 747 (sog. „Jumbojet"). Neueste Projekte sind der besonders sparsame Boeing 787 „Dreamliner"; er soll ab 2009 in den Liniendienst eintreten, sowie die 747-8.

Übersicht über die heute noch produzierten bzw. im Einsatz befindlichen Flugzeuge von Boeing:

- **Boeing 737 (-600/700/700ER/800/900ER)**
  - Kurz- und Mittelstrecke bis max. 10200 km Reichweite (737-700ER)
  - 2 Triebwerke
  - max. 215 Passagiere (737-900ER in Ein-Klassen-Konfiguration)

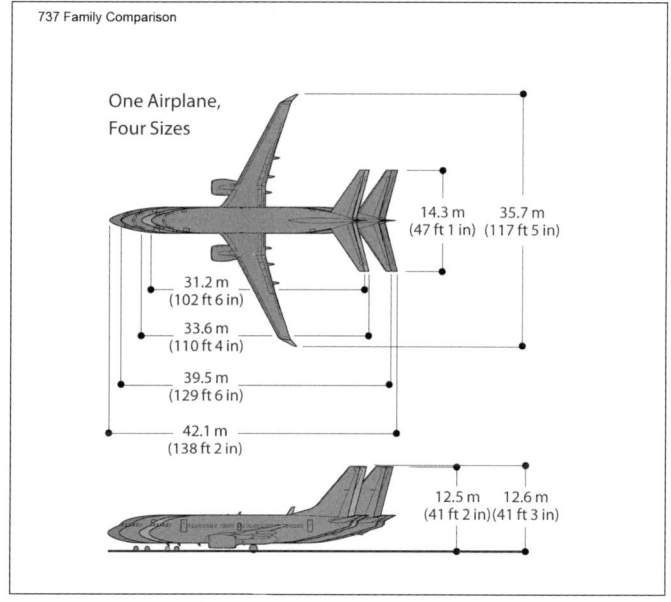

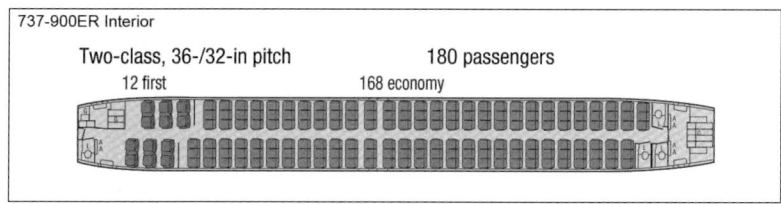

Boeing 737-900ER

- **Boeing 747 (-400/400ER/8)* („Jumbo")**
  - Langstrecke bis max. 14815 km Reichweite (Boeing 747-8, ab 2010 in Dienst)
  - 4 Triebwerke
  - max. 524 Passagiere (747-400 in Zwei-Klassen-Konfiguration)
    (Großraumjet mit 2 Gängen und einem kleinen Oberdeck)

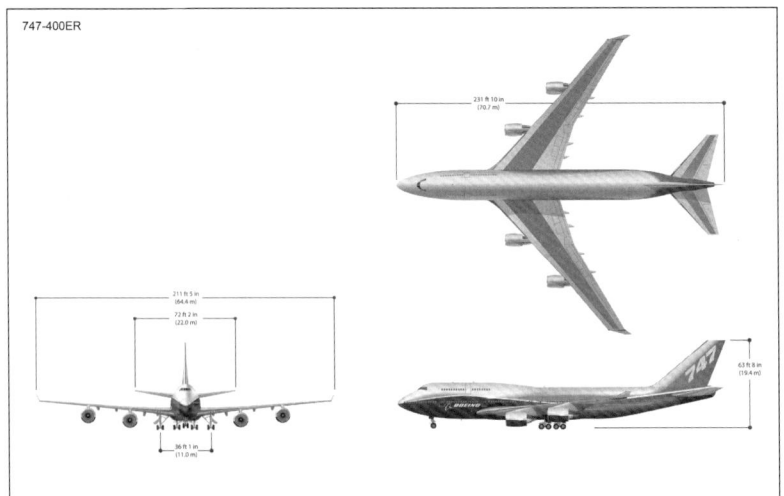

* Die Boeing 747-400 wird nicht mehr produziert und ab 2010 durch die 747-8 abgelöst

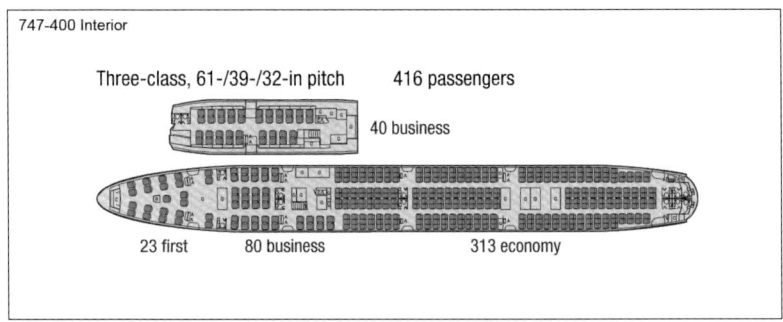

- **Boeing 767 (-200ER/300ER/400ER)**
  - Langstrecke bis max. 12200 km Reichweite (767-200ER)
  - 2 Triebwerke
  - max. 375 Passagiere (767-400ER in Ein-Klassen-Konfiguration)
  (Großraumjet mit 2 Gängen)

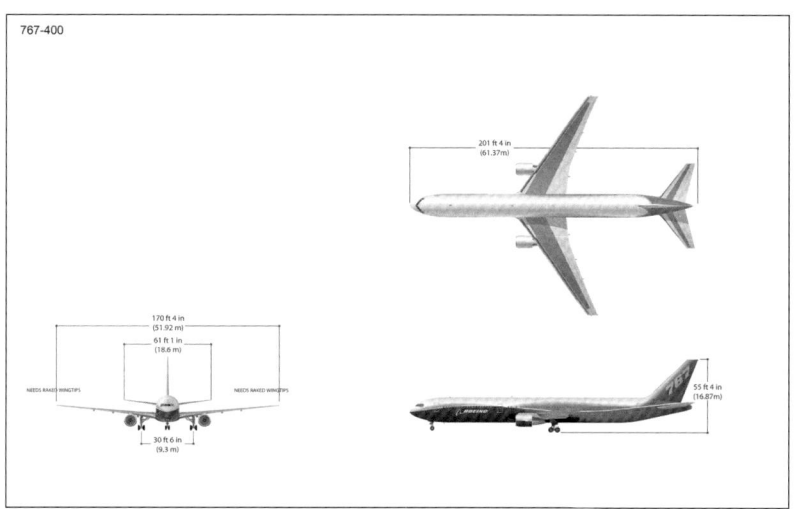

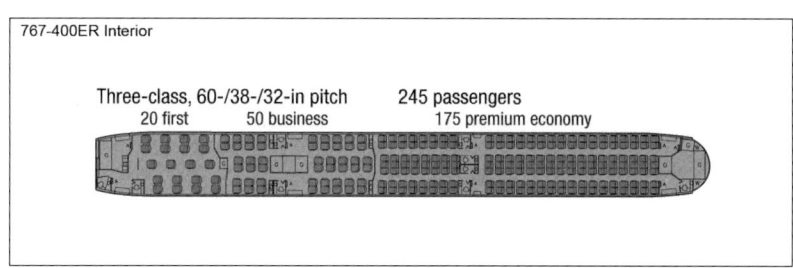

- **Boeing 777 (-200/200ER/300/300ER)**
  - **-** Langstrecken bis max. 1370 km Reichweite
  - - 2 Triebwerke
  - - max. 550 Passagiere (777-300 in Ein-Klassen-Konfiguration)
  - (Großraumjet mit 2 Gängen)

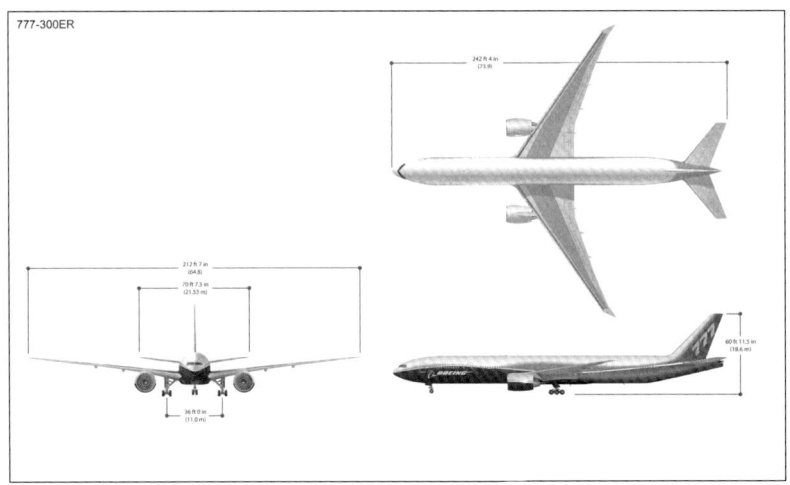

777-300ER

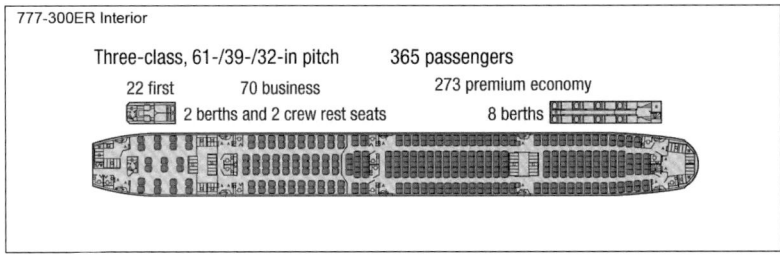

777-300ER Interior

Three-class, 61-/39-/32-in pitch   365 passengers

22 first   70 business   273 premium economy

2 berths and 2 crew rest seats   8 berths

- **Boeing 787 – („Dreamliner") (in Dienststellung 2009)**
  - **-** Mittel- und Langstrecke; bis max. 5650 km Reichweite als 787-3 als 787-9 bis 15750 km, als 787-8 bis 15200 km
  - - 2 Triebwerke
  - - max. 330 Passagiere als 787-3, max. 250 als 787-8 sowie max. 390 Passagiere als 787-9 (Großraumjet mit 2 Gängen)

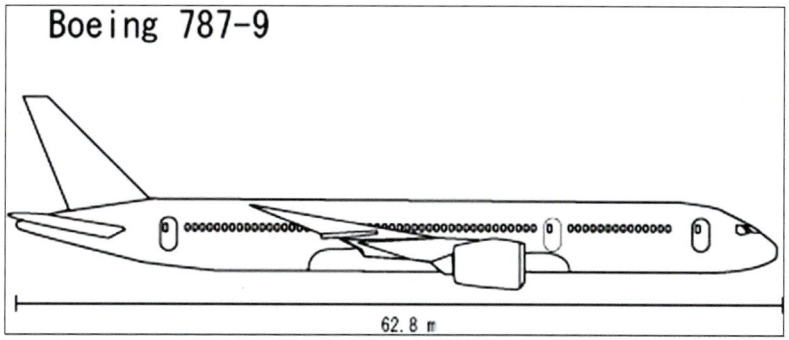

Abb.: Artikel *Boeing 787*. In: Wikipedia, Die freie Enzyklopädie. Bearbeitungsstand: 30. September 2008

ÜBUNG 1.5

1) Welche der heute noch produzierten Flugzeuge und hier vorgestellten Flugzeuge sind KEINE Großraumflugzeuge?

2) Wie viele Triebwerke hat der Airbus A300?

3) Was ist das Erkennungsmerkmal der Boeing 747?

4) Was ist die durchschnittliche Reichweite eines Langstreckenflugzeugs?

1.6 Streckennetz und Flughäfen

1.6.1 Flughäfen in Deutschland (mit 3-Letter-Codes)

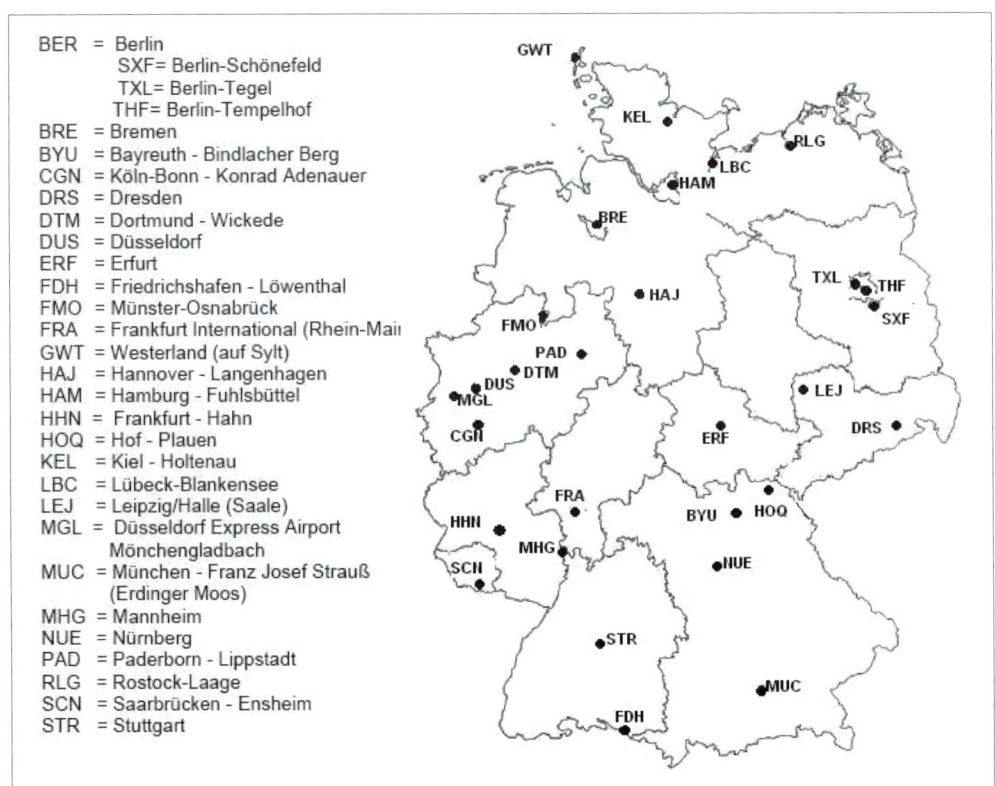

BER = Berlin
   SXF= Berlin-Schönefeld
   TXL= Berlin-Tegel
   THF= Berlin-Tempelhof
BRE = Bremen
BYU = Bayreuth - Bindlacher Berg
CGN = Köln-Bonn - Konrad Adenauer
DRS = Dresden
DTM = Dortmund - Wickede
DUS = Düsseldorf
ERF = Erfurt
FDH = Friedrichshafen - Löwenthal
FMO = Münster-Osnabrück
FRA = Frankfurt International (Rhein-Main)
GWT = Westerland (auf Sylt)
HAJ = Hannover - Langenhagen
HAM = Hamburg - Fuhlsbüttel
HHN = Frankfurt - Hahn
HOQ = Hof - Plauen
KEL = Kiel - Holtenau
LBC = Lübeck-Blankensee
LEJ = Leipzig/Halle (Saale)
MGL = Düsseldorf Express Airport
   Mönchengladbach
MUC = München - Franz Josef Strauß
   (Erdinger Moos)
MHG = Mannheim
NUE = Nürnberg
PAD = Paderborn - Lippstadt
RLG = Rostock-Laage
SCN = Saarbrücken - Ensheim
STR = Stuttgart

Verkehrsergebnisse der internationalen Verkehrsflughäfen in Deutschland im Jahr 2007
(Anzahl der gesamten Fluggäste ohne Transit)

Rang	Flughafen	Passagiere in Mio.
1	FRA	54,2
2	MUC	34,0
3	DUS	17,8
4	TXL	13,4
5	HAM	12,8
6	CGN	10,5
7	STR	10,3
8	SXF	6,3
9	HAJ	5,6
10	NUE	4,2

Quelle: G+J Branchenbilder Tourismus – Luftverkehr G+J Marktanalyse Special 2008 (Quelle: ADV)

1.6.2 Flughäfen weltweit (mit 3-Letter-Codes)

Größte Flughäfen nach Passagieren weltweit in 2007 mit Abkürzungen
(Stand März 2008)

Rang	City (Airport)* und Ländercode	3-LETTER-CODE
1	ATLANTA, Georgia, (GA), USA	ATL
2	CHICAGO O 'HARE, Illinois (IL), USA	ORD
3	LONDON HEATHROW, Großbritannien (GB)	LHR
4	TOKYO HANEDA, Japan (JP)	HND
5	LOS ANGELES, Kalifornien (CA), USA	LAX
6	PARIS CHARLES DE GAULLE, Frankreich (FR)	CDG
7	DALLAS/FT WORTH AIRPORT, Texas (TX), USA	DFW
8	FRANKFURT, Deutschland (DE)	FRA
9	BEIJING, China (CN)	PEK
10	MADRID, Spanien (ES)	MAD
11	DENVER, Colorado (CO), USA	DEN
12	NEW YORK JOHN F. KENNEDY (NY), USA	JFK
13	AMSTERDAM, Niederlande (NL)	AMS
14	LAS VEGAS, Nevada (NV), USA	LAS
15	HONG KONG, China (CN)	HKG
16	HOUSTON GEORGE BUSH INTERCONTINENTAL, Texas (TX), USA	IAH
17	PHOENIX, Arizona (AZ), USA	PHX
18	BANGKOK, Thailand (TH)	BKK
19	SINGAPORE (SG)	SIN
20	ORLANDO, Florida (FL), USA	MCO
21	NEW YORK NEWARK, New Jersey (NJ), USA	EWR
22	DETROIT, Michigan (MI), USA	DTW
23	SAN FRANCISCO, Kalifornien (CA), USA	SFO
24	TOKYO NARITA, Japan (JP)	NRT
25	LONDON GATWICK, Großbritannien (GB)	LGW
26	MINNEAPOLIS/ST PAUL, Minnesota (MN), USA	MSP
27	DUBAI, Vereinigte Arabische Emirate (AE)	DXB
28	MÜNCHEN, Deutschland (DE)	MUC
29	MIAMI, Florida (FL), USA	MIA
30	CHARLOTTE, North Carolina (NC), USA	CLT

* Airports participating in the ACI annual traffic statistics collection

Quelle: ACI auf http://www.airports.org/cda/aci_common/display/main/aci_content07_c.jsp?zn=aci&cp=1-5-54-55_666_2__

Ferienflugziele

Agadir	Marokko	AGA
Alicante	Spanien	ALC
Almeria	Spanien	LEI
Antalya	Türkei	AYT
Arrecife	Lanzarote/Spanien	ACE
Athen	Griechenland	ATH
Barcelona	Spanien	BCN
Bilbao	Spanien	BIO
Brindisi	Italien	BDS
Burgas	Bulgarien	BOJ
Cagliari	Sardinien/Italien	CAG
Catania	Sizilien/Italien	CTA
Chania	Kreta/Griechenland	CHQ
Corfu	Griechenland	CFU
Dalaman	Türkei	DLM
Djerba	Tunesien	DJE
Faro	Portugal	FAO
Fuerteventura	Kan. Inseln/Spanien	FUE
Funchal	Madeira/Portugal	FNC
Goa	Indien	GOI
Heraklion	Kreta/Griechenland	HER
Hurghada	Ägypten	HRG
Ibiza	Balearen/Spanien	IBZ
Jerez de la Frontera	Spanien	XRY
Klagenfurt	Österreich	KLU
Kos	Griechenland	KGS
Lamezia Therme	Italien	SUF
Larnaca	Zypern	LCA
La Palma (Santa Cruz)	Kan. Inseln/Spanien	SPC
Las Palmas	Gran Canaria/Spanien	LPA
Luxor	Ägypten	LXR
Mahon	Menorca/Spanien	MAH
Malaga	Spanien	AGP
Male	Malediven	MLE
Malta	Malta	MLA
Marsa Alam	Ägypten	RMF
Mombasa	Kenia	MBA
Monastir	Tunesien	MIR
Mykonos	Griechenland	JMK
Nador	Marokko	NDR
Neapel	Italien	NAP
Nizza	Frankreich	NCE
Olbia	Sardinien/Italien	OLB
Palermo	Sizilien/Italien	PMO
Palma de Mallorca	Balearen/Spanien	PMI
Pisa	Italien	PSA

Phuket	Thailand	HKT
Porto	Portugal	OPO
Puerto Plata	Dominikanische Republik	POP
Punta Cana	Dominikanische Republik	PUJ
Rijeka	Kroatien	RJK
Rimini	Italien	RMI
Rhodos	Griechenland	RHO
Rönne	Bornholm/Dänemark	RNN
Samos	Griechenland	SMI
Santo Domingo	Dominikanische Republik	SDQ
Sharm El Sheik	Ägypten	SSH
Sevilla	Spanien	SVQ
Tanger	Marokko	TNK
Teneriffa Süd	Kanar. Inseln/Spanien	TFS
Thessaloniki	Griechenland	SKG
Toulouse	Frankreich	TLS
Tunis	Tunesien	TUN
Valencia	Spanien	VLC
Varadero	Kuba	VRA
Varna	Bulgarien	VAR
Venedig	Italien	VCE

1.6.3 Größter deutscher Flughafen: FRA[15]

Als Beispiel für die Ausstattung eines Flughafens soll der Frankfurter Flughafen Rhein-Main dienen, der nach Passagierabfertigungszahlen größte Flughafen Deutschlands.

Dieser Flughafen ist auch als Erlebnisstandort **„Frankfurt Airport City"** mit einer vollständigen Infrastruktur- vom Bankschalter bis zur medizinischen Versorgung – mit vielen Geschäften, Gastronomie und Hotels attraktiv.

Neben dem Flugbetrieb hat sich das *Immobiliengeschäft* zum zweiten Standbein der Betreibergesellschaft des Flughafens, der Fraport AG, entwickelt. Auf verschiedenen Großflächen werden Gewerbegebiete für Logistikunternehmen und andere Dienstleistungsunternehmen mit internationaler Ausrichtung entwickelt und es entstehen weitere Hotels, Gastronomie- und Einzelhandelsflächen.

Seit 2001 wird die Fraport AG an der Börse gehandelt. Der Frankfurter Flughafen folgte damit dem Trend der *Privatisierung von Flughäfen*, in dem Kopenhagen und Wien die Vorreiter waren.

Daten und Fakten im Überblick:

Anteilseigner der Fraport AG (Stand: 7/2008):

- Land Hessen (31,67 %)
- Stadt Frankfurt am Main (20,17 %)
- Deutsche Lufthansa AG (9,96 %)
- Julius Bär Holding AG (5,1 %)
- The Capital Group Companies, Inc. (4,7 %)
- Artisan Partners LTd. Partnership (3,87 %)
- Taube Hodson Stonex Partners (3,01 %)
- Morgan Stanley (2,90 %)
- Streubesitz (21,55 % – inklusive Mitarbeiteraktien)

Flughafengelände:

- 21 km²
- 2 Terminals
- 3 Start- und Landebahnen (davon 1 nur Starts)
- Frankfurt Airport Center 1+2 (FAC):
  Internationale Büro- und Kommunikationszentren für weltweit operierende Unternehmen.

Verkehrsanbindungen:

- Fernbahnhof mit ICE-Anbindung und AIRail Service Stuttgart, Siegburg/Bonn und Köln Hbf
- Regionalbahnhof
- Frachtbahnhof
- Regionalbusse incl. Busse nach Frankfurt-Hahn
- Zubringerbusse, Hotelshuttle
- Taxiunternehmen
- Autovermietungen
- Autobahnanschluss A3, A5
- Hochbahn Sky Line zwischen den beiden Terminals

Flugplan (Sommer 2008):

- 125 Fluggesellschaften, 307 Ziele in 109 Ländern
- LH-Heimatflughafen: 60 % Lufthansa-Anteil im Sitzangebot
- 70 % Star-Alliance-Anteil im Sitzangebot
- 53 % Umsteiger
- 54 % Reisegrund: Business, 46 % Reisegrund: Leisure

---

[15] Texte und Abbildungen aus „Arbeitsmappe Frankfurt Airport / FRA – Drehscheibe für die Touristik, Hrsg: Fraport AG

Fracht:

- über 250 Unternehmen ansässig
- Cargo City Nord und Süd
- Rail AirCargo Station
- Perishable Center
- Airmail Center
- Tierstation

Shopping, Gastronomie, Hotels:

- 88 Läden
- 17 Duty-free-/Travel-Value-Shops
- 58 gastronomische Einrichtungen aller Art; 5 davon 24 Stunden geöffnet
- 3 Flughafenhotels direkt am Airportgelände
- 1 Dutzend Hotels mit direktem Zubringer
- Reisemarkt: täglich geöffnet 10–18 Uhr

Airport Forum:

- Kommunikationszentrum – Multimediale und interaktive Informationen u. a. über:
  - Geschichte der Luftfahrt und FRA
  - Berufe am Flughafen
  - Flughafenausbau
  - Fraport-Konzern

Tagungsmöglichkeiten:

- Airport Conference Center (ACC) der Fraport AG: 36 Konferenzräume
- Sheraton Frankfurt Hotel&Towers: 54 Konferenzräume
- Steigenberger Airport Hotel Frankfurt: 36 Konferenzräume
- InterCityHotel Frankfurt Airport, 25 Konferenzräume
- Steigenberger Conference Point: 9 Konferenzräume
- Airport Club für Mitglieder, 29 Konferenzräume

Service-Einrichtungen:

- Banken, Geldwechsel und Geldautomaten
- Behinderteneinrichtungen
- Kinderbetreuung
- Wickelräume
- Duschen
- Reinigung
- Friseur
- Gepäckaufbewahrung
- VIP-Betreuung
- Fundbüro
- Hotelreservierungsschalter 7 – 22:30 Uhr

Sonstige Einrichtungen:

- Polizei, Feuerwehr
- Zoll
- Flughafenklinik
- Apotheken
- Zahnarzt
- Optiker
- Spielkasinos
- Andachtsräume
- über 20 Lounges der Fluggesellschaften

Terminalplan

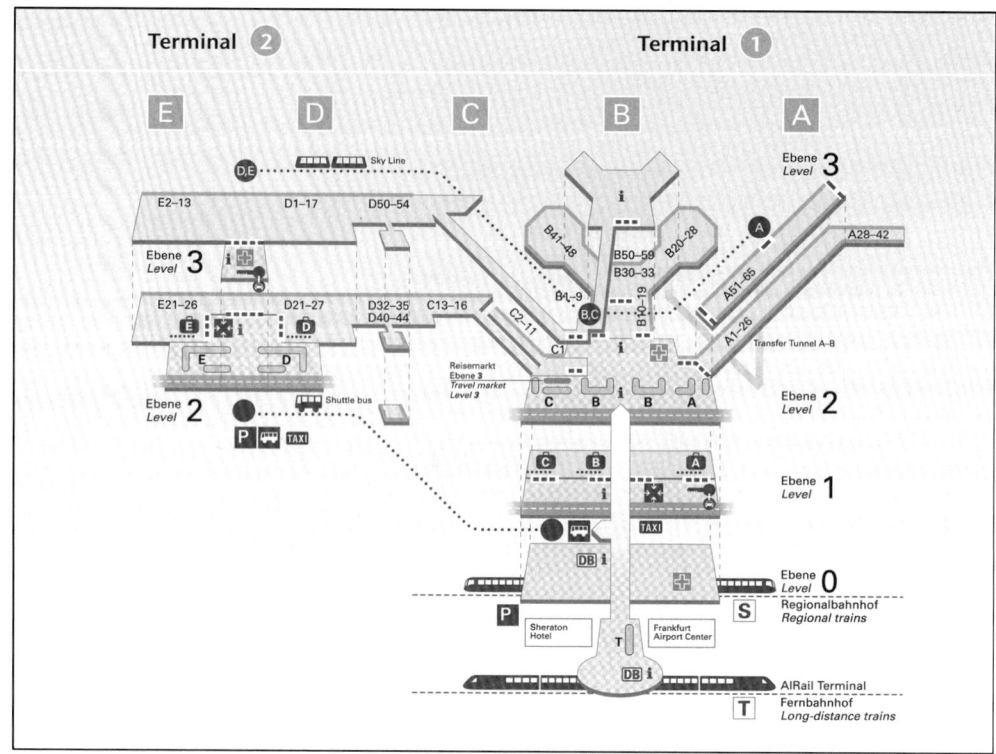

Abbildung: © Fraport AG

1.6.3.1   Wirtschaftliche Bedeutung des Frankfurter Flughafens

Die Wirtschaftsregion Frankfurt-Rhein-Main ist eine der größten von insgesamt elf europäischen *Metropolregionen* Deutschlands und städtischer Ballungsraum im Süden Hessens sowie in Teilen der angrenzenden Bundesländer Rheinland-Pfalz und Bayern. Sie hat ca. 1,8 Mio. Arbeitnehmer, die bei den Unternehmen in der Region tätig sind. Vorherrschende Branchen sind hier Banken (300 Kreditinstitute und Sitz der EZB), Versicherungen, Automobilindustrie, Pharmaindustrie, Wissenschaft, Medien und Logistik.[16] Als Messestadt ist Frankfurt am Main Gastgeber für mehr als 50 Messen im Jahr.

Der Flughafen Frankfurt ist der größte Flughafen der Region und liegt auch bundesweit an der Spitze. Er bietet *über 70000 direkte Arbeitsplätze* und ist damit die größte lokale Arbeitsstätte Deutschlands. Ca. 32600 dieser größtenteils neuen, hochqualifizierten und innovationsintensiven Arbeitsplätze stellt die Lufthansa, rund 19000 das Unternehmen *Fraport AG*, die Eigentümerin und Betreibergesellschaft des Flughafens Frankfurt. Prognosen gehen sogar von einem Anstieg auf bis zu 95000 Arbeitsplätzen bis zum Jahr 2015 aus.

Die Zahl der indirekten und induzierten Arbeitsplätze ist hier noch gar nicht berücksichtigt: Untersuchungen haben ergeben, dass der Beschäftigungseffekt eines Flughafenarbeitsplatzes in

---

[16] Artikel *Rhein-Main-Gebiet*. In: Wikipedia, Die freie Enzyklopädie. Bearbeitungsstand: 27. Juli 2007, 09:02 UTC. URL: http://de.wikipedia.org/w/index.php?title=Rhein-Main-Gebiet&oldid=34861617 (Abgerufen: 7. August 2007, 12:39 UTC)

Frankfurt für die engere Region, den Regierungsbezirk Darmstadt, den Faktor 2,08 hat, bundesweit sogar den Faktor 2,73 – das heißt zu jedem Arbeitsplatz am Flughafen Frankfurt kommen noch einmal 1,08 regionale bzw. 1,73 bundesweite Arbeitsplätze hinzu.

Auch in der Ausbildung ist Fraport aktiv: jährlich werden hier ca. 110 Auszubildende in den verschiedensten technischen und kaufmännischen Berufen ausgebildet.

1.6.3.2   Stellung im globalen Luftverkehrsnetz

Der größte deutsche Flughafen und *Hub Frankfurt* steht auf europäischer Ebene vor allem im Wettbewerb zu den Flughäfen in London, Amsterdam und Paris.

Frankreich, die Niederlande und Belgien streben eine Ausweitung des Einzugsgebiets ihrer Hubflughäfen durch den Ausbau des Anschlusses an den Schienenpersonenfern- und Hochgeschwindigkeitsverkehr an. Frankfurt kann jedoch bisher die beste Anbindung europaweit aufweisen.

Aber auch außereuropäisch schläft die Konkurrenz nicht:
Im Mittleren Osten entstehen derzeit neue Flughäfen mit großen Kapazitäten wie der Dubai-Jebel Ali Airport.[17] Dass dieser von Frankfurt weit entfernt ist, schließt eine Wettbewerbssituation insbesondere im Interkont-Verkehr, bei dem gute Umsteigeverbindungen notwendig sind, nicht aus: Bei der Wahl ihrer *Drehkreuze* für internationale und vor allem interkontinentale Verbindungen sind die Fluggesellschaften und ihre Allianzen örtlich relativ flexibel.

Entscheidendes Kriterium für die Wahl eines Hubs ist für eine Airline natürlich die Betrachtung der *Gesamtkosten*.

Pünktlichkeit ist ebenfalls ein wichtiger Aspekt im Wettbewerb von Airports. Hier lag Frankfurt in den Jahren 2004 bis 2007 jeweils vor den europäischen Konkurrenten CDG, LHR und MAD.

Zusätzlich spielen die garantierten *Mindestumsteigezeiten (Minimum Connecting Time, MCT)* für Fluggesellschaften und Passagiere eine entscheidende Rolle bei der Wahl des Umsteigeflughafens. Warum? Die Darstellung in den Computerreservierungssystemen erfolgt hierarchisch nach ihrer Gesamtreisezeit und diese wird somit zum verkaufsentscheidenden Merkmal.
Frankfurt Airport garantiert eine MCT von 45 Minuten, auf Absprache sogar 35 Minuten – ein Spitzenwert im internationalen Vergleich.
Voraussetzung hierfür sind die Infrastruktur im Terminal und ausreichend Start- und Landekapazitäten sowie die ca. 70 Kilometer lange, computergesteuerte Gepäckförderanlage, die in Größe und Funktionstüchtigkeit als weltweit einmalig gilt (sie befördert 18000 Gepäckstücke pro Stunde mit einer Geschwindigkeit von bis zu 5 m/sek).

Luftfracht:

Trotz Nachtflugeinschränkungen ist Frankfurt Airport derzeit der größte deutsche und europäische Frachtflughafen, weltweit stand er in 2007 an siebenter Stelle. Auch für 2020 wird die deutsche *Spitzenposition* prognostiziert.[18]

Prognose:

Der Frankfurter Flughafen hat im Jahr 2007 bereits 54,2 Mio. Passagiere abgefertigt, für 2020 werden bei geplantem Ausbau 88,3 Mio. erwartet – das entspricht einem *jährlichen Wachstum von 3,5 %*. Bei Fracht und Post ist mit 70 % Wachstum auf 3,16 Mio. t zu rechnen. Jedoch stößt der Flughafen in seinem jetzigen Zustand schon heute an seine Grenzen. Sein so genannter „Koordinierungseckwert" (stündliche Kapazität) beträgt zurzeit max. 83 Flugbewegungen, von den Airlines nachgefragt werden allerdings schon jetzt bis zu 100 Bewegungen pro Stunde. Damit ist die Gefahr durchaus gegeben, dass Airlines auf Flughäfen mit ausreichendem *Kapazitätsangebot* ausweichen, wenn hier kein rechtzeitiger Ausbau erfolgt.

---

[17] Masterplan (s. o.), S. 31
[18] Masterplan (s. o.), S. 22

Frankfurt Airport im Vergleich (2007)

Europa Passagiere (Mio.)		Europa Fracht/Luftpost (Mio. t)		Weltweit Passagiere (Mio.)		Weltweit Fracht/Luftpost (Mio. t)	
London Heathrow	68,1	**Frankfurt**	2,17	Atlanta	89,4	Memphis	3,84
Paris Ch.d.Gaulle	59,9	Paris Ch.d.Gaulle	2,01	Chicago	76,2	Hongkong	3,77
Frankfurt	54,2	Amsterdam	1,65	London Heathrow	68,1	Anchorage	2,83
Madrid	52,1	London-Heathrow	1,40	Tokio Haneda	66,7	Seoul	2,56
Amsterdam	47,8	Luxemburg	0,86	Los Angeles	61,9	Shanghai	2,50
London Gatwick	35,2	Brüssel	0,73	Paris Ch.d.Gaulle	59,9	Tokio Narita	2,25
München	34,0	Köln	0,71	Dallas Ft. Worth	59,8	**Frankfurt**	2,17
Rom Fiumicino	32,9	Mailand Malpensa	0,49	**Frankfurt**	54,2	Louisville	2,08
Barcelona	32,8	Liège	0,49	Peking	53,7	Paris Ch.d.Gaulle	2,01
Paris Orly	26,4	Madrid	0,36	Madrid	52,1	Miami	1,92

Quelle: Fraport AG

1.6.3.3 Intermodalität: Anbindung des Frankfurter Flughafens an weitere Verkehrsträger

Anreise nach FRA mit der Bahn

Bereits seit 1998 arbeitet Fraport in Kooperation mit LH und DB daran, den Flughafen noch besser mit dem Schienenverkehr zu verknüpfen. Ziel ist es, dem Kunden einen *nahtlosen Übergang vom Zug auf den Flug und umgekehrt* zu ermöglichen.

Ein großer Schritt in diese Richtung war die Errichtung des **AIRail Terminals**, des neuen *Fernbahnhofs am Flughafen*, der seit 2002 eine direkte Anbindung an den *Hochgeschwindigkeits - verkehr* der Bahn gewährleistet.

175 ICE-Verbindungen stehen täglich auf dem Fahrplan, hinzu kommen 218 Verbindungen vom direkt unter dem Terminal 1 gelegenen Regionalbahnhof in die Rhein-Main-Region.[19]

Sehr viele deutsche und einige europäische Städte sind so *umsteigefrei* erreichbar. Die Reisezeiten haben sich in den letzten Jahren extrem verkürzt und damit auch der Einzugsbereich des Flughafens erweitert.

AIRail-Service

Die Lufthansa nutzt mit dem Produkt AIRail Service den ICE als Zubringer (Feeder) von Köln, Siegburg/Bonn und Stuttgart Hauptbahnhof zu ihren Flügen ab/bis FRA.

Lufthansa hat hierfür Sitzplatzkapazitäten bei der Bahn gechartert, die sie ihren Kunden mit besonderen Serviceleistungen anbietet.

---

[19] Fraport AG: Zahlen, Daten, Fakten 2007

Check-In am AIRail Terminal

Passagiere, die mit einem Zug am Fernbahnhof ankommen, können bis 45 Minuten vor Abflug für viele Airlines gleich zwischen dem Bahnhof und Terminal 1 einchecken und sich dann ohne Gepäck frei zum Gate bewegen.

Rail&Fly

Das Produkt Rail&Fly gibt es nun schon seit vielen Jahren in den unterschiedlichsten Ausprägungen.

Hierbei handelt es sich um ein Kooperationsprodukt zwischen der Bahn und diversen Airlines sowie Reiseveranstaltern, bei dem der Kunde zu einem günstigen *Pauschalpreis* an jeden der 5600 deutschen Bahnhöfe sowie den Flughafen Basel befördert wird. Die Beförderung erfolgt in allen Zügen (inklusive ICE) außer Thalys, DB Autozug und Sonderzügen (ICE Sprinter und CityNightLine gegen Aufpreis).

Code Sharing

Eine Weiterentwicklung von Rail&Fly stellen Code-Sharing-Abkommen dar, die die Bahn mit verschiedenen Airlines abgeschlossen hat (u. a. mit LH für das AIRail-Service-Produkt).

Hier erhalten ausgewählte Verbindungen zu wichtigen Städten in Deutschland *Flugnummern*. Diese Verbindungen sind auch zeitmäßig auf die Abflüge/Ankünfte der jeweiligen Airline abgestimmt. Der Preis für diese Strecke wird zwischen DB und Airline ausgehandelt und ist in den Reservierungs-systemen hinterlegt.

Anreise mit dem PKW

Frankfurt Airport ist auch für die Anreise mit dem PKW verkehrsgünstig gelegen. Europas verkehrsreichste Autobahnkreuzung, das *Frankfurter Kreuz*, liegt direkt vor seiner Haustür und die beiden Nord-Süd-Achsen A3 (Duisburg–Passau) und A5 (Kassel–Basel) laufen hier entlang. Seine zentrale Lage in Deutschland, aber auch in Europa, macht ihn von überall gut erreichbar.

Parken am Flughafen

Der Flughafen verfügt über fünf Parkplätze in Tiefgarage und Parkhaus am Terminal 1 sowie einen Tiefgaragen-Parkplatz am Terminal 2.
Der Flughafen verfügt weiterhin über Frauenparkplätze in bester Lage, kostenlose Motorradparkplätze und Parkplätze für Passagiere mit eingeschränkter Mobilität (kostenlos zum Ein- und Aussteigen oder Be- und Entladen). Sonderparkplätze für XXL-Abmessungen wie Busse und PKW mit Anhänger oder PKW mit Überhöhe sind auf dem Parkplatz P36 zwischen Terminal 1 und 2 zu finden.

Mietwagenangebot am Frankfurter Flughafen

Alle namhaften Autovermieter haben in den Terminals 1 und/oder 2 Stationen am Frankfurter Flughafen.

Taxi

Taxis stehen rund um die Uhr in reichlicher Anzahl vor beiden Terminals bereit. Eine Fahrt von/nach Frankfurt-Innenstadt kostet ca. 20,00 € und dauert je nach Verkehrsaufkommen 20 bis 30 Minuten.

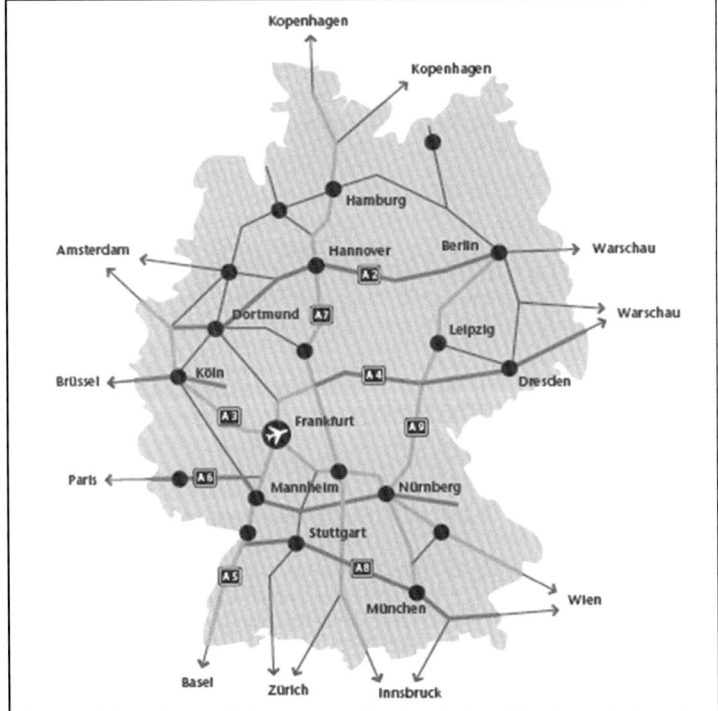

Abbildung: © Fraport AG

Anschluss FRA an Buslinienverkehre

Vom/zum Flughafen existieren diverse Umlandverbindungen des Rhein-Main-Verkehrsverbundes (RMV), die den Nahverkehr auf der Schiene ergänzen.

Flughafen Frankfurt-Hahn – Shuttle

Vom/zum Flughafen Frankfurt-Hahn gibt es einen regelmäßigen Shuttle-Service.
Die Busse fahren vom Busbahnhof vor Terminal 1 ab.

Lufthansa Airport-Bus und Lufthansa Airport-Shuttle

Die Busse der Lufthansa fahren am Terminal 1 vor der Ankunftshalle B ab. Auch Passagiere anderer Fluglinien können diesen Service nutzen. Folgende Strecken werden bedient: Von/nach Mannheim, Heidelberg und Straßburg.

1.6.3.4   Ausbau

Um den in Kap. 1.5.3.2 prognostizierten Anstieg des Verkehrsaufkommens am Flughafen Frankfurt bewältigen zu können, sind diverse Ausbaumaßnahmen erforderlich. Hierzu gehören der Bau eines neuen Terminals und einer neuen Landebahn. Ohne diese Maßnahmen würden Fluggesellschaften an leistungsfähigere Airports im Ausland abwandern und die *internationale Wettbewerbsfähigkeit* des Flughafens Frankfurt wäre gefährdet.

Neue Landebahn Nord-West

Die bisherigen Start- und Landebahnen sind die 4000 Meter lange und 60 Meter breite Bahn Nord sowie die 4000 Meter lange und 45 Meter breite Bahn Süd.
Hinzu kommt noch die Startbahn West; sie ist ebenfalls 4000 Meter lang und 45 Meter breit.

Die neue Landebahn soll 2800 Meter lang werden und im Nordwesten mit ca. 1400 m Abstand zur heutigen Nordbahn verlaufen. Damit werden erheblich mehr parallele Anflüge gemäß ICAO-Richtlinien möglich sein. Die neue Landebahn soll 2011/2012 in Betrieb genommen werden.[20]

Terminal 3

Ergänzend zum Bau der neuen Landebahn soll stufenweise bis zum Jahr 2020 das neue Terminal 3 entstehen. Es ist als modulares Baukastensystem geplant, das bei vollem Ausbau ca. 25 Mio. Fluggäste pro Jahr aufnehmen kann. Mit dem Terminal entstehen auch 75 Flugzeugpositionen und etliche zusätzliche Rollbahnen.

Abfertigung von Großraummaschinen

Der Flughafen trägt auch der Entwicklung einer neuen Generation von Großraumflugzeugen wie dem Airbus A380 Rechnung. Die Stationierung des A380 in FRA ist aus mehreren Gründen wichtig:

Durch die deutlich höhere Passagierkapazität (555 Sitze in der Drei-Klassen-Version) trägt der A380 erheblich zur *besseren Auslastung des bestehenden Start-/Landebahn-Systems* bei.

Außerdem ist das Flugzeug auch *ökologisch vorteilhaft*, da es längere Reichweiten für Nonstop-Flüge ermöglicht und zudem – nach Herstellerangaben – auch weniger Lärm verursacht.

Lufthansa hat bereits eine Flotte von 15 A380 bestellt, die an ihrem Heimatflughafen FRA stationiert und gewartet werden soll. Hierzu wird eine spezielle Werft im Süden des Flughafen-Geländes gebaut, die auch auf die Abmessungen eines Großraumflugzeugs ausgelegt ist. Bis zu 2000 Arbeitsplätze werden mit dem Bau der Wartungshalle bis 2015 gesichert bzw. neu geschaffen.[21]

Die Abfertigung an den Terminalanlagen und damit auch das gleichzeitige Einsteigen der Passagiere in beide Decks des A380 wird dank einiger Umbauten unproblematisch sein. Neue Fluggastbrücken, größere Gate-Räume und optimierte Boarding-Verfahren garantieren eine schnellstmögliche Abfertigung des Superjets und sorgen so dafür, dass Frankfurt Airport sich auch weiterhin im weltweiten Wettbewerb behaupten kann. Auch wird die garantierte 45-minütige Umsteigezeit (MCT) beibehalten.

---

[20] Geschäftsbericht 2006 der Fraport AG, S. 10
[21] Broschüre: „Größer, leiser, sparsamer", Hrsg.: Fraport AG

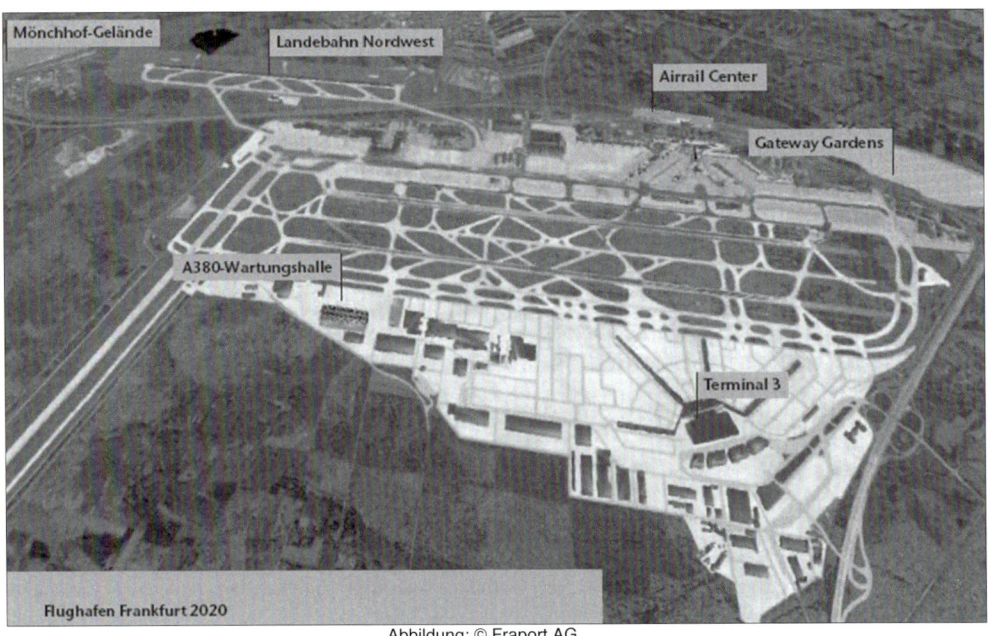

Abbildung: © Fraport AG

ÜBUNG 1.6

1) Welche Flughäfen gibt es in Nordrhein-Westfalen?

2) Geben Sie den 3-Letter-Code zu folgenden Flughäfen/Städten an:

a) Linienflugziele:

Hongkong
Tokyo Haneda
Paris Charles de Gaulles
San Francisco
Bangkok
Amsterdam

b) Ferienflugziele:

Lanzarote
Palma de Mallorca
Antalya
Monastir
Phuket
Santo Domingo

3) Wie nennt sich der neue Fernbahnhof am Frankfurter Flughafen?

4) Welche Autobahnen laufen am Frankfurter Flughafen entlang?

1.7 Rechtlicher Rahmen von Linienflugbeförderungen – Haftungsfragen und Leistungsstörungen

Die vertraglichen Beziehungen zwischen Fluggästen und Fluggesellschaften werden mittels **Beförderungsverträgen** geregelt. Diese Beförderungsverträge bauen auf verschiedenen rechtlichen Grundlagen auf, je nachdem, ob es sich um eine nationale oder internationale Luftbeförderung handelt und ob die Fluggesellschaften der EU angehören oder nicht. Wichtige rechtliche Aspekte sind zum einen die Haftungsfragen, aber auch die Leistungsstörungen sind Gegenstand rechtlicher Auseinandersetzungen zwischen Passagieren und Fluggesellschaften.

Rechtliche Grundlage der Beförderung ist nach deutschem Recht ein **Werkvertrag**. Die Bestimmungen des deutschen Privatrechts aus dem BGB und HGB finden jedoch erst dann Anwendung, wenn völkerrechtliche Verträge fehlen oder nicht zutreffen und danach auch die Allgemeinen Geschäftsbedingungen bzw. Allgemeinen Beförderungsbedingungen der Fluggesellschaften keine Regelung vorsehen.

1.7.1 Warschauer Abkommen

Der älteste völkerrechtliche Vertrag zur Regelung von Haftungsfragen bei *internationaler* Beförderung ist das Warschauer Abkommen. Es wurde 1929 gezeichnet und trat 1933 in Deutschland in Kraft.

In diesem wurden vor allem der Inhalt von Beförderungsdokumenten sowie die *grundsätzliche Haftung des Luftfrachtführers bei Körperverletzung und Tod* eines Passagiers während der Luftbeförderung sowie in Schadensfällen an Gepäck und Gütern, die sich in seiner Obhut befinden, festgeschrieben. Das Warschauer Abkommen gibt dem Luftfrachtführer neben seiner prinzipiellen Haftung bei Schäden aus dem Beförderungsvertrag die Möglichkeit, sich durch den Nachweis, alles zur Vermeidung des Schadens Erforderliche getan zu haben, von der Haftung zu entlasten (sog. **„Verschuldenshaftung"**).

Der Haftungsumfang ist summenmäßig begrenzt; die *Haftungshöchstgrenzen* gelten allerdings nicht bei vorsätzlicher oder grob fahrlässiger Schädigung. Die Höchstsummen können vom Geschädigten nur beim Nachweis eines tatsächlich entstandenen Schadens gefordert werden.[22]
Die Haftungsgrenzen betragen nach dieser ersten Fassung ca. 250 Goldfranken bzw. 17 SZR (Sonderziehungsrechte) je Kilogramm Gepäck und 125000 Goldfranken bzw. 8300 SZR bei Personenschäden (entspricht 20 € je Kilogramm und 10000 € bei Personenschäden).[23]

Das Warschauer Abkommen wurde seit 1929 in verschiedenen Fassungen modifiziert. Als bedeutendste Änderungen sind zu nennen:

- Das **Protokoll von Den Haag** aus dem Jahr 1955 („Haager Protokoll"):
  Es verdoppelte die Haftungsgrenzen bei Personenschäden auf 250000 Goldfranken bzw. 16600 SZR (= 20000 €).

- Das **Abkommen von Guadalajara**, das 1964 in Kraft trat:
  Ausdehnung der Haftung auch auf den „ausführenden Luftfrachtführer", wenn dieser nicht mit dem vertraglichen Luftfrachtführer übereinstimmt (z. B. bei Charterverträgen).

Anwendbar sind das Warschauer Abkommen und seine Zusatzvereinbarungen immer dann, wenn die von Start und Landung betroffenen Staaten dem Abkommen und dieser Fassung zugestimmt haben.

---

[22] Schwenk, W.: (s. o.) S. 638 f. und 668 f.
[23] Goldfranken: Poincare-Franken; sie werden auf der Grundlage der Vierten Verordnung über den Umrechnungssatz für französische Franken vom 4. Dezember 1973 bestimmt. Danach entsprechen 100 Franken 21,40 DM (ca. 10 €). Mittlerweile werden Haftungsbeträge allerdings in Sonderziehungsrechten nach dem IWF ausgedrückt. Die Umrechnungsrate beträgt dann 100 SZR = ca. 120 €

1.7.2 Montrealer Haftungsübereinkommen vom 28. Mai 1999[24]

Nach mehreren regionalen Ansätzen, das Warschauer Abkommen zu reformieren (insbesondere in der EU), gelang es 1999 endlich, ein weltweites Übereinkommen zu schließen, das seit 2004 auch in Deutschland anwendbar ist. Seitdem werden *internationale Flugreisen, die in Deutschland beginnen und enden*, unabhängig von ihrem Zielort und der Frage, ob das Zielland das Abkommen unterzeichnet hat, nach diesem Übereinkommen beurteilt. In Ländern, die dieses Abkommen nicht unterzeichnet haben, gilt weiterhin das Warschauer Abkommen in seiner jeweils gültigen Form.

Eine wichtige Änderung in dem Montrealer Abkommen ist der Wandel von der Verschuldenshaftung zur sog. **„Gefährdungshaftung" bei Personenschäden**: *Bis zur Höhe von 100000 SZR* (rund 120000 €) haften die Fluggesellschaften (ausführende Luftfahrtunternehmen und vertragliche **Luftfrachtführer**, also auch Reiseveranstalter) *ohne wenn und aber.* Erst wenn der Schaden über 120000 € hinausgeht, kann der Carrier durch den Nachweis fehlenden Verschuldens der Haftung entgehen. Kann er seine Unschuld nicht beweisen, haftet er nun in voller, unbegrenzter Höhe.

Es wurde außerdem die Möglichkeit geschaffen, Luftfahrtunternehmen zu *Vorauszahlungen* im Schadensfall zu verpflichten.

Weiterhin wurden *neue Haftungshöchstgrenzen für Gepäckschäden* (1000 SZR = ca. 1200 €) und *Erstattungen bei Verspätungsschäden* von 4150 SZR (ca. 5000 €) vereinbart, die jedoch nicht bei höherer Gewalt zu leisten sind.

Im Fall einer **Beschädigung des Gepäcks** muss der Empfänger unverzüglich nach Entdeckung des Schadens, bei aufgegebenem Reisegepäck jedenfalls binnen sieben Tagen nach der Annahme dem Luftfrachtführer Anzeige erstatten. Im Fall einer *Verspätung* muss die Anzeige binnen einundzwanzig Tagen, nachdem das Reisegepäck oder die Güter dem Empfänger zur Verfügung gestellt worden sind, erfolgen. Die Beanstandung muss schriftlich erklärt werden und innerhalb der dafür vorgesehenen Frist übergeben oder abgesendet werden.

Sonstige Schadensersatzklagen müssen innerhalb von zwei Jahren nach der tatsächlichen bzw. geplanten Ankunft erhoben werden.

1.7.3 Haftung bei innerdeutschen Flügen

Bereits vor der Verfassung des Montrealer Haftungsübereinkommens hat die EU im Oktober 1997 für alle Fluggesellschaften der EU die **Verordnung Nr. 2027/97 über die Haftung von Luftfahrtunternehmen bei Unfällen** erlassen, die für *Personenschäden* im Prinzip die gleichen Regelungen wie das Montrealer Abkommen vorsieht und auch bei Inlandsbeförderungen greift. *Sachschäden* werden von dieser Verordnung jedoch nicht erfasst, hier kommt dann das jeweilige *nationale Recht (*in Deutschland das **Luftverkehrsgesetz/LVG***)* zur Anwendung. Hiernach haftet der Luftfrachtführer nur bis zu einem Gesamtbetrag bis 1000 SZR (ca. 1200 €), außer bei Vorsatz und grober Fahrlässigkeit. Für die Geltendmachung sind die gleichen Fristen vorgesehen.
Flüge innerhalb Deutschlands, die von Nicht-EU/EWR Luftfahrtunternehmen durchgeführt werden, unterliegen komplett dem LVG.

1.7.4 EU-Überbuchungsverordnung Nr. 261/2004 (in Kraft seit Februar 2005)

Neben dem weltweit gültigen Montrealer Abkommen haben Passagiere auf Flügen ab/zu deutschen Flughäfen mit europäischen Fluggesellschaften seit 2005 weitere Mindestrechte bei Verspätungen, Nichtbeförderung gegen ihren Willen und Annullierungen von Flügen. Sie gelten sowohl auf Linien- als auch Charterflügen und bei Pauschalreisen.

---

[24] Hierzu ausführlich: http://www.luftrecht-online.de/einzelheiten/haftung/mc.htm

Bei **Annullierung eines Fluges** oder *Nichtbeförderung eines Fluggastes* (bei **Überbuchung**, wenn der Gast nicht freiwillig unter Annahme einer Gegenleistung zurücktritt), stehen dem Fluggast folgende Rechte zu (vorausgesetzt, er ist rechtzeitig zur Abfertigung erschienen):

- Erstattung der Flugscheinkosten innerhalb sieben Tagen oder Beförderung zum Ziel oder zum Ausgangspunkt der Reise
- Betreuungsleistungen (Hotelunterbringung, Verpflegung, Transfer, Kommunikationskosten)
- Ausgleichszahlungen in folgender Höhe:
  a) 250 EUR bei allen Flügen mit einer Entfernung bis 1500 km,
  b) 400 EUR bei allen innergemeinschaftlichen Flügen (EU) mit einer Entfernung von mehr als 1500 km und bei allen anderen Flügen mit einer Entfernung zwischen 1500 km und 3500 km,
  c) 600 EUR bei allen nicht unter Buchstabe a) oder b) fallenden Flügen

es sei denn, der Fluggast wurde rechtzeitig unterrichtet:

- mindestens zwei Wochen vor der planmäßigen Abflugzeit

oder

- ein bis zwei Wochen vorher mit einem Abflug nicht später als zwei Stunden vor geplanter Abflugzeit und einer Ankunft nicht später als vier Stunden nach geplanter Ankunftszeit

oder

- weniger als eine Woche vor Abflug bei einem Abflug nicht später als eine Stunde vor geplanter Abflugzeit und einer Ankunft nicht später als zwei Stunden nach der geplanten Ankunftszeit.

Von den Ausgleichszahlungen kann sich ein ausführendes Luftfahrtunternehmen befreien, wenn es nachweisen kann, dass die Annullierung auf außergewöhnliche Umstände zurückgeht, die sich auch dann nicht hätten vermeiden lassen, wenn alle zumutbaren Maßnahmen ergriffen worden wären.

Die Ausgleichszahlung kann außerdem um 50 % herabgesetzt werden, wenn den Fluggästen eine anderweitige Beförderung zu ihrem Endziel mit einem Alternativflug angeboten wird, dessen Ankunftszeit

- bei allen Flügen mit einer Entfernung bis 1500 km weniger als zwei Stunden
- bei allen innergemeinschaftlichen Flügen (EU) mit einer Entfernung von mehr als 1500 km und bei allen anderen Flügen mit einer Entfernung zwischen 1500 km und 3500 km weniger als 3 Stunden
- bei allen nicht unter Buchstabe a) oder b) fallenden Flügen weniger als vier Stunden

verspätet ist.

Bei **Verspätungen** gibt es verschiedene Abstufungen:

a) Zwei Stunden oder mehr oder bei allen Flügen mit einer Entfernung bis 1500 km oder weniger

b) Drei Stunden oder mehr bei allen innergemeinschaftlichen Flügen über eine Entfernung von mehr als 1500 km und bei allen anderen Flügen über eine Entfernung zwischen 1500 km und 3500 km

c) Vier Stunden oder mehr bei allen nicht unter Buchstabe a) oder b) fallenden Flügen.

In den Fällen a), b) und c) hat die Fluggesellschaft folgende Verpflichtungen:

- Mahlzeiten und Erfrischungen in angemessenem Verhältnis zur Wartezeit
- zwei unentgeltliche Telefongespräche oder Telefaxe oder E-Mails.

d) Wenn die nach vernünftigem Ermessen zu erwartende Abflugzeit erst am Tag nach der zuvor angekündigten Abflugzeit liegt, wird dem Fluggast folgendes angeboten:

- Hotelunterbringung, falls ein Aufenthalt von einer Nacht oder mehreren Nächten notwendig ist oder ein Aufenthalt zusätzlich zu dem vom Fluggast beabsichtigten Aufenthalt notwendig ist,

- Beförderung zwischen dem Flughafen und dem Ort der Unterbringung (Hotel oder Sonstiges).

e) Wenn die Verspätung mindestens fünf Stunden beträgt, hat der Passagier Anspruch auf Erstattung des Flugpreises.

Höherstufung und Herabstufung

Wird ein Fluggast in einer niedrigeren als der gebuchten Beförderungsklasse befördert, so hat er Anspruch auf eine Erstattung (je nach geflogener Entfernung) zwischen 30 und 75 %.

1.7.5 Conditions of contract (Vertragsbedingungen) der IATA, AGB und ABB der Fluggesellschaften

Die IATA-Fluggesellschaften unterliegen einheitlichen „Conditions of Contract", die als Ergänzungen zu den aufgeführten völkerrechtlichen Regelungen anzusehen und in Deutschland als rechtsgültig anerkannt sind.
Außerdem verfügen die meisten Fluggesellschaften über eigene AGB und ABB (Allgemeine Beförderungsbedingungen für Fluggäste und Gepäck), die in Haftungsfragen ebenfalls Bezug auf die international gültigen Regelungen nehmen, darüber hinaus aber spezifische Informationen wie bspw. zur Beförderung von Sondergepäck etc. enthalten.

1.7.6 Airline Passenger Service Commitment (Mai 2001)[25]

Unter Leitung des AEA haben die EU-Airlines im Mai 2001 Service-Vereinbarungen getroffen, die zwar nicht rechtlich bindend sind, aber auf freiwilliger Basis von den Fluggesellschaften umgesetzt werden sollen. Zu den wichtigsten Punkten gehören hier:

- Günstigsten Tarif und Anbieter nennen.

- Verbindliche Preise: Nach Zahlung des Flugpreises kann der Flugpreis nicht mehr verändert werden; Steuern und Gebühren können jedoch zu Nachforderungen oder Refunds führen.

- Infos an Passagiere über Verspätungen, Streichungen und veränderte Routen am Flughafen und im Flugzeug.

- Hilfe für Passagiere verspäteter Flüge (Verpflegung, ggf. Beherbergung) → ist in der EU-Überbuchungsverordnung bereits geregelt worden.

- Schnelle Ausgabe von Gepäckstücken; kommt das Gepäck nicht mit dem gleichen Flug an, wird es innerhalb von 24 Stunden gratis zum Zielort befördert.

---

[25] fvw v. 27.07.01, S. 75

- Telefonreservierungen:
  Entsprechend den Ticketing-Fristen wird die Reservierung mindestens 24 Stunden ohne Bezahlung gehalten und ggf. ohne Gebühr wieder storniert (Ausnahme: Flugzeuge unter 80 Sitzen).

- Schnelle Refunds:
  innerhalb von sieben Tagen bei Zahlung mit Kreditkarte, innerhalb von 20 Arbeitstagen bei Barzahlung/Scheck. Im Ticket ausgewiesene Steuern und Gebühren müssen bei unbenutzten Tickets erstattet werden, auch wenn der Tarif nicht erstattungsfähig ist.

- Besondere Hilfestellung für Passagiere mit eingeschränkter Mobilität.

- Vermeidung von langen Wartezeiten im Flugzeug.

- Beschleunigung des Check-Ins, z. B. durch E-Ticketing und Selbstbedienungsautomaten.

- Bei Überbuchung werden zunächst freiwillig zurücktretende Passagiere gesucht.

- Information des Passagiers über:

  - Bei Buchung:
    o geplante Start- und Ankunftszeit, Abflug- und Ankunftsterminal und -flughafen
    o Zahl der Zwischenlandungen
    o Änderungen beim Flugzeug, Terminal oder Flughafen
    o Alle Bedingungen für den gezahlten Tarif
    o Name des Operating-Carriers und der Flugnummer
    Sollten sich diese ändern oder inakzeptabel sein, kann der Flug umgebucht oder der Flugpreis zurückgezahlt werden
    o Nichtraucher- oder Raucherflug

  - Bei Rechnungsstellung oder Ticketing:
    o Bestätigte Flugzeiten: Ändern sich diese deutlich und gibt es keine akzeptable Alternative, erhält der Fluggast sein Geld zurück
    o Freigepäckgrenzen und Haftungslimits, erlaubtes Handgepäck

  - Auf Anfrage:
    o Flugzeugtyp und Sitzabstand, Service an Bord
    o Kosten und Beförderungsbedingungen für Übergepäck
    o Infos über Vielfliegerprogramme
    o Hilfe für verlorenes, beschädigtes oder verspätetes Gepäck.

- Nennung des Operating-Carriers bei Code-Share-Flügen und Informationen über evtl. abweichendes Serviceniveau.

- Schriftliche Passagierbeschwerden werden innerhalb von 28 Tagen nach Eingang beantwortet.

ÜBUNG 1.7

1) Wie hoch ist die Haftungshöchstgrenze für Gepäckschäden nach dem Montrealer Haftungsübereinkommen von 1999?

2) Wie hoch wird ein Passagier entschädigt, wenn er auf einem innerdeutschen Flug wegen Überbuchung der Fluggesellschaft auf dem nächsten Flug mit einer Stunde Verspätung befördert wird (ohne vorherige Ankündigung)?

2 Reservierung von Linienflügen

Die Reservierung eines Fluges setzt, vor allem im touristischen Bereich, oftmals eine ausführliche Beratung des Kunden hinsichtlich des Flugplanangebots, der Reisezeiten, Tarife und unter Umständen auch der Gepäck- und Beförderungsbedingungen voraus. Dieses Kapitel soll Ihnen einen Überblick über alle hiermit im Zusammenhang stehenden Fragen verschaffen.

2.1 Durchführung und Regeln von Reservierungen

Welche Angaben benötigen die Fluggesellschaften vom Passagier/Reisebüro zur Reservierung eines Linienfluges?

- Name des Fluggastes
- Daten von Hin- und ggf. Rückflug
- Strecke und Flugzeit oder Flugnummer
- Reservierungsklasse und/oder Tarifart
- Adresse/Telefonnummer am Heimatort des Fluggastes und bei Fernflügen möglichst vom Zielort
- Adresse/Telefonnummer des buchenden Büros und Name des Bestellers.

Wie können Reservierungen durchgeführt werden?

Reservierungen können per Telefon oder EDV (Computerreservierungssystem/CRS/GDS oder Internet) durchgeführt werden. Die Reservierung per EDV bietet den Vorteil, dass Sie sich vor der Buchung ohne großen Zeitaufwand einen Überblick über die Verfügbarkeiten eines jeden Fluges sowie die angebotenen Tarife und deren Bedingungen bei den verschiedensten Fluggesellschaften verschaffen können.

Ist eine Reservierung verbindlich?
Verpflichtet eine Reservierung zur Ticketausstellung; wird bei der Reservierung bereits der Flugpreis abgerechnet?

Zunächst einmal verpflichtet sich die Fluggesellschaft dem Kunden gegenüber zur Freihaltung eines Platzes, wenn sie seine Reservierung bestätigt hat. (Ein Anspruch auf einen bestimmten Sitzplatz, z. B. Nichtraucher/Fenster, besteht allerdings nicht. Spezifische Sitzplatzwünsche können abhängig von Fluggesellschaft und Tarifklasse zwar teilweise schon bei der Reservierung angegeben werden, ihre Bestätigung ist jedoch unverbindlich.)
Solange der Reservierung noch keine Ticketausstellung gefolgt ist, kann eine Umbuchung oder Streichung (**Stornierung**) jederzeit kostenlos vorgenommen werden. Normalerweise wird einer gründlichen Beratung auch der Auftrag des Kunden zur Ticketausstellung folgen. An dieser Stelle sei jedoch darauf hingewiesen, dass Reservierung und Ticketerstellung nicht zwangsläufig miteinander verknüpft sein müssen. Die Reservierung eines Linienflugs über ein CRS/GDS verpflichtet noch nicht zur Ticketausstellung und führt keinesfalls zur Abrechnung des Passagebetrags. Diese erfolgt stets erst *nach Ticketausstellung.* Zwar gibt es *Sondertarife*, die eine sofortige Ticketausstellung bzw. innerhalb 24 Stunden vorschreiben, diese Frist bezieht sich jedoch nur auf die Anwendbarkeit dieses Tarifs.
Anders gelagert ist der Fall bei Buchungen im *Internet*. Die meisten Buchungsmaschinen (Internet Booking Engines/IBE) sind so eingestellt, dass die Prozesse von Reservierung, Bezahlung und Ticketausstellung bzw. E-Ticket-Versand *voll automatisiert* ablaufen und diese unmittelbar aufeinander folgen.

Welchen Einschränkungen unterliegen Reservierungen ganz allgemein?

„**Doppelbuchungen**" sollten vermieden werden und können zur Streichung eines bereits bestätigten Platzes durch die Fluggesellschaft führen. Doppelbuchung bedeutet entweder, dass ein Fluggast sich auf mehreren Maschinen gleichzeitig einen Platz sichern lässt, weil er sich vor Abflug noch nicht genau festlegen kann oder will, oder aber, dass der gleiche Passagiername mehrmals auf einer Maschine gebucht ist – deshalb sollten Sie immer auch den Vornamen des Passagiers angeben.

Bei einigen Fluggesellschaften müssen insbesondere auf Langstreckenflügen bei Flugunterbrechungen Weiter- und Rückflüge vom Passagier vor Ort rückbestätigt werden (**„Reconfirmation"**).

Weisen Sie Ihre Kunden bereits bei der Reservierung unbedingt darauf hin, da eine Missachtung dieser Vorschrift zur Streichung aller Weiterflüge führen kann.

Was ist eine Warteliste?

Wenn auf einer Maschine alle Plätze gebucht sind, wird meistens eine sog. Warteliste eingerichtet, auf der die eingetragenen Passagiere dann bei Streichungen anderer Passagiere entsprechend so lange aufrücken können, bis sie einen freien Platz bekommen.

Haben Sie auf einer Maschine nur einen Wartelistenplatz erhalten, so dürfen und sollten Sie unbedingt eine Ersatzbuchung machen. Diese wird von den Fluggesellschaften nicht als Doppelbuchung angesehen.

Was ist eine Reservierungsklasse; was ist eine Beförderungsklasse und in welcher Reservierungsklasse wird ein bestimmter Tarif eingebucht?

Je nach Fluggerät und Fluggesellschaft gibt es auf einem Flug eine Aufteilung in ein, zwei oder drei **Beförderungsklassen**, diese werden auch als First Class, Business Class und Economy Class bezeichnet. Sie unterscheiden sich durch den Servcie am Boden und in der Luft u. a. durch Sitzbreite und -abstand, Mahlzeiten, Getränkeservice und Unterhaltungsmöglichkeiten und variieren je nach Fluggesellschaft und Streckenlänge.

Insbesondere in der *Economy Class* werden diverse *Sondertarife* (s. S. 184 ff.) eingebucht, die sich in ihren Bedingungen und im Preis erheblich unterscheiden können.

Um eine optimale Auslastung zu einem maximalen Ergebnis zu erzielen, müssen die Fluggesellschaften diese Sondertarife *kontingentieren*, damit sie jederzeit eine Kontrolle über die Anzahl der verkauften Plätze zu dem jeweiligen Tarif haben. Deshalb ordnen sie jedem Tarif/jeder Tarifgruppe eine eigene *Reservierungsklasse* zu. Diese variiert von Fluggesellschaft zu Fluggesellschaft.

Vorzüge der First Class:

* Bevorzugtes Check-In an separaten Schaltern
* Spezielle Lounges für den Aufenthalt am Flughafen (mit Restaurants, Bädern, Ruhezonen, Kommunikationsausstattung)
* Beispiel: Lufthansa First Class-Terminal in Frankfurt: Hier kümmert sich ein Personal Assistant von der Ankunft des Gastes bis zu seinem Abflug um alle Formalitäten von der Abgabe des Mietwagens bis zum Check-In und zur Sicherheitskontrolle; der Passagier wird mit einer Limousine direkt ans abflugbereite Flugzeug gefahren.
* Erhöhte Anrechnung der Flugmeilen auf Vielfliegerprogrammen
* Erhöhte Freigepäckgrenzen (siehe S. 71)
* Größerer Sitzabstand an Bord; breitere Sitze, die auf Langstrecken zum Bett umgebaut werden können. Beispiel Singapore Airlines: 89 cm breiter Sitz; 203 cm langes Bett
* Individuelles Entertainment: z. B. eigener Monitor mit frei wählbaren Videos, Lernprogrammen, Office-Programmen und USB-Schnittstelle, Netzanschlüsse, Telefon
* Freie Hygiene-Artikel
* Hoher Standard bei Essen und Trinken; dieses grundsätzlich frei; teilweise à la carte mit eigenen Köchen oder Menü-Vorauswahl; erlesene Weine

Vorzüge der Business-Class:

* Bevorzugtes Check-In an separaten Schaltern
* Spezielle Lounges für den Aufenthalt am Flughafen (mit Restaurants, Bädern, Ruhezonen, Kommunikationsausstattung)
* Erhöhte Anrechnung der Flugmeilen auf Vielfliegerprogrammen
* Erhöhte Freigepäckgrenzen (siehe S. 71)

- Größerer Sitzabstand als in der Economy-Class, größere Sitzbreite (bspw. bei Singepore Airlines 76 cm), auf Langstrecken teilweise zum Bett umzufunktionieren
- Sitzkonfiguration oftmals so, dass es nur Gangplätze gibt
- Entertainment-Programm
- Freie Hygiene-Artikel
- Hoher Standard bei Essen und Trinken, dieses grundsätzlich frei

Eine Übersicht der Reservierungsklassen finden Sie in den CRS/GDS. Hier nur eine grobe Übersicht über die wichtigsten Klassen, über die airlineübergreifend Einvernehmen herrscht:

Res.klasse	Beförderungsklasse
F, P, A	First Class
J, C, D	Business Class
alle übrigen	Economy Class

ÜBUNG 2.1

1) Welcher Schritt verpflichtet den Passagier zur Zahlung des Flugpreises?

2) Was ist eine Rückbestätigung?

3) Wer informiert den Passagier darüber, dass er auf der Warteliste aufgerückt ist?

2.2 Zusammenstellung von Flugverbindungen; Flugpläne und Flugzeiten-berechnungen

In einer Kundenberatung für die Buchung eines Linienfluges steht neben der Frage nach dem Preis auch die nach den günstigsten Verbindungen. Um diese herauszufinden, müssen Sie in der Lage sein, Flugpläne zu lesen, Flugzeiten zu berechnen sowie Ortszeiten umzurechnen. Flugpläne sind zum einen in den CRS/GDS, aber auch in Nachschlagewerken veröffentlicht.

Des Weiteren geben die meisten Fluggesellschaften Taschenflugpläne heraus, die dem Kunden neben der Information über die Flugverbindungen meistens auch Adressen der Büros im In- und Ausland, Kabinenpläne und Flugzeugbeschreibungen, Kalendarium usw. bieten.

Als Standard-Nachschlagewerk ist der **OAG** zu nennen, der früher unter dem Namen ABC herausgegeben wurde. Er erscheint im monatlichen Abonnement und kann auch über das Internet (www.oag.com) abgerufen werden.

2.2.1 LH-Taschenflugplan

Welche reservierungsrelevanten Informationen enthält der LH-Taschenflugplan?

- Verzeichnis der Star-Alliance- und Lufthansa-Partner
- Zeitzonen
- Karten mit den Flugzielen
- Übersichtspläne der Flughäfen Frankfurt, München und Zürich
- Hinweise zur Benutzung; Zeichenerklärung zum Flugplan und 2-Letter-Codes der
- Fluggesellschaften sowie Abkürzungen der Fluggeräte
- Lufthansa Airport Shuttle und Airport Bus
- Infos zu Etix® und Quick-Ticket-Automaten, Infos zum Check-In (Vorabend-Check-In, Check-In per Fax/Telefon, per Web/WAP, SMS)
- Weltweite Kontaktdaten und Flughafeninformationen mit Meldeschlusszeiten
- Wichtige Hinweise für Reservierung und Beförderung
- Lufthansa-Gepäckbestimmungen
- Liste der Gegenstände, die an Bord oder im Passagiergepäck nicht erlaubt sind
- Sitzpläne der eingesetzten Flugzeuge

Wie sucht man Verbindungen aus dem LH-Taschenflugplan heraus?

Der Flugplan ist im FROM-TO-Format aufgebaut; das bedeutet, dass Sie bei der Suche nach einer passenden Verbindung zunächst immer alphabetisch nach dem Abflugort schauen müssen. An der Stelle, wo dieser Flughafen das erste Mal erwähnt wird, finden Sie auch die Informationen über die Ortszeit und die angeflogenen Flughäfen mit Three-Letter-Codes sowie der Abkürzung im Flugplan.

Zeichenerklärungen
Decoding

▓ Fluggesellschaften/Airlines

LH	**Lufthansa**	LG	Luxair – Luxembourg Airlines
LX	**SWISS**	LO	LOT Polish Airlines
DE	**Condor**	MS	Egyptair
A3	Aegean Airlines	MX	Compania Mexicana
AC	Air Canada	NH	All Nippon Airways
AI	Air India	NZ	Air New Zealand
AP	Air One	OS	Austrian Airlines
BD	British Midland	OU	Croatia Airlines
BU	SAS Norway	PTI	Privat Air
C3	Contact Air	QI	Cimber Air
C9	Cirrus Airlines	QR	Qatar Airways
CA	Air China	SA	South African Airways
CL	CityLine	SK	SAS Scandinavian Airlines
EN	Air Dolomiti	SQ	Singapore Airlines
EW	Eurowings	TG	Thai Airways International
FM	Shanghai Airlines	TK	Turkish Airlines
IQ	Augsburg Airways	TP	TAP Portugal
JK	Spanair	UA	United Airlines
JP	Adria Airways	US	US Airways
JU	JAT Airways	VO	Austrian arrows
K2	Eurolot SA	XQ	Sun Express
KF	Blue1		
KM	Air Malta	2A	Deutsche Bahn

▓ Flugzeugtypen/Aircraft Types

142	BAE 146-200	AB6	Airbus A300-600
143	BAE 146-300	ABA	Airbus A300-600
319	Airbus A319-100	ARJ	Avro RJ 85
320	Airbus A320-200	AT5	ATR 42-500
321	Airbus A321-100/-200	AT7	ATR 72-500
330	Airbus A330-300	CR2	Canadair CRJ 200
343	Airbus A340-300	CR7	Canadair CRJ 700
346	Airbus A340-600	CR9	Canadair CRJ 900
34D	Airbus A340-600	DH3	Dash 8Q-300
34P	Airbus A340-300	DH4	Dash 8Q-400
34V	Airbus A340-300		
733	Boeing B737-300	BUS	Airport Bus/Shuttle
735	Boeing B737-500	ICE	AIRail Service
744	Boeing B747-400	TRN	Zug/Train

Hinweise zur Benutzung
Instructions for Use

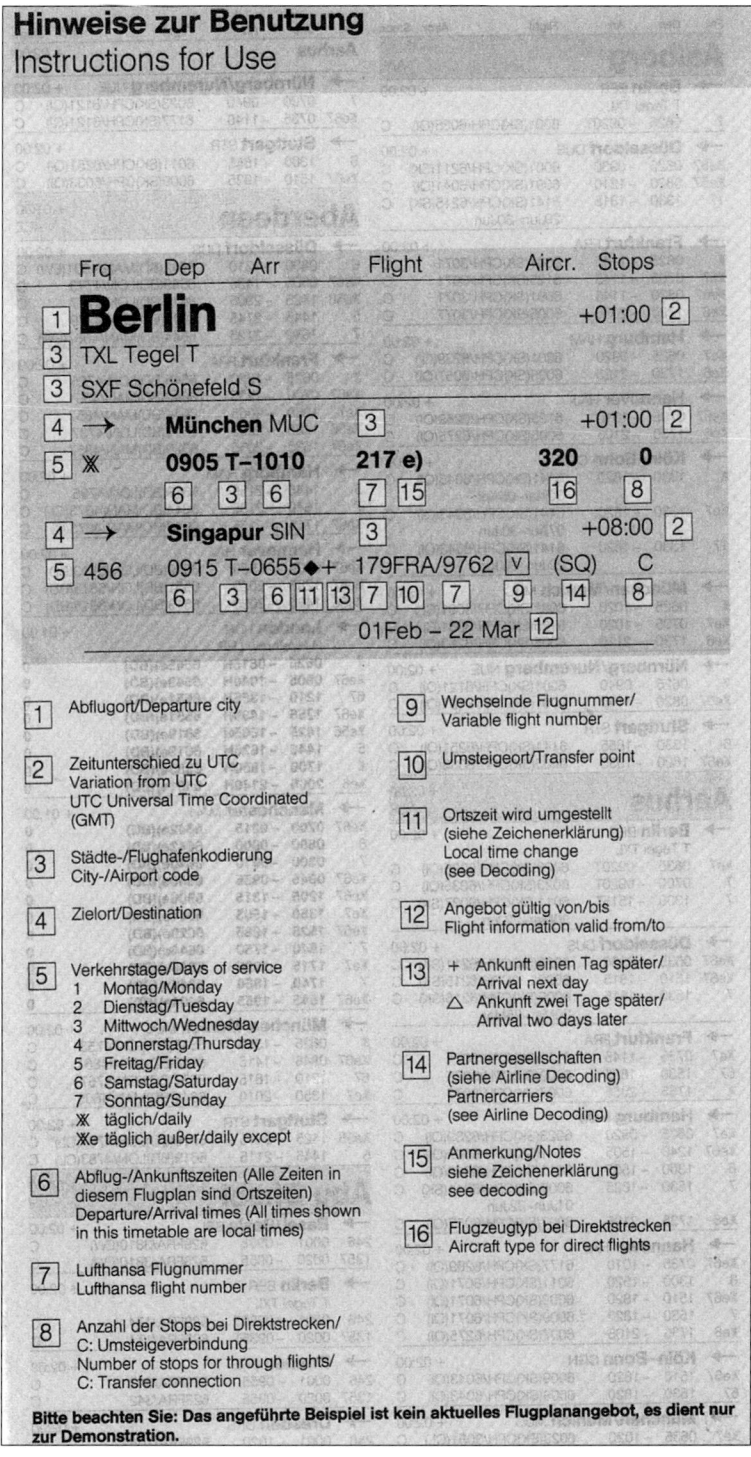

	Frq	Dep	Arr	Flight	Aircr.	Stops
[1] **Berlin**						+01:00 [2]
[3] TXL Tegel T						
[3] SXF Schönefeld S						
[4] →		**München** MUC	[3]			+01:00 [2]
[5] ✕	**0905 T–1010**		**217 e)**		**320**	**0**
	[6]	[3]	[6]	[7] [15]	[16]	[8]
[4] →		**Singapur** SIN	[3]			+08:00 [2]
[5] 456	**0915 T–0655◆+**		179FRA/9762 [V]	(SQ)		C
	[6]	[3]	[6] [11] [13] [7] [10] [7]	[9]	[14]	[8]
			01Feb – 22 Mar [12]			

[1]	Abflugort/Departure city	[9]	Wechselnde Flugnummer/ Variable flight number
[2]	Zeitunterschied zu UTC Variation from UTC UTC Universal Time Coordinated (GMT)	[10]	Umsteigeort/Transfer point
[3]	Städte-/Flughafenkodierung City-/Airport code	[11]	Ortszeit wird umgestellt (siehe Zeichenerklärung) Local time change (see Decoding)
[4]	Zielort/Destination	[12]	Angebot gültig von/bis Flight information valid from/to
[5]	Verkehrstage/Days of service 1 Montag/Monday 2 Dienstag/Tuesday 3 Mittwoch/Wednesday 4 Donnerstag/Thursday 5 Freitag/Friday 6 Samstag/Saturday 7 Sonntag/Sunday ✕ täglich/daily ✕e täglich außer/daily except	[13]	+ Ankunft einen Tag später/ Arrival next day △ Ankunft zwei Tage später/ Arrival two days later
		[14]	Partnergesellschaften (siehe Airline Decoding) Partnercarriers (see Airline Decoding)
[6]	Abflug-/Ankunftszeiten (Alle Zeiten in diesem Flugplan sind Ortszeiten) Departure/Arrival times (All times shown in this timetable are local times)	[15]	Anmerkung/Notes siehe Zeichenerklärung see decoding
[7]	Lufthansa Flugnummer Lufthansa flight number	[16]	Flugzeugtyp bei Direktstrecken Aircraft type for direct flights
[8]	Anzahl der Stops bei Direktstrecken/ C: Umsteigeverbindung Number of stops for through flights/ C: Transfer connection		

Bitte beachten Sie: Das angeführte Beispiel ist kein aktuelles Flugplanangebot, es dient nur zur Demonstration.

zu [6] Abflug- und Ankunftszeiten:

Bitte berücksichtigen Sie bei der Abflugzeit, dass sich die Kunden jeweils eine gewisse Zeit vor Abflug am Abfertigungsschalter einfinden müssen, um einzuchecken. Diese Check-In-Zeit finden Sie im Anhang unter den **Check-In-Deadlines**. Kunden, die zu spät erscheinen, haben nach den ABB keinen Anspruch auf Beförderung und Erstattung!

Beachten Sie, dass es sich bei Abflug- und Ankunftszeiten um die jeweiligen Ortszeiten handelt. Hinter der Ankunftszeit können verschiedene Symbole stehen, wenn die Ankunft nicht auf denselben Tag fällt wie der Abflug (siehe [13])

zu [7]

Handelt es sich um einen LH-Flug, so wird nur die Flugnummer angegeben. Wird der Flug von einer Partner-Fluggesellschaft unter LH-Flugnummer durchgeführt, so folgt deren Two-Letter-Code unmittelbar in Klammern (siehe [14]). Bei Flügen anderer Fluggesellschaften steht deren Two-Letter-Code vor der Flugnummer.

zu [8]

Nonstop- und Direktverbindungen sind an der „0" bzw. der Anzahl der Stops in der Spalte „Stops" zu erkennen. Ist ein Flug mit *einer* Flugnummer veröffentlicht, so handelt es sich um einen sog. **„Direktflug"** selbst wenn irgendwelche (Transit-)Zwischenlandungen stattfinden. Die Anzahl der Zwischenlandungen können Sie an der Zahl in dieser Spalte ablesen. Steht in dieser Spalte eine „0", so handelt es sich um einen **„Nonstopflug"**.

Auch **Umsteigeverbindungen** werden aufgeführt; diese sind mit einem „C" für „Connecting Flights" in der Spalte „Stops" gekennzeichnet. Hier wird die Beförderung entweder mit derselben Fluggesellschaft, aber verschiedenen Flugnummern oder aber sogar auf verschiedenen Fluggesellschaften durchgeführt. Diese Art der flugplanbedingten Zwischenlandung nennt sich auch **„Transfer"**.

Der Ort der Zwischenlandung wird zwischen den betreffenden Flugnummern angezeigt (siehe [10]). Werden sowohl Direkt- als auch Umsteigeverbindungen angeboten, so stehen an erster Stelle die Direktverbindungen, gefolgt von den Umsteigeverbindungen.

Die Zeit, die die Kunden zum Umsteigen benötigen (**Minimum Connecting Time = Mindestübergangszeit**) ist hierbei berücksichtigt.

Bei Umsteigeverbindungen ist es allerdings möglich, dass der Preis höher ist als bei einem Direkt- oder Nonstopflug. (Ein Direktflug mit mehreren Zwischenlandungen ist bei gleicher Tarifgrundlage dagegen grundsätzlich nicht teurer als ein Nonstopflug. Warum das so ist, können Sie in Kapitel 4 nachlesen.)

Hält sich ein Kunde dagegen freiwillig an einem Zwischenort auf (und das länger als 24 Stunden), so spricht man von einer **Flugunterbrechung** oder **„Stopover"** (siehe auch S. 135). Auch dieses kann einen Einfluss auf die Höhe des Flugpreises haben.

Beispiele zum Zusammenstellen von Flugverbindungen:

1. Ihre Kunden möchten am Montag, den 30. Oktober, in der Business Class mit der
   schnellstmöglichen Verbindung von Berlin nach Aalborg fliegen.

a) Welche Verbindung empfehlen Sie?
b) Von welchem Flughafen in Berlin fliegen die Kunden ab?
c) Wann müssen sie in Berlin einchecken?

Berlin, Deutschland/Germany
Reservation Service
☎ 0180 Lufthansa
(0180 5838426)
🖨 +49 30 88756339
✈ **Tegel**
Check-in Service
1), 2), 3), 4), 5)
☎ +49 561 993399
● 30 min vor Abflug/
before departure
☾ ✗ 18.00-21.00
⊙ F/C Class 20, M Class 30

✈ **Tempelhof**
LH c/o Cirrus Airlines
Check-in Service
1), 3), 4), 5)
☎ +49 561 993399
● 30 min vor Abflug/
before departure
⊙ F/C Class 20, M Class 30

🕾 Reservierung/Reservations
🕾 Telefonnummer/Telephone number
🖨 Fax
✉ eMail
⊙ Generalagent/General Agent
✈ Flughafen/Airport

Check-in Information
☾ Vorabend Check-in/Late night Check-in
⊙ Annahmeschlusszeiten (in Min.)/Deadlines (in min)
F/C/M/QCKI: First/Business/Economy/
Quick Check-in Automat/Quick Check-in machine
1) etix®
2) Quick Check-in Automat/Quick Check-in machine
(mit/ohne Gepäckabgabe)
3) Web/WAP-Check-in
4) Telefon Check-in/Telephone Check-in
5) SMS Check-in
🕾 Telefon Check-in/Telephone Check-in
● Telefon Check-in bis.../Telephone Check-in prior to...

✗	1230 – 1630	6017(SK)CPH/6251(SK)	C
✗e6	1705 – 2125	6019(SK)CPH/6253(SK)	C

Berlin + 01:00
BER
TXL Tegel T
SXF Schönefeld S
THF Tempelhof F

➡ **Aalborg** AAL			+ 01:00
✗	1245T – 1705	9954(QI)CPH/6004(SK)	C
✗e6	1245T – 1605	9954(QI)CPH/6000(SK)	C
✗e6	1730T – 2115	9956(QI)CPH/6006(SK)	C
➡ **Aarhus** AAR			+ 01:00
✗	0820T – 1140	9950(QI)CPH/6008(SK)	C
✗e67	1335T – 1615	9932(QI)CPH/6010(SK)	C
➡ **Abu Dhabi** AUH			+ 04:00
✗	1110T – 2340	1683FRA/632	C
➡ **Accra** ACC			+ 00:00
37	0845T – 1855	1723FRA/564	C
➡ **Addis Abeba** ADD			+ 03:00

zu a)
Sie empfehlen die Umsteigeverbindung LH9954 und LH6000 über Kopenhagen, da diese die kürzeste
Flugzeit aufweist.

zu b)
Die Kunden fliegen von Berlin-Tegel ab.

zu c)
Die Check-In-Zeit für die Business Class beträgt in Berlin-Tegel 20 Min.

2. Ihre Kunden möchten von Bonn nach Bangkok. Sie können am Freitag, den 7. November, frühestens ab 17:00 Uhr abfliegen.

a) Welche Verbindung empfehlen Sie?
b) Mit welcher Fluggesellschaft/welchen Fluggesellschaften fliegen Ihre Kunden?
c) Wann kommen sie genau in Bangkok (Ortszeit) an?

```
                                    + 01:00
Bonn                                   BNJ

see also/siehe auch Köln–Bonn

→  Abu Dhabi AUH                    + 04:00
X    1020  – 2340    6811(2A)FRA/632       C

→  Accra ACC                       + 00:00
37   0820  – 1855    6807(2A)FRA/564       C

→  Addis Abeba ADD                 + 03:00
1246 0720  – 2135    6805(2A)FRA/590       C

→  Alexandria ALY                  + 02:00
256  0920  – 1735    6809(2A)FRA/676       C
37   1820  – 0145+   6827(2A)FRA/680       C

→  Almaty ALA                      + 06:00
145  0820  – 2235    6807(2A)FRA/648       C
37   1120  – 0145+   6813(2A)FRA/648       C

→  Amman AMM                       + 02:00
Xe15 1820  – 0225◇+  6827(2A)FRA/3618      C

→  Aschgabad ASB                   + 05:00
247  1120  – 0050+   6813(2A)FRA/612       C

→  Asmara ASM                      + 03:00
5    0720  – 2030    6805(2A)FRA/592       C
246  1020  – 2255    6811(2A)FRA/594       C
1    1120  – 2345    6813(2A)FRA/592       C

→  Athen ATH                       + 02:00
X    0609  – 1250    6803(2A)FRA/3396      C
X    1020  – 1720    6811(2A)FRA/3500      C
X    1820  – 0055+   6827(2A)FRA/3400      C

→  Atlanta ATL                     – 05:00
X    0720  – 1500    6805(2A)FRA/444       C

→  Baku EAK                        + 04:00
247  1120  – 2135    6813(2A)FRA/612       C

→  Bangalore BLR                   + 05:30
246  0820  – 0055+   6807(2A)FRA/754       C

→  Bangkok BKK                     + 07:00
X    1120  – 0620+   6813(2A)FRA/9714(TG)  C
136  1820  – 1420+   6827(2A)FRA/9718(TG)  C
146  1820  – 1440+   6827(2A)FRA/LH☑       C
X    1920  – 1410+   6829(2A)FRA/744       C

→  Barcelona BCN                   + 01:00
X    0720  – 1145    6805(2A)FRA/4352      C
X    1020  – 1445    6811(2A)FRA/4284      C
X    1420  – 1920    6819(2A)FRA/4314      C
X    1820  – 2245    6827(2A)FRA/4328      C
```

a) Freitags nach 17:00 Uhr gibt es nur eine Verbindung nach Bangkok: LH6829 (durchgeführt von 2A) und LH744 via Frankfurt.

b) Sie fahren mit der Deutschen Bahn nach Frankfurt und fliegen dann mit LH.

c) Sie kommen am Samstag, den 8. November, um 14:10 Uhr in Bangkok an.

ÜBUNG 2.2.1

Ermitteln Sie für Herrn Lausitzer eine Tagesverbindung von Dresden nach Tel Aviv für einen Montag Anfang September.

a) Wann ist der Abflug?
b) Wann ist die Ankunft (Ortszeit)?
c) Wie viel Zeitverschiebung gibt es zwischen Dresden und Tel Aviv?
d) Geht der Flug direkt, oder muss Herr Lausitzer umsteigen?
e) Wie lautet die Flugnummer/lauten die Flugnummern des Fluges?

Frq	Dep	Arr	Flight	Aircr.	Stops
Dresden				+ 02:00	
→	**Port Harcourt** PHC			+ 01:00	
246	0705	– 1555	1063FRA/562		C
→	**Portland, OR** PDX			– 07:00	
X	0600	– 1130	1051FRA/468		C
Xe7	0705	– 1130	1063FRA/468		C
→	**Porto/Oporto** OPO			+ 01:00	
Xe2	0600	– 1105	1051FRA/4550		C
234	1020	– 1605	1055FRA/4552		C
X	1815	– 2330	1059FRA/4554		C
→	**Riad** RUH			+ 03:00	
1	0705	– 1645	1063FRA/632		C
35	0705	– 1610	1063FRA/632		C
→	**Rimini** RMI			+ 02:00	
6	1010	– 1445	1071(CL)MUC/2634(EN)		C
			01Jul–16Sep		
→	**Rio de Janeiro** RIO			– 03:00	
	R Rio de Janeiro Intl. GIG				
X	1815	– 0530R◇+	1059FRA/9708(RG)		C
1	1920	– 0645R◇+	1077(CL)MUC/9706(RG)		C
			17Jul–28Okt		
→	**Rom/Rome** ROM			+ 02:00	
	F Fiumicino FCO				
X	1340	– 1815F	1057FRA/3848		C
X	1815	– 2330F	1059FRA/3852		C
→	**Rostov** ROV			+ 04:00	
47	0830	– 1720	1053FRA/3200(CL)		C
2	0850	– 1725	1053FRA/3200(CL)		C
→	**Samara** KUF			+ 05:00	
136	1815	– 0435+	1059FRA/3212		C
2457	1815	– 0455+	1059FRA/3210		C
→	**San Francisco** SFO			– 07:00	
X	0600	– 1155	1051FRA/454		C
Xe7	0705	– 1155	1063FRA/454		C
X	1245	– 1840	1073(CL)MUC/458		C
→	**Sana** SAH			+ 03:00	
134	1020	– 2315	1055FRA/652		C
→	**Sao Paulo** SAO			– 03:00	
	G Guarulhos Intl. GRU				
X	1815	– 0500G◇+	1059FRA/9686(RG)		C
X	1815	– 0515G◇+	1059FRA/502		C
156	1920	– 0445G+	1077(CL)MUC/9706(RG)		C
			01Jul–08Jul		
→	**Sarajevo** SJJ			+ 02:00	
Xe6	0855	– 1220	1069(CL)MUC/3500(CL)		C

Frq	Dep	Arr	Flight	Aircr.	Stops
Dresden				+ 02:00	
→	**Stockholm** STO			+ 02:00	
	A Arlanda ARN				
Xe7	0705	– 1210A	1063FRA/3002		C
X	1340	– 1810A	1057FRA/3004		C
X	1815	– 2345A	1059FRA/3006		C
→	**Strassburg/Strasbourg** SXB			+ 02:00	
	Z Place de la Gare XER				
X	0600	– 1115Z	1051FRA/6906		C
X	1815	– 2345Z	1059FRA/6918		C
→	**Sydney** SYD			+ 10:00	
Xe17	0805	– 1505 ◇+	6386(VO)VIE/6446(OS)		C
→	**Tallinn** TLL			+ 03:00	
X	1020	– 1700	1055FRA/3178		C
Xe26	1815	– 0205+	1059FRA/3234(CL)		C
2	1815	– 0135+	1059FRA/3234(CL)		C
→	**Teheran** THR			+ 03:30	
X	1340	– 0030+	1057FRA/600		C
X	1635	– 0140+	1075(CL)MUC/602		C
			01Jul–15Aug		
246	1635	– 0140+	1075(CL)MUC/602		C
			17Aug–14Sep		
347	1635	– 0140+	1075(CL)MUC/602		C
			17Sep–28Okt		
→	**Tel Aviv** TLV			+ 03:00	
X	0600	– 1440 ♦	1051FRA/686		C
Xe7	0705	– 1440 ♦	1063FRA/686		C
X	1815	– 0340 ♦+	1059FRA/690		C
→	**Teneriffa/Tenerife** TCI			+ 01:00	
	R Sur Reina Sofia TFS				
5	1545	– 1955R	DE5824		0
→	**Thessaloniki** SKG			+ 03:00	
6	0945	– 1720	661(KIS)DUS/5932(A3)		C
→	**Tiflis/Tbilisi** TBS			+ 04:00	
2457	1920	– 0305+	1077(CL)MUC/3214		C
→	**Timisoara** TSR			+ 03:00	
Xe7	0615	– 1155	1067(CL)MUC/3480(CL)		C
→	**Tirana** TIA			+ 02:00	
Xe7	0805	– 1240	6386(VO)VIE/6441(OS)		C
→	**Tokio** TYO			+ 09:00	
	N Narita NRT				
X	1020	– 0730N+	1055FRA/710		C
Xe3	1245	– 1000N+	1073(CL)MUC/714		C
X	1815	– 1450N+	1059FRA/9790(NH)		C
→	**Toronto** YTO			– 04:00	

2.2.2 Reservierungen über CRS/GDS, hier AMADEUS[26]

AMADEUS verfügt über eine grafische Oberfläche, deren Flugmaske mit dem Air-Icon (Flugzeug) aufgerufen werden kann. Hier sind die Standard-Befehle bereits vorgegeben und Erläuterungen können über Anklicken bestimmter Symbole oder Darüber-Scrollen mit der Maus abgerufen werden.

Experten steht ein kryptischer Modus („Command Page") zur Verfügung, in dem die Eingaben mittels festgelegten Befehlen vorgenommen werden müssen, Erläuterungen erhält man ebenfalls nur über festgelegte Abfragen.

Für die Abfrage von Verbindungen gibt es in AMADEUS verschiedene Varianten mit den unterschiedlichsten Sortierungskriterien. Hier sollen zwei Grundvarianten dargestellt und erläutert werden.

1. „TN" Timetable Neutral (Neutraler Flugplan)

Die „TN"-Abfrage gleicht der Darstellung von Flugverbindungen in Druckwerken wie dem OAG.

Da die grafische Oberfläche selbsterklärend ist, hier nur ein „Screenshot" der Flugplan-Abfrage im grafischen Modus mit kurzen Hinweisen:

(Command Page)   **AMADEUS Air (grafische Oberfläche)**

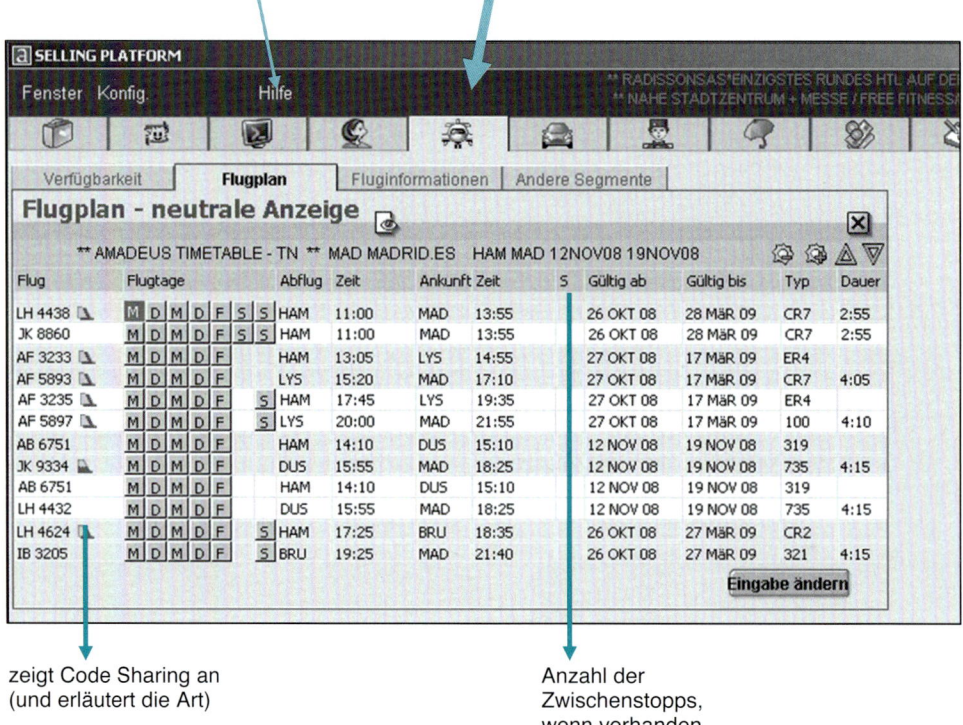

zeigt Code Sharing an
(und erläutert die Art)

Anzahl der
Zwischenstopps,
wenn vorhanden

---

[26] Da AMADEUS das zzt. in Deutschland gebräuchlichste GDS ist, soll dieses hier exemplarisch dargestellt werden. Allgemeine Infos zu den weiteren GDS finden Sie in Kap. 6.3.)

Nun soll noch etwas ausführlicher auf die kryptischen Ein- und Ausgaben bei der Reservierung eingegangen werden.

Eingabebeispiel für Flüge von Hamburg nach Madrid für die Flugplanperiode ab 12. November:

>*TN12NOVHAMMAD*

Command Page

Ausgabe:

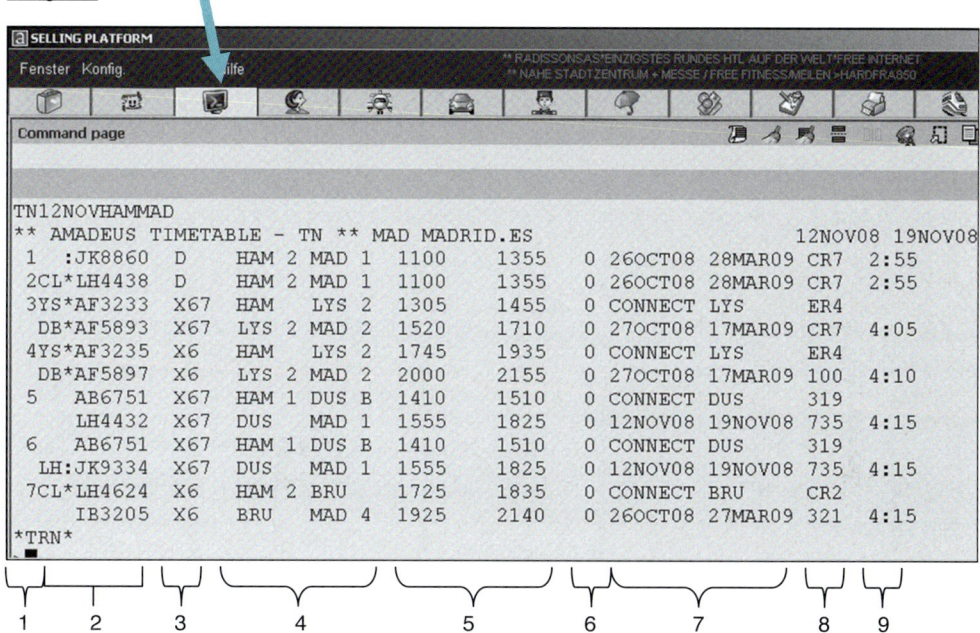

Spalte 1: Laufnummer – Nummerierung der Flugverbindungen. (Weitere Verbindungen ggf. durch Vorblättern auf der nächsten Seite).
Darstellung auf einer Zeile: Nonstop- und Direktverbindungen;
Darstellung auf zwei oder mehr Zeilen: Umsteigeverbindungen

Spalte 2: Fluggesellschaft und Flugnummer, ggf. Flight Type Indicator und Operating Airline Code Indicator bei Code-Share-Flügen. Folgende Indikatoren sind u. a. möglich:
CL*LH   = Leased/Blocked Space
LH:JK   = Code-Share-Flug; Operating Carrier: JK

Spalte 3: Flugtage: D = Daily (täglich), X6 = täglich außer 6 (Samstag)

Spalte 4: Abflugflughafen, ggf. Terminal, Ankunftsflughafen, ggf. Terminal

Spalte 5: Abflug- und Ankunftszeit (Ortszeiten)

Spalte 6: Anzahl der Zwischenlandungen

Spalte 7: Flugplangültigkeit und bei Umsteigeverbindungen der Umsteigeort

Spalte 8: Fluggerät

Spalte 9: Reisezeit

2. „AN" Availability Neutral (Neutrale Verfügbarkeit)

Bei der „AN"-Abfrage wird neben dem Flugplan bis zu 361 Tagen im Voraus auch die Verfügbarkeit der Flüge angezeigt.

Selbsterklärende Ausgabe der grafischen Oberfläche bei der Abfrage für den 12. November von Hamburg nach Madrid:

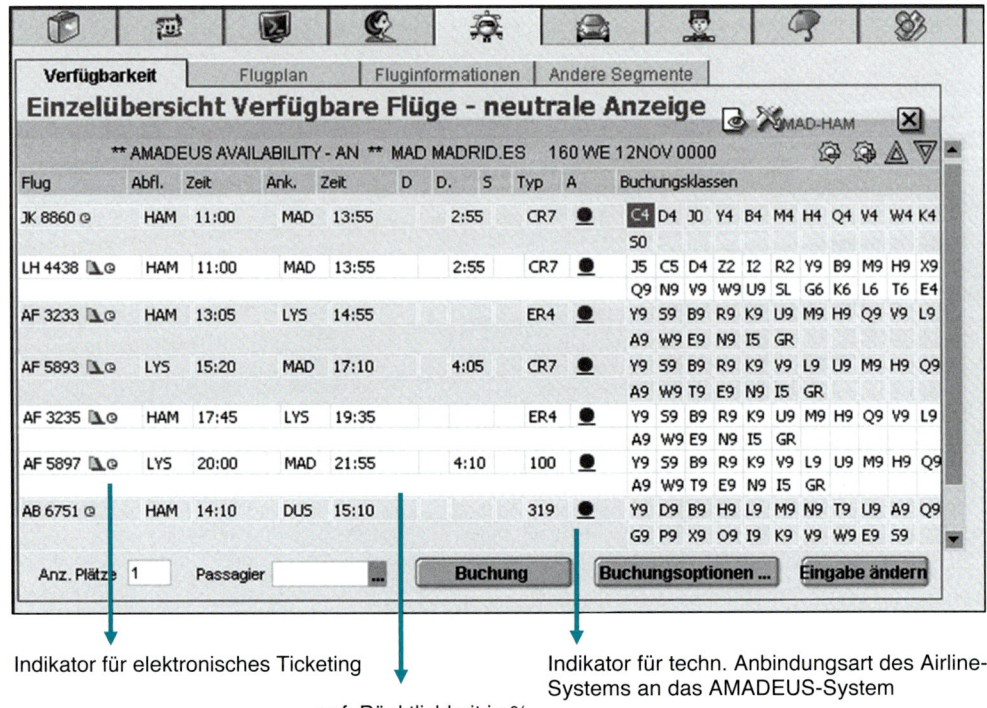

Indikator für elektronisches Ticketing

ggf. Pünktlichkeit in %

Indikator für techn. Anbindungsart des Airline-Systems an das AMADEUS-System

Beispiel für die gleiche Abfrage in der Command Page:

>*AN12NOVHAMMAD*

```
AN12NOVHAMMAD -TC-
** AMADEUS AVAILABILITY - AN ** MAD MADRID.ES              160 WE 12NOV 0000
  1 :JK8860   C4 D4 J0 Y4 B4 M4 H4 /HAM 2 MAD 1   1100      1355  E0/CR7      2:55
              Q4 V4 W4 K4 S0
 2CL*LH4438   J5 C5 D4 Z2 I2 R2 Y9 /HAM 2 MAD 1   1100      1355  E0/CR7      2:55
              B9 M9 H9 X9 Q9 N9 V9 W9 U9 SL G6 K6 L6 T6 E4
 3YS*AF3233   Y9 S9 B9 R9 K9 U9 M9 /HAM   LYS 2   1305      1455  E0/ER4
              H9 Q9 V9 L9 A9 W9 E9 N9 I5 GR
  DB*AF5893   Y9 S9 B9 R9 K9 V9 L9 /LYS 2 MAD 2   1520      1710  E0/CR7      4:05
              U9 M9 H9 Q9 A9 W9 T9 E9 N9 I5 GR
 4YS*AF3235   Y9 S9 B9 R9 K9 U9 M9 /HAM   LYS 2   1745      1935  E0/ER4
              H9 Q9 V9 L9 A9 W9 E9 N9 I5 GR
  DB*AF5897   Y9 S9 B9 R9 K9 V9 L9 /LYS 2 MAD 2   2000      2155  E0/100      4:10
              U9 M9 H9 Q9 A9 W9 T9 E9 N9 I5 GR
```

  1   2   3   4   5   6   7 8 9 10   11

<u>Ausgabe:</u>

Spalte 1:   Laufnummer – Nummerierung der Verbindungen

Spalte 2:   Airline-Code, Flugnummern, Indikatoren :
              * = Leased VBlock Space
              : = Code Share, zwei Fluggesellschaften vermarkten den Flug unter eigener
                 Flugnummer
              C = Charter Flight

Spalte 3:   Reservierungsklassen und jeweils Anzahl der freien Plätze (max. 9 werden angezeigt)
              E   = Shuttle-Flug, Anzahl der freien Sitze wird nicht angezeigt
              0 oder L   = Warteliste
              R   = nur auf Anfrage
              S oder C   = ausgebucht
              X   = Flug ist storniert

Spalte 4:   / = Last Seat Availability Indicator, d. h., dass AMADEUS Zugriff bis zum letzten Platz hat

Spalte 5:   Abflugflughafen, ggf. mit Terminal und Ankunftsflughafen, ggf. mit Terminal

Spalte 6:   Abflug- und Ankunftszeit (Ortszeiten)

Spalte 7:   E = Elektronisches Ticketing möglich / T = Ticketless Flights/Ticketloser Flug

Spalte 8:   0 /1/ 2 =Anzahl der Zwischenlandungen

Spalte 9:   / = Indikator für techn. Anbindungsart des Airline-Systems an das AMADEUS-System

Spalte 10:   Fluggerät (besondere Eintragungen: EQV: Fluggerät variiert bzw. Kunde muss am
              Zwischenort umsteigen; TRN: Zug; HOV: Hovercraft)

Spalte 12:   Reisedauer

Anmerkung:

Bezüglich der Reihenfolge gilt nach dem EU-CRS-Verhaltenscodex:
Zuerst werden Nonstop-Verbindungen angezeigt. Dann folgen die Direktflüge, ohne Wechsel des
Fluggeräts und danach Anschlussverbindungen.

Möchte der Anwender die Verbindungen anders sortiert haben, kann er die Abfragen variieren, z. B.
nur auf bestimmte Fluggesellschaften einschränken.

Bei manchen Flügen erscheinen nach der Verfügbarkeits-Abfrage in der Ausgabe zusätzliche
Hinweise; sie sind in der Regel stark nach IATA-Standard verkürzt. Hier eine kurze Auflistung:

CONDIT TFC   Die Beförderung des Passagiers auf diesem Flug unterliegt speziellen
                                  Bedingungen. Für Details wenden Sie sich an die Airline.

CONEX/STPVR TFC ONLY   Diese Strecke darf nur als Teil einer Transfer- oder Stopover-
                                  Verbindung gebucht werden.

INTL ONLN CONX/STPVR   Diese Strecke darf nur als Teil einer internationalen Transfer- oder
TFC ONLY   Stopover-Verbindung gebucht werden.

INTL ONLN CONX/STPVR   Diese Strecke darf nur als Teil einer internationalen Transfer- oder
TFC   Stopover-Verbindung gebucht werden, bei der der Weiterflug
                                  mit derselben Airline (online) erfolgt.

OP SUBJ GOVT APPROVAL Die Durchführung des Fluges hängt von einer Genehmigung durch die Regierung ab. Kontaktieren Sie die Airline für eine Bestätigung.

OP SUBJ TO CONFIRMATION Die Durchführung des Fluges bedarf der Bestätigung. Kontaktieren Sie hierfür die Fluggesellschaft.

REQ ALL RES Alle Reservierungen müssen bei der Fluggesellschaft angefragt und von ihr bestätigt werden.[27]

Reservierung eines Fluges nach Verfügbarkeitsabfrage

In der grafischen Oberfläche muss nun lediglich die gewünschte Reservierungsklasse markiert und mit „Buchung" ausgewählt werden.

Beispiel: Sie haben nach einer AN-Abfrage folgendes Display auf dem Bildschirm und wollen einen Platz in C-Klasse auf der LH 3034 buchen:

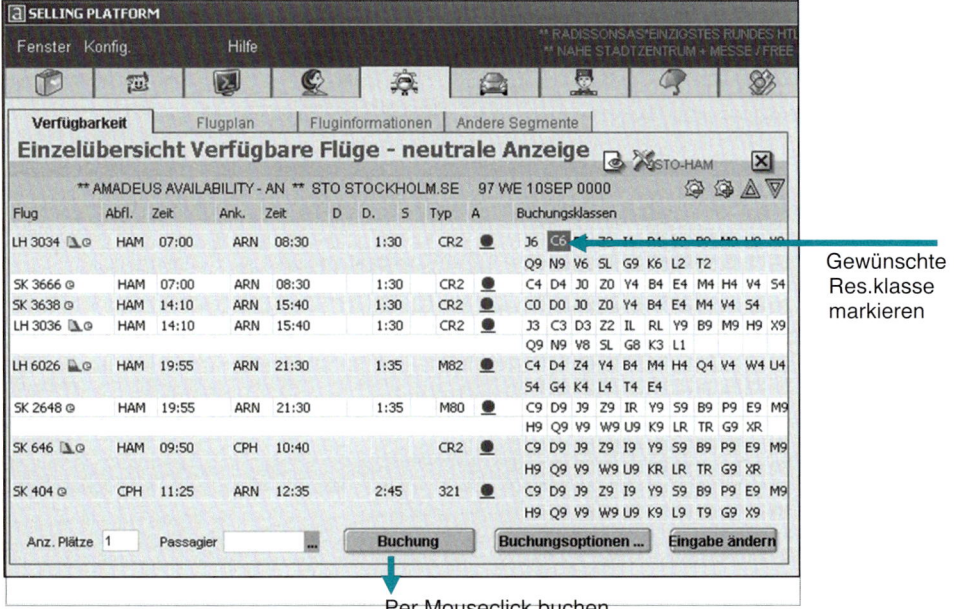

Ausgabe
im unteren Teil des Bildschirms:
(Erläuterungen der alphanumerischen Ausgaben siehe unten zur Command Page)

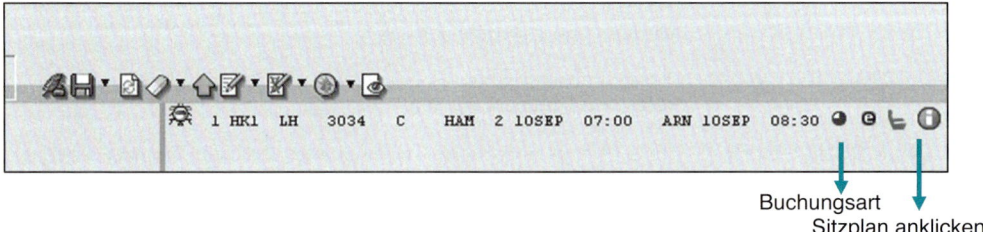

---

[27] Alles über AMADEUS-Reservierungen und -Ticketing ausführlich bei Bach, T.: AMADEUS

Zur Reservierung in der Command Page wird der Befehl „SS" – Segment Sell – verwendet, kombiniert mit der Anzahl der zu buchenden Plätze, der gewünschten Reservierungsklasse und Laufnummer der Verbindung aus dem AN-Display.

```
AN10SEPHAMSTO
** AMADEUS AVAILABILITY - AN ** STO STOCKHOLM.SE            97 WE 10SEP 0000
 1  :SK3666  C4 D4 J0 Z0 Y4 B4 E4 /HAM 2 ARN 5  0700      0830  E0/CR2      1:30
            M4 H4 V4 S4
 2CL*LH3034  J6 C6 D6 Z2 I1 R1 Y9 /HAM 2 ARN 5  0700      0830  E0/CR2      1:30
            B9 M9 H9 X9 Q9 N9 V6 SL G9 K6 L2 T2
 3  :SK3638  C0 D0 J0 Z0 Y4 B4 E4 /HAM 2 ARN 5  1410      1540  E0/CR2      1:30
            M4 V4 S4
 4CL*LH3036  J3 C3 D3 Z2 IL RL Y9 /HAM 2 ARN 5  1410      1540  E0/CR2      1:30
            B9 M9 H9 X9 Q9 N9 V8 SL G8 K3 L1
 5   SK2648  C9 D9 J9 Z9 IR Y9 S9 /HAM 2 ARN 5  1955      2130  E0/M80      1:35
            B9 P9 E9 M9 H9 Q9 V9 W9 U9 K9 LR TR G9 XR
 6SK:LH6026  C4 D4 Z4 Y4 B4 M4 H4 /HAM 2 ARN 5  1955      2130  E0/M82      1:35
            Q4 V4 W4 U4 S4 G4 K4 L4 T4 E4
 7QI*SK 646  C9 D9 J9 Z9 I9 Y9 S9 /HAM 2 CPH 3  0950      1040  E0/CR2
            B9 P9 E9 M9 H9 Q9 V9 W9 U9 KR LR TR G9 XR
     SK 404  C9 D9 J9 Z9 I9 Y9 S9 /CPH 3 ARN 5  1125      1235  E0/321      2:45
            B9 P9 E9 M9 H9 Q9 V9 W9 U9 K9 L9 T9 G9 X9
```

Eingabe: >SS1C2   (Segment Sell, 1 Platz, C-Klasse, Laufnummer 2)

Ausgabe:

```
RP/FRAL12902/
 1  LH3034 C 10SEP 3 HAMARN HK1  0630 2  0700 0830   CR2 E 0 S
    OPERATED BY LUFTHANSA CITYLINE
    SEE RTSVC
```

Erläuterung:

Zeile 1: Buchender Agent mit seiner AMADEUS-Kennung

Zeile 2: Buchungsdaten:
    LH 3034
    in C-Klasse
    am 10. September
    Flugtag 3 = Mittwoch
    von HAM nach ARN (Hamburg nach Stockholm)
    1 Platz bestätigt (HK1)
    → Codierungen wie HK können Sie im System abfragen mit >GG CODE
    06:30 Check-In-Schluss
    07:00 Abflug von Terminal 2 in HAM
    08:30 Ankunft in ARN
    Fluggerät CR2
    → Codierungen für Fluggeräte sind mit >DNE CR2 abrufbar
      E = E-Ticket möglich
      0 = Anzahl Zwischenlandungen
      S = Meal-Code (hier: Snack)

Zeile 3: Hinweis darauf, dass der Flug mit LH-Flugnummer von Lufthansa Cityline durchgeführt wird
Zeile 4: Mit der Eingabe >RTSVC können Zusatzinfos zu dem Flug abgerufen werden.

Dieser Vorgang wird ggf. für den Rückflug wiederholt (es sei denn, es wird von vornherein eine kombinierte Abfrage für Hin- und Rückflug vorgenommen).

Es folgt jetzt die Eingabe der restlichen Reservierungsdaten, die die Fluggesellschaft zum Anlegen der Buchung („Passenger Name Record" = PNR) benötigt. In der Command Page sind dies die Eingaben:

NM – Namenselement: (Anzahl/Name/Vorname Leertaste Anrede)
>*NM1MALA/SUSAN MRS*

AP – Address and Phone-Element   freie Text/Nummern-Eingabe ist möglich
>*APHAM 040/234567-B*

TK – Ticketing-Element: Wann/wie soll das Ticket angestoßen werden?
>*TKOK*   wenn Ticket sofort oder gar nicht generiert werden soll

RF-Element – Besteller   freie Texteingabe möglich (Element erscheint ganz oben)
>*RFMRSMALA*

ET-Element (End of Transaction)   schließt den PNR ab
>*ET*

Ausgabe:

```
RP/FRAL12902/
RF MRSMALA
  1.MALA/SUSAN MRS
  2   LH3034 C 10SEP 3 HAMARN HK1   0630 2   0700 0830    CR2 E 0 S
      OPERATED BY LUFTHANSA CITYLINE
      SEE RTSVC
  3 AP HAM 040 234567-B
  4 TK OK05JUN/FRAL12902
*TRN*
>et█
```

Die einzelnen Elemente werden nummeriert; die Buchung wird abgeschlossen und mit einer Buchungsnummer, dem sog **„Filekey"** oder auch **„Record Locator"** versehen. Anhand dieser Buchungsnummer kann die Buchung zu einem späteren Zeitpunkt wieder vom System aufgerufen werden.

Unser Passagier hat nun eine bestätigte Reservierung auf den gewünschten Flügen nach Stockholm, allerdings noch keinen bestimmten Sitzplatz (z. B. Fenster). Solche Extrawünsche wie auch spezielle Mahlzeiten etc. müssen extra angefordert werden.

Um das elektronische Ticket zu generieren, müssen noch weitere Angaben hinzugefügt werden. (Hierzu Näheres auf S. 93 ff.)

Reservierung von Linienflügen – Zusammenstellen von Verbindungen,
Flugpläne und Flugzeitenberechnungen
– Flugzeitenberechnungen, Zeitzonen und Zeitumrechnungen
– Umrechnen zwischen Ortszeiten und UTC

ÜBUNG 2.2.2

Beantworten Sie zu der folgenden Buchung diese Fragen:

a) Wann ist Check-In-Schluss in Frankfurt?
b) Welche Fluggesellschaft befördert den Passagier auf dem Rückflug?
c) Welches Fluggerät wird auf dem Hinflug eingesetzt?

```
RP/FRAL12902/
   1.RASCH/SABINE MRS
   2  LH3102 N 19NOV 1 FRAHEL HL1  0855 1  0935 1300   320 E 0 R
      SEE RTSVC
      WARNUNG - WARTELISTE
   3  SK3679 M 22NOV 4 HELFRA HK1        2  0710 0845   320 E 0 B
      OPERATED BY LUFTHANSA
      SEE RTSVC
   4 AP 069 23456-H
   5 TK OK28JUN/FRAL12902
```

2.2.3   Flugzeitenberechnungen; Zeitzonen und Zeitumrechnungen

Die Welt ist in östlicher/westlicher Richtung in 24 Zeitzonen eingeteilt, die jeweils genau 15° voneinander entfernt sind, das entspricht einer Stunde. Manche Staaten, wie z. B. die USA, sind daher in mehrere Zeitzonen aufgeteilt.

Auf dem Längengrad 0 hat man die sog. **„Universal Time Coordinated" = UTC** (ehemalig **„Greenwich Mean Time" = GMT**) festgelegt. Alle anderen Ortszeiten sind als Abweichung gegenüber dieser GMT/UTC-Zeit definiert. In östlicher Richtung ist die Zeit immer schon weiter vorangeschritten, während sie in westlicher Richtung hinter der GMT/UTC-Zeit liegt. Die größte Abweichung finden wir in der Nähe des 180. Längengrades, wo sie jeweils +12 und -11 Stunden beträgt.

Der 180. Längengrad wird daher auch als Datumsgrenze bezeichnet, denn wer sich über diese Linie bewegt, überspringt in westlicher Richtung einen Tag, während man in östlicher Richtung einen Tag gewinnt.

Es wird zwischen der *Standardzeit* (Standard Clock Time) und **Sommerzeit (Daylight Saving Time, DST)** unterschieden. Die DST ist nicht in allen Ländern und vor allem zu unterschiedlichen Zeiten anwendbar. Die anwendbaren Zeiträume können sich auch von Jahr zu Jahr ändern. Beachten Sie hierbei außerdem, dass auf der Südhalbkugel die Sommerzeit in unsere Winterzeit fällt und deshalb dort zwischen September und März stattfindet.

Eine Übersicht der Ortszeiten aller Länder und ihrer Abweichung gegenüber GMT/UTC finden Sie im OAG und anderen Flugplänen; im LH-Taschenflugplan als Karte und im Flugplan bei der Beschreibung jedes Flughafens.

Nachfolgend ein (stark verkürzter, bearbeiteter) Auszug der Zeitzonenliste der Physikalisch-Technischen Bundesanstalt aus dem Internet (http://www.ptb.de/de/org/4/44/441/zeit.htm) sowie eine Zeitzonenkarte aus dem Buch „Geographie für Touristiker"[28].

---

[28] Geographie für Touristiker, Ortlepp, R., 3. Aufl. 2007

Reservierung von Linienflügen – Zusammenstellen von Verbindungen,
Flugpläne und Flugzeitenberechnungen
– Flugzeitenberechnungen, Zeitzonen und Zeitumrechnungen
– Umrechnen zwischen Ortszeiten und UTC

Land	Ortszeit	Sommerzeit (Zeitraum)	DST
Großbritannien	UTC	30. März–26. Okt.	UTC + 1 Std.
Jemen	UTC + 3 Std.		
Malaysia	UTC + 8 Std.		
Mauritius	UTC + 4 Std.		
Mexiko (Central Time incl. MEX)	UTC – 6 Std.		
Neuseeland	UTC + 12 Std.	30. Sept.–6. Apr.	UTC + 13 Std.
Nicaragua	UTC – 6 Std.		
Niederlande	UTC + 1 Std.	30. März–26. Okt.	UTC + 2 Std.
Niger	UTC + 1 Std.		
Nigeria	UTC + 1 Std.		
Pakistan	UTC + 5 Std.	März bis Sept.	UTC + 6 Std.
Philippinen	UTC + 8 Std.		
Portugal	UTC	30. März–26. Okt.	UTC + 1 Std.
Puerto Rico	UTC – 4 Std.		
Réunion	UTC + 4 Std.		
Ruanda	UTC + 2 Std.		
Rumänien	UTC + 2 Std.	30. März–26. Okt.	UTC + 3 Std.
Saudi-Arabien	UTC + 3 Std.		
Schweden	UTC + 1 Std.	30. März–26. Okt.	UTC + 2 Std.
Schweiz	UTC + 1 Std.	30. März–26. Okt.	UTC + 2 Std.
Senegal	UTC		
Seychellen	UTC + 4 Std.		
Singapur	UTC + 8 Std.		
Spanien	UTC +1 Std.	30. März–26. Okt.	UTC + 2 Std.
Sri Lanka	UTC + 5,5 Std.		
St. Lucia	UTC – 4 Std.		
Sudan	UTC + 2 Std.		
Südafrika	UTC + 2 Std.		
Suriname	UTC - 3,5 Std.		
Syrien	UTC + 2 Std.	1. Apr.–30. Sept.	UTC + 3 Std.
Tahiti	UTC – 10 Std.		
Taiwan	UTC + 8 Std.		
Tansania	UTC + 3 Std.		
Thailand	UTC + 7 Std.		
Togo	UTC		
Trinidad u. Tobago	UTC – 4 Std.		
Tschad	UTC + 1 Std.		
Tschechische Republik	UTC + 1 Std.	30. März–26. Okt.	UTC + 2 Std.
Türkei	UTC + 2 Std.	30. März–26. Okt.	UTC + 3 Std.
Tunesien	UTC + 1 Std.	30. März–26. Okt.	UTC + 2 Std.
Turkmenistan	UTC + 5 Std.		
Uganda	UTC + 3 Std.		
USA		9. März–2. Nov. (DST in allen Zeitzonen außer in Arizona, Hawaii, Indiana, Puerto Rico, U.S. Virgin Islands, American Samoa)	
Hawaii-Aleutian Standard Time	UTC – 10 Std.		UTC – 9 Std.
Alaska Standard Time	UTC – 9 Std.		UTC – 8 Std.
Pacific Standard Time	UTC – 8 Std.		UTC – 7 Std.
Mountain Standard Time	UTC – 7 Std.		UTC – 6 Std.
Central Standard Time	UTC – 6 Std.		UTC – 5 Std.
Eastern Standard Time	UTC – 5 Std.		UTC – 4 Std.
Atlantic Standard Time	UTC – 4 Std.		UTC – 3 Std.
Venezuela	UTC – 4,5 Std.		
Vereinigte Arabische Emirate	UTC + 4 Std.		
Vietnam	UTC + 7 Std.		

Reservierung von Linienflügen – Zusammenstellen von Verbindungen,
Flugpläne und Flugzeitenberechnungen
– Flugzeitenberechnungen, Zeitzonen und Zeitumrechnungen
– Umrechnen zwischen Ortszeiten und UTC

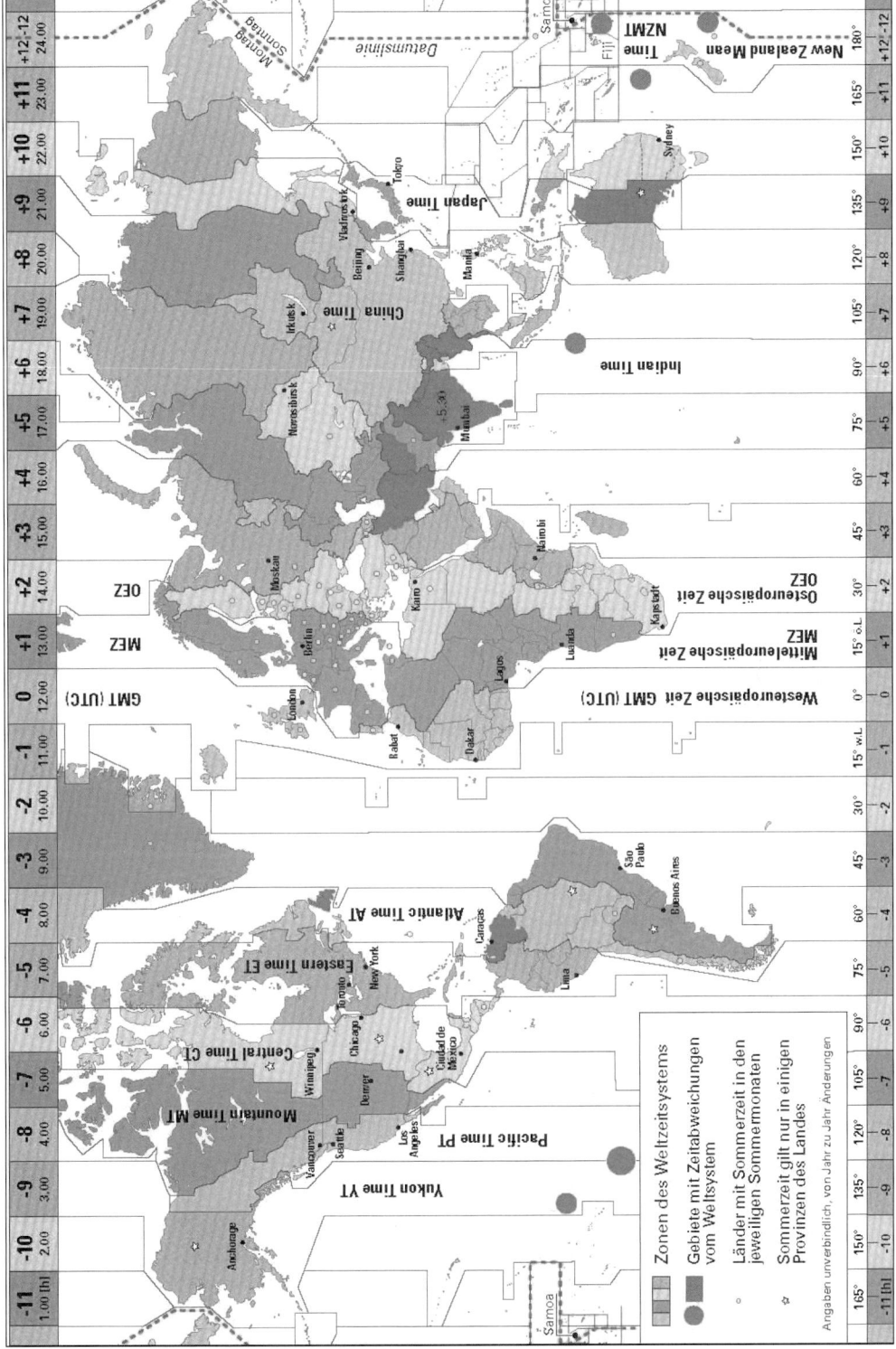

Reservierung von Linienflügen – Zusammenstellen von Verbindungen,
Flugpläne und Flugzeitenberechnungen
– Flugzeitenberechnungen, Zeitzonen und Zeitumrechnungen
– Umrechnen zwischen Ortszeiten und UTC

2.2.3.1 Umrechnen zwischen Ortszeiten und UTC oder umgekehrt

1) Angenommen, nach UTC ist es 16:00 Uhr.
   Wie spät ist es dann in Tansania?

   Nach der Tabelle liegt Tansania 3 Stunden vor UTC, also ist es dort
   16:00 Uhr + 3 Stunden = 19:00 Uhr Ortszeit.

2) Wie spät ist es auf Tahiti, wenn es nach UTC 16:00 Uhr ist?

   Nach der Tabelle liegt Tahiti 10 Stunden hinter UTC, also ist es dort
   16:00 Uhr – 10 Stunden = 6:00 Uhr Ortszeit.

3) In New York ist es im Juni 18:35 Uhr. Wie spät ist es nach UTC?

   Die New Yorker Ortszeit (USA, Eastern Time) liegt während der Sommerzeit 4 Stunden hinter UTC.
   Die UTC-Zeit beträgt also 18:35 Uhr + 4 Stunden = 22:35 Uhr.

4) Auf den Philippinen ist es am 16. Juni 06:32 Uhr. Wie spät ist es nach UTC-Zeit?

   Die Ortszeit der Philippinen ist 8 Stunden vor UTC.
   Die UTC-Zeit beträgt also 06:32 Uhr – 8 Stunden = 22:32 Uhr am 15. Juni.

Das Umrechnen von einer Ortszeit auf eine andere bereitet i. d. R. etwas mehr Schwierigkeiten:

1) Wie spät ist es in Venezuela, wenn es auf den Seychellen 18:00 Uhr ist?

   Die sicherste Methode ist es, die angegebene Zeit zunächst auf UTC-Zeit umzurechnen und dann diese UTC-Zeit in die gefragte Ortszeit.

   In diesem Beispiel bedeutet das:

   Auf den Seychellen ist es 18:00 Uhr.
   Diese liegen 4 Stunden vor UTC, also ist es 18:00 Uhr – 4 Stunden = 14:00 Uhr UTC.
   Venezuela liegt dagegen 4,5 Stunden hinter UTC, also ist es 14:00 Uhr – 4,5 Stunden = 09:30 Uhr Ortszeit Venezuela.

2) Wie spät ist es in Réunion, wenn es in Puerto Rico 23:00 Uhr am 13. November ist?

   Puerto Rico liegt 4 Stunden hinter UTC, das entspricht also einer UTC-Zeit von
   23:00 Uhr + 4 Stunden = 03:00 Uhr am 14. November.
   Réunion ist dagegen 4 Stunden vor UTC, also ist es
   03:00 Uhr + 4 Stunden = 07:00 Uhr am 14. November Ortszeit Réunion.

3) Wie spät ist es in Uganda, wenn es in Vietnam 15:00 Uhr ist?

   Vietnam ist der UTC-Zeit 7 Stunden voraus, also ist es
   15:00 Uhr – 7 Stunden = 8:00 Uhr nach UTC.
   Uganda ist dagegen 3 Stunden voraus, also 08:00 Uhr + 3 Stunden = 11:00 Uhr Ortszeit Uganda.

Es gibt einige andere, teilweise kürzere Methoden, um Zeiten umzurechnen. So können Sie auch zunächst die Zeitdifferenz zwischen den beiden Orten ausrechnen und sie dann von der bekannten Zeit abziehen bzw. zu ihr addieren. Erfahrungsgemäß werden hierbei jedoch häufiger Fehler gemacht.

Reservierung von Linienflügen – Zusammenstellen von Verbindungen,
Flugpläne und Flugzeitenberechnungen
– Flugzeitenberechnungen, Zeitzonen und Zeitumrechnungen
– Berechnung von Flug- und Reisezeiten

2.2.3.2   Berechnung von Flug- und Reisezeiten

Noch aufwendiger ist die Berechnung von Flugzeit und Reisezeit unter der Berücksichtigung verschiedener Ortszeiten.
Hierbei ist unter Flugzeit die reine Flugzeit zu verstehen, während bei der Reisezeit auch die Zeiten, die zum Umsteigen benötigt werden, mitgerechnet werden müssen.

1) Für die Flugverbindung mit dem Flug AA23 von BER nach CHI (Central Time) soll die Flugzeit ermittelt werden.

Abflug Berlin	: 13:05 Uhr	Zeitverschiebung BER: + 2 Std.
Ankunft Chicago	: 15:50 Uhr	Zeitverschiebung CHI : – 5 Std.
		(beides Sommerzeit)

Zur Errechnung der Flugzeit ist folgendes Vorgehen empfehlenswert:
Rechnen Sie Abflug- und Ankunftszeit auf UTC um, und ermitteln Sie dann die Differenz zwischen beiden:

BER 13:05 Uhr – 2 Stunden = 11:05 Uhr UTC
CHI 15:50 Uhr + 5 Stunden = 20:50 Uhr UTC

Differenz = Flugzeit: 9 Std., 45 Min.

2) Für die Umsteigeverbindung von München nach Athen über Wien soll zum einen
   a) die Reisezeit und zum anderen
   b) die Flugzeit ermittelt werden.

Abflug MUC : 20:30 Uhr (07. AUG)	Zeitverschiebung MUC: + 2 Std.
Ankunft VIE : 21:35 Uhr "	Zeitverschiebung VIE: + 2 Std.
Abflug VIE : 01:30 Uhr (08. AUG)	
Ankunft ATH: 04:40 Uhr "	Zeitverschiebung ATH: + 3 Std.

Für die Ermittlung der Reisezeit interessieren im Prinzip nur Abflug- und Ankunftszeit, deren Berechnung zunächst in gleicher Weise wie die Berechnung der Flugzeit vorzunehmen ist:

MUC 20:30 Uhr – 2 Stunden = 18:30 Uhr UTC
ATH 04:40 Uhr – 3 Stunden = 01:40 Uhr UTC

Differenz = Reisezeit: 7 Std., 10 Min.

Soll nun die reine Flugzeit berechnet werden, so brauchen Sie nur noch die Dauer des Aufenthalts von der Reisezeit abzuziehen:

Aufenthalt in VIE von 21:35 Uhr bis 01:30 Uhr = 3 Std., 55 Min.

    7 Std., 10 Min. Reisezeit
 – 3 Std., 55 Min. Aufenthalt

 = 3 Std., 15 Min. Flugzeit

Reservierung von Linienflügen – Zusammenstellen von Verbindungen,
Flugpläne und Flugzeitenberechnungen
– Flugzeitenberechnungen, Zeitzonen und Zeitumrechnungen
– Berechnung von Flug- und Reisezeiten

3) Für folgenden Flug von Nadi (Fiji, NAN) nach Apia (Samoa, APW) über die Datumsgrenze soll die Flugzeit ermittelt werden:

Abflug NAN   : 08:30 Uhr (10. JUL) Zeitverschiebung NAN: + 12 Std.
Ankunft APW : 11:20 Uhr (09. JUL) Zeitverschiebung APW: – 11 Std.

NAN 08:30 Uhr – 12 Stunden = 20:30 Uhr (09. JUL) UTC
APW 11:20 Uhr + 11 Stunden = 22:20 Uhr (09. JUL) UTC

Differenz = Flugzeit: 1 Std., 50 Min.

4) Für folgenden Flug von Honolulu (Hawaii, HNL) nach Apia (Samoa, APW) via Nadi (Fiji, NAN) über die Datumsgrenze sollen Reise- und Flugzeit ermittelt werden:

Abflug HNL   : 23:45 Uhr (16. AUG) Zeitverschiebung HNL: – 10 Std.
Ankunft NAN : 04:35 Uhr (18. AUG) Zeitverschiebung NAN: + 12 Std.
Abflug NAN   : 08:45 Uhr (18. AUG)
Ankunft APW : 12:40 Uhr (17. AUG) Zeitverschiebung APW: – 11 Std.

a) Reisezeitberechnung:

HNL 23:45 Uhr + 10 Stunden = 09:45 Uhr (17. AUG) UTC
APW 12:40 Uhr + 11 Stunden = 23:40 Uhr (17. AUG) UTC

Differenz = Reisezeit: 13 Std., 55 Min.

b) Flugzeitberechnung:

Aufenthalt in NAN: 04:35 Uhr bis 08:45 = 4 Std., 10 Min.

        13 Std., 55 Min. Reisezeit
      – 4 Std., 10 Min. Aufenthalt in NAN

      = 9 Std., 45 Min. Flugzeit

Auch für die Berechnung von Flug- und Reisezeit gibt es verschiedene Methoden. So ist es unter Umständen schneller, die Abflugs-Ortszeit auf die Ankunfts-Ortszeit umzurechnen und dann die Differenz zu ermitteln, statt beide Zeiten zunächst auf UTC umzurechnen.

5) Der Flug CX102 startet am 13. JUL um 09:45 Uhr von Brisbane (Australien, BNE, + 10 Std. Zeitverschiebung) zu seinem Flug nach Hongkong (HKG, + 8 Std. Zeitverschiebung).

Die Flugzeit beträgt 12 Std., 40 Min.
Wann kommt CX102 in Hongkong an?

- Umrechnung der Abflugzeit BNE in UTC
  09:45 Uhr – 10 Stunden = 23:45 Uhr (12. JUL)

- Berechnung der Ankunftszeit nach UTC
  23:45 Uhr + 12 Std., 40 Min. Flugzeit = 12:25 Uhr (13. JUL)

- Umrechnung der Ankunftszeit in Ortszeit HKG
  12:25 Uhr + 8 Stunden = 20:25 Uhr (13. JUL)

Reservierung von Linienflügen – Zusammenstellen von Verbindungen,
Flugpläne und Flugzeitenberechnungen
– Flugzeitenberechnungen, Zeitzonen und Zeitumrechnungen
– Berechnung von Flug- und Reisezeiten
– Umsetzung des europäischen Systems in das amerikanische System

6) Der Flug CP1040 kommt am 09. SEP um 22:30 Uhr in Honolulu (Hawaii, HNL, – 10 Std. Zeitverschiebung) an und brauchte 10 Std., 30 Min. für seinen Flug von Auckland (Neuseeland, AKL, + 12 Std. Zeitverschiebung). Wann ist er in Auckland losgeflogen?

- Umrechnung der Ankunftszeit in UTC
  HNL 22:30 Uhr + 10 Stunden = 08:30 Uhr (10. SEP) UTC

- Berechnung der Abflugzeit nach UTC
  08:30 Uhr – 10 Std., 30 Min. Flugzeit = 22:00 Uhr (09. SEP)

- Umrechnung der Abflugzeit von UTC auf Ortszeit AKL
  22:00 Uhr + 12 Stunden = 10:00 Uhr (10. SEP)

2.2.3.3 Umsetzung des europäischen 24-Stunden-Systems in das amerikanische 12-Stunden-System

Während in Deutschland das 24-Stunden-System gebräuchlich ist, wird in einigen anderen Ländern, z. B. den USA, der Tag in 2 x 12 Stunden aufgeteilt.

Die Stunden von Mitternacht bis Mittag werden hierbei mit dem Zusatz „a.m." und die Stunden nach Mittag bis Mitternacht mit „p.m." gekennzeichnet (vom lateinischen ante meridiem und post meridiem).

Beispiele:

05:30 Uhr = 05.30 a.m.
17:25 Uhr = 05.25 p.m.
12:00 Uhr = 12.00 p.m. oder 12.00 noon
24:00 Uhr = 12.00 a.m.
12:01 Uhr = 12.01 p.m. oder 1201
00:01 Uhr = 12.01 a.m. oder 0001

ÜBUNG 2.2.3

1) Rechnen Sie folgende Ortszeiten um:

a) Im Jemen ist es 15:20 Uhr. Wie spät ist es im Senegal?

b) Wie spät ist es in Ruanda, wenn es auf St. Lucia 22:40 Uhr am Montagabend ist?

c) In Schweden ist es im Juli 23:11 Uhr, Dienstagabend. Wie spät ist es in Neuseeland?

d) Wie spät ist es in Nicaragua, wenn es in Sri Lanka 10:05 Uhr am Mittwoch ist?

2) Berechnen Sie die Flugzeiten folgender Flüge (Abflug im Juli)
   (+ = Ankunft einen 1 Tag später)

a) MH743 05AUG KUL MRU 23:55 02:55+
   (KUL = Kuala Lumpur, Malaysia; MRU = Mauritius)

b) WT806 09AUG LOS LHR 00:45   07:15
    (LOS = Lagos, Nigeria; LHR = London, Großbritannien)

c) LX176 07AUG ZRH MNL 20:25   18:00+
    (ZRH = Zürich, Schweiz; MNL = Manila, Philippinen)

3) Berechnen Sie die Flug- und Reisezeiten folgender Flüge, Abflüge jeweils im Juli:

a) SV323 15AUG LHE RUH 18:40   21:15
    SV029 16AUG RUH JFK 00:25   06:25
    (LHE = Lahore, Pakistan; RUH = Riyadh, Saudi-Arabien; JFK = New York/JFK; USA – Eastern
    Time)

b) LX287 22AUG JNB ZRH 19:25   06:20+
    LX328 23AUG ZRH ADB 11:50   15:45
    (JNB = Johannesburg, Südafrika; ZRH = Zürich, Schweiz; ADB = Izmir, Türkei)

c) BA148 23AUG DXB LHR 00:45   05:40
    BA213 23AUG LHR BOS 10:00   12:35
    (DXB = Dubai, Vereinigte Arabische Emirate; LHR = London, Großbritannien BOS = Boston, USA
    - Eastern Time)

4) Wann erreichen folgende Flüge ihr Ziel?

a) IB6700 Abflug 01. JUL um 17:20 Uhr von CCS nach MAD
    Flugzeit: 8 Std., 10 Min.
    (CCS = Caracas, Venezuela; MAD = Madrid, Spanien)

b) CO407 Abflug 05. SEP um 12:15 Uhr von MAD nach MEX
    Flugzeit: 16 Std., 25 Min.
    (MAD = Madrid, Spanien; MEX = Mexico City)

5) Wann sind folgende Flüge gestartet?

a) SQ403 Ankunft in Singapur am 28. AUG um 06:05 Uhr
    Flugzeit von Istanbul: 12 Std., 35 Min.

b) SK974 Ankunft in Stockholm am 10. AUG um 06:15 Uhr
    Flugzeit von Bangkok: 11 Std., 10 Min.

6) Geben Sie die europäische   7) Geben Sie die amerikanische
    Schreibweise für folgende   Schreibweise für folgende
    Uhrzeiten an: Uhrzeiten an:

a) 02.30 a.m.   a) 13:50 Uhr
b) 03.50 p.m.   b) 01:30 Uhr
c) 11.59 a.m.   c) 18:15 Uhr
d) 12.03 a.m.   d) 12:30 Uhr

2.3   Gepäckregelungen

Bei der Reservierung von Flügen müssen auch einige Fragen hinsichtlich des Gepäcks beachtet werden, so z. B.:

• Wie viel Freigepäck wird auf welchen Strecken und in welchen Klassen gewährt?

• Welches Gepäck muss bereits bei der Reservierung angegeben werden?

• Welche zusätzlichen Kosten sind evtl. mit der Gepäckbeförderung verbunden?

Die folgenden Gepäckregeln entsprechen dem IATA-Standard, allerdings weichen sehr viele IATA-Linienfluggesellschaften auch von einzelnen Bestimmungen ab. Low-Cost-Airlines und Ferienfluggesellschaften treffen ohnehin eigene Regelungen.

Freigepäck

Die Freigepäckmenge richtet sich zum einen nach der Reiseklasse, zum anderen nach dem Reisegebiet:

Weltweit (auch innerdeutsch) gilt folgende Aufteilung nach dem *Gewichtskonzept*:

<u>Für Erwachsene und Kinder unter 12 Jahren</u>   <u>Für Kleinkinder unter 2 Jahren</u>

First Class : 40 kg	Ein faltbarer Kinderwagen oder Autositz
Business Class : 30 kg	+ 10 kg Freigepäck
Economy Class : 20 kg	(für alle Klassen)

Behinderte können einen faltbaren Rollstuhl in der Kabine mitführen

Reisen von/nach USA/Kanada und den US Territories sowie zwischen Area 3 und Area 1 (nicht über Area 2) und auf LH zwischen Europa und Mexiko nach *Piece Concept/PC = Stückkonzept*:

<u>Für Erwachsene und Kinder unter 12 Jahren</u>   <u>Für Kleinkinder unter 2 Jahren</u>

First Class	: 2 Stück à 32 kg/** 158cm Umfang*	1 Stück à 115 cm und ein faltbarer Kinderwagen oder ein Autositz
Business Class	: 2 Stück à 32 kg/** 158cm Umfang*	1 Stück à 115 cm und ein faltbarer Kinderwagen oder ein Autositz
Economy Class	: 2 Stück à 32 kg/** 158 cm Umfang* Gesamtumfang 273 cm	1 Stück à 115 cm und ein faltbarer Kinderwagen oder ein Autositz

* Der Umfang bemisst sich aus Länge + Breite + Höhe.
Als 1 Stück à 158 cm gelten auch folgende Artikel:
1 Schlafsack, 1 Rucksack, 1 Skiausrüstung, 1 Golfausrüstung, 1 Fahrrad, 1 Paar Wasserski, 1 Kleidersack, 1 Angelausrüstung, Sportwaffen (mit Behälter), 1 tragbares Musikinstrument (max. 100 cm).
** Viele Fluggesellschaften akzeptieren lediglich 23 kg.

Für Vielflieger gelten u. U. großzügigere Regelungen, so z. B. für HONs und SENs der Lufthansa und „Star Alliance gold customers".

Pro Gepäckstück gelten außerdem bestimmte Gewichts-Obergrenzen, um das Handling zu erleichtern. Nach IATA-Regeln sind es 32 kg, aber viele Carrier haben auch hier andere Bestimmungen (LH: 40 kg). Schwerere Gepäckstücke müssen umgepackt oder als Fracht aufgegeben werden.

Aufgegebenes Gepäck („checked baggage")

Das am Check-In aufgegebene Gepäck wird im Gepäckraum des Flugzeugs befördert; zerbrechliche und verderbliche Gegenstände sowie Geld, Juwelen, Edelmetalle, Wertpapiere und Wertsachen dürfen jedoch nicht aufgegeben werden, sondern gehören ins Handgepäck.

Für aufgegebenes Gepäck nimmt die Fluggesellschaft am Check-In eine Eintragung im Flugschein bzw. der Bordkarte über die Gepäckmenge vor. Dieser Eintrag kommt der Ausstellung eines **Gepäckscheins** gleich. Er versieht das Gepäck außerdem mit einer Identifikations-Nummer („baggage tag").

Aufgegebenes Gepäck muss immer *auf derselben Maschine wie der Passagier* befördert werden.

Die Fluggesellschaften verpflichten sich, das aufgegebene Gepäck bis zu dem im Flugschein genannten Zielort bzw. bis zu dem ersten Flughafen zu befördern, an dem eine Flugunterbrechung vorliegt oder ein Transfer zu einem anderen Flughafen unternommen werden muss (vorausgesetzt, der Passagier befindet sich auf derselben Maschine).

Verbotene Gegenstände im Gepäck

Nach den **„IATA-Regulations for Dangerous Goods"** (IATA-Gefahrgut-Vorschriften) dürfen folgende Gegenstände weder im aufgegebenen Gepäck, noch als Handgepäck befördert werden:

* Aktentaschen, Geldkassetten und Geldtaschen mit installierten Alarmeinrichtungen oder integrierten Litiumbatterien und/oder pyrotechnischem Material
* Explosivstoffe, Munition, Feuerwerk und Leuchtraketen
* Gase (entzündliche, nicht entzündliche, tiefgekühlte oder giftige) wie z. B. Campinggas Gasbehälter und Campingkocher, die nicht entleert und gereinigt werden können
* Entflammbare Flüssigkeiten wie Feuerzeugfüllungen, Farbe und Verdünner
* Leicht entflammbare feste Stoffe wie Streichhölzer, Stoffe, die bei Kontakt mit Wasser entflammbare Gase entwickeln
* Oxidierende Stoffe (z. B. Bleichstoffe oder Peroxyde)
* Giftige Stoffe und Krankheitserreger
* Radioaktive Materialien
* Ätzende Stoffe (z. B. Quecksilber, Säuren, Alkalis, Nasszellenbatterien)
* Magnetisierende Stoffe
* Diverse weitere „Gefährliche Güter" laut IATA Gefahrgut-Vorschriften

Unbegleitetes Gepäck

Überschreitet ein Passagier die Freigepäckgrenze, kann es für ihn günstiger werden, das Gepäck als unbegleitetes Gepäck zu ermäßigten Frachtraten aufzugeben, als Übergepäckgebühren zu entrichten (s. u.). Diese Regelung ist jedoch nicht zwischen allen Reisegebieten anwendbar. Voraussetzung ist immer, dass es sich um persönliche Reisegegenstände handelt, die auf der gleichen Flugstrecke befördert werden wie der Passagier.

Wechsel von Reiseklassen

Bei einem Wechsel von Reiseklassen und/oder Fluggesellschaften gilt jeweils die für die gebuchte und gezahlte Klasse/Fluggesellschaft zugelassene Freigepäckgrenze.

Pooling of baggage

Eine Zusammenfassung des Freigepäcks mehrerer Passagiere ist grundsätzlich erlaubt, allerdings machen auch hier viele Fluggesellschaften Ausnahmen. Beim Pooling wird die Gesamtmenge des

Gepäcks ermittelt und durch die Anzahl der gemeinsam reisenden Passagiere geteilt. Das Gepäck muss jedoch gleichzeitig aufgegeben werden.

Handgepäck („unchecked baggage")

Zusätzlich zum Freigepäck darf jeder Passagier (außer Kleinkindern) noch einige Dinge frei im Kabinenraum mitführen. Die Vorschriften hierüber hängen von der Fluggesellschaft, der Beförderungsklasse und dem Fluggerät ab.

Nach IATA-Bestimmungen darf das Handgepäck die Maße 56 x 45 x 25 cm jedoch nicht überschreiten.

Bei Lufthansa dürfen in der Business- und First Class 2 Stücke à 55 x 40 x 20 cm oder Kleidersäcke mit max. 8 kg Gewicht befördert werden, in der Economy Class ist es ein Stück a 8 kg. Auf kleinem Fluggerät (z. B. im Regionalverkehr) muss auch Handgepäck aufgegeben werden.

2008 wurde eine für alle Staaten gültige Handgepäck-Verbotsliste von der Europäischen Kommission veröffentlicht. Diese kann auf der Homepage des BMI heruntergeladen werden:
http://www.bmi.bund.de → Themen A–Z → Terrorismus → Daten und Fakten

Im Handgepäck dürfen sich *ohne Genehmigung der Airline* keine Gegenstände befinden, die die Sicherheit des Flugzeugs oder der Passagiere gefährden könnten, z. B.:

- Waffen und waffenähnliche Gegenstände, die ein Projektil abfeuern können
- Waffenimitate
- Spitze und scharfe Gegenstände (z. B. Scheren, Taschenmesser)
- Stumpfe Gegenstände (z. B. Baseballschläger)
- Alle o. a. Gegenstände der Liste für Dangerous Goods der IATA.
- Feuerzeuge: Die Mitnahme eines Feuerzeugs ist nur gestattet, wenn es:

  - für den persönlichen Gebrauch bestimmt ist
  - mit dem Brennstoff Flüssiggas, das vollständig absorbiert ist, befüllt ist
  - am Körper getragen wird

  Verboten ist die Mitnahme von:

  - allen Feuerzeugen im aufgegebenen Gepäck und im Handgepäck
  - so genannten Zippo-Feuerzeugen
  - mit nicht absorbiertem Brennstoff gefüllten Feuerzeugen
  - Feuerzeugbenzin
  - Nachfüllpatronen

Passagiere müssen rechtzeitig vor Reiseantritt auf das Beförderungsverbot dieser Artikel hingewiesen werden.

Auf Flügen, die in der EU starten sowie auf Anschlussflügen ab Europa dürfen Flüssigkeiten nur noch eingeschränkt in die Flugzeugkabine mitgenommen werden. Dazu gehören auch alle innerdeutschen Flüge.

Flüssige und gelartige Produkte, wie z. B. Pflege- und Kosmetikartikel oder auch Getränke, sind im Handgepäck nur gestattet, sofern sie den folgenden Bestimmungen entsprechen (Stand 2007):

- Behältnisse mit Flüssigkeiten und ähnlichen Produkten dürfen bis zu 100 ml fassen (es gilt die aufgedruckte Höchstfüllmenge unabhängig vom tatsächlichen Flüssigkeitsstand).
- Alle einzelnen Behältnisse müssen vollständig in einem transparenten, wieder verschließ-baren Plastikbeutel (z. B. so genannte „Zipper") mit max. einem Liter Fassungsvermögen transportiert werden.
- Je ein Beutel pro Person
- Der Beutel muss bei der Sicherheitskontrolle separat vorgezeigt werden.

Medikamente und Spezialnahrung (z. B. Babynahrung), die während des Fluges an Bord benötigt werden, können außerhalb des Plastikbeutels transportiert werden. Diese Artikel müssen ebenfalls an der Sicherheitskontrolle vorgelegt werden. Artikel und Beutel, die den Maßgaben nicht entsprechen, dürfen nicht mit an Bord genommen werden. Eine ähnliche Regelung gilt auf Flügen und Umsteigeverbindungen in die USA.

Übergepäck

Übergepäck sollte möglichst schon bei der Reservierung des Fluggastes angemeldet werden, seine Beförderung kann unter Umständen günstiger ausfallen, wenn es als unbegleitetes Gepäck verschickt wird.

Bei der IATA gilt folgende Gebührenberechnung zum Gewichtskonzept:
Berechnet werden 1,5 % des höchsten, direkten Oneway-Economy-Class-Normaltarifs für Erwachsene (Business Class, wo keine Economy vorhanden ist) pro kg Übergewicht.

Piece Concept:
Hier gibt es je nach Region und Fluggesellschaft sehr unterschiedliche Regelungen.

Bei LH staffeln sich die Gebühren für Übergepäck im Gewichtskonzept nach Zonen, im Piece Concept werden pauschale Gebühren verlangt.

Sondergebühren

Für die Beförderung von Ski- und Golfausrüstungen sowie Fahrrädern und Surfbrettern gelten entweder ermäßigte Übergepäckgebühren und/oder sie werden teilweise auf das Freigepäck angerechnet. Die Gebühren hierzu variieren je nach Fluggesellschaft und müssen deshalb dort nachgefragt werden.

Sperriges Gepäck wird entweder als Übergepäck berechnet oder, wenn es im Kabinenraum befördert werden muss, entsprechend dem Passagierbeförderungspreis.

Beförderung von Tieren

Die Beförderung von Tieren hängt von den Einschränkungen der Behörden des Ziellandes sowie der befördernden Fluggesellschaft ab und muss unbedingt schon bei der Reservierung des Fluggastes angemeldet werden, da nur eine bestimmte Anzahl von Tieren pro Flug genehmigt wird. Der Passagier muss auf die Einhaltung der Impf- und Gesundheitsvorschriften achten und die erforderlichen Einreise- und Transitpapiere bereithalten.

Kleine Haustiere (z. B. Schoßhündchen oder Katzen) können auch in einem geeigneten Behälter in der Kabine befördert werden (i. d. R. bis 5 kg incl. Behälter).

Andere/größere Tiere (z. B. Hunde, Katzen, Vögel sowie Reptilien und Zwergponys) werden in einem klimatisierten Abschnitt des Frachtraums transportiert. Die Beförderung erfolgt dann in einem speziellen Behälter, den man bei der Fluggesellschaft kaufen oder mieten kann.

Für den Transport von Tieren werden nach IATA-Regularien immer volle Übergepäckgebühren berechnet, ohne dass die Möglichkeit zur Anrechnung auf das Freigepäck besteht.

Blindenhunde sowie Hunde hörbehinderter Passagiere können, an der Leine geführt, im Kabinenraum frei und außerhalb der Freigepäckgrenze befördert werden. Der Fluggast übernimmt jedoch die volle Verantwortung für das Tier, und es muss rechtzeitig angemeldet werden.

Bei Lufthansa gilt ein Maximalgewicht von acht Kilogramm (inklusive Transportbehälter) für die Beförderung in der Kabine. In der Kabine muss das Tier in einer Box untergebracht sein, die die Maße 55 x 40 x 20 cm nicht überschreitet. Es kann ein eigener Transportbehälter verwendet werden, wenn er den erforderlichen Maßen entspricht und wasserundurchlässig ist. Auf rein innerdeutschen Flügen gilt bei LH ein Tier mit Behälter als ein Freigepäckstück und wird demnach frei befördert.

ÜBUNG 2.3

1) Wie viel Gepäck darf ein Erwachsener auf einem Flug von Frankfurt nach Helsinki in der Business-Class mitnehmen?

2) Darf ein Feuerzeug im Handgepäck mitgenommen werden?

3) Ein Flug von Frankfurt nach Helsinki kostet 1047 € (Oneway/Economy). Wie viel kosten 5 kg Übergepäck?

2.4   Beförderungseinschränkungen

Für eine Reihe von Passagieren gelten Beförderungseinschränkungen, die unter Umständen bereits bei der Reservierung zu beachten sind.

1) Kranke und behinderte Passagiere

Sind Passagiere in ihrer Reisefähigkeit durch Krankheit beeinträchtigt, so müssen sie sich generell vor dem Flug einer ärztlichen Untersuchung unterziehen und spezielle Formulare ausfüllen. In diesen müssen Angaben zur Art der Krankheit oder Behinderung, Hinweise auf liegenden oder sitzenden Transport, notwendige Begleitung oder ärztliche Versorgung während des Fluges gegeben werden. Ein Arzt der betreffenden Fluggesellschaft entscheidet dann über die Transportfähigkeit des Fluggastes.

Da diese Prozedur eine gewisse Zeit in Anspruch nimmt, muss die Buchung solcher Passagiere sehr zeitig vorgenommen werden.

Für Fluggäste, die liegend befördert werden müssen, kann ein **Stretcher (Liege)** bereitgestellt werden, allerdings fällt für diesen eine extra (sehr hohe) Gebühr an.

Alle Auslagen in diesem Zusammenhang, wie z. B. für die ärztlichen Untersuchungen, sind generell vom Passagier zu tragen.

2) Werdende Mütter

Generell können schwangere Frauen bis einige Wochen vor der Geburt (bei LH bis zur 36. Schwangerschaftswoche) ohne ärztliche Bescheinigung reisen, es sei denn, ihr behandelnder Arzt meldet Bedenken gegen eine Flugbeförderung an. Eine vorherige Konsultation des Arztes ist immer empfehlenswert. Innerhalb der letzten Wochen vor der Geburt dürfen schwangere Frauen nicht mehr befördert werden.

3) Unbegleitete Kinder (UM = Unaccompanied Minors)

Grundsätzlich werden Kinder unter 12 Jahren als alleinreisende Kinder angesehen, wenn sie nicht in Begleitung mindestens eines Passagiers über 12 Jahren, der den vollen Flugpreis zahlt, fliegen. Die Altersuntergrenze für die Akzeptanz von UM liegt bei 5 Jahren. Die Beförderung unterliegt den jeweiligen Bestimmungen der Fluggesellschaften.

Der Flugpreis des Kindes richtet sich nach den Regeln des anwendbaren Tarifs. Nach IATA-Regeln beträgt er für ein unbegleitetes Kind 100 % des Erwachsenen-Flugpreises.
Bei LH wird eine zusätzliche Betreuungsgebühr pro Flug verlangt, deren Höhe von der Strecke abhängt.

Das unbegleitete Kind muss von einer verantwortlichen Aufsichtsperson zum Flughafen und dort bis zur Abfertigung des Fluges begleitet und bei der Landung von einer verantwortlichen Aufsichtsperson abgeholt werden. Name, Adresse und Telefonnummer dieser Aufsichtspersonen müssen der Fluggesellschaft bei der Reservierung mitgeteilt werden, und sie müssen sich entsprechend ausweisen können.

Nähere Angaben zur Beförderung o. g. Personenkreise können in den Tarifen der Fluggesellschaften nachgelesen werden.

ÜBUNG 2.4

1) Dürfen schwangere Frauen fliegen?

2) Wie alt muss ein unbegleitetes Kind mindestens sein?

3) Was ist ein „Stretcher"?

2.5 Kundenberatung zu internationalen Flügen

Zu einer umfassenden und korrekten Beratung beim Verkauf von internationalen Flugreisen gehören auch die aktuellen Informationen über Länderbestimmungen wie z. B. **Visavorschriften, Zollbestimmungen** usw.
Diese kann man bei Konsulaten erfragen oder aus verschiedenen Informationssystemen, z. B. aus einigen CRS, Softwareprogrammen oder Nachschlagewerken, erlangen.

Die Abfragen in AMADEUS hierfür lauten:
>TIFA (alle Bestimmungen); *>TIFV* (nur Visa*)* und *>TIFH* (nur Gesundheitsbestimmungen/Health).

Als Beispiel für ein Softwareprogramm ist der **„TIP"** zu nennen, ein Informationssystem der Deutschen Akademie für Flugmedizin und der Verlagsgruppe J. Fink. Es ist über das Internet unter hhtp://www.tip.de abrufbar.
Egal, aus welcher Quelle Sie sich die benötigten Daten holen – folgende Punkte sollten jedoch bei Auslandsreisen immer überprüft werden:

* **Bestimmungen des Ausgangslandes: Braucht der Reisende eine Ausreisegenehmigung?**

* **Bestimmungen der Länder, die außer dem Ziel noch berührt werden**

  Werden diese Länder nur im Transit berührt, so gelten meist andere Bestimmungen als für eine regelrechte Einreise.

  Achtung: Einige Staaten haben sehr strenge Transitbestimmungen und verlangen sogar Visum und Gelbfieberimpfung, wenn der Passagier auf demselben Flug weiterreist und die Maschine nicht verlässt!

  a) Reisepass:

  - Zeitliche Gültigkeit überprüfen (in manchen Ländern muss der Pass noch eine gewisse Frist nach der Einreise bzw. über den Aufenthalt hinaus gültig sein)!

  - Ist der Pass für die Einreise in dieses Land erforderlich und gültig?

  - Genügen evtl. auch andere Identitätsnachweise wie z. B. Personalausweis oder Seefahrtsbuch?

  - Achtung bei Stempeln im Pass, die diesen für einige Länder ungültig machen!

  - Welche Dokumente benötigen Kinder? Pass mit Lichtbild?

  → Neue Pässe erhalten Reisende bei ihrer Stadtverwaltung/Gemeinde.

  b) Visum:

  - Ist ein Visum erforderlich? Darüber hinaus werden oft für die Dauer des Aufenthalts genügende Geldbeträge und bestätigte Weiter- oder Rückflugtickets verlangt.

  - Ist das Visum gültig?

  - Ist es für eine einmalige oder mehrmalige Ein- und Ausreise gültig? Ein Visum ist im Übrigen keine Garantie für die Einreisegenehmigung in ein Land, diese kann von den Behörden vor Ort trotz Visum u. U. verweigert werden (Beispiel: Verweigerung der Einreise nach Thailand wegen ungepflegter Kleidung/Haare).

→ Visa erteilen die Konsulate des Reiselandes in Deutschland (wenn vorhanden; oftmals als Abteilung der jeweiligen Botschaft geführt); die Beantragung ist i. d. R. kostenpflichtig. Manche Länder haben mehrere regionale konsularische Vertretungen.

Einige Länder erteilen Visa bei der Einreise oder vergeben sie in Form einer sog. „Touristenkarte" über den Veranstalter, bei dem die Reise gebucht wird (Beispiel: Kuba).

c) Gesundheitsbestimmungen:

- Sind Impfungen für das Reiseland vorgeschrieben?

- Wenn ja, muss mindestens sechs Wochen vor der Reise mit dem Arzt/Gesundheitsamt der persönliche Impfplan abgestimmt werden.

- Liegt das Reiseland in einem Infektionsgebiet?

- Werden weitere Prophylaxen empfohlen (z. B. Malaria)?

→ Informationen über Gesundheitsbestimmungen erteilen z. B. die deutschen Gesundheitsämter.

- **Bestimmungen des Ziellandes auf die unter dem vorangegangenen Punkt genannten Aspekte hin überprüfen**

- **Bestimmungen des Ausgangslandes bezüglich der Rückkehr des Reisenden überprüfen**
  - Braucht der Reisende evtl. eine Wiedereinreisegenehmigung („re-entry-permit")?

- **Gegebenenfalls Zoll- und Devisenbestimmungen der Transitländer und des Ziellandes überprüfen; gibt es eine Ausreisesteuer?**

2.5.1   Schengener Abkommen

Im **Schengener Durchführungsübereinkommen** (SDÜ), besser bekannt als *Schengener Abkommen,* vereinbarten mehrere europäische Staaten, auf Kontrollen des Personenverkehrs an ihren gemeinsamen Grenzen zu verzichten. Es ist in den Staaten der EU (mit Ausnahme von Großbritannien, Irland, Bulgarien, Rumänien und Zypern) sowie in Island und Norwegen gültig.[29]
Während in diesen Ländern die Grenzkontrollen weggefallen sind, wird an den Außengrenzen zu Drittstaaten genau kontrolliert. An den Flughäfen gibt es getrennte Abfertigungen für Bürger der Europäischen Union und der assoziierten Schengen-Staaten (Norwegen und Island) einerseits und Reisende aus Drittstaaten andererseits.[30]

2.5.2   Duty Free und Travel Value

Seit die EU 1999 den steuerfreien Warenverkehr im Binnenverkehr verboten hat, ist es eigentlich vorbei mit dem zollfreien Einkauf an Flughäfen und auf internationalen Flügen innerhalb der EU. Die Supermärkte auf den Flughäfen haben jedoch prompt reagiert und das Produkt „Travel Value" erschaffen. Hierbei werden legal versteuerte Waren teils preisreduziert an jeden Fluggast, unabhängig vom Reiseziel verkauft. Einzige Ausnahme sind Zigaretten, die nach wie vor bei einem Flug zu Zielen außerhalb der EU steuerfrei verkauft werden. Die günstigen Preise entstehen durch eine Mischkalkulation, indem z. B. bei Spirituosen ein Einheitspreis vom Kunden verlangt wird, aber der Ladeninhaber nur von den Kunden, die eine Bordkarte zu Flügen innerhalb der EU vorweisen, die

---

[29] aktuelle Liste der Schengen-Staaten:
http://www.auswaertiges-amt.de/diplo/de/WillkommeninD/EinreiseUndAufenthalt/Schengen.html#t3
[30] Artikel *Schengener Durchführungsübereinkommen.* In: Wikipedia, Die freie Enzyklopädie. Bearbeitungsstand:14. September 2008

Steuer auf diesen Verkauf entrichten muss. Handelt es sich dagegen um einen Kunden mit Flugziel außerhalb der EU, erhöht sich die Gewinnspanne gewaltig.

Duty-Free-Artikel, die an Flughäfen der EU oder an Bord von in der EU registrierten Flugzeugen erworben wurden, dürfen in einer versiegelten Tüte mitgeführt werden, sofern eine Quittung mit Kaufdatum vom selben Tag vorliegt. Für flüssige und gelartige Inhalte gelten besondere Bestimmungen abhängig vom Reiseziel (besonders „scharf" sind die Bestimmungen auf Flügen nach Großbritannien und in die USA, siehe S. 71 ff). Da sich diese Bestimmungen momentan sehr häufig ändern, sollten Sie die aktuellen Bestimmungen bei den Fluggesellschaften bzw. den Duty Free-Shops am Flughafen erfragen.

ÜBUNG 2.5

1) Wie heißen die Vertretungen eines Landes, die Visa ausstellen dürfen?

2) Kann ein Land die Einreise trotz Vorlage eines gültigen Reisepasses und Visums verweigern?

3) Was ist bei einem Reisepass als vorgeschriebenes Einreisedokument zu beachten?

4) Welche Länder/Stationen einer Reise sind bezüglich der Einreisebestimmungen zu kontrollieren?

5) In welchen Ländern gilt das Schengener Abkommen? Welche Auswirkungen hat es auf einen Flugreisenden von Deutschland nach Italien?

3 Flugscheine

Flugscheine sind Belege über einen *Beförderungsvertrag* zwischen Fluggast und Fluggesellschaft oder sonstige hiermit zusammenhängende Leistungen.
Für das korrekte Ausfüllen der Dokumente sind Fluggesellschaften und ihre Reisebüroagenten verantwortlich, das gilt auch für ggf. vorzunehmende Änderungen an einem Flugschein.

Bis 2008 wurden in deutschen IATA-Agenturen neutrale Standardverkehrsdokumente (SVD) von BSP verwendet, die erst durch den Eindruck des Namens der Fluggesellschaft und ihrer **„Airline-Prefix"** - **Nummer** (eine dreistellige Kennung, die auch in den Tarifhandbüchern bzw. im CRS nachgelesen werden kann) vor der Dokumentennummer dieser bestimmten Fluggesellschaft zugewiesen wurden.

Airlines verwendeten hingegen eigene Dokumente, die jedoch im Aufbau denen von BSP gleichen.

Die IATA strebte seit Jahren das *papierlose Fliegen* an, und die meisten Fluggesellschaften haben inzwischen auf das *elektronische Ticketing-Verfahren* umgestellt. Im Juni 2008 verabschiedete sich die IATA aus Rationalisierungsgründen von den Papiertickets, die damit immerhin rund 80 Jahre im Umlauf waren.
Die dazugehörigen Beförderungsbedingungen waren in Papiertickets auszugsweise abgedruckt; bei elektronischen Tickets erfolgt ein Verweis im **„Itinerary Receipt"** (s. u.); die kompletten Bedingungen konnten jeweils bei den Fluggesellschaften angefordert werden.

Gedruckte Tickets wurden zumeist als **OPATB (= Automated Tickets and Boarding Pass)** ausgegeben. Sie stellten eine Kombination aus Ticket und Bordkarte dar und bestanden aus verstärktem Papier in Lochkartenstärke und -format, wobei für jede einzelne Strecke eine solche Karte ausgestellt wurde. Die Passagierdaten werden auf einem Magnetstreifen auf der Rückseite der Karte gespeichert. In Deutschland wurden bis 2008 außerdem **OPTAT** (= durchdruckende, zusammenhängende Papiertickets) verwendet.

Vorder- und Rückseite eines OPATB:

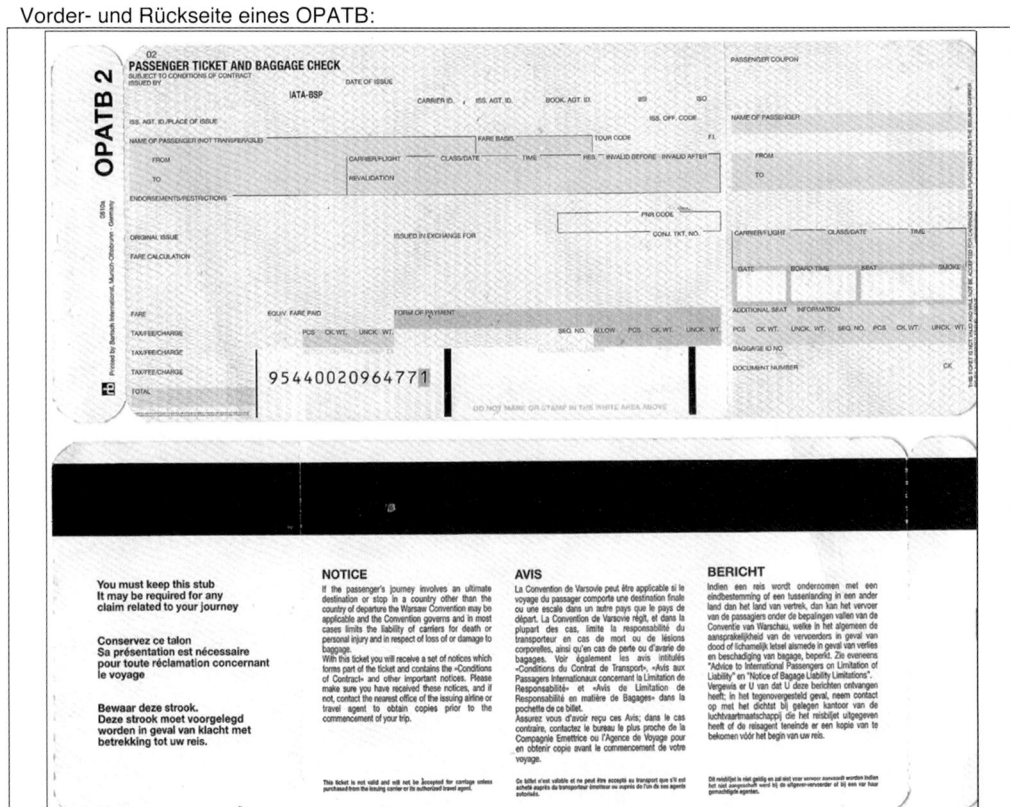

3.1   Eintragungen in Flugscheinen

Die auf OPATB aufgedruckten Felder sind auch in den Ticketing-Masken der Reservierungssysteme enthalten, nur die Bezeichnung kann leicht abweichend sein. Als Beispiel für eine Ticketing-Maske soll hier ein TST von AMADEUS dienen.

Grafische TST-Maske:

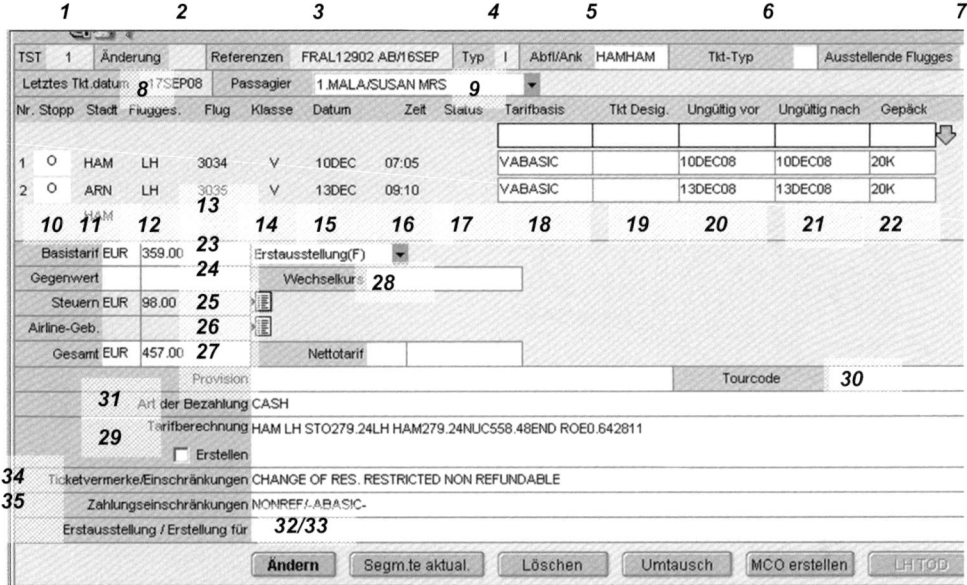

OPATB:

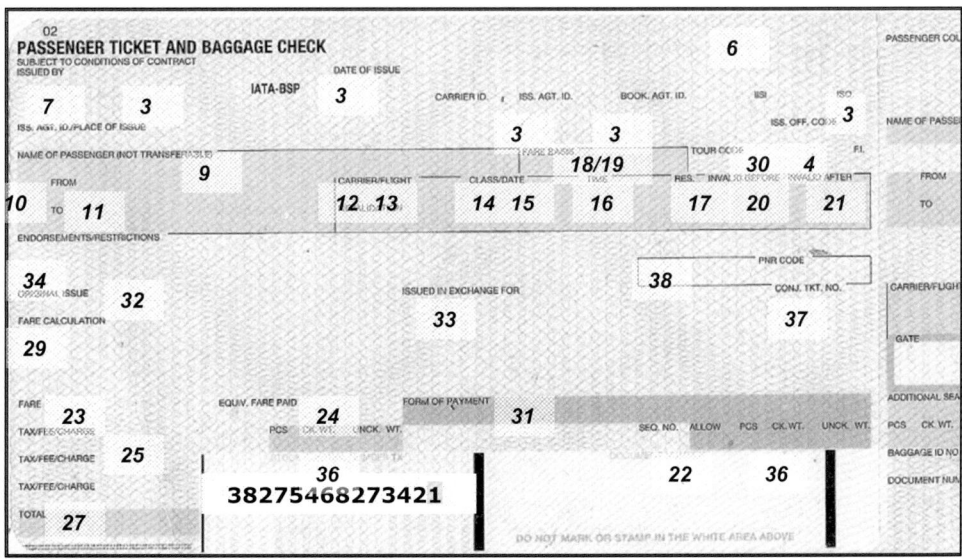

Feld	TST/AMADEUS	OPATB	Bedeutung
1	TST		Laufnummer des dargestellten TSTs
2	Änderung		Angabe, ob PNR geändert wurde (dann Eintrag: „PC" für „PNR Changed" - Ticket kann so nicht mehr ausgestellt werden). Ohne Eintrag: TST unverändert
3	Referenzen	• ISS. OFF.CODE • DATE OF ISSUE • ISS.AGENT ID/PLACE OF ISSUE	• Kennung der Agentur • Ausstellungsdatum • Kennung des Expedienten (AB)
4	Typ	F.I. Fare Mode Indicator	Indikator für die TST-Erstellung (hier I = automatisch. Eintrag hierfür im Ticket: „0").
5	Abfl./Ank.		Origin/Destination (Anfangs- und Endort der Reise)
6	Tkt-Typ	IISI	Sales-Indicator (entfällt)
7	Ausstellende Flugges.	ISSUED BY	Ticketing-Carrier/Validating Carrier (auf wen wird das Ticket ausgestellt?)
8	Letztes Tkt. Datum		Ticket-Date: letzter möglicher Ausstellungstag bei Sondertarifen
9	Passagier	NAME OF PASSENGER	Fluggastname
10	Stopp		Anzeige von Flugunterbrechungen (O) oder Transfers (X)
11	Stadt	FROM TO	Streckenführung
12	Flugges.	CARRIER	Two-Letter-Code der Fluggesellschaft
13	Flug	FLIGHT	Flugnummer
14	Klasse	CLASS	Reservierungsklasse
15	Datum	DATE	Abflugdatum
16	Zeit	TIME	Abflugzeit
17	Status	RES	Reservierungsstatus
18	Tarifbasis	FARE BASIS	Farebasis (Tarifbasis)
19	Tkt. Desig.		Ticket Designator (Ermäßigungscode)
20	Ungültig vor	INVALID BEFORE	Not Valid Before (nicht gültig vor)
21	Ungültig nach	INVALID AFTER	Not Valid After (nicht gültig nach)
22	Gepäck	ALLOW	Baggage Allowance = Freigepäck
23	Basistarif	FARE	Tarif in Währung des Abfluglandes
24	Gegenwert	EQUIV.FARE PAID	Umrechnung in Zahlungswährung
25	Steuern	TAX	Steuern
26	Airline-Gebühren		Zusätzliche Gebühren, z. B. Airline- oder Kreditkartengebühren
27	Gesamt/Grand Total	TOTAL	Gesamtbetrag
28	Wechselkurs		„Banker's Rate" zum Umrechnen zwischen zwei Währungen (siehe S. 226)
29	Tarifberechnung	FARE CALCULATION	Tarifberechnung
30	Tourcode	TOUR CODE	Tour-Code für IT-Tickets
31	Art der Bezahlung	FORM OF PAYMENT	Zahlungsart
32	Erstausstellung	ORIGINAL ISSUE	(bei Umschreibungen)
33	Erstellung für	ISSUED IN EXCHANGE FOR	(bei Umschreibungen)
34	Ticketvermerke/ Einschränkungen	ENDORSEMENTS / RESTRICTIONS	Einschränkungen, Übertragungsvermerke
35	Zahlungseinschränkungen		Erscheinen in Deutschland nicht im Ticket
36		CK.WT UNCK.WT	Gepäckeintragungen am Check-In
37		CONJ. TKT. NO	Flugscheinnummern von Verbindungsflugscheinen
38		PNR CODE	Filekey (Buchungsnr.)

Kryptisches AMADEUS-TST:

```
        1       2      3                    4   8              5         6

 TST00001      FRAL12902 AB/16SEP I 0 LD 17SEP08 OD HAMHAM SI
 T-
 FXP                    9
     1.MALA/SUSAN MRS
     1     HAM LH 3034 V 10DEC 0705   OK VABASIC              10DEC10DEC 20K
     2 O ARN LH 3035 V 13DEC 0910   OK VABASIC              13DEC13DEC 20K
        10   11  12    13 14   15       16   17      18      19     20   21   22
            HAM
 FARE   F EUR    23  359.00                    25
 TX001 X EUR      70.00YQAC TX002 X EUR      8.57RAEB TX003 X EUR     2.84DESE
 TX004 X EUR    27 16.59YAAD
 TOTAL    EUR     457.00
 HAM LH STO279.24LH HAM279.24NUC558.48END ROE0.642811   29

 NONREF/-ABASIC-  35


     6.FE CHANGE OF RES. RESTRICTED NON REFUNDABLE  34
     7.FP CASH    31
```

Eintragungen im Ticket und auf der Ticketmaske

Bitte beachten Sie, dass die Ticketeintragungen in den folgenden Beispielen hinsichtlich Tarifen, Steuern und Reservierungsklassen nicht dem aktuellen Stand entsprechen können!

Zu 7) ISSUED BY / Ausstellende Fluggesellschaft

Der sog. „Ticketing Carrier"/„Validating Carrier" muss ein am Routing beteiligter BSP-Carrier oder zugelassener General-Sales-Agent dieser Airline sein, der mit allen am Transport beteiligten Fluggesellschaften Interline-Agreements hat.

Zu 9) NAME OF PASSENGER (NOT TRANSFERABLE) / Passagier

Flugscheine sind – wie der Zusatz „Not transferable" sagt – nicht übertragbar und nur gültig, wenn die eingetragene Person auch selbst fliegt.

Pro Person muss jeweils ein Ticket erstellt werden.
Ausnahme LH:
Werden Kleinkinder frei befördert, so werden sie im Ticket der sie begleitenden Person mit erfasst, da sie keinen eigenen Flugschein benötigen.

Namenseintragungen werden immer in folgender Reihenfolge vorgenommen:

Nachname Schrägstrich (/) Vorname Anrede

Achtung:

Bitte beachten Sie unbedingt, dass aus Sicherheitsgründen Name und Vorname im Ticket identisch sein müssen mit dem im Personalausweis bzw. Reisepass des Passagiers. Die Schreibweise des Namens muss hundertprozentig übereinstimmen, um Rückweisungen des Passagiers zu vermeiden. Bindestriche sind in Vor- und Nachnamen nicht erlaubt; gemäß IATA-Ticketing-Handbuch sollen Doppelnamen zusammengeschrieben werden, die Reservierungssysteme akzeptieren aber auch Leertasten.

- Nachnamen:
  Zusätze wie „Von" oder „De" werden vor den Nachnamen gesetzt, z. B.:
  VANBEETHOVEN/LUDWIG MR oder VAN BEETHOVEN/LUDWIG MR
  Doppelnamen:
  MUELLERLUEDENSCHEIDT/HEINZ MR oder MUELLER LUEDENSCHEID/HEINZ MR

- Vornamen:
  Sollten möglichst ausgeschrieben werden. Zu lange Vornamen können sinnvoll abgekürzt werden.

- Anrede:
  z. B. MR (Herr), MRS (Dame), CHD (Child = Kind), INF (Infant = Kleinkind)
  oder auch Titel wie PROF, DR u. a. (nach der Anrede keinen Punkt zum Abkürzen),
  z. B. DUESENTRIEB/DANIEL DR MR
  Adelstitel gehören zum Nachnamen, z. B. GRAFKOKS/OTTO MR

- Zusätze:
  nach dem Namen können ggf. Zusätze angegeben werden, z. B.:
  - UM08   : Unbegleitetes Kind, 8 Jahre alt
  - 17FEB 85   : Wenn das Geburtsdatum (Date of birth) eingetragen werden muss.

zu 10) Spalte vor FROM-TO / Stadt

- Ein „X" vor dem Flughafen zeigt an, dass aus tariflichen oder verkehrsrechtlichen Gründen hier nur ein *Transfer (Umsteigen)* und keine Flugunterbrechung stattfinden darf. Möchte der Kunde seine Reise nach Ticketausstellung doch an diesem Ort unterbrechen, so muss das Ticket neu berechnet werden.

- Die Eintragung eines „O" vor dem Flughafen, um eine gewünschte *Flugunterbrechung* anzuzeigen, wird dagegen nur von einigen Reservierungssystemen vorgenommen.

Zu 11) FROM-TO / Stadt

In diese Felder wird die gesamte Streckenführung (Ausgangsort, alle Umsteige- und Flugunterbrechungsorte und Bestimmungsort) in englischer Schreibweise voll ausgeschrieben eingetragen. Hat ein Ort mehrere Flughäfen, so wird hinter den Namen der Stadt zusätzlich der Three-Letter-Code des Flughafens gesetzt, z. B.:
LONDON LHR
PARIS CDG
Auf jeden Fall muss die *Streckenführung* auf einem Ticket immer *lückenlos* sein. Findet auf einer Teilstrecke eine Bodenbeförderung statt, so muss für diese sog. **„surface-Strecke"** ein *VOID-Coupon* (Leercoupon) erzeugt werden.

Bei einem Flughafenwechsel innerhalb einer Stadt ohne Flugbeförderung wird für jeden Flughafen eine Zeile beschrieben und ein VOID-Coupon für den Flughafenwechsel gezählt.

Die Flugcoupons müssen nach IATA-Vorschriften immer in der ausgestellten Reihenfolge abgeflogen werden (auf jeden Fall innerhalb einer Pricing Unit, siehe S. 162). Ein No-Show (Nichterscheinen ohne vorherige Stornierung) auf einem Teilabschnitt berechtigt die Fluggesellschaft zur Streichung ihrer Weiter- und Rückflüge (oder der ihrer Partner-Airlines) und kann zu einer Minderung bei einer eventuellen Erstattung führen.
Zwar gibt es inzwischen Gerichtsurteile zum sog. **„Cross-Ticketing"**, bei dem Passagiere den jeweiligen Hinflug eines Inlandstickets bewusst verfallen lassen und nur den Rückflug in Anspruch nehmen, und die Urteile bestätigen die Rechtmäßigkeit dieses Vorgehens. Das hält einige Fluggesellschaften jedoch nicht davon ab, Passagiere aus diesem Grund erst einmal stehen zu lassen und es auf einen Prozess ankommen zu lassen.

Zu 12 und 13) CARRIER und FLIGHT / Flugges., Flug

Es folgen Two-Letter-Code der Fluggesellschaft und Flugnummer der Reservierung für diese Strecke. Ist noch keine Reservierung vorgenommen worden, so sollte der „Carrier" genannt werden, der diese Strecke bedient und dessen Tarif der Berechnung zugrunde liegt. In die Felder Flight/Class/Date/Time/Status kommt dann der Vermerk „OPEN".
Auf Wunsch des Kunden kann auch das Feld „Carrier" ganz freigelassen werden, jedoch nicht bei Strecken innerhalb eines Landes. Zu unterscheiden ist auch, ob es sich bei dem eingetragenen Carrier um den **„Operating Carrier"** handelt, also denjenigen, der den Flug tatsächlich ausführt oder aber um den **„Marketing Carrier"**, unter dessen Namen der Flug im Fall von Code-Sharing ggf. vermarktet wird (siehe S. 17).

Zu 14) CLASS / Klasse

Mit „Class" ist die *Reservierungsklasse* gemeint, die zu dem entsprechenden Tarif gebucht werden muss. Sie stimmt nicht unbedingt mit der Beförderungsklasse und auch nicht immer mit der „Farebasis" des Tickets überein. Für fast jede Tarifart gibt es eine eigene Reservierungsklasse, die darüber hinaus auch noch von allen Fluggesellschaften unterschiedlich gewählt wird. Der Grund hierfür liegt in einer Kontingentierung der einzelnen Tarife durch die Fluggesellschaften, um eine optimale Auslastung jedes Fluges zu einem möglichst profitablen Gesamtergebnis zu erzielen. Mit anderen Worten: Möchte ein Kunde ein günstiges Flugticket erwerben, so hat er, abhängig von seiner eigenen Flexibilität, die Wahl zwischen verschiedenen Sondertarifen (da diese umso günstiger sind, je restriktiver die Bedingungen ausfallen).
Haben Sie einen passenden Sondertarif und eine passende Flugverbindung für ihn herausgefunden, so kann nur anhand der Reservierungsklasse, die diesem Sondertarif zugeordnet ist, im Reservierungssystem der Fluggesellschaft überprüft werden, ob ein Platz zu diesem Tarif noch buchbar ist. Die Wahl der Tarifart hat jedoch normalerweise keinen Einfluss auf die Platzwahl innerhalb einer Beförderungsklasse, d. h. alle Passagiere, die einen Sondertarif auf Economy-Class-Basis gebucht haben, sitzen in der Economy Class bunt durcheinander.
Eine Übersicht über die verschiedenartigen Reservierungsklassen findet sich in den Reservierungssystemen oder kann bei den Fluggesellschaften selbst abgefragt werden. Auch im IATA-Tarifwerk PAT sind diese nachzulesen. Die meisten Fluggesellschaften haben der besseren Handhabung wegen den ersten Buchstaben der „Farebasis" gleichgesetzt mit der zu buchenden Reservierungsklasse. Eine Darstellung aller Reservierungsklassen in diesem Buch wäre nicht sinnvoll, da diese laufend ergänzt und verändert werden.

Im AMADEUS-System werden die Reservierungsklassen im FQD-Display zur Tarifabfrage angezeigt (siehe S. 117 f.)

Zu 15) DATE / Datum

Hier erfolgt der Eintrag des Flugdatums in abgekürzter englischer Schreibweise, z. B. 12MAR oder 06FEB; die Jahresangabe entfällt.
Übersicht über die Darstellung der Monate:
JAN, FEB, MAR, APR, MAY, JUN, JUL, AUG, SEP, OCT, NOV, DEC.

Zu 16) TIME / Zeit

Im Feld Time werden lediglich die Abflugzeiten angezeigt, niemals die Ankunftszeit. Wünscht der Kunde eine Übersicht über die Ankunftszeiten, so sollten diese auf einem separaten Reiseplan aufgeführt werden.

Zu 17) RES / Status

Abkürzung des Buchungsstatus:

OK = bestätigt
RQ = Request: Platz ist angefordert, aber noch nicht bestätigt, oder auf der Warteliste
NS = No Seat: Kleinkinder ohne Sitzplatzanspruch
SA = subject to space available: Passagiere ohne Reservierungsanspruch (sog. „stand-by"-
      Passagiere, z. B. bei ermäßigten Airliner-Tickets)

Zu 18 und 19) FARE BASIS / Tarifbasis und Tkt. Des.

Diese Felder beinhalten die Tarifbezeichnung und den sog. „Ticket Designator", der eine Ermäßigung für bestimmte Personengruppen kennzeichnet sowie bei unterschiedlich hohen Ermäßigungen für diese Personengruppe auch den Prozentsatz der Ermäßigung.
Die **Fare Basis Codes** für interlinefähige IATA-Flex-Fares (siehe S. 116) von/innerhalb Europas sind z. B.:

FIF = First Unrestricted
CIF = Business Unrestricted
YIF = Economy Unrestricted

Hier gibt es jedoch, abhängig von den einzelnen Fluggesellschaften, eine Vielzahl von Abweichungen. Die Fare Basis Codes für Sondertarife werden gesondert in Kap. 4.5 erläutert.

Als wichtigste **Ticket Designator** sind zu nennen:

AD: Agentenermäßigung für IATA-Agenten, immer mit dem Prozentsatz der Ermäßigung, z. B. AD75

CH: Kinderermäßigung (unter 12), mit Prozentsatz, z. B. CH33

CD: Seniorenermäßigung

IN: Ermäßigung für Kleinkinder (unter 2 Jahren) z. B. IN90

SB: Schwerbehindertenermäßigung (oder Begleitung)

SC: Seeleute, z. B. SC25

ZZ: Jugendtarif

Zu 20) INVALID BEFORE / Ungültig vor

Ist ein Tarif mit einer Mindestaufenthaltsdauer verbunden, so wird hier das Datum der frühest-möglichen Rückreise auf den Coupons, die die Rückreise betreffen, eingetragen (Tag und Monat). Bei Sondertarifen, die eine Umbuchung nur gegen Gebühr oder gar nicht zulassen, werden jeweils die Reservierungsdaten des entsprechenden Coupons eingetragen.

Zu 21) INVALID AFTER / Ungültig nach

Im Falle einer Einschränkung der Maximalgültigkeit tragen alle Coupons das Datum der Ticketgültigkeit (Tag und Monat). Die einjährige Gültigkeit muss nur dann eingetragen werden, wenn es sich um eine Umschreibung handelt.
Bei Sondertarifen, die eine Umbuchung nur gegen Gebühr oder gar nicht zulassen, werden jeweils die Reservierungsdaten des entsprechenden Coupons eingetragen.

Zu 22) ALLOW / Gepäck

Je nach Gepäckbestimmungen entweder die Eintragung „PC" für Piece Concept oder aber 20K, 23K, 30K, 40K für das erlaubte Freigepäck (siehe S. 71 f.).

Zu 23) FARE / Basistarif

Hier erscheint der Flugpreis ohne Steuern in der Währung des Reiseantrittslandes. Der Währungscode steht immer vor dem Betrag.

Zu 24) EQUIV. FARE PAID / Gegenwert

Wenn der Flugpreis in einer anderen Währung als der im Fare-Feld eingetragenen bezahlt wird, erscheinen hier der entsprechende Betrag und davor der Währungscode.

Werden Flugpreise nicht in der Zahlungswährung eines Landes veröffentlicht (in Ländern mit hoher Inflation), sondern in USD, so wird der USD-Preis im Feld Fare und der umgerechnete Betrag bei Equivalent aufgeführt.

Zu 25) TAX / Steuern und Gebühren

Im Zusammenhang mit dem Luftverkehr werden von vielen Ländern bzw. Flughäfen diverse Steuern oder Gebühren zu unterschiedlichen Zwecken erhoben. Es gibt solche, die direkt beim Kauf eines Tickets vom Kunden bezahlt werden müssen, indem sie auf dem Flugschein ausgewiesen werden, und solche, die z. B. am Flughafen erhoben werden. Die Bestimmungen hierzu sind in den Tarifwerken und Reservierungssystemen sowie Länderinfos wie dem Fink/TIP nachzulesen. In AMADEUS können Steuern für ein Land/einen Flughafen mit der Eingabe >FQNTAX/XX [XX = z. B. DE (Deutschland) oder FRA (Frankfurt)] abgefragt werden.

Grundsätzlich gilt, dass eine Steuer oder Gebühr entweder spezifiziert (also mit einem feststehenden Betrag) oder prozentual zum Ticketwert erhoben wird und der eingezogene Betrag an den jeweiligen Flughafen oder die jeweilige Regierung des Landes abgeführt wird, das diese Steuern verlangt.

Zu den in Flugscheinen ausgewiesenen Steuern und Gebühren gehören u. a. Beförderungs-, Flugschein-, Abflug-, Regierungs- und Flughafensteuern, Ausstellungs-, Sicherheits- und Dokumentengebühren sowie Kerosinzuschläge (ausgewiesen mit Tax-Code „YQ"/„YR" oder in der Fare Calculation mit „Q").

In Deutschland werden zurzeit pro Abflug (national und international, auch für Transfer) Flughafen-Sicherheitsgebühren in unterschiedlicher Höhe u. a. abhängig von der Fluggesellschaft verlangt (Code: DE).

Darüber hinaus wird eine Passenger Service Charge – meistens für Landungen auf deutschen Flughäfen, in einigen Fällen jedoch auch für Abflüge – erhoben, die zwischen innerdeutschen (RD) und internationalen (RA) Flügen unterscheidet und in ihrer Höhe abhängig vom jeweiligen Flughafen variiert.

Im Ticket werden die Steuern in der Währung angezeigt, in der auch der Flugschein bezahlt wird. Dazu werden sie in Deutschland mit der Banker's Selling Rate (BSR) umgerechnet und auf die entsprechende Rounding-Unit für „andere Gebühren" („other charges") aufgerundet (siehe hierzu Kap. 4.7).

Der Eintrag zeigt zuerst den Währungscode der Zahlungswährung, dann den Betrag und danach den zweistelligen Code für die Steuer, z. B.: EUR3.50FR oder EUR5.20RD.
Reicht der Platz für die Steuern in den TAX-Feldern des Tickets nicht aus, so werden mehrere Steuern mit „XT" zusammengefasst, die dann in der Fare-Calculation aufgeschlüsselt sind, um die exakte Berechnung aller Steuern nachzuweisen. In der Fare-Calculation werden außerdem die mit „Q" bezeichnete Security-Charge und ggf. ein Kerosinzuschlag separat aufgeführt, die für einige Flughäfen bzw. Airlines gelten.

Zu 26) Airline-Gebühren

Feld für weitere Gebühren wie z. B. Kreditkartengebühren oder sonstige Gebühren der Airline

Zu 27) TOTAL / Gesamt

Gesamtbetrag der Flugreise incl. Steuern in der Zahlungswährung.

Zu 28) Wechselkurs

Für die Umrechnung von Fremd- in Zahlungswährung (Bankers Selling Rate (BSR), siehe S. 226)

Zu 29) FARE CALCULATION / Tarifberechnung

Hier werden die Einzelheiten der Flugpreisberechnung kenntlich gemacht (siehe hierzu S. 121 f.).
Die Eintragung erfolgt in „NUC" – außer bei reinen Inlandsflugscheinen, die in der Währung des Reiseantrittslandes ausgestellt werden. Erfolgt die Fare Calculation in NUC, wird am Ende der Tarifkalkulation die ROE (Rate of Exchange) zwischen NUC und Landeswährungen aufgeführt, damit diese bei späteren Umschreibungen erkennbar ist.

Zu 30) TOUR CODE / IT-Tarifnummer

Bei Tickets, die zum IT-Tarif ausgestellt werden, wird hier die Referenznummer eingetragen (siehe S. 217)

Zu 31) FORM OF PAYMENT / Art der Bezahlung

*   „CASH":
    Hierzu zählen neben Barzahlung auch Reiseschecks („Traveller-Cheques").

*   „INV"/„INVOICE" – ist die Zahlung per Rechnung und/oder wird verwendet, wenn eine Erstattung nur unter bestimmten Bedingungen und nach Rückfrage bei dem Flugscheinaussteller möglich sein soll.

*   Für Flugscheine, die nicht in Deutschland ausgestellt oder angeflogen werden, wird stattdessen gemäß IATA Ticketing Handbook auch die Eintragung „NONREF" (nicht erstattbar) vorgenommen.

*   „AX12345678": Kreditkartenzahlung. Es wird immer zuerst der 2-Buchstaben-Code der Kreditkartengesellschaft und dann die Kartennummer aufgeführt, z. B.: AX = American Express; DC = Diners Club; EC = Eurocard; VI = VISA; Airplus = TP

Verschiedene Zahlungsarten wie z. B. CASH und Kreditkartenzahlung können auch miteinander kombiniert werden. Abfragen in AMADEUS hierzu mit >*GGAMADETICK*

Zu 32 und 33) ORIGINAL ISSUE / Erstausstellung und ISSUED IN EXCHANGE FOR / Erstellung für

Wird nur bei Umschreibungen ausgefüllt (siehe hierzu S. 97 ff.).

Zu 34) ENDORSEMENTS/RESTRICTIONS / Ticketvermerke/Einschränkungen

Hier können zusätzliche Informationen oder Einschränkungen vermerkt werden.

Beispiele für Endorsement-Eintragungen:

- CX 288 F 10JUL FRA HKG RQ   für eine Warteliste, die zusätzlich zu den gebuchten Flügen besteht

- VALID ON LH ONLY   nur auf Flugnummern dieser Fluggesellschaft (hier LH) gültig

- NUR GUELTIG WIE HIER GEBUCHT   für Sondertarife, die Einschränkungen hinsichtlich der Umbuchbarkeit unterliegen (siehe hierzu auch S. 184 f.).

Zu 37) CONJUNCT. TKT NO / Ticketnummern von Verbindungsflugscheinen

Conjunction Tickets sind Verbindungsflugscheine, die benutzt werden, wenn der Platz auf einem Ticket für die gesamte Streckenführung nicht ausreicht – sowohl die alten Papiertickets als auch E-Tickets haben nur vier Flugcoupons. In diesem Fall werden hier sämtliche zusammenhängende Flugscheinnummern aufgeführt (sie müssen in aufsteigender Reihenfolge durchnummeriert sein), z. B.: 220 6820129011-14 (erste Flugscheinnummer voll, von den weiteren nach dem Bindestrich die letzten zwei Ziffern). Dieselbe Darstellung gilt für alle Teilflugscheine.

Zu 38) PNR CODE / Buchungsnummer

Hier steht die Buchungsnummer des Carriers oder des Reservierungssystems, bei dem die Reservierung vorgenommen wurde (auch **Filekey** oder **Booking Reference No**. genannt), gefolgt vom zweistelligen Code des Reservierungssystems.

Ticketausstellung über CRS, hier AMADEUS

Wie eine Reservierung über ein CRS vorgenommen wird, wurde bereits geschildert.
Soll das Ticket ausgestellt werden, so wird die Buchung entweder nicht mit >*ET* abgeschlossen oder sie muss mit einem sog. „Retrieval" (>*RT*) z. B. anhand des Filekeys wieder aus dem System aufgerufen werden:

Eingabe: >*RTYMAD4B* *(*YMAD4B = Filekey)

Es folgen dann die Eingabe der Form of Payment und die Abfrage des anwendbaren Tarifs:

Zahlungsart (Form of Payment = FP): hier Barzahlung
>*FPCASH*

Tarifabfrage mit Speicherung im PNR (im sog. TST = Transitional Stored Ticket):
>*FXP*

Ausgabe:

```
FXP

01 MALA/SUSAN*

LAST TKT DTE 10OCT08 - DATE OF ORIGIN
-------------------------------------------------------------
      AL FLGT  BK T DATE   TIME   FARE BASIS      NVB  NVA   BG
  FRA
  ROM LH  3840 C  C 10OCT 0725   CRT                         30    ⎫
  FRA LH  3853 C  C 12OCT 0645   CRT                         30    ⎬ 1

  EUR  1266.00   2     10OCT08FRA LH ROM984.73LH FRA984.73NUC  ⎫
                       1969.46END ROE0.642811                  ⎪
  EUR    70.00YQ ⎫    XT EUR 6.55DE EUR 2.05EX EUR 2.50HB EUR  ⎬ 5
  EUR    19.17RA ⎬ 3  .06IT EUR 1.81VT                         ⎪
  EUR    17.97XT ⎭                                             ⎭
  EUR  1373.14   4
  PRICED WITH VALIDATING CARRIER LH - REPRICE IF DIFFERENT VC
  SUBJ TO CANCELLATION/CHANGE PENALTY
```

Die Tarifberechnung wird in Form eines sog. „Ticket Images" dargestellt, das dem Aufbau eines Papiertickets gleicht.

Erläuterungen hierzu:

1) | | |
|---|---|
| AL | = Airline |
| FLGT | = Flugnummer |
| BK | = Buchungsklasse |
| T | = Transport-(Beförderungs-)klasse (immer identisch mit BK) |
| DATE | = Datum des Abflugs |
| TIME | = Uhrzeit des Abflugs |
| FARE BASIS | = Farebasis |
| NVB | = Not Valid Before |
| NVA | = Not Valid After |
| BG | = Baggage Allowance (Freigepäck) |

2) 3) 4) Fare, Taxes, Total

5) Fare Calculation

Darstellung des grafischen TSTs für oben angelegte Buchung nach der Eingabe >*TQT*:

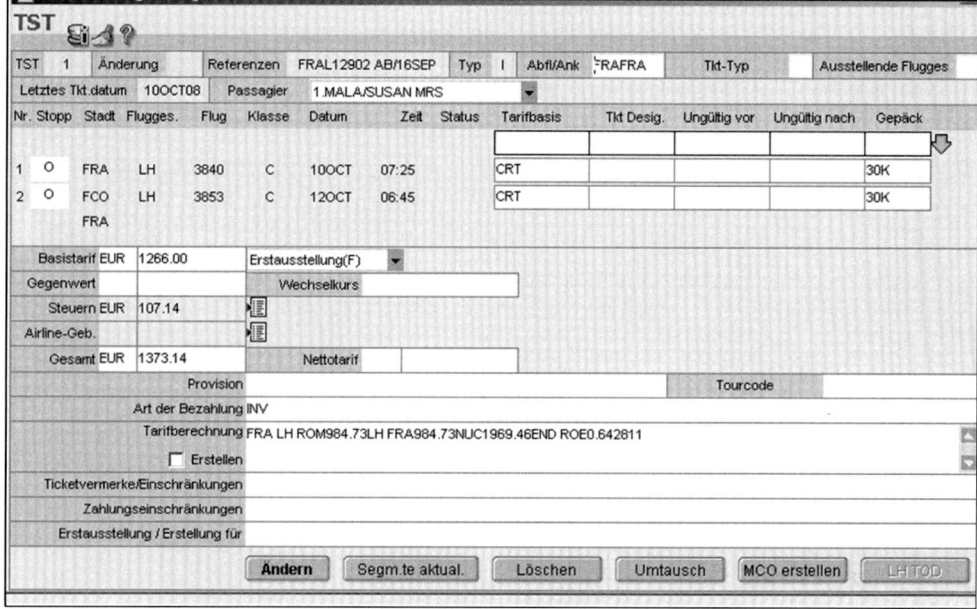

TST im kryptischen Modus:

```
TST00001      FRAL12902 AB/16SEP I 0 LD 10OCT08 OD FRAFRA SI
T-
FXP
    1.MALA/SUSAN MRS
 1    FRA LH 3840 C 10OCT 0725   OK CRT                     30K
 2 O FCO LH 3853 C 12OCT 0645   OK CRT                     30K
      FRA
FARE   F EUR      1266.00
TX001 X EUR        70.00YQAC TX002 X EUR      19.17RAEB TX003 X EUR     6.55DESE
TX004 X EUR         2.05EXAE TX005 X EUR       2.50HBCO TX006 X EUR     5.06ITEB
TX007 X EUR         1.81VTSE
TOTAL     EUR      1373.14
FRA LH ROM984.73LH FRA984.73NUC1969.46END ROE0.642811

  6.FP INV
```

Anschließend wird das Ticket zur „Ausstellung" (als E-Ticket/Elektronisches Ticket, s. nachfolgendes Kapitel) angewiesen.

ÜBUNG 3.1

1) Prüfen Sie das folgende kryptische TST auf diese Fragen:

a) Welcher Tarif kommt hier zur Anwendung?
b) Wie bezahlt der Kunde das Ticket?
c) Wann muss das Ticket spätestens ausgestellt werden?
d) Welche Agentur hat die Buchung angelegt?

```
TST00001      FRAL12902 AB/12SEP I 0 LD 13SEP08 OD FRAFRA SI
T-
FXP
   1.TEST/SABINE MRS
 1    FRA LH 4410 E 15JAN 0915  OK E99B            15JAN15JAN 20K
 2 O MAD LH 4411 E 22JAN 1230  OK E99B            22JAN22JAN 20K
      FRA
FARE  F EUR       66.00
TX001 X EUR      20.00YQAC TX002 X EUR     19.17RAEB TX003 X EUR 6.57DESE
TX004 X EUR       5.10JDAE TX005 X EUR      1.61QVDP
TOTAL     EUR    118.45
GRAND TOTAL EUR     118.45
FRA LH MAD51.33LH FRA51.33NUC102.66END ROE0.642811

NONREF/SPEX


   5.FE CHANGES OF RES RESTRICTED VALID LH ONLY NONREFUNDABLE
   6.FP CASH
```

2) Prüfen Sie das folgende graphische TST auf diese Fragen:

a) Was bedeutet das X vor dem Ort MUC in der Streckenführung?
b) Wie viel Steuern bezahlt der Kunde insgesamt?
c) Wie viel Gepäck darf der Kunde mitnehmen?
d) Welche Streckenführung umfasst das Ticket?

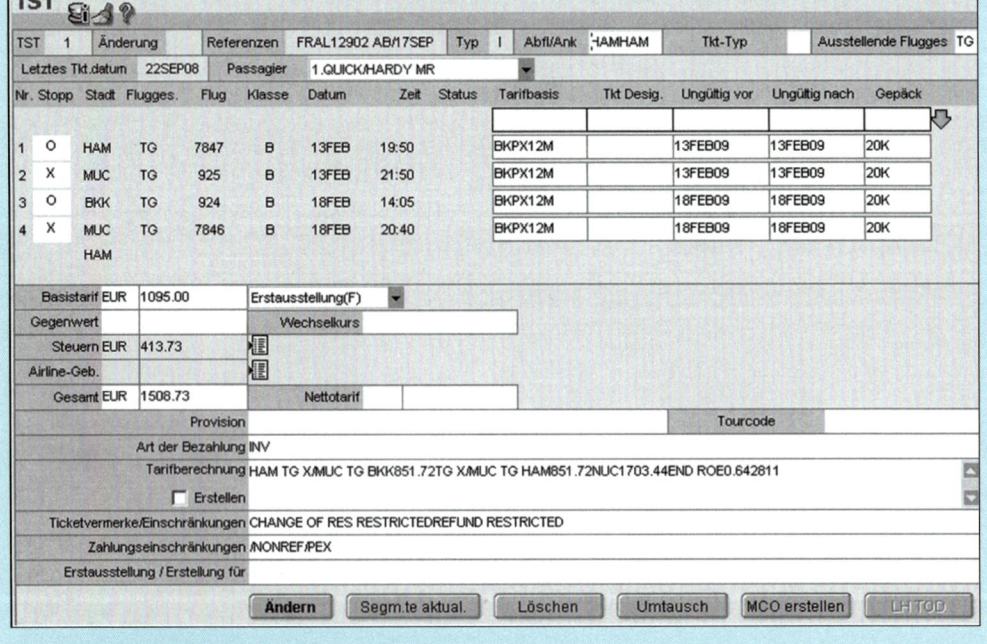

3.2 Elektronisches Ticketing (E-Ticketing)

Das Zeitalter der gedruckten Tickets ist vorbei und wurde durch das elektronische Ticketing abgelöst. Seit Juni 2008 akzeptiert die IATA nur noch elektronische Tickets. Lufthansa bezeichnet ihre E-Tickets als **„etix®"**. Papiertickets werden dennoch einige Zeit im Umlauf sein: Zum einen solche, die vor diesem Datum ausgestellt wurden und zum anderen Tickets von einigen Airlines, die die Umstellung auf das elektronische Verfahren noch nicht vollzogen haben.

Diese Umstellung hat für Fluggesellschaften, Reisebüros und Passagiere folgende *Vorteile* mit sich gebracht:

- Kostenersparnis (durch wegfallende Papier-/Druckkosten)
- Einfachere IT-Ausstattung (keine Dokumentendrucker nötig)
- Tickets können sehr viel kurzfristiger erstellt werden
- Es sind keine zeit- und kostenaufwendigen Flugscheinhinterlegungen (PTA/TOD) mehr nötig
- Elektronische Tickets können nicht verloren gehen
- Alle ticketrelevanten Daten sind in der Datenbank des Validating Carriers gespeichert

Sie erkennen die Strecken, auf denen elektronisches Ticketing möglich ist, im CRS daran, dass am Ende der Zeile mit dem Flugangebot vor der Anzahl der Zwischenlandungen die Kennung „E" steht.

Beispiel

```
>AN23NOVCHINYC

** AMADEUS AVAILABILITY - AN ** NYC NEW YORK.USNY          150 FR 23NOV
0000
** PARAMOUNT NYC*TRIPLE CLUB AMIGO PTS * GREAT RATES AVAILABLE
** IN THE HEART OF TIMES SQUARE*HI SPEED INTERNET >HASMNYCRAR
 1    UA 668   F4 P4 Y4 B4 E4 M4 U4    ORD 1 LGA M   0600     0852  E0.319 9 1:52
                H4 Q4 V4 W4 A4 S4 T4 K4 L4 G4
 2UA:US6748   F4 A4 Y4 B4 M4 H4 Q4    ORD 1 LGA M   0600     0852  E0.319   1:52
                N4 V4 W4 L4 S4 T4 G4 K4 U4 E4 R4
 3    TZ4224   Y7 H7 W7 L7 M7 B7 K7    MDW   LGA M   0600     0900  E0.73H   2:00
                Q7 N7
 4    AA 398   F7 Y7 B7 H7 K7 M7 V7    ORD 3 LGA M   0605     0905  E0.M80 9 2:00
                W7 S7 L7 G7
 5    AA 394   F7 Y7 B7 H7 K7 M7 V7    ORD 3 LGA M   0630     0925  E0.M80 9 1:55
                W7 S7 L7 G7
 6UA:US6412   F4 A4 Y4 B4 M4 H4 Q4    ORD 1 EWR A   0635     0931  E0.320   1:56
                N4 V4 W4 L4 S4 T4 G4 K4 U4 E4 R4
 7    UA 634   F4 P4 Y4 B4 E4 M4 U4    ORD 1 EWR A   0635     0931  E0.320 9 1:56
                H4 Q4 V4 W4 A4 S4 T4 K4 L4 G4
 8    UA 670   F4 P4 Y4 B4 E4 M4 U4    ORD 1 LGA M   0700     0957  E0.320 7 1:57
                H4 Q4 V4 W4 A4 S4 T4 K4 L4 G4
```

- Achten Sie darauf, dass alle Teilstrecken, die Sie buchen wollen, auch für das elektronische Ticketing zugelassen sind.

- Die Airline, auf die Sie das Ticket ziehen wollen, muss das E-Ticketing im jeweiligen Reservierungssystem unterstützen und, wenn mehrere Fluggesellschaften einbezogen sind, interlinefähig sein.

- Ist es möglich, laut Darstellung im Reservierungssystem auf einer Strecke mit einem elektronischen Ticket zu fliegen, muss sich der Kunde beim Abflug eindeutig identifizieren lassen. Die Nummer dieses Identifikationspapiers muss bei einigen Fluggesellschaften in die Reservierung eingegeben werden. Das kann z. B. eine Kundenkarte der Airline, eine Vielfliegernummer, ein Reisepass, der Führerschein oder eine persönliche Kreditkarte sein (der Kunde muss mit dieser Kreditkarte jedoch nicht bezahlen). Welches Identifikationsmittel die Airline verlangt, kann bei AMADEUS mit *>GGAMADEETC* abgefragt werden.

Abwicklung des elektronischen Ticketings:

Nach der Reservierung eines Fluges per Reservierungssystem wird die Buchung ggf. um die Identifikation des Passagiers ergänzt und mit dem Befehl zum Druck als E-Ticket angewiesen. Durch den Befehl zur E-Ticketerstellung wird der Agent Coupon und bei den meisten Fluggesellschaften/in den meisten Ländern auch der Passenger Receipt (Itinerary Receipt/ITR) auf Blankopapier gedruckt. Den ITR benötigt der Passagier bei internationalen Reisen für die Einreisebehörden und sollte ihn deshalb während der gesamten Reise mit sich führen.

Ticket Control

Bei einer Buchung wird wie oben geschildert ein Datensatz im Reservierungssystem erzeugt, der alle relevanten Ticketing-Daten enthält und immer der Kontrolle desjenigen Carriers unterliegt, auf den das Ticket ausgestellt wird („Validating Carrier"). Um zu vermeiden, dass einzelne elektronische Flugcoupons gleichzeitig von verschiedenen Agenten/Airlines benutzt werden, erhalten die Coupons sog. „Coupon Status Indicator Codes". Im Display der beteiligten Fluggesellschaften werden diese detailliert sichtbar; sie können anhand dieser Codes bspw. erkennen, ob ein Coupon für die betreffende Fluggesellschaft zur Verwendung frei gegeben wurde, der Passagier bereits eingecheckt oder den Flug beendet hat (Coupon Status: „flown"), ob der betreffende Coupon umgeschrieben (Coupon Status: „Exchanged") oder als Papierticket ausgedruckt wurde etc. Die Check-In-Systeme der Fluggesellschaften sind mit der E-Ticket-Datenbank verbunden; so wird jede Änderung eines Coupon-Status automatisch an den Validating Carrier gemeldet. Änderungen müssen immer von diesem autorisiert werden.
Reisebüro-Agenten können nur Coupons mit dem Status „OPEN" weiterbearbeiten, z. B. erstatten, ändern oder umschreiben.

Agent Coupon eines E-Tickets

```
                      SCHULE FUER            3
   ETKT     **AGENT COUPON**        00000232      **ITINERARY**
 7 LUFTHANSA               1 OF 1  2P5AXW/1A  OLH4410E FRAMAD 15JAN
   TEST/SABINE MRS  9         TC       38         E99B        10-15
                                  08SEP08  OLH4411E MADFRA 22JAN
                                      3          E99B  18
   CHANGES OF RES RESTRICTED VALID LH ONLY NONREFUND 34
   FRA LH MAD51.33LH FRA51.33NUC102.66END ROE0.64281
   1XT6.57DE5.10JD1.61QV  29


       23-27
   EUR   66.00            EXCH/
   EUR 20.00YQ CASH  31
   EUR 19.17RA FCI 0    4
   EUR 13.28XT ORIG ISS/
   EUR  118.45
           220 5297324947 3 PRI  FFVV
   7906/      Ticketnummer
```

Passenger Receipt des E-Tickets:

```
                    ELECTRONIC TICKET
                 PASSENGER ITINERARY RECEIPT

  SCHULE FUER TOURISTIK           DATE: 08 SEPTEMBER 2008
  WEIGAND KG                      AGENT: 1002
  GERVINUSSTRASSE 5-7             NAME:  TEST/SABINE MRS
  60322  FRANKFURT
  IATA    : 000 00232
  TELEPHONE: 069-282974


  ISSUING AIRLINE                  : LUFTHANSA
  TICKET NUMBER                    : ETKT 220 5297324947
  BOOKING REF : AMADEUS: 2P5AXW, AIRLINE: LH/2P5AXW
  FROM /TO       FLIGHT CL DATE  DEP  FARE BASIS   NVB  NVA  BAG ST

  FRANKFURT      LH 4410 E  15JAN 0915  E99B           15JAN 15JAN 20K OK
  TERMINAL:1
  MADRID BARAJAS                   ARRIVAL TIME: 1145
  TERMINAL:1          LATEST CHECK-IN:0835

  MADRID BARAJAS LH 4411 E  22JAN 1230  E99B           22JAN 22JAN 20K OK
  TERMINAL:1
  FRANKFURT                        ARRIVAL TIME: 1510
  TERMINAL:1          LATEST CHECK-IN:1145


  AT CHECK-IN, PLEASE SHOW A PICTURE IDENTIFICATION AND THE DOCUMENT YOU
  GAVE FOR REFERENCE AT RESERVATION TIME

  ENDORSEMENTS  : CHANGES OF RES RESTRICTED VALID LH ONLY NONREFUNDABLE
  PAYMENT       : CASH

  FARE CALCULATION  : FRA LH MAD51.33LH FRA51.33NUC102.66END
                      ROE0.642811XT6.57DE5.10JD1.61QV

  AIR FARE          : EUR     66.00
  TAX               : EUR     20.00YQ       19.17RA        13.28XT
  TOTAL             : EUR    118.45


  NOTICE
  CARRIAGE AND OTHER SERVICES PROVIDED BY THE CARRIER ARE
  SUBJECT TO CONDITIONS OF CARRIAGE, WHICH ARE HEREBY INCORPORATED BY
  REFERENCE. THESE CONDITIONS MAY BE OBTAINED FROM THE ISSUING CARRIER.

  THE ITINERARY/RECEIPT CONSTITUTES THE 'PASSENGER TICKET'  FOR
  THE PURPOSES OF ARTICLE 3 OF THE WARSAW CONVENTION, EXCEPT WHERE THE
  CARRIER DELIVERS TO THE PASSENGER ANOTHER DOCUMENT COMPLYING WITH THE
  REQUIREMENTS OF ARTICLE 3.

  NOTICE
  IF THE PASSENGER'S JOURNEY INVOLVES AN ULTIMATE DESTINATION OR STOP IN
  A COUNTRY OTHER THAN THE COUNTRY OF DEPARTURE THE WARSAW CONVENTION MAY
  BE APPLICABLE AND THE CONVENTION GOVERNS AND IN MOST CASES LIMITS THE
  LIABILITY OF CARRIERS FOR DEATH OR PERSONAL INJURY AND IN RESPECT OF
  LOSS OF OR DAMAGE TO BAGGAGE. SEE ALSO NOTICES HEADED ADVICE TO
  INTERNATIONAL PASSENGERS ON LIMITATION OF LIABILITY' AND 'NOTICE OF
  BAGGAGE LIABILITY LIMITATIONS'.

                                              PAGE:1/1
```

ÜBUNG 3.2

Beantworten Sie zu dem abgebildeten Agent Coupon eines Conjunction-E-Tickets diese Fragen:

a) Wie ist der Name des Reisenden?
b) Wie wird das Ticket bezahlt?
c) Wie lauten die Ticket-Nummern?
d) Welchen Gesamtbetrag muss der Passagier bezahlen?
e) Wie hoch ist der Kerosinzuschlag für dieses Ticket?

```
                    SCHULE FUER
ETKT     **AGENT COUPON**             00000232        **ITINERARY**
LUFTHANSA                      1 OF 1  2P47E5/1A   OLH0404H FRAJFK 15DEC
TEST/SABINE MRS                    TC               HKRCDEW
                                  08SEP08         OUA0891H JFKLAX 18DEC
                                                   HKRCDEW
FL RESTRCD/CHG BA 100 EUR CXN BA 150 EUR          OUA1152S LAXSFO 25DEC
FRA LH NYC UA LAX676.71UA SFO86.51UA CHI367.44UA    SA14AN
NYC LH FRA723.38 2S155.56NUC2009.60END ROE0.64281 OUA0054H SFOORD 28DEC
1XT6.57DE3.79YC10.61US10.61US3.44XA4.82XY6.89AY3.   HAX
10XF JFK4.5                                        OUA0668M ORDLGA 29DEC
                                                    MKRCDEW
EUR 1292.00          EXCH/                             ARUNK
EUR210.00YQ INV
EUR 22.77RA FCI 0                                 OLH0401M JFKFRA 02JAN
EUR 49.83XT ORIG ISS/                               MKRCDEW
EUR 1574.60
        220 5297324945 1 PRI  FFFF/FVFV
7906/   220 5297324946 1 CNJ
```

3.3   Ticketänderungen

Bei der Änderung eines Flugscheins, die auf Kundenwunsch erfolgt, kann es sich entweder um eine *Änderung der Reservierung* oder um eine *Änderung der Streckenführung* handeln.

- Eine Änderung der *Streckenführung* zieht immer eine *Umschreibung auf einen neuen Flugschein* nach sich (AMADEUS: „Umtausch").

- Eine Änderung des Tarifs hat ebenfalls eine Umschreibung zur Folge.

- Ändert sich die Fluggesellschaft, so müssen E-Tickets i. d. R. ebenfalls umgeschrieben werden.

- Handelt es sich dagegen um eine *Reservierungsänderung ohne eine Änderung der Streckenführung oder des Preises*, so kann – sofern die betroffene Fluggesellschaft dieses Verfahren zulässt – die *Änderung auf demselben Flugschein* und von jedem zugelassenen IATA- oder Airline-Agenten vorgenommen werden (per elektronischem Sticker; bei AMADEUS: „Revalidierung").

- In jedem Fall müssen Sie sehr sorgfältig prüfen, ob die *Bestimmungen des Tarifs* überhaupt eine Umbuchung zulassen und ob Sie eventuell *Umbuchungsgebühren* kassieren müssen. → Die ggf. anfallenden Umbuchungsgebühren können in Abhängigkeit von den Vorschriften der Airline entweder mit einem umgeschriebenen Flugschein oder mit einer MCO quittiert werden (siehe S. 103).

- Auch ist zu überprüfen, ob die Bestimmungen die *Übertragung* auf eine andere Airline zulassen. Eintragungen im Feld ENDORSEMENTS wie „NONEND" oder „VALID ON BA ONLY" weisen hierauf hin und sperren das komplette Ticket gegen eine Übertragung.

- In jedem Fall muss die *Ticketgültigkeit* beachtet und darf nicht überschritten werden.

Außerdem muss bei einer Änderung der Fluggesellschaft u. U. eine Genehmigung für diese Änderung, ein sog. **„Endorsement"** eingeholt werden.

Bei E-Tickets ist durch das Ticket-Control-Verfahren immer die Fluggesellschaft, auf die das Ticket ausgestellt wurde („Validating Carrier") zuständig für die Erteilung der erforderlichen Genehmigungen zur Änderung eines Tickets. Nur Coupons mit dem Coupon Status „Open" dürfen irgendwie geändert werden.

Ticketumschreibungen

Eine komplizierte Umschreibung durchzuführen wäre von einem Anfänger sicherlich ein bisschen viel verlangt. Dieses Kapitel soll daher nur einen ersten Einstieg und Überblick über die Grundlagen von Umschreibungen bieten.

Allgemeine Voraussetzungen

Zunächst muss immer geklärt werden, ob es sich um freiwillige oder unfreiwillige Änderungen und Umschreibungen handelt, da von Reisebüros nur die freiwilligen Änderungen vorgenommen werden dürfen (oder aber sie haben die Genehmigung der betreffenden Airline).

Weiterhin ist zu beachten:

- Der Validating Carrier sollte nicht verändert werden

- Da Tickets grundsätzlich nicht übertragbar sind, darf niemals der Name geändert werden!

ACHTUNG:
Derjenige, der das Ticket umschreibt, ist für die korrekte Berechnung des Flugscheins verantwortlich. Auch ursprüngliche Berechnungsfehler müssen korrigiert werden.

Dies setzt natürlich schon einige Tarifkenntnisse voraus. Aus diesem Grund ist es keinem Anfänger zu empfehlen, eine Umschreibung selbst vorzunehmen.

Hier ein Überblick über die wichtigsten Regeln für Reisebüroagenten:

Eine Umschreibung ist nicht zulässig, wenn:

- der Flugschein nicht mehr gültig ist (je nach Tarif, maximal ein Jahr ab Antritt der Reise)

- folgende Ermäßigungen gewährt wurden: AD, DG, DL, EG, EM, ID, IG, RG, DU (s. a. Kap. 4.6.5.)

- Inländische Restcoupons dürfen nie in internationale Tickets umgeschrieben werden. Auch dürfen in Deutschland ausgestellte, hier beginnende, internationale Tickets nicht in innerdeutsche Tickets umgeschrieben werden (Grund ist die unterschiedliche Besteuerung – innerdeutsche Tickets enthalten Mehrwertsteuer, von denen internationale Flugscheine befreit sind).

Die wichtigsten Regeln für Airliner:

- Airliner dürfen auch Teile des Tickets austauschen, während Reisebüros immer alle verbleibenden (unbenutzten) Coupons umschreiben.

- Airliner dürfen auch eine unfreiwillige Umschreibung vornehmen („involuntary reissue").

Unbenutzte Flugscheine

Die neue Reise wird mit den Tarifen kalkuliert, die zum Reiseantritt des neuen Flugscheins gültig sind; umgerechnet mit der ROE des Datums der Umschreibung.

Das Ticket erhält eine neue Gültigkeit (bei Tarifen ohne Einschränkungen ein Jahr ab Reiseantrittsdatum).

Verfahren bei bereits angeflogenen Flugscheinen (Berechnung und Ausstellung im Überblick)

- Grundsätzlich gibt es zwei Berechnungsarten:

  1. Die Berechnung für das neue Ticket beginnt am letzten Tarifkonstruktionspunkt vor dem Ort, an dem der Reiseweg geändert wird, und endet an dem Tarifkonstruktionspunkt, von dem aus der ursprüngliche Flugpreis unverändert bleibt.

  2. Das Ticket wird vom Reiseantrittsort an neu berechnet – dieses Verfahren muss angewendet werden, wenn sich die Reiseart der journey/subjourney ändert. Es wird außerdem auf bestimmten Routings angewendet und wenn die Tarifbedingungen es so vorschreiben.

- Die neue Kalkulation wird mit den Tarifen und der ROE gerechnet, die zum Zeitpunkt des Reiseantritts bzw. der Ticketausstellung des alten Tickets anwendbar waren.

- Hat der Passagier einen Tarifkonstruktionspunkt bereits angeflogen oder ist er sogar schon hierüber hinaus, so darf dieser nachträglich nicht mehr geändert werden. Der Ausgangsort darf nach Reiseantritt nie geändert werden.

- Wird der Zielort der Reise verändert, kann aus einer OW-Reise eine RT- oder CT-Reise bzw. auch aus einer RT/CT-Reise eine OW-Reise werden.
  In diesen Fällen muss die Kalkulation vom Ausgangsort an neu durchgeführt werden, wie unter 2. aufgeführt.

Beispiel: Aus einem OW wird ein RT/CT

- Ursprüngliche Flugstrecke : FRA – ROM – VCE – VIE
- Ausstellungsort : FRA
- Ort der Umschreibung : VCE
- Unbenutzte Flugcoupons : VCE – VIE
- Neue Flugroute : VCE – FRA

Altes Routing:

FRA
ROM --▼--   OW; 476.38 NUC
VCE   = 928.28 NUC
VIE   OW; 451.90 NUC

Neues Routing:

FRA
ROM------   ½ RT; 453.22 NUC
VCE   = 906.44 NUC
FRA   ½ RT; 453.22 NUC

Die ursprüngliche Reise wurde mit OW-Tarifen berechnet, die neue Reise ist ein RT. Sie wird vom Abgangsort der Reise (FRA) neu berechnet, der fare construction point ROM bleibt unverändert, da die Reise bis dahin bereits durchgeführt wurde.

Die gesamte Reise wird mit den ½ RT-Tarifen neu berechnet, die zum Zeitpunkt des Reiseantritts des Ursprungstickets gültig waren. Das betrifft auch die ROE.

Die neue Reiseroute ergibt einen geringeren Flugpreis. Der Differenzbetrag wird dem Kunden gutgeschrieben (siehe nachfolgende Abschnitte).

Wird aus einer RT/CT-Reise nachträglich ein OW, so erfolgt die Neuberechnung ebenfalls vom Ausgangsort an mit den Flugpreisen, die zum ursprünglichen Reiseantritt gültig waren.

Beispiel: Aus einem RT/CT wird ein OW

- Ursprüngliche Flugstrecke : FRA – ROM – VCE – FRA
- Ausstellungsort : FRA
- Ort der Umschreibung : VCE
- Unbenutzte Flugcoupons : VCE – FRA
- Neue Flugroute : VCE – VIE

Altes Routing:

FRA
ROM---▼----   ½ RT; 453.22 NUC
VCE   = 906.44 NUC
FRA   ½ RT; 453.22 NUC

Neues Routing:

FRA
ROM--------   OW; 476.38 NUC
VCE   = 928.28 NUC
VIE   OW; 451.90 NUC

Die neue Flugroute ist teurer als die alte Flugroute, deshalb wird vom Passagier der Differenzbetrag erhoben.

Nach der Umschreibung kann sich entweder der gleiche Betrag, eine Aufzahlung oder Auszahlung ergeben:

Ergibt sich eine Aufzahlung, wird diese in der Währung des Reiseantrittslandes, mit den Tarifen des Reiseantrittstages und der ROE des Verkaufsdatums kalkuliert. Wird diese Aufzahlung jedoch in einer anderen Währung geleistet (weil das Land der Umschreibung und Aufzahlung ein anderes ist als das Reiseantrittsland), so wird der Aufzahlungsbetrag zunächst in der Währung des Reiseantrittslandes kalkuliert und dann mit der Bankers Selling Rate (BSR) vom Tag der Umschreibung in die Währung des Bezahlungslandes umgerechnet.

Im neuen Ticket wird der errechnete höhere Flugpreis in derselben Währung wie im ursprünglichen Flugschein im „Fare"-Feld eingetragen, ins „Equivalent"-Feld werden die Währungscodes der Zahlungswährung des Ursprungs-Flugscheines (falls dort eine Eintragung war) und des neuen Flugscheins eingetragen und ins „Total"-Feld der Zuzahlungsbetrag in der Zahlungswährung mit Währungscode und dem Zusatz „A" für „Additional collection" (incl. etwaiger zusätzlicher Steuern). Beispiel: EUR 120.00 A.

Bereits bezahlte Steuern werden bei „TAX" mit der Kennung „PD", ohne den Währungscode, gefolgt vom Tax-Code, eingetragen, neu zu zahlende Steuern dagegen wie üblich mit Währung, Betrag, Tax-Code (in der Zahlungswährung).

Ergibt sich der gleiche Betrag, so wird ins „Fare"-Feld dieser Betrag in der Währung des Ursprungslandes eingetragen, ins „Equivalent"-Feld der Währungscode der Zahlungswährung des Ursprungs-Flugscheines (falls dort eine Eintragung war) und ins Eingabefeld „Total" des neuen Flugscheins „0" [im Ticket erscheint „NOADC" (No additional collection)].

Ergibt sich eine Auszahlung, so wird auf die Gesellschaft, auf die das Ursprungsdokument gezogen ist, eine MCO (Ausstellungszweck: Agents Refund Voucher) ausgestellt.

Im neuen Ticket wird wiederum der neue Flugpreis in der Währung des Ursprungslandes ins „Fare"-Feld eingetragen, ins „Equivalent"-Feld der Währungscode der ursprünglichen Zahlungswährung (falls dort eine Eintragung war) und ins Eingabefeld „Total" des neuen Flugscheins „0" [im Ticket erscheint „NOADC" (No additional collection)].

Bei der Ausstellung des neuen Tickets ist Folgendes zu beachten:

- Die ursprüngliche Zahlungsart (Form of payment) muss im neuen Ticket erscheinen, gegebenenfalls ergänzt um eine abweichende Zahlungsart für die Zuzahlung, z. B. CASH/INVOICE (originale/neue Zahlungsart). Die ursprüngliche Kreditkartenzahlung wird nur mit „CC" angezeigt.

- Alle Endorsements/Restrictions müssen übernommen werden (wenn der neue Tarif keine neuen vorschreibt).

- Die neue Fare-Calculation wird für die gesamte Reise in den neuen Flugschein eingetragen.

- Die Gültigkeit (bei Normaltarifen 12 Monate ab Antritt der Reise, ansonsten gemäß Tarifbedingungen) wird ins „NVA"-Feld eingetragen.

- Im „Original Issue"-Feld stehen Ticketnummer, Ausstellungsort und -datum des Ursprungs-Flugscheins.

- Unter „Issued in Exchange for" steht die Ticket-Nr. des umzuschreibenden Flugscheins mit Prüfziffer, ergänzt um die Angabe des ersten umzuschreibenden Coupons, z. B. (2)

Beispiel für einen umzuschreibenden Flugschein:

Frau Sabine Test kauft sich in Berlin einen Flugschein für die Strecken Frankfurt – London – Frankfurt, Zahlungsart INVOICE.
Nachdem der Flugschein ausgestellt ist, muss sie ihre Reisepläne kurzfristig nochmals ändern und auf ihrem Rückweg nach Berlin anstatt nach Frankfurt fliegen. Sie bittet also darum, das Ticket entsprechend umzuschreiben (noch vor Antritt der Reise).
Die Kalkulation der neuen Reise ergibt Folgendes:
Bezahlt wurde der RT-Flugpreis, Farebasis Y2FLBA von Frankfurt nach London und zurück (jeweils 596.59 NUC für ½ RT). Der Flugschein muss in diesem Fall neu berechnet werden; die erste Hälfte des Flugpreises für den Hinflug bleibt unverändert. Für den Rückflug wird ein neuer Tarif in Höhe von 735.05 NUC ermittelt. Die Kundin muss daher 138.46 NUC = 89.00 EUR zuzahlen. Diese Nachzahlung erfolgt ebenfalls per Rechnung und ist mit dem Betrag und „A" im Feld „Total" des neuen Flugscheins zu sehen.

Ursprünglicher Flugschein (Agent Coupon eines E-Tickets):

```
                    SCHULE FUER
ETKT       **AGENT COUPON**             00000232        **ITINERARY**
BRITISH AIRWAYS              1 OF 1   2P5RFR/1A  OBA0901Y FRALHR 15DEC
TEST/SABINE MRS                TC                    Y2FLBA
                                     08SEP08    OBA0902Y LHRFRA 20DEC
                                                    Y2FLBA
BA ONLY
FRA BA LON596.59BA FRA596.59NUC1193.18END ROE0.64
2811XT19.17RA6.57DE12.30GB24.22UB


EUR  767.00            EXCH/
EUR 48.00YQ INV
EUR  6.00YQ FCI 0
EUR 62.26XT ORIG ISS/
EUR  883.26
       125 5297324949 3 PRI   FFVV
7906/
```

Umgeschriebenes Dokument (Agent Coupon eines E-Tickets):

```
                    SCHULE FUER
ETKT       **AGENT COUPON**             00000232        **ITINERARY**
BRITISH AIRWAYS              1 OF 1   2P5RFR/1A  OBA0901Y FRALHR 15DEC
TEST/SABINE MRS                TC                    Y2FLBA
                                     08SEP08    OBA0982Y LHRTXL 20DEC
                                                    Y2FLBA
BA ONLY
FRA BA LON596.59BA BER735.05NUC1331.64END ROE0.64
2811PD XT19.17RA6.57DE12.30GB24.22UB


EUR  856.00           EXCH/12552973249496
PD  48.00YQ INV INV
PD   6.00YQ FCI 1
PD      XT ORIG ISS/1255297324949FRA08SEP0800000232
EUR  89.00A
       125 5297324950 4 PRI   FFVV
7906/
```

3.4   MCO / MPD – Verwendungszwecke und Ausstellungsbeispiele

MCO (Miscellaneous Charges Orders) und MPD (Multiple Purpose Documents) sind Dokumente, die für Dienstleistungen im Zusammenhang mit einer Flugreise ausgestellt werden.

Sie werden in folgenden Varianten angeboten:

*   Seit Anfang 2008 als BSP*link* virtual MPD („V-MPD").

*   Seit 2008 ebenfalls als „Virtuelle MCO" (AMADEUS → „VMCO", die als „Paperless" oder „Blank paper" MPD auf Blankopapier gedruckt werden. In diesem vollautomatisierten Verfahren können MCO für verschiedene Airlines und für alle MCO-Verwendungszwecke erstellt werden. Die Verwaltungscoupons (Agent-, Passenger- und ggf. Credit Card Charge Form) werden hierbei ggf. auf Blankopapier gedruckt, ein Wertcoupon wird nicht mehr erstellt. Die Abrechnungsdaten werden nach der virtuellen Ausstellung automatisch an BSP übergeben, ohne das BSP*link*-Verfahren in Anspruch zu nehmen.

*   Als elektronische MCO im Lufthansa-Verfahren über AMADEUS („EMCO")

Aber auch diese Verfahren sind nur eine Zwischenlösung:
Voraussichtlich ab 2009/2010 wird die IATA das neue Electronic Miscellaneous Document („EMD") einführen, das für alle Prozesse außerhalb von Flugscheinen eingesetzt werden soll.

MCO / MPD können bspw. für folgende Zwecke verwendet werden:

*   für Übergepäck
*   für Aufzahlungen in eine höhere Klasse („Upgrading")
*   für Land Arrangements eines IT-Tickets (siehe S. 217)
*   für Umbuchungs- und Stornogebühr
*   für Steuern und Gebühren
*   als Agents Refund Voucher („ARV") für Restbeträge aus Umschreibungen

Besonderheiten beim Ausfüllen eines MPD / MCO:

*   **Name of Passenger**
    Format entsprechend Tickets, es sind jedoch je nach Verwendungszweck mehrere Namen möglich.

*   **TO Airline (Anbieter), AT (In)**
    Airline und Ort, von der / an dem die MCO / das MPD angenommen werden soll

*   **Bank Exchange Rate – Fare (Wechselkurs 1 und 2)**
    Bankers Rate für die Ausstellung in Fremdwährung

*   **Issued in connection with** (in Verbindung mit)
    Hier tragen Sie die Nummern aller Dokumente, die im Zusammenhang mit der MCO / dem MPD für die gleiche Reise ausgestellt werden, ein.

Beispiel Virtual MCO / Passenger Receipt für Umbuchungsgebühren:

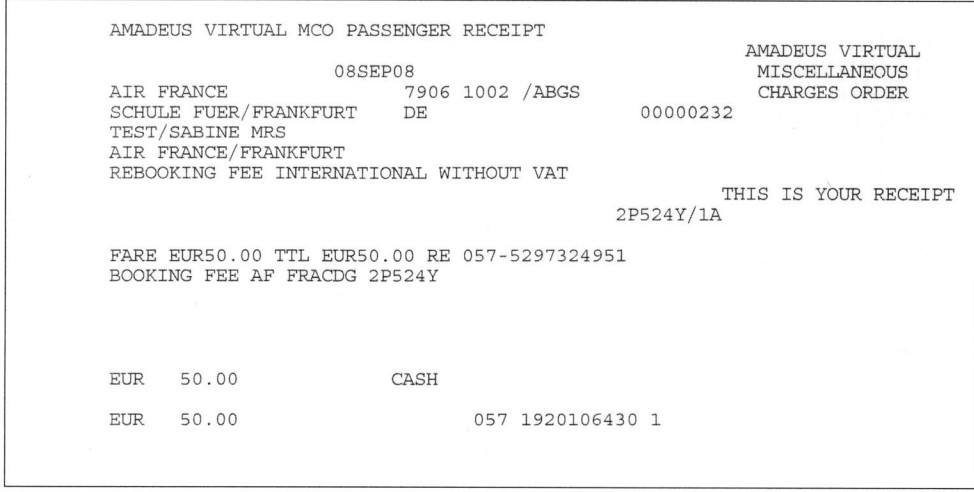

```
      AMADEUS VIRTUAL MCO PASSENGER RECEIPT
                                                    AMADEUS VIRTUAL
                   08SEP08                          MISCELLANEOUS
      AIR FRANCE                 7906 1002 /ABGS    CHARGES ORDER
      SCHULE FUER/FRANKFURT      DE          00000232
      TEST/SABINE MRS
      AIR FRANCE/FRANKFURT
      REBOOKING FEE INTERNATIONAL WITHOUT VAT
                                                    THIS IS YOUR RECEIPT
                                              2P524Y/1A

      FARE EUR50.00 TTL EUR50.00 RE 057-5297324951
      BOOKING FEE AF FRACDG 2P524Y



      EUR    50.00          CASH

      EUR    50.00                    057 1920106430 1
```

- Da es sich um Umbuchungsgebühren für eine internationale Flugreise handelt, enthält die Umbuchungsgebühr in Höhe von 50.00 EUR keine VAT (Mehrwertsteuer)

- Der Filekey des betroffenen Ticktes und seine Ticketnummer müssen vermerkt werden.

Beispiel einer ausgefüllten TSM (Transitional Stored MCO) aus AMADEUS für die Aufzahlung auf eine höhere Buchungsklasse:

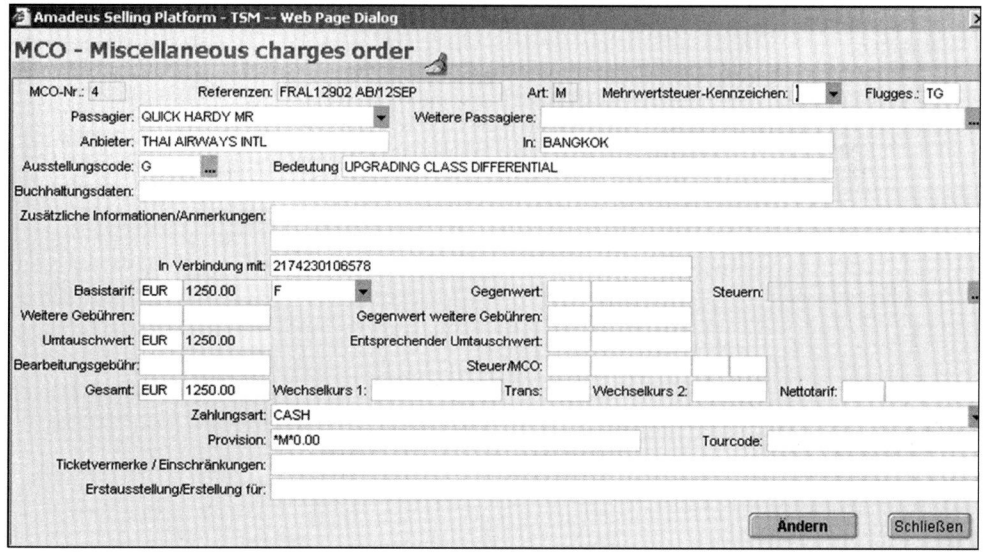

ÜBUNG 3.6

1) Beantworten Sie folgende Fragen zu der abgebildeten AMADEUS VIRTUAL MCO:

a) Für welchen Zweck wurde die MCO ausgestellt?
b) Wer soll die MCO wo annehmen?
c) Welchen Betrag muss der Kunde zahlen?

```
AMADEUS VIRTUAL MCO PASSENGER RECEIPT
                                               AMADEUS VIRTUAL
              08SEP08                          MISCELLANEOUS
VRG LINHAS AEREAS SA     7906 1002 /ABGS       CHARGES ORDER
SCHULE FUER/FRANKFURT     DE              00000232
TEST/SABINE MRS
VRG LINHAS AEREAS SA/FRANKFURT
EXCESS BAGGAGE INCL SPORTING GOODS PETC AND AVIH
                                            THIS IS YOUR RECEIPT
                                  2P6BPX/1A


    FARE EUR50.00 TTL EUR50.00 XB
    AG FRA GRU 3KGS




    EUR    50.00           CASH

    EUR    50.00                042 1920106431 5
```

2) Beantworten Sie folgende Fragen zu der abgebildeten TSM (Transitional Stored MCO) aus AMADEUS:

a) Für welchen Zweck wird die MCO ausgestellt?
b) Welche Fluggesellschaft soll die MCO annehmen?
c) Welche Agentur hat die Buchung erstellt?

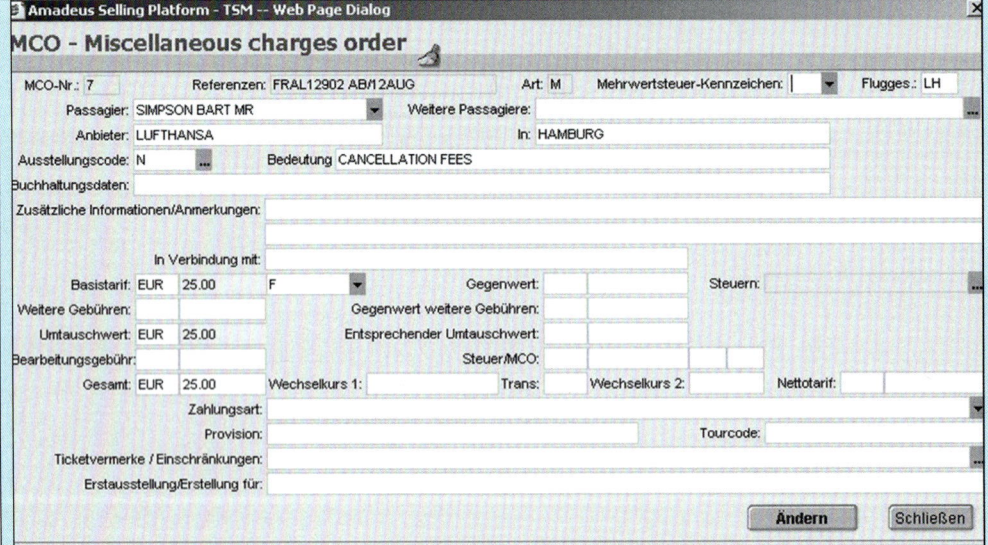

3.5   Zahlungsmittel Kreditkarten

Bei der Ausstellung von Tickets haben Sie bereits erfahren, dass Kunden ihre Linienflugtickets auch mit Kreditkarten bezahlen können und dass in diesem Fall in dem „FORM OF PAYMENT"-Feld die Kreditkartengesellschaft, abgekürzt mit zwei Buchstaben, und die Nummer der Kreditkarte eingetragen werden.

Hier sollen nun die Hintergründe solch einer Kreditkartenzahlung näher erläutert werden.

In Deutschland gibt es, wie auch anderswo, die verschiedensten Kreditkartengesellschaften, mit denen etliche IATA-Carrier Verträge abgeschlossen haben. Auch die GDS haben eigene Verzeichnisse der akzeptierten Karten.

Folgende Kreditkarten werden vom GDS AMADEUS akzeptiert:

Access	XS	Eurocard	EC
American Express	AX	Japan Credit Bureau	JC
Carte Aurore	AU	Lufthansa GK Card	GK
Carte Blanche	CB	Mastercard	CA
Choice	CX	Torch Club	TC
Cofinoga	CG	UATP / AirPlus	TP
Diners Club	DC	Visa	VI
Discover	DS		

Besonders hervorzuheben ist hier der UATP (Universal Air Travel Plan), ein Kartensystem der Luftfahrtindustrie, das von den größten Fluggesellschaften der Welt an Geschäftskunden, Reisestellen und Reisebüros ausgegeben wird. Fast alle Fluggesellschaften weltweit akzeptieren diese Karten als Zahlungsmittel (ehemals unter dem Namen Air Travel Card herausgegeben).

Herausgeber in Deutschland ist Lufthansa, die die sog. „AirPlus-Karte" als Kartenfamilie mit unterschiedlichem Leistungsumfang auch für andere Fluggesellschaften weltweit anbietet. So können mit ihr nicht nur Flüge und alle im Zusammenhang damit stehenden Leistungen bezahlt werden. Auch als Telefonkarte, für die Teilnahme an Hotel- und Mietwagenprogrammen sowie für Ermäßigungen auf Golfplätzen findet sie ihren Einsatz.
Die Karte kann als Corporate Card oder als Zweitkarte „Private Card" ausgestellt sein.

Bevor Sie eine Kreditkarte zur Zahlung annehmen, sollten Sie zunächst prüfen,

- ob diese noch gültig ist. Die Gültigkeit ist i. d. R. in folgendem Format: 12/10 (bis Dezember 2010 gültig) auf der Karte aufgedruckt,

- ob diese auch in Deutschland gültig ist (einige Karten tragen Sperrvermerke wie „in Japan only"),

- ob diese Karte auch von der Fluggesellschaft, auf die das Dokument gezogen werden soll, akzeptiert wird.

Nun bietet nicht jede Kreditkarte jederzeit einen ausreichenden Kreditrahmen. Wird ein Ticket gegen eine Kreditkarte verkauft, erfolgt im Augenblick des Ticketdrucks automatisch eine Abfrage bei dem entsprechenden Kreditkarteninstitut und ein so genannter Approval-Code erscheint in der Buchung und auf dem Ticket. Sollte es ein Problem mit der Karte geben, d. h., die Karte ist ungültig, gestohlen oder nicht gedeckt, wird diese für die Bezahlung abgewiesen.

Zusätzlich zum Ticket (Papier- oder E-Ticket) kann eine „CREDIT CARD CHARGE FORM" (UCCCF), ein Beleg für die Kreditkartenzahlung, ausgestellt werden. Er verbleibt nach der Unterschrift des Kunden im Reisebüro.

Die Unterschrift auf der UCCCF müssen Sie unbedingt mit der auf der Kreditkarte selbst vergleichen. Für den Fall, dass keine Unterschrift geleistet werden kann (z. B. bei firmenbezogenen Karten, die in Ihrem Reisebüro hinterlegt wurden), schreiben Sie anstatt der Unterschrift den Vermerk „SIGNATURE ON FILE", was so viel bedeutet, dass die Unterschrift entweder bei Ihnen hinterlegt ist oder nachgereicht wird.

UCCCF eines E-Tickets:

```
ETKT                    CREDIT CARD CHARGE FORM             CUSTOMER COPY
SINGAPORE AIRLINES                      FRA/FRA      SCHULE FUER
/QS/VLD SQ ONLY/RBKG FEE EUR100/NO 10SEP08          FRANKFURT    DE
MILAGE ACCRUAL                                      00000232    3EZ4GW/1A
KRAUT/BENJAMIN MR
SIGNATURE X:
I ACKNOWLEDGE PURCHASE OF TRANSPORTATION RELATED SERVICES AND/OR
GOODS AND AM AWARE OF APPLICABLE RESTRICTIONS AND/OR PENALTIES
ASSOCIATED WITH THE PURCHASE AS SHOWN ON THIS RECEIPT


  EUR   270.00

  EUR155.56YQ
  EUR   7.08YQ      AX373900000000000   0509          APVL
  EUR  68.43XT
  EUR  501.07      7906/    618 5297324954 6
```

3.6   Erstattungen (Refunds)

Allgemeine Regeln zu Erstattungen und deren Berechnungen

Erstattungen eines Dokuments können dann durchgeführt werden, wenn das ganze Dokument oder Teile hieraus nicht genutzt wurden und diese Teile noch einen (Rest-)Wert darstellen.

Man unterscheidet

- **unfreiwillige** Erstattungen, die aus Gründen geschehen, die der Kunde nicht zu vertreten hat. Ein Beispiel hierfür wäre die Annullierung von Flügen. Diese Erstattungen dürfen entweder die Fluggesellschaften vornehmen, die für den Transport des Passagiers verantwortlich waren oder der Issuing Carrier und Reisebüros mit Genehmigung des Issuing Carriers. Hier wird bei einem unbenutzten Flugschein der volle Betrag erstattet, bei einem angeflogenen Flugschein werden die unbenutzten Couponwerte ermittelt/erstattet.

- **freiwillige** Erstattungen, die der Kunde auf eigenen Wunsch vornehmen lässt. Diese dürfen auch von Reisebüroagenten vorgenommen werden. Zu den Bedingungen und Berechnungsregeln siehe unten.

Für Reisebüros gilt:

Sie dürfen die Erstattung nur an den Käufer des Tickets leisten und nur solche Dokumente erstatten, die ursprünglich in Ihrem Büro bzw. in Ihrer Reisebürokette ausgestellt wurden.

Beachten Sie, dass das zu erstattende Dokument noch gültig sein muss, wenn es zurückgenommen werden soll. Ist die Gültigkeit bereits abgelaufen, kann das Ticket per BSP Refund Link als sog. „Refund Application" bei der jeweiligen Fluggesellschaft eingereicht werden. Es können verschiedene Fristen bezüglich der Erstattbarkeit gelten, deshalb sollten Reisebüros hier immer Rücksprache mit der betreffenden Airline halten.
Gegen Kreditkartenzahlung ausgestellte Tickets dürfen nie bar erstattet werden und Tickets gegen Rechnung sollten stets dem Rechnungsadressaten gutgeschrieben werden.

Umgeschriebene Dokumente dürfen nur dann von Reisebüros zurückgenommen werden, wenn das Ursprungsdokument von diesen selbst erstellt wurde. In Ausnahmefällen kann via BSP Refund Link eine Refund Application an die jeweilige Fluggesellschaft gestellt werden. Das gilt auch, wenn ein Reisebüro nicht dazu in der Lage ist, den Erstattungsbetrag zu ermitteln. Die Airline führt die Erstattung dann per BSP*link* als ADR („Airline Direct Refund") durch.

Für Fluggesellschaften gilt:

Auch hier ist zu prüfen, ob die Zahlungsart und die Tarifbedingungen eine Erstattung überhaupt zulassen.

Für die Berechnung von Erstattungsbeträgen bei freiwilligen Erstattungen gelten folgende Grundregeln:

- Ist das Dokument **völlig unbenutzt**, so müssen Sie prüfen, ob nach den Tarifbedingungen evtl. eine Stornogebühr abzuziehen ist (Achtung bei fast allen Sondertarifen!). Die Reservierungssysteme haben hierfür ein automatisches Refund-Verfahren eingerichtet, das auch die „Cancellation Penalty (Stornogebühr)" berücksichtigen kann. Ob diese provisionsfähig ist, muss jedoch mit der jeweiligen Fluggesellschaft geklärt werden. Wenn keine Stornogebühr abzuziehen ist, können Sie den Gesamtbetrag erstatten.

- Ist das Dokument teilweise benutzt, so errechnet sich der Erstattungsbetrag bei Normaltarifen wie folgt:
Sie müssen den anwendbaren Preis für die benutzten Strecken ermitteln (der zum Zeitpunkt der Ticketausstellung gültig war) und ziehen den ermittelten Betrag vom Ticketpreis zuzüglich ggf.

anfallender Gebühren ab. Tarifkonstruktionspunkte (fare construction points, s. S. 121) müssen erhalten bleiben!

Wird bei einem Hin- und Rückflug- (RT-)Normaltarif der Rückflug nicht genutzt, wird ebenfalls der in Anspruch genommene Oneway- (OW-)Tarif vom bezahlten RT-Tarif abgezogen. Da bei Flügen ab Deutschland auch der normale Hin- und Rückflug-Preis i. d. R. eine Ermäßigung enthält, ist der Erstattungswert für den nicht genutzten Rückflug in diesem Fall niedriger als die Hälfte des bezahlten Hin- und Rückflug-Preises.

• Bei der Erstattung von Sondertarifen, bei denen der Rückflug nicht genutzt wurde, wird bei einigen Tarifen der Preis für den anwendbaren Oneway-Economy-Klasse-Tarif vom bezahlten RT-Sondertarif abgezogen, wobei sich dann meist nur noch ein geringer oder gar kein Erstattungswert ergibt.

Einige Fluggesellschaften wie z. B. LH behalten sich in ihren ABB sogar vor, im Falle eines ungenutzten Rückflugs, bei dem der Oneway-Tarif teurer gewesen wäre als das komplette Ticket zum Sondertarif, eine Nachbelastung zu erheben. In der Praxis passiert das insbesondere dann, wenn der ungenutzte Rückflug überflüssigerweise auch noch zur Erstattung bei der Airline eingereicht wird (z. B., um Steuern erstatten zu lassen).

• Ganz billige Sondertarife lassen mitunter überhaupt keine Erstattung zu. Hier können dem Passagier ggf. nur die nicht verbrauchten Steuern erstattet werden.

• Ob Steuern erstattbar sind, können Sie in den Reservierungssystemen oder ggf. in den Bestimmungen des PAT nachlesen.

Beispiele für einfache Erstattungen:

a) Der veröffentlichte Tarif für einen einfachen Flug von Berlin über Paris nach Madrid betrug zum Zeitpunkt der Ticketausstellung EUR 1048.00 in C-Class. Der Kunde hat jedoch nur die Strecke von Berlin nach Paris abgeflogen. Diese kostete zum Zeitpunkt der Ticketausstellung EUR 579.00 in C-Class.

   Als Erstattungswert für die nicht geflogene Strecke von Paris nach Madrid ergibt sich somit:

```
    EUR 1048.00
  – EUR  579.00
  ----------------------
  = EUR   469.00
```

b) Der Preis für einen HFLEX-Tarif der LH ab Hamburg nach Athen beträgt EUR 481.00. Der Kunde tritt allerdings den Rückflug nicht an und möchte ihn nach seiner Rückkehr von Ihnen erstatten lassen. Die Anmerkungen zum HFLEX schreiben vor, dass vom bezahlten HFLEX-Tarif der anwendbare OW-Tarif abzuziehen und der Restbetrag, so vorhanden, zu erstatten ist. Der OW/Y-Tarif beträgt EUR 1040.00. Damit ergibt sich in diesem Fall kein Erstattungswert.

Handelt es sich um kompliziertere Erstattungen, so sind weitere Regeln zu beachten, die Sie ggf. auch in den Fare Notes der Reservierungssysteme bzw. im PAT nachlesen können. In Zweifelsfällen sollten Reisebüroagenten Erstattungen bei der Fluggesellschaft einreichen!

Durchführen von Refunds

Für die Rücknahme von E-Tickets wird eine Refund Notice über das Reservierungssystem erstellt und deren Daten automatisch an BSP übergeben. Sie wird auf Blankopapier gedruckt und wird entweder im Büro gelagert oder an die Airline gesendet.

Ausnahme für den BSP Deutschland:
Dokumente, die am Tag der Ausstellung über den gesamten Wert zurückgenommen werden, werden nicht als Ausstellung + Refund gewertet, sondern als sog. **„Cancellation"**. Für diese Vorgänge wird keine Refund-Notice gedruckt.

Besondere Kenntnisse erfordern die Rücknahmen umgeschriebener Tickets, diese sollen hier jedoch nicht vertieft werden.

3.7 Abrechnung von Beförderungsdokumenten über BSP

IATA-Agenten sind verpflichtet, eine regelmäßige Abrechnung vorzunehmen. Diese wird in Deutschland über die Verrechnungsstelle des BSP abgewickelt.

Voraussetzung für eine ordentliche Abrechnung ist, dass alle Tickets und Coupons in lückenloser/ aufsteigender Reihenfolge erfasst werden. Die Abrechnung elektronisch erstellter Dokumente erfolgt automatisch per Ausdruck des Monatsprotokolls (dieses verbleibt zum Nachweis im Büro).

UCCCF von Kreditkartenzahlungen verbleiben ebenfalls zum Nachweis im Büro.

Bei Refunds wird die Airline Copy der (über Computer erstellten) Refund-Notice ggf. an die betreffende Airline gesendet (bei Papiertickets zusammen mit dem entsprechenden Ticket).

Die Agenten erhalten ihrerseits eine monatliche Abrechnung vom BSP, in welcher der Rechnungs- gesamtbetrag in einzelne Umsätze bei jeder Fluggesellschaft sowie alle einzelnen Transaktionen (Verkäufe, Stornierungen u. Ä.) aufgeschlüsselt werden.
Dieser Rechnungsgesamtbetrag wird dann zum jeweiligen Zahlungstermin von der Bank des BSP durch Bankabbuchung eingezogen.

4 Bestimmung und Berechnung von Flugtarifen

4.1 Tarifbildung der IATA

Die weltweite Tarifbildung für Passage und Fracht ist seit mehr als 50 Jahren auf den Tarifbildungs-konferenzen der IATA aufgrund eingehender Analysen durch die Fluggesellschaften erfolgt. Die Teilnahme an den Tarifbildungskonferenzen für Fracht und Passage ist für die Mitglieder der IATA freiwillig.

Die Tarifbildungsfunktion der IATA ist historisch begründet: Nach Beendigung des Zweiten Weltkriegs wurden einheitliche und weltweit gültige Regelungen des Luftverkehrs angestrebt, und hierzu gehörte auch die Festsetzung von gemeinsamen Tarifen. Hinzu kommt, dass die Fluggesellschaften, die ja zum großen Teil in Staatshand waren – und einige es auch noch heute sind –, lange Zeit Instrument staatlicher Verkehrspolitik waren und dazu dienten, ein Verkehrsnetz in der Luft aufzubauen und damit auch die Wirtschaft zu unterstützen. Sie erwarteten insofern Hilfestellung der Regierungen bezüglich der Durchsetzung von Verkehrsrechten und Tarifen.

Mit zunehmender Privatisierung und durch den Einsatz moderneren Fluggeräts, das mehr Kapazitäten bietet und kostengünstiger ist, konnten mehr Märkte erschlossen werden und immer mehr Anbieter in den Markt eintreten. Damit wuchs jedoch auch die Forderung nach mehr Wettbewerb im Luftverkehr, und die Tarifabstimmungen wurden eher als wettbewerbshemmend angesehen. Nach einer Phase der Freistellung für Fluggesellschaften innerhalb der EU gibt es hier seit März 2007 nun keine IATA-Interline-Tarife mehr. Diese werden durch interlinefähige Tarife, die auf dem Durchschnittspreis der beteiligten Carrier basieren, ersetzt (sog. **„Flex Fares"**). Weltweit werden die Beschlüsse der IATA-Tarifkonferenzen nur noch als Empfehlungen ausgesprochen. Infolgedessen tritt die Tarifbildungs-funktion der IATA nun immer mehr in den Hintergrund. Die auf den Tarifbildungskonferenzen beschlossenen Tarife müssen vor ihrem In-Kraft-Treten den Regierungen der betroffenen IATA-Mitglieder zur Genehmigung vorgelegt werden.

Innerhalb der EU ist die Genehmigungspflicht durch die Regierungen jedoch faktisch entfallen, und damit sind aus festen Tarifen freie Preise entstanden. Eine Genehmigung gilt automatisch als erteilt, solange die betroffenen Staaten im Falle zu hoher oder zu niedriger Tarife nicht protestieren.

Folge dieser Liberalisierung der Preisgestaltung ist, dass die Fluggesellschaften im Wettbewerb untereinander fast täglich neue Preise festsetzen. Außerdem kommt es zu einem undurchsichtigen Nebeneinander von Interline-Tarifen und airline- oder allianz-spezifischen Tarifen. Für die Vertriebs-Mitarbeiter bedeutet das, dass sie auf die Informationen aus den Computer-Reservierungssystemen angewiesen sind. Denn keine andere Kommunikationstechnik kann dieselbe Fülle an Daten und Flugpreisen so schnell und strukturiert übermitteln.

4.1.1 Tarifgebiete

Die Tarifbildungskonferenzen sind in 57 **Regionalkonferenzen** aufgeteilt; hinzu kommen noch die weltweiten Konferenzen für gebietsübergreifende Tarife.

Die IATA hat zu diesem Zweck drei **Verkehrsgebiete (Traffic Conference Areas)** mit folgenden „Subareas" festgelegt:

TC1:   Nord, Süd- und Mittelamerika, Bermuda, Karibik, Hawaii und Grönland
TC2:   Europa, Afrika, westlicher Teil Asiens/Mittlerer Osten
TC3:   Asien, Australien, Neuseeland und Pazifische Inseln

Zusätzlich gibt es Tariffestlegungen für die Verbindungen zwischen den o. a. Konferenzgebieten:

Atlantic fares: zwischen TC1 und TC 2/3 über den Atlantik (North Atlantic, Mid Atlantic
                  und South Atlantic fares)

Pacific fares: zwischen TC1 und TC3 über den Pazifik (North und Central Pacific fares; zwischen
                 TC1 und dem Südwestpazifik = South Pacific fares)

Die IATA-Gebiete weichen teilweise von den geografischen Festlegungen ab, was Sie anhand der folgenden Liste für Europa überprüfen können.

IATA-Europa (Abweichungen gegenüber dem geografischen Europa sind *kursiv* gedruckt):

- Albanien	**Innerhalb Europas gibt es folgende Untergruppen**:
- *Algerien*	
- Andorra	a) **European Community (EC) Countries:**
- *Armenien*	
- *Aserbaidshan*	- Belgien
- Belgien	- Bulgarien
- Bosnien-Herzegowina	- Dänemark
- Bulgarien	- Deutschland
- Dänemark	- Estland
- Deutschland	- Finnland
- Estland	- Frankreich
- Färöer-Inseln	- Griechenland
- Finnland	- Großbritannien
- Frankreich	- Irland
- Georgien	- Island
- Gibraltar	- Italien
- Griechenland	- Lettland
- Großbritannien	- Luxemburg
- Island	- Malta
- Irland	- Niederlande
- Italien	- Norwegen
- Kroatien	- Österreich
- Lettland	- Polen
- Liechtenstein	- Portugal
- Litauen	- Rumänien
- Luxemburg	- Schweden
- Malta	- Schweiz
- *Marokko*	- Slowakei
- Mazedonien	- Slowenien
- Moldawien	- Spanien
- Monaco	- Tschech. Republik
- Montenegro	- Ungarn
- Niederlande	- Zypern
- Norwegen	
- Österreich	b) **ECAA (European Common Aviation Area) and**
- Polen	**related states (IATA definition for tariff purposes)**
- Portugal incl. *Azoren & Madeira*	
- Rumänien	- Belgien
- *Russland – westlich des Urals*	- Bulgarien
- San Marino	- Dänemark
- Serbien	- Deutschland
- Slowakei	- Estland
- Slowenien	- Finnland
- Spanien incl. *Kanaren*	- Frankreich
- Schweden	- Griechenland
- Schweiz	- Großbritannien
- Tschech. Republik	- Luxemburg
- *Tunesien*	- Irland
- Türkei	- Island
- Ukraine	- Italien
- Ungarn	- Lettland
- Weißrussland	- Liechtenstein
- Zypern	- Litauen
	- Luxemburg
	- Malta
	- Niederlande
	- Norwegen
	- Österreich
	- Polen
	- Portugal
	- Rumänien
	- Slowakei
	- Slowenien
	- Spanien
	- Schweden
	- Schweiz
	- Ungarn
	- Zypern

4.1.2 Richtungscodes (Global Indicators)

Insbesondere auf Langstreckenflügen ist es wichtig, zu unterscheiden, auf welcher globalen Route der Passagier sein Ziel anfliegt, da verschiedene Routen unterschiedliche Entfernungen beinhalten und damit auch unterschiedliche Preisberechnungen nach sich ziehen können.

Daher verfügen alle IATA-Tarife über einen „Global Indicator" (GI), bestehend aus zwei Buchstaben, die angeben, für welche Route der angegebene Preis gültig ist.

Folgende Richtungscodes sind von der IATA festgelegt worden (alle der genannten Codes sind in beide Richtungen anwendbar) – siehe hierzu auch die Karte auf der übernächsten Seite:

TC 1	**Flüge gänzlich innerhalb des Verkehrsgebietes 1 (Western Hemisphere)**	
	WH	Western Hemisphere Beispiel (1): NYC – SFO
TC 2	**Flüge innerhalb des Verkehrsgebietes 2**	
	EH	Eastern Hemisphere Beispiel (2a): FRA – JNB
TC 3	**Flüge innerhalb des Verkehrsgebietes 3 (ebenfalls Eastern Hemisphere)**	
	EH	Eastern Hemisphere Beispiel (2e): DEL – HKG
TC 1/2	**Flüge zwischen den Verkehrsgebieten 1 und 2**	
	AT	über den Atlantik Beispiel (3): FRA – RIO
TC 3/1	**Flüge zwischen den Verkehrsgebieten 3 und 1**	
	PA	über den Pazifik Beispiel (4): MNL – LAX
	PN	Transpazifikrouting zwischen Südamerika und Südwestpazifik über Nordamerika Beispiel (5): AKL – MEX – CCS
TC 1/2/3	**Flüge zwischen Verkehrsgebiet 1 und 3 über Verkehrsgebiet 2**	
	AT	über den Atlantik Beispiel (6): YMQ – OSL – KHI
	SA	zwischen dem Südatlantik und Südostasien über den Atlantik und entweder über (einen) Punkt(e) in Zentralafrika, im südlichen Afrika, über Inseln im Indischen Ozean oder mit direktem Flug Beispiel (7): BUE – JKT als Direktflug oder über z. B. Johannesburg
TC 2/3	**Flüge zwischen den Verkehrsgebieten 2 und 3**	
	AP	über den Atlantik und Pazifik Beispiel (8): SHA – ATL – MAD
	TS	zwischen Verkehrsgebiet 2 und 3 über die transsibirische Route nur auf Nonstop-Services zwischen Europa und Japan/Korea Beispiele (9a): SEL – STO nonstop (9b): MNL – SEL – STO

FE   nur zwischen Russland (westl. des Urals)/Ukraine einerseits und
dem Verkehrsgebiet 3 andererseits mit einem Nonstop-Sektor zwischen
Russland (westl. des Urals)/Ukraine und TC3, jedoch nicht in Japan/Korea
Beispiel: MOW – SIN – SYD

RU   zwischen Russland und TC3 nonstop zwischen Russland (in Europa) und
Japan/Korea, nicht über ein anderes Land in Europa
Beispiel: MOW – SEL

EH   zwischen Verkehrsgebiet 2 (außer Russland westl. des Urals,
Ukraine) und Area 3 (nicht für Nonstop-Flüge zwischen Europa und
Japan/Korea)

Beispiel (2b): FRA – BKK –TYO
(2c): JNB – BOM

zwischen Russland westl. des Urals, Ukraine und Verkehrsgebiet 3
über ein anderes Land in Europa (außer Russland westl. des Urals,
Ukraine) und/oder Middle East
(nicht für Nonstop-Flüge zwischen Euopa und Japan/Korea)
Beispiel: (2d): MOW – ATH – SIN

ÜBUNG 4.1

1) In welchem TC-Gebiet liegt Europa?

2) Zu welchem Gebiet (Subarea) wird Tunesien bei der IATA gezählt?

3) Ordnen Sie folgende Reisen einer der oben aufgeführten Routen zu!
(Beachten Sie hierbei auch, dass auch für die umgekehrte Richtung aller Strecken dieselben
Routings gelten.)

a) Von Frankfurt nach Tokio über folgende Strecken:

- Frankfurt – Athen – Delhi – Kuala Lumpur – Tokio

- Frankfurt – Moskau – Tokio

- Frankfurt – Madrid –New York – Los Angeles – Tokio

- Frankfurt – Tokio direkt

b) Von/nach New York über folgende Strecken:

- Frankfurt – London – New York

- Hongkong – Dubai – Wien – Lissabon – New York

- Sydney – Honolulu – San Francisco – New York

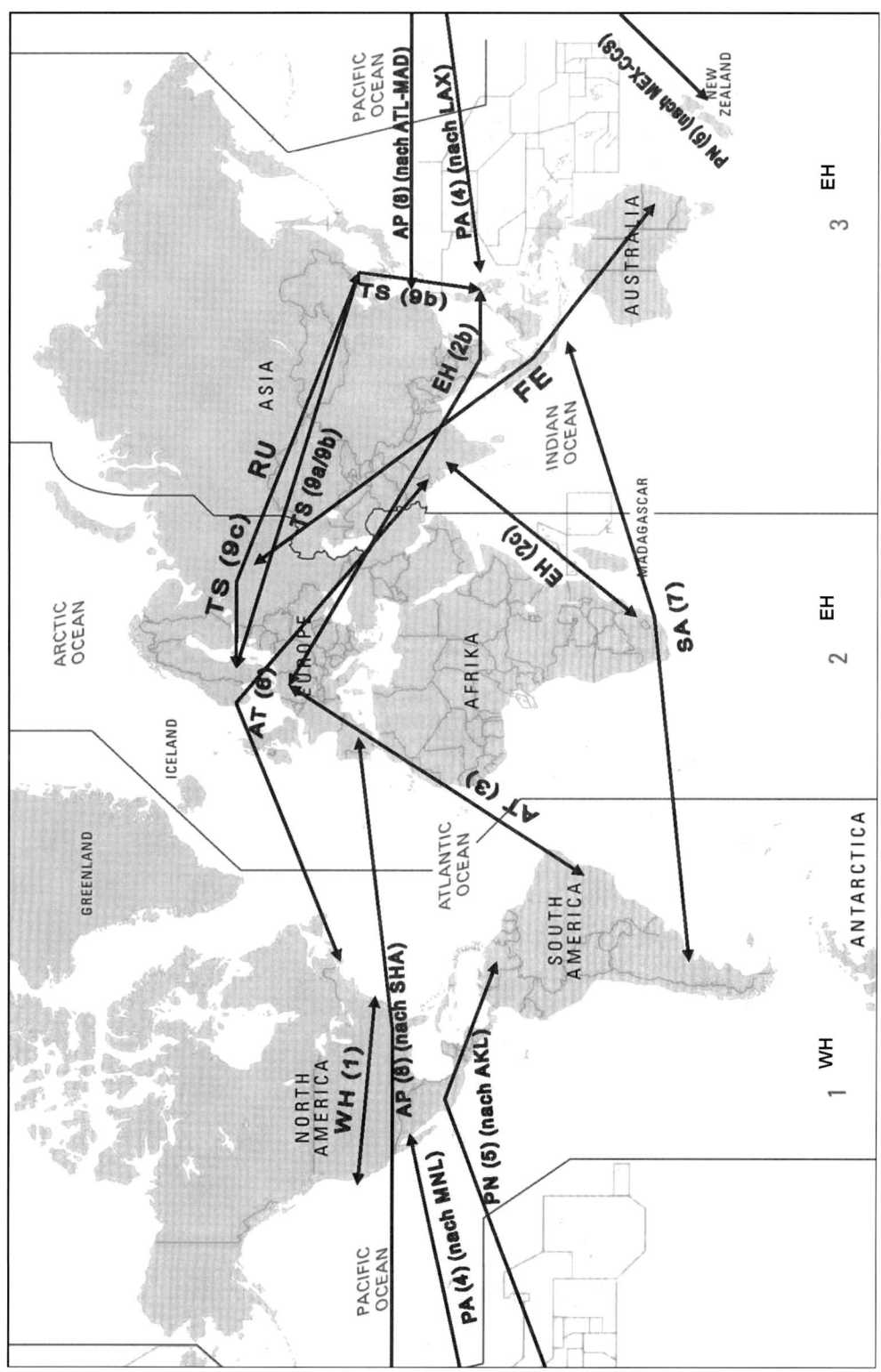

4.2 Tarifquellen

Der Flugpreis für einen einfachen Flug z. B. von Frankfurt nach Berlin lässt sich auf vielfache Weise herausfinden. Neben dem Internet sind für die Vertriebsmitarbeiter die Reservierungssysteme die umfangreichste, aktuellste und zuverlässigste Quelle für Tarife.
Außerdem erscheint vierteljährlich bzw. online der PAT – Passenger Air Tariff, ein von der IATA und SITA herausgegebenes Tarifwerk, das abonniert werden muss.

Darüber hinaus geben einige Fluggesellschaften kostenlose Broschüren für ihre Kunden heraus, in denen die Preise (vor allem Sondertarife) ihres Streckenangebots enthalten sind.

4.3 Verbindlichkeit der Tarife

Der anwendbare Preis für ein Flugticket wird i. d. R. durch den Tarif bestimmt, der am Tag der Bezahlung für den Reiseantrittstag gültig ist. Änderungen der Preise oder Bestimmungen haben danach keinen Einfluss mehr auf dieses Ticket, es sei denn, es wurde auf Wunsch des Kunden noch einmal geändert (Achtung: hiervon machen viele Airlines Ausnahmen!).

Ist ein Tarif zwar schon von der IATA beschlossen, aber noch nicht von den betroffenen Regierungen genehmigt worden, so gilt er nur vorbehaltlich der Regierungsgenehmigung.

In den CRS können airlinespezifische Tarife und die für alle IATA-Carrier gültigen, interlinefähigen Tarife abgerufen werden.

4.4 Normaltarife

Normaltarife werden in **Unrestricted Fares** und **Restricted Fares** unterschieden.

- Unrestricted Normal Fares (Full Fares) sind solche, die keinen Einschränkungen hinsichtlich der Reservierung, des Mindest- oder Maximalaufenthalts, der Umbuchbarkeit und der Rückerstattbarkeit unterliegen. Sie sind die jeweils höchsten Tarife ihrer Beförderungsklasse.

- Restricted Normal Fares unterliegen dagegen Einschränkungen, die in der jeweiligen Note zu dem Preis nachgelesen werden können.

Tickets zum Normaltarif haben eine *einjährige Gültigkeit*. Genauer gesagt bedeutet dieses, dass die Reise vor Ablauf der einjährigen Gültigkeit nach der Ausstellung des Tickets angetreten werden muss, dass das Ticket dann allerdings vom Reisebeginn an wiederum ein volles Jahr gültig ist.
Beispiel:
- Ein Ticket wurde am 15.02.2008 gekauft,
- Reisebeginn ist der 15.01.2009,
→ dieses Ticket ist bis zum 15.01.2010 gültig.

Als **Tarifklassen** für Normaltarife gibt es First, Business und Economy.
Für diese Aufteilung, die vor allem im Langstreckenbereich Anwendung findet, verwendete die IATA die Tarifklassenbezeichnungen („Farebasis") F, C und Y für „Interline-Fares"; die neuen „Flex-Fares" hingegen werden mit FIF, CIF und YIF gekennzeichnet, sind aber nicht auf allen Strecken anwendbar (jedoch ebenfalls interlinefähig).

Vor allem im innereuropäischen Bereich und auf Inlandsstrecken gibt es meistens nur noch zwei **Beförderungsklassen** für Normaltarife, und das ist entweder die Economy- oder die Business-Klasse. Als Tarifklasse verwendet die IATA hierfür gewöhnlich einheitlich die Farebasis Y/YIF und C/CIF.

Die **Reservierungsklassen** für diese Tarife sind von der Fluggesellschaft abhängig, F, C und Y finden häufig aber auch als Reservierungsklasse für die gleichnamige Tarifklasse Anwendung.

Alle anderen Tarife, die keine Normal Fares sind, werden als **Special Fares (Sondertarife)** bezeichnet (siehe Kap. 4.5).

4.4.1 Ablesbare / veröffentlichte Tarife

Ablesbar sind alle Tarife, die Airlines für Flüge von A nach B oder von A nach B und zurück nach A veröffentlichen, also ohne freiwillige Zwischenaufenthalte oder Umwege in der Reiseroute. Dieses können Normaltarife oder Sondertarife sein.

Ablesen von Tarifen in CRS, hier: AMADEUS

Der Transaktionscode für die Abfrage eines Tarifs von A nach B in AMADEUS lautet *>FQD ......*, z. B. *>FQD FRASIN* = Tarife von Frankfurt nach Singapur, heutiges Datum, IATA-Interline-Tarife.

Die Abfrage kann durch mehrere Erweiterungen variiert oder eingegrenzt werden, z. B. durch die Vorgabe eines bestimmten Carriers: *>FQD FRASIN/ASQ* (*/A* = Airline).

Die Tarife von Frankfurt nach Hongkong werden von AMADEUS wie im Folgenden Beispiel dargestellt. (Beachten Sie bitte, dass bei der Abfrage von Flugpreisen diese in der Landeswährung des Abgangslandes angezeigt werden. Werden zu Kalkulationszwecken NUC benötigt, müssen diese mit dem Wechsel zu NUC angefordert werden (*>FQDN*).)

Beispiel für eine Standard-Tarifanfrage in AMADEUS:

```
>FQD FRAHKG

AF  AY  AZ  BA  BD  BI  BR  CA  CI      TAX MAY APPLY
CX  CZ  EK  GF  HU  JL  KE  KL  LH      SURCHG MAY APPLY-CK RULE
LX  LY  MH  MK  MU  NH  NW  NZ  OS
OZ  QF  QR  RJ  SK  SQ  SU  SV  TG
TK  UA  UL  UN  VN  VS  /YY*AF  AK
C6  DY  D2  D7  E6  FD  FR  GI  GX
G5  IT  JD  LH  LL  LQ  QH  QZ  RY
R3  R8  SB  SP  UK  UR  U2  VB  VK
VY  WW  W7  XF  X5  YC  2L  4U  6Q
7A  8I  9B  9G  9Q  9X
ROE 0.653715 UP TO 1.00 EUR
28MAY08**28MAY08/YY FRAHKG/NSP;EH/TPM  5688/MPM  7724
*SURCHARGE OF HKD33 OR EQUIV IN NUC MAY APPLY DEPARTURE HKG*
LN FARE BASIS    OW    EUR   RT   B PEN  DATES/DAYS   AP MIN MAX R
01 FIF          6866             +  -    -    -       -  -   -  M
02 FIF                  9808     +  -    -    -       -  -   -  M
03 CIF          4154             +  -    -    -       -  -   -  M
04 YIF          3272             +  -    -    -       -  -   -  M
05 CIF                  5933     +  -    -    -       -  -   -  M
06 YIF                  4674     +  -    -    -       -  -   -  M
28MAY08**28MAY08/YY FRAHKG/NSP;TS/TPM  ...../MPM  9301
LN FARE BASIS    OW    EUR   RT   B PEN  DATES/DAYS   AP MIN MAX R
07 FIF          7642             +  -    -    -       -  -   -  M
08 FIF                 10917     +  -    -    -       -  -   -  M
09 CIF          4638             +  -    -    -       -  -   -  M
10 YIF          4018             +  -    -    -       -  -   -  M
11 CIF                  6625     +  -    -    -       -  -   -  M
12 YIF                  5740     +  -    -    -       -  -   -  M
>                                PAGE  2/ 2
```

Erläuterung der Ausgabe:

1) In den ersten Zeilen werden die Carrier angezeigt, für die auch eigene Tarife gespeichert und abrufbar sind. Ab dem /YY* erscheinen die Airlines, die keine YY-Tarife anbieten. Mit YY-Tarifen

werden die IATA-einheitlichen Tarife („Interline-Tarife" bzw. „Flex Fares") gekennzeichnet, die allerdings kaum gekauft, sondern eher zu Tarifberechnungszwecken herangezogen werden.
Der Hinweis „TAX MAY APPLY" und „SURCHG MAY APPLY-CK RULE" erscheint standardmäßig als Hinweis für eventuell anzuwendende Steuern oder Zuschläge auf diesen Strecken.

2) Die nächste Zeile enthält die anwendbare ROE = Rate of Exchange zwischen NUC (Neutral Unit of Construction) und Landeswährung und die dazugehörige Rounding Unit = Rundungseinheit der lokalen Währung (siehe hierzu S. 225). Alle Preise werden automatisch in der jeweiligen Landeswährung, abgekürzt mit dem ISO-Code, angezeigt, können aber auch in NUC abgefragt werden. Der NUC ist eine künstliche „Währungs"-Einheit, die nur zum Errechnen von Tarifen benutzt wird und deren Umrechnungskurs sich zwar am US-Dollar orientiert, aber nur alle 3 Monate aktualisiert wird. Für ablesbare Tarife benötigt man jedoch nur die Landeswährung.
Zu beachten ist außerdem, dass internationale Preise richtungsgebunden sind, d. h., der Preis von Frankfurt nach Hongkong ist nicht identisch mit dem von Hongkong nach Frankfurt („Directional Fares"). Der Grund dafür liegt in der Tatsache, dass Flugpreise auf der Basis von Landeswährungen des jeweiligen Ausgangslandes der Reise festgelegt werden und diese unterschiedliche „Wertigkeiten" haben können („harte" und „weiche" Währungen).

3) Es folgt der Abfragezeitraum (von * bis); abgefragte Strecke und Carrier (hier YY = IATA/Interline); NSP als Standard für Normal- und Special-Fares (Normal- und Sondertarife); das globale Routing (EH, TS, AP); die in der Strecke enthaltenen TPM (Ticketed Point Mileages) und MPM (Maximum Permitted Mileages). (Siehe nachfolgende Kapitel.)

4) Die Tarife werden spaltenweise dargestellt:

LN	Line Number, Nummerierung der Tarife
FARE BASIS	Mit der Farebasis wird die Tarifart bestimmt.
	In der Farebasis wird außerdem dargestellt, wie lange Tarife gültig sind (3M = 3 Monate, 45 = 45 Tage usw.).
	Gelten verschiedene Saisonzeiten, sind die anwendbaren Saisonzeiten in den dazugehörenden Notes abgedruckt.
	(2. Buchstabe der Farebasis: L = Low season, Nebensaison; H = High season, Hochsaison)
	Bei innereuropäischen Normaltarifen bestimmt das Datum des ersten internationalen Sektors die Saisonzeit für die gesamte Reise.
	Zu der Farebasis von Sondertarifen siehe S. 184.
OW EUR RT	OW- (Oneway-) und RT- (Round trip-)Tarife in Landeswährung, hier EUR
B	Buchungsklasse, wird jedoch nur bei Vorgabe eines Carriers angezeigt
PEN	Penalty Information („Straf"-Gebühren) bei Vollstorno*
DATES/DAYS	Anzeige der Tarifgültigkeit sowie Angabe von Flugtagen, wenn solche vorgegeben sind *
AP	Advance Purchase, Infos zur Vorausbuchungsfrist*
MIN MAX	Mindestaufenthalt und maximaler Aufenthalt (SU = Sunday Return Rule; 6M = 6 Monate; 6 = 6 Tage)
	erscheint hier zusätzlich ein Plus, gibt es weitere Infos, die in der Fare Note zu lesen sind*
R	wenn hier ein „R" oder „M" steht, gibt es Informationen zum Routing (M = Mileage System); sie sind mit >FQR# abrufbar (# = Zeilennummer)

* Dies sind Konditionen, die Anwendung bei Sondertarifen finden; siehe hierzu ausführlich Kap. 4.5.

Gibt es pro globaler Richtung verschiedene Tarife, so sind diese in Blöcken aufgeteilt (EH, TS, AP), die man durch Weiterblättern in der Seite aufrufen kann.

Die Abfrage ohne Vorgabe eines Carriers, des Datums und/oder einer vorgegeben Sortierung (z. B. nach dem Preis) ist jedoch wenig praxisorientiert. Zum Einsatz kommt eher das sog. „Shopper Display", das für alle Airlines die günstigsten (veröffentlichten) Tarife aufsteigend nach Preis sortiert abfragt und darstellt.

Darstellung einer Abfrage für alle Airlines, sortiert nach den günstigsten Tarifen („Shopper Display"):

```
FQDFRAHKG/S
YY*  AF   AK   C6   DY   D2   D7   E6   FD     TAX MAY APPLY
FR   GI   GX   G5   IT   JD   LH   LL   LQ     SURCHG MAY APPLY-CK RULE
QH   QZ   RY   R3   R8   SB   SP   UK   UR
U2   VB   VK   VY   WW   W7   XF   X5   YC
2L   4U   6Q   7A   8I   9B   9G   9Q   9X
ROE 0.653715 UP TO 1.00 EUR
28MAY08**28MAY08/FRAHKG/NSP;EH/TPM  5688/MPM  7724
LN FARE BASIS     OW    EUR  RT  PEN  DATES    DAYS AP MIN MAX AL R
01 RCMP                  172 NRF B30JUNC31JUL+  +  +   -   AY M
02+WLPE14DE              369 NRF B20JUNO20JUN+  - SU+  14  QR R
03 UPR                   370 NRF B31MAYO30JUN+  +  +  1M+SU  R
04 VPRODE                370 NRF B17JUNO31JUL   + 7+  1M KL R
05 K3HDE                 415  -  S19JUN         - + +SU  12M NZ R
06 RKECO                 463 NRF S14JUN         - +  +  +  3M AY M
07 OCMP                  463 NRF B30JUNC31JUL+  +  +   -   AY M
08 RKYOUNG        232    464  +  S14JUN         - + + -   -  AY M
09+WLAP21DE              470  -  S19JUN         - +21 -  12M QR R
10 QLZZDE                474 NRF S30JUN         - + + 7   -  AF R
11 QLSXDE                475 NRF S30JUN         - + + +  1M AF R
12 VLSXDE                475 NRF S30JUNB30APR   + 7+  1M KL R
>                                               PAGE  1/11
```

Neben der Abfrage von YY-Tarifen und Tarifen für spezielle Carrier können über die CRS aber auch sog. „Unifares" (ermäßigte/ausgehandelte Tarife) abgerufen werden. Dies sind für bestimmte Nutzergruppen ermäßigte Tarife, die nur einem beschränkten Kreis zugänglich sind. (Siehe hierzu ausführlich S. 217.)

Diese Unifares werden angezeigt, indem der Abfrage die Option R,U hinzugefügt wird, z. B. *>FQD BERPPT/AAF/R,U.*

Um Unifares und veröffentliche Preise auf einen Blick vergleichen zu können, muss die Abfrage *>FQD BERPPT/AAF/R,UP* (U = Unifares, P = Published Fares) lauten.

Beispiel: Abfrage der Preise von Berlin nach Hongkong mit der Cathay Pacific für veröffentlichte und Unifares:

```
FQDBERHKG/ACX/R,UP
                              TAX MAY APPLY
ROE 0.653715 UP TO 1.00 EUR   SURCHG MAY APPLY-CK RULE
28MAY08**28MAY08/CX BERHKG/NSP;EH/TPM ...../MPM  7720
LN FARE BASIS    OW    EUR  RT  B PEN  DATES/DAYS    AP MIN MAXFR
01 BEE6M               550  V  -  S08APR  19JUN+  + - 180NR
                              B31DEC    -
02 BEE6M               590  V  -  S08APR  19JUN+  + - 180NR
                              B31DEC    -
03 BEE6M               590  V  -  S08APR  19JUN+  + - 180NR
                              B31DEC    -
04 BEE6M               605  V  -  S08APR  19JUN+  + - 180NR
                              B31DEC    -
05 BEE6M               610  L  -  S08APR  19JUN+  - - 180NR
                              M31DEC    -
06 BEE6M               650  L  -  S08APR  19JUN+  - - 180NR
                              M31DEC    -
07 BEE6M               665  L  -  S08APR  19JUN+  - - 180NR
                              M31DEC    -
08 BEE6M               665  M  -  S08APR  19JUN+  - - 180NR
```

Hier zeigt die Eintragung in der zusätzlichen Spalte „F" an, um welche Art von Unifare es sich handelt. Mögliche Anzeigen können sein:

N = AMADEUS Nego Fare;
C = AMADEUS Corporate Negotiated Fare,
U = Dynamic Discount Fare,
D = Corporate Dynamic Discount Fare,
A = ATPCO Negotiated Fare,
B = ATPCO Corporate Negotiated Fare,
V = Private Fare,
W = Corporate Fare Private.

ÜBUNG 4.4.1

Bestimmen Sie nach dem folgenden AMADEUS-Auszug von Frankfurt nach Sydney mit CX (Cathay Pacific):

a) den Preis für einen einfachen Flug, Farebasis Y, Eastern-Hemisphere-Routing in EUR
b) den Preis für einen Hin- und Rückflug über die Eastern Hemisphere, Farebasis J in EUR

```
>FQDFRASYD/ACX
...
ROE 0.653715 UP TO 1.00 EUR
28MAY08**28MAY08/CX FRASYD/NSP;EH/TPM 10256/MPM 12777
LN FARE BASIS    OW    EUR   RT    B PEN  DATES/DAYS   AP MIN MAX R
01 F             8811        F -    -      -    -   -   -  M
02 F                   12586 F -    -      -    -   -   -  M
03 J             5185        J -    -      -    -   -   -  M
04 Y             4051        Y -    -      -    -   -   -  M
05 J                    7406 J -    -      -    -   -   -  M
06 Y                    5787 Y -    -      -    -   -   -  M
```

4.4.2 Errechnen von Normaltarifen

Immer dann, wenn Kunden nicht auf direktem Wege zu ihrem Ziel fliegen, muss geprüft werden, ob der ablesbare Flugpreis trotzdem angewendet werden darf oder ob er eventuell angepasst werden muss.
Die wichtigsten, am häufigsten angewendeten Berechnungsarten sollen hier vorgestellt werden.

1997 hat die IATA ergänzende Regeln zur Tarifberechnung entwickelt, die nach erfolgter Regierungsgenehmigung seit Juni 2000 in Deutschland eingeführt wurden.

Während bis 2000 alle im Ticket aufgeführten Orte als Ganzes (Journey = Reise) betrachtet und berechnet wurden, kann anhand des neueren **„Pricing Unit Concepts"** eine Reise ebenso in beliebige **„Subjourneys"** (Teilreisen) = **Pricing Units** zerlegt werden, wenn hierdurch ein günstigerer Gesamtpreis erzielt wird.

Der besseren Verständlichkeit halber sollen die folgenden Beispiele und Übungen jedoch zunächst so berechnet werden, dass möglichst wenig Pricing Units entstehen. Erst nach der Erläuterung der wichtigsten Rechenregeln wie Meilensystem, HIP und Mindestpreise folgt das Zerlegen in mehrere Pricing Units.

4.4.2.1 Reisearten, Tarifkonstruktionspunkte und Tarifkomponenten

Vor der Berechnung eines Tarifs muss zunächst festgestellt werden, um welche Reiseart es sich bei der vorliegenden Journey/Subjourney handelt, da je nach Reiseart Oneway- oder Round-Trip-Tarife verwendet werden müssen.

Welche Reisearten gibt es?

1) Oneway (OW) = Einfachreise

Für die Berechnung von Flugreisen werden alle Journeys/Subjourneys als OW angesehen, die keine geschlossenen Reisen sind, also nicht zurück zum Ausgangsort bzw. ins Ausgangsland führen.

FRA ⟶ MIL   oder   BER ⟶ HAM ⟶ MIL

2) Round Trip (RT) = Hin- und Rückreise

Ein RT ist eine Journey/Subjourney vom Ausgangsort zum Umkehrort und zurück über eine beliebige Streckenführung, wenn für Hin- und Rückweg in der gleichen Klasse jeweils der gleiche, normale ganzjährige Tarif ab Ausgangsort anwendbar wäre.

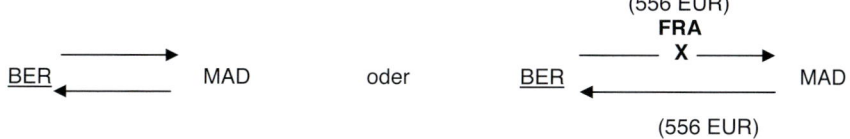

BER ⟶ ⟵ MAD   oder   (556 EUR) **FRA** / BER ⟶ X ⟶ MAD ⟵ (556 EUR)

3) Circle Trip (CT) = Rundreise

Eine Rundreise ist eine geschlossene, nicht zur Kategorie des RT gehörende Journey/Subjourney, die am gleichen Ort beginnt und endet. Auf Hin- und Rückflug liegen unterschiedliche Preise durch unterschiedliche Berechnungsmerkmale (z. B. HIP, Meilenaufschlag → siehe nachfolgende Kapitel) vor.

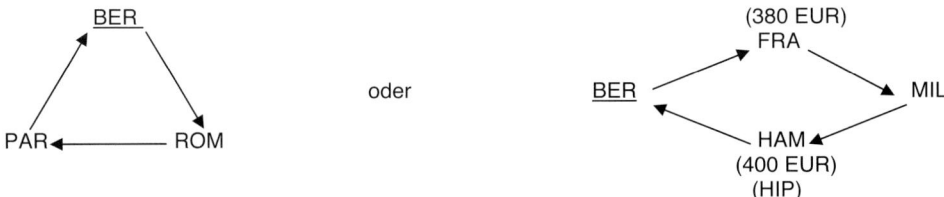

4) Normal Fare Open Jaw (NOJ) = Gabelreisen

Ein NOJ hat im Wesentlichen Merkmale einer Hin- und Rück- oder einer Rundreise, obwohl die Journey/Subjourney eine oder mehrere Lücken („Surface-Strecken") dadurch aufweist, dass über diese Strecken ein anderes Beförderungsmittel (z. B. Bahn oder Auto) gewählt wird, auch wenn es eine Flugverbindung gibt. Die internationalen Tarifkomponenten (max. 2) werden mit ½-Round-Trip-Tarifen berechnet.

Für diese Definition gilt:

- Kanada und USA werden als ein Land betrachtet
- Skandinavien (Dänemark, Norwegen, Schweden) wird als ein Land betrachtet
- Bei Reisen zwischen Kanada/USA und Europa (via Atlantik) ist eine Surface-Strecke in Europa erlaubt

Diese Ausnahmen sind insofern von Bedeutung, als die IATA bis vor einiger Zeit noch keine internationalen surface-Strecken zur Konstruktion von Open Jaws zuließ und diese Reisen dann ggf. mit Oneway-Tarifen berechnet wurden.
Verschiedene Fluggesellschaften, so auch die Lufthansa, haben diese Regel jedoch aufgeweicht und lassen sowohl für den OOJ als auch den TOJ (siehe nachfolgende Erläuterung) internationale Surface-Strecken zu und berechnen diese Open Jaws sehr wohl mit ½-Round-Trip-Tarifen. Die IATA scheint hier nachzuziehen, allerdings ergeben Überprüfungen anhand von GDS-Abfragen zur Zeit noch sehr unterschiedliche Ergebnisse (Stand: August 2008).

Es werden folgende Kategorien unterschieden:

a) Turnaround Normal Open Jaw (TNOJ) = Gabelreise mit Lücke im Umkehrgebiet

Beim TNOJ sind Bestimmungsort der Hinreise und Ausgangsort der Rückreise nicht identisch.

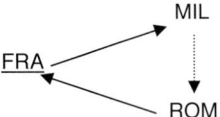

b) Origin Normal Open Jaw (ONOJ) = Gabelreise mit Lücke im Ausgangsgebiet

Beim ONOJ sind Ausgangsort der Hinreise und Bestimmungsort der Rückreise nicht identisch.

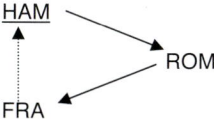

c) Double Open Jaw

Beim Double Open Jaw sind Ausgangs- und Bestimmungsort der Hinreise nicht identisch mit Ausgangs- und Bestimmungsort der Rückreise.

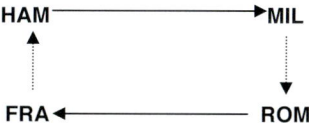

Mit der Bestimmung der Reiseart hängt die Bestimmung der sog. „Tarifkonstruktionspunkte" (fare construction points) eng zusammen.

Was sind Tarifkonstruktionspunkte?

Hierunter versteht man die Punkte, zwischen denen der Tarif ermittelt werden soll/muss, während die Strecke zwischen zwei Tarifkonstruktionspunkten als **„Tarifkomponente"** (oder „Sektor", wenn es sich um eine direkte Strecke handelt) bezeichnet wird.

Im Journey Concept werden als Tarifkonstruktionspunkte gewöhnlich Ausgangs- und Endort bzw. der weitestentfernte/teuerste Ort der gesamten Reise betrachtet, dazwischen liegt beim OW i. d. R. *eine* Tarifkomponente, bei RT/CT *zwei* Sektoren (Hin- und Rückflug).

Das Pricing Unit Concept verfolgt eine andere Strategie, das sog. „Slicing and Dicing". Dieses „Aufbrechen" in mehrere „Subjourneys" bzw. „Pricing Units" kann u. U. zu einem günstigeren Ergebnis führen.

Wann müssen OW-, wann RT-Tarife verwendet werden?

Wie bereits oben erwähnt, wird dies durch die Reiseart bestimmt. Hierzu gilt folgende Grundregel:

Für Oneway-Journeys/Subjourneys müssen OW-Tarife benutzt werden; für Round trips, Circle Trips, Normal Fare Open Jaw sowie Round-the-World-trips müssen RT-Tarife benutzt werden, d. h. ½ -RT-Tarif je Tarifkomponente.

In welcher Richtung wird der Flugpreis einer Tarifkomponente abgelesen?

Grundsätzlich gilt, dass Flugpreise für jede Tarifkomponente in Reiserichtung abgelesen werden, außer, eine Tarifkomponente endet im Ausgangsland oder in einem Land, in dem eine vorangegangene PU ihren Ausgangspunkt hatte – dann wird der Preis für diese Tarifkomponente von diesem Land ausgehend abgelesen.

Beispiel: HAM – HKG – FRA:

              Es wird ½ RT HAM -> HKG + ½ RT FRA -> HKG gerechnet.

Beispiel: BER – ROM – MAD – BER

              Es wird ½ RT BER -> ROM + ½ RT ROM -> MAD + ½ RT BER -> MAD gerechnet.

<u>Werden Tarifkomponenten in NUC oder Landeswährung abgelesen?</u>

Bei der Berechnung von internationalen Reisen sollten Sie immer die Recheneinheit „NUC" verwenden, nationale Reisen können dagegen in der Landeswährung des Reiselandes kalkuliert werden.

4.4.2.2   Meilensystem und Routings

Kann oder möchte der Kunde sein Ziel nicht auf direktem Wege anfliegen, so muss zunächst geprüft werden, ob dieser Umweg zu dem jeweiligen Tarif gestattet ist. Ein Hilfsmittel für diese Feststellung ist das sog. Meilensystem, das im Folgenden näher erklärt werden soll:

Parallel zu den Preisen sind für alle Strecken in den Tarifwerken auch immer die maximal erlaubten Entfernungen (Maximum Permitted Mileages = MPM) veröffentlicht.

Hierzu eine Abbildung der Tarife von Frankfurt nach Tokio aus dem AMADEUS-System:

```
>FQDFRATYO
29MAY08**29MAY08/YY FRATYO/NSP;TS/TPM  5928/MPM  7113
LN FARE BASIS    OW    EUR   RT   B PEN  DATES/DAYS    AP MIN MAX R
01 FIF           8235            +  -     -      -      -   -   - M
02 FIF                 11763     +  -     -      -      -   -   - M
03 CIF           4974            +  -     -      -      -   -   - M
04 YIF           4161            +  -     -      -      -   -   - M
05 CIF                  7105     +  -     -      -      -   -   - M
06 YIF                  5944     +  -     -      -      -   -   - M

29MAY08**29MAY08/YY FRATYO/NSP;EH/TPM  ...../MPM  9320
LN FARE BASIS    OW    EUR   RT   B PEN  DATES/DAYS    AP MIN MAX R
07 FIF           7930            +  -     -      -      -   -   - M
08 FIF                 11328     +  -     -      -      -   -   - M
09 CIF           4949            +  -     -      -      -   -   - M
10 YIF           3906            +  -     -      -      -   -   - M
11 CIF                  7070     +  -     -      -      -   -   - M
12 YIF                  5580     +  -     -      -      -   -   - M

29MAY08**29MAY08/YY FRATYO/NSP;AP/TPM  ...../MPM 11630
13 FIF           8844            +  -     -      -      -   -   - M
14 FIF                 12633     +  -     -      -      -   -   - M
15 CIF           5528            +  -     -      -      -   -   - M
...
```

Die MPM beinhalten gegenüber der tatsächlichen Flugentfernung einen Aufschlag von ca. 20 % und müssen mit der tatsächlich geflogenen Entfernung pro Tarifkomponente verglichen werden (hier beim erstgenannten TS-Routing 7113 gegenüber 5928).

Das bedeutet, dass der Kunde jeweils pro Tarifkomponente einen Umweg von ca. 20 % fliegen darf, ohne einen Aufpreis zu zahlen.

Welche tatsächliche Flugentfernung der Kunde auf einer Tarifkomponente zurücklegt, kann durch die veröffentlichten „Ein-Koupon-Meilen" **(Ticketed Point Mileages = TPM)** ermittelt werden. Diese können im PAT nachgeschlagen oder über die CRS abgefragt werden.

Bei der Ermittlung der TPM sind alle Teilentfernungen zwischen allen Orten auf einer Tarifkomponente zu addieren, wobei auch Orte, an denen der Kunde lediglich umsteigt, berücksichtigt werden müssen.

Keine Rolle spielen dabei jedoch Zwischenlandungen innerhalb einer durchgehenden Flugnummer.

Zur Erläuterung soll folgendes Beispiel dienen:
Ein Kunde möchte ein Ticket für folgende Strecke kaufen:

FRA – IST – DXB – DEL – TYO – DEL – ROM – FRA

1. Welches sind die Tarifkonstruktionspunkte (Journey Concept)?

Von Frankfurt aus am weitesten entfernt und am höchsten tarifiert ist Tokio, damit ergeben sich für den Hinflug ebenso wie für den Rückflug die Tarifkonstruktionspunkte FRA und TYO.

2. Wie hoch sind die MPM zwischen FRA und TYO?

Zur genauen Bestimmung der MPM ist die Festlegung des Global Indicators wichtig (s. o.). Hier liegt auf dem Hin- sowie Rückweg ein EH-Routing vor. Die MPM betragen somit für den Hin- und Rückflug jeweils 9320.

3. Liegt die tatsächlich geflogene Entfernung auf Hin- und Rückweg jeweils innerhalb der MPM?

Ermitteln Sie hierfür alle TPM für jede Teilstrecke und addieren Sie dann die TPM für Hin- und Rückflug.
(Hin- und Rückflug sind unbedingt getrennt zu überprüfen!)

Ergebnis:

Summe
TPM   TPM

		FRA
	1158	IST
	1868	DXB
	1360	DEL
8042	3656	TYO
	3656	DEL
	3679	ROM
7933	598	FRA

Das hier gezeigte Format sollten Sie zur Bearbeitung aller folgenden Übungen beibehalten, da es bei komplexeren Aufgaben die übersichtlichste Darstellungsweise bietet. Zeigen Sie den Tarifkonstruktionspunkt Point mit einem waagerechten Strich und die Tarifrichtungen mit senkrechten Pfeilen an.

Die TPM sind demnach auf Hin- und Rückweg niedriger als die MPM (jeweils 9320 MPM). Die hierzu angegebenen Tarife dürften somit nach der Meilenberechnung angewendet werden, ohne dass der Passagier einen Aufpreis bezahlen muss.

4. Gibt es „Extrameilen" für die zu errechnende Reise?

Für ganz bestimmte Streckenführungen darf eine bestimmte, in den Tarifen veröffentlichte Anzahl von Meilen wieder von den addierten TPM abgezogen werden, bevor diese mit den MPM verglichen werden. Man spricht dann von den sog. **„Extrameilen" (Extra mileage allowance = EMA)**. Sie sind beispielsweise im PAT veröffentlicht.

Zur Veranschaulichung ein Auszug für EMA ab/bis Deutschland, die unabhängig von der Fluggesellschaft anzuwenden sind (es gibt jedoch auch lange Listen mit Ausnahmen nur für bestimmte Carrier):

EMA between Europe and the Middle East

Between	And	Via	Mileage deduction
Europe	Iran (except Tehran)	Tehran	100

EMA between Area 2 and Area 3

Between	And	Via	Mileage deduction
Europe	Australia	Johannesburg	518
Europe	South Asian Subcontinent	Via both Mumbai and Delhi	700
Europe	Mumbai	Delhi	700
Europe	Delhi	Mumbai	700

Between Area 1 and 2

Between	And	Via	Mileage deduction
Alberta/British Columbia/Yukon	Europe	St. Johns – Halifax – Montreal – Ottawa – Toronto	400
Cancun	Europe	Mexico City	550
Merida	Europe	Mexico City	150
New Brunswick, Newfoundland, Nova Scotia, Prince Edward Island	Europe	Boston – Montreal – Ottawa – Toronto	1500
Newfoundland	Europe	Halifax	700

Besonderheiten EMA:

• Sie müssen nur dann beachtet werden, wenn die TPM höher als die MPM sind.

• Sie müssen immer von den TPM abgezogen werden und dürfen nicht zu den MPM addiert werden

• Sie dürfen nur dann von den ermittelten TPM abgezogen werden, wenn die Reise tatsächlich über alle Orte führt, die in der Tabelle in der Spalte „über" („via") angegebenen sind, d. h., wenn dort entweder ein Aufenthalt eingelegt oder zumindest umgestiegen wird. Dabei dürfen auch mehr als die angegebenen Orte angeflogen werden, jedoch nie weniger.

• Die unter „between" und „and" aufgeführten Orte müssen tatsächliche Tarifkonstruktionspunkte sein. Sind dort lediglich Gebiete angegeben, so müssen die Tarifkonstruktionspunkte in den angegebenen Gebieten liegen.

- Die Extrameilen dürfen je Tarifkomponente angewendet werden, jedoch jeweils maximal ein Betrag.

- Sie sind immer in beiden Richtungen anwendbar.

- Ein (-) bedeutet „und" oder „und/oder", ein (/) bedeutet „oder".

Beispiele:

a) Eine OW-Reise führt von Hamburg über Frankfurt, Mumbai und Delhi nach Singapur.

Hier dürfen 700 Extrameilen von der zunächst ermittelten TPM-Summe abgezogen werden, da folgende Bedingungen erfüllt sind:

- der Tarifkonstruktionspunkt Frankfurt befindet sich in Europe
- der Tarifkonstruktionspunkt Singapur befindet sich im South Asian Subcontinent
- die Reise führt über Mumbai und Delhi.

b) Eine RT-Reise hat folgende Streckenführung: Frankfurt – Rom – Nairobi – Harare – Johannesburg Sydney – Singapur – Frankfurt
(Tarifkonstruktionspunkte sind Frankfurt und Sydney für Hin- und Rückflug).

Hier dürfen auf dem Hinflug 518 Meilen abgezogen werden, da die Bedingung erfüllt ist, über Harare und Johannesburg zu fliegen. Auf dem Rückflug dagegen kommen keine EMAs zur Anwendung.

5. Sind die TPM trotz evtl. anwendbarer Extrameilen höher als die MPM?

Dann muss ein sog. „Meilenaufschlag" (Excess Mileage Surcharge) ermittelt werden:

Mit der Formel:

$$TPM : MPM$$

wird ein Prozentsatz berechnet, der den prozentualen Preisaufschlag auf den abgelesenen Tarif für die jeweilige Tarifkomponente bildet.
Es werden hierbei vier Stellen hinter dem Komma (Punkt auf dem Taschenrechner) beachtet, und das Ergebnis wird in 5er-Schritten aufgerundet:

Ergebnis:			Preisaufschlag
von	1.0001 bis	1.0500	= 5 %.
	1.0501	1.1000	= 10 %
	1.1001	1.1500	= 15 %
	1.1501	1.2000	= 20 %
	1.2001	1.2500	= 25 %
	1.2501 u. höher		= nicht gestattet

Damit ist zu der veröffentlichten direkten Entfernung (TPM) zwischen zwei Tarifkonstruktionspunkten zunächst ein Umweg von etwa 20 % ohne einen Aufschlag auf den veröffentlichten Tarif gestattet (da die MPM ca. 20 % höher als die TPM sind), und zusätzlich ist noch ein Umweg von weiteren maximal 25 % gegen einen prozentualen Preisaufschlag möglich.

Würde ein höherer Meilenaufschlag als 25 % entstehen, so ist der veröffentlichte Tarif zwischen den ermittelten Tarifkonstruktionspunkten nicht mehr anwendbar, auch nicht mit einem Aufschlag. In diesem Fall wird ein weiteres „Aufbrechen" der Tarifkomponente nötig:

Folgender OW-Flug soll als Beispiel dienen: Hamburg – Budapest – Madrid

```
      TPM
            HAM ┐
      590   BUD │
1817  1227  MAD ▼
```

veröffentlichte MPM zwischen HAM und MAD: 1329

1817 : 1329 = 1.3671, also mehr als 25 % Meilenaufschlag.

Es bleibt nichts anderes übrig, als aus dieser einen Tarifkomponente HAM – MAD (Business Class, OW : 760.10 NUC) zwei Sektoren zu machen und beide Preise zu addieren:

```
  1. Sektor:  Hamburg  – Budapest      645.29 NUC          HAM ┐
+ 2. Sektor:  Budapest – Madrid        705.27 NUC          BUD--┼----
----------------------------------------------------------------   MAD ▼
= anwendbarer Flugpreis                1350.56 NUC
```

(Diese OW-Flugpreisberechnung enthält somit drei Tarifkonstruktionspunkte.)

Dieses Aufbrechen einer Tarifkomponente in mehrere beliebige, aufeinander folgende Tarifkomponenten kann auch „freiwillig" erfolgen, weil deren Kombination zu einem günstigeren Ergebnis führt.

Durch dieses „Aufbrechen" darf der veröffentlichte direkte Tarif zwischen den ursprünglichen Tarifkonstruktionspunkten jedoch nicht unterboten werden.

6. Ist anstatt MPM evtl. ein „Routing" (vorgeschriebener Leitweg) angegeben?

Routings haben immer Vorrang vor einer Meilenberechnung. Besonders häufig findet man sie im Zusammenhang mit Sondertarifen.

Für rein innerdeutsche Reisen gibt es nur Routings; das Meilensystem kommt hier nicht zur Anwendung.

Routing-Beispiele aus dem AMADEUS-System:

`1 * HAM-FRA/CGN/DUS-MUC`	(Hamburg über Frankfurt oder Köln oder Düsseldorf nach München)
`1 * BER-LH/OS-FRA/MUC/VIE-LH/OS-GRZ`	(Berlin mit LH oder OS über Frankfurt oder München oder Wien mit LH oder OS nach Graz

Für die Anwendung dieser Leitwege gelten folgende Vorschriften:

- Es dürfen lediglich die aufgeführten Orte angeflogen, jedoch auch welche weggelassen werden.
- Carrier-Vorschriften müssen beachtet werden.
- Anwendung der Routings in beiden Richtungen möglich.
- Anfangs- und Endpunkte müssen Tarifkonstruktionspunkte sein.

7. Ist das Meilensystem anwendbar und fällt ein Meilenaufschlag für eine Tarifkomponente an, so muss dieser auf den abgelesenen Tarif aufgeschlagen werden.

Hierbei wird jede Tarifkomponente gesondert betrachtet.
Achtung: Bei den sich ergebenden NUC-Beträgen werden immer nur zwei Stellen nach dem Komma beachtet, alle weiteren Stellen entfallen (also kein Runden)!

Beispiel:

Abgelesener Tarif: 128.67   NUC
+ Meilenaufschlag 10 %:   12.86(7) NUC   oder schneller: 128.67 NUC x 1.10 = 141.53(7) NUC

=   141.53   NUC

Zusammenfassung der bisher aufgeführten Schritte

(Es wird empfohlen, bei allen folgenden Übungen diese vorgegebene Reihenfolge einzuhalten.)

1) Um welche Reiseart der Journey/Subjourney handelt es sich?

- Müssen OW- oder ½-RT-Tarife zum Rechnen benutzt werden?

- Welches sind die Tarifkonstruktionspunkte?

- In welcher Richtung werden die Tarife abgelesen?

2) Überprüfung der Streckenführung anhand des Meilensystems oder von Routings (getrennte Überprüfungen je Tarifkomponente!):

- Ist ein Routing veröffentlicht?

   → Wenn ja: Ist es auf die gewünschte Streckenführung anwendbar?
   → Wenn kein Routing angegeben ist/nicht anwendbar ist: Meilensystem!

- Addieren Sie die TPM zwischen allen Orten zwischen den Tarifkonstruktionspunkten!

- Beachten Sie evtl. anwendbare Extrameilen, die von den ermittelten TPM wieder abzuziehen sind, wenn die Summe der TPM die MPM übersteigt!

- Vergleichen Sie die nun entstandene Summe der TPM mit den zwischen den Tarifkonstruktionspunkten veröffentlichten MPM, und zwar getrennt pro Tarifkomponente!

   → Ist die Summe kleiner, so kann der veröffentlichte Tarif ohne Meilenaufschlag angewendet werden.

   → Ist die Summe der TPM größer als die der MPM, so müssen Sie den Meilenaufschlag mit der Formel TPM : MPM ermitteln.

- Der ermittelte Meilenaufschlag ist auf den abgelesenen Tarif für die Tarifkomponente aufzuschlagen; bei den entstehenden NUC-Beträgen sind nur zwei Nachkommastellen zu beachten (nicht runden)!

Berechnungsbeispiele und Darstellungsweise in der Fare-Calculation-Box des Tickets

Beachten Sie bitte, dass in den hier aufgeführten Beispielen nur die Angaben vorgegeben sind, die Sie unbedingt benötigen. Waagerechte Striche in einer Spalte bedeuten lediglich, dass Sie diese Angaben zur Lösung der Aufgaben nicht benötigen. Als Carrier ist standardmäßig YY vorgegeben, womit angedeutet werden soll, dass es sich um interlinefähige IATA-Tarife handelt.

Bei den folgenden Übungen werden jedoch absichtlich mehr Angaben (Preise und MPM) angegeben sein, also auch solche, die bei Anwendung zu falschen Ergebnissen führen würden.

Es sei an dieser Stelle nochmals darauf hingewiesen, dass die in den Beispielen und Übungen verwendeten Preise und Tarifklassen nicht dem aktuellen Stand entsprechen, was die Methode der Berechnungen jedoch nicht berührt.

1) Berechnung ohne Extrameilen und ohne Meilenaufschlag und allgemeine Erläuterung der Fare-Calculation-Box

Hamburg -YY- Frankfurt -YY- Mailand -YY- Rom

Farebasis: YIF

TPM	Ortspaar	NUC OW	NUC RT	MPM
257	HAM – FRA	---	---	---
309	FRA – MIL	---	---	---
307	MIL – ROM	---	---	---
---	HAM – ROM	1476.17	---	991

- Abgelesener Tarif zwischen den Tarifkonstruktionspunkten HAM und ROM in NUC, OW 1476.17 NUC

- TPM von HAM bis ROM

$$
\begin{array}{l}
\text{HAM} \\
\text{FRA} \\
\text{MIL} \\
\underline{873 \quad 307 \quad \text{ROM}} \downarrow
\end{array}
$$

- MPM: 991

- TPM < MPM, also kein Meilenaufschlag

- Extrameilen gibt es für diese Streckenführung nicht (sie würden das Ergebnis hier sowieso nicht verändern, weil die TPM niedriger sind als die MPM).

→ Es bleibt also bei dem abgelesenen Tarif zwischen HAM und ROM von 1476.17 NUC.

Fare Calculation

HAM YY FRA YY MIL YY ROM **M1476.17**NUC1476.17END ROE ...

In der Fare Calculation werden alle Schritte angezeigt, die für die Tarifberechnung wichtig waren.

Bei obigem OW-Flug werden die Orte, unterbrochen durch die gebuchten Beförderer, der Reihe nach eingetragen, daran schließt sich „M" für die durchgeführte Meilenberechnung ohne prozentuale Aufschläge an und unmittelbar dahinter die ermittelten NUC, danach der gesamte Flugpreis mit der

Kalkulations-„Währung" NUC. Es folgen die Eintragung „END" als Kennzeichnung für das Ende der Tarifkalkulation und die benutzte ROE.

In Flugscheinen werden Dezimalstellen nie mit Kommata, sondern immer mit Punkten abgetrennt angegeben.

Beachten Sie, dass das „M" jedoch nur bei indirekten Streckenführungen erscheint. Benutzt der Kunde einen Direktflug, z. B. HAM – ROM, so müssen Meilen nicht geprüft werden (wie soll es auf einem Direktflug auch einen Meilenaufschlag geben können?).

Fare Calculation

HAM YY ROM**1476.17NUC**1476.17END ROE …

---

2) RT-Berechnung mit 20 % Meilenaufschlag auf dem Hinweg

Frankfurt -YY- München -YY- Paris -YY- Madrid -YY- Frankfurt

Farebasis: YIF

TPM	Ortspaar	NUC OW	NUC RT	MPM
186	FRA – MUC	---	---	---
428	MUC – PAR	---	---	---
652	PAR – MAD	---	---	---
---	FRA – MAD	---	2631.10	1060

Die Überprüfung wie oben ergibt zusammengefasst:

(Tarifkonstruktionspunkte sind auf Hin- und Rückweg FRA und MAD)

für den Hinweg:
- abgelesener Tarif FRA – MAD, ½ RT 1315.55 NUC
- TPM : 1266
- MPM: 1060
- 1266 : 1060 = 1.19433 = 20 % Meilenaufschlag
- FRA – MAD, ½ RT 1315.55 NUC x 1.20 = 1578.66 NUC

```
                    FRA   |
            186     MUC
            428     PAR    |
   1266     652     MAD    ▲
                    FRA    |
```

für den Rückweg:
- es ist ein Direktflug, also keine Meilenüberprüfung notwendig
- es bleibt beim Tarif FRA – MAD, ½ RT 1315.55 NUC
- (wiederum in der Richtung von FRA nach MAD, da in diesem zweiten Sektor die Reise wieder in Deutschland endet)

Eintragung in der Fare-Calculation-Box:

Fare Calculation:

FRA YY MUC YY PAR YY MAD**20M1578.66YY** FRA1315.55NUC2894.21END ROE ...

Der errechnete Preis der ersten Tarifkomponente wird hinter dem Tarifkonstruktionspunkt MAD eingetragen, dahinter zeigt der Eintrag 20M an, dass 20 % Meilenaufschlag erhoben wurden, daran schließt sich der errechnete Flugpreis an. Der Rückflug ist ein Direktflug, es wird deshalb nur der Preis hinter dem Endzielort eingetragen.

3) Berechnung mit Extrameilen (via HRE und JNB) mit 5 % Meilenaufschlag

Frankfurt -YY- Berlin -YY- München -YY- Harare -YY- Johannesburg -YY- Perth

Farebasis: FIF (Eastern Hemisphere)

TPM	Ortspaar	NUC OW	NUC RT	MPM
269	FRA – BER	---	---	---
294	BER – MUC	---	---	---
4733	MUC – HRE	---	---	---
596	HRE – JNB	---	---	---
5165	JNB – PER	---	---	---
---	FRA – PER	12653.83	---	10537

Die Überprüfung ergibt zusammengefasst:

- abgelesener OW-Tarif zwischen den Tarifkonstruktionspunkten FRA – PER: 12653.83 NUC
- TPM: 11057
- Extrameilen für Flug über HRE und JNB: 518
- Neue Summe TPM 11057-518 = 10539
- 10539 : 10537 = 1.00018 = 5 % Meilenaufschlag
- FRA – PER 12653.83 NUC x 1.05 = 13286.52 NUC

```
                          FRA  ┐
                     269  BER  │
                     294  MUC  │
                    4733  HRE  │
                     596  JNB  │
            11057   5165  PER  ▼
```

Eintragung in der Fare-Calculation-Box:

Fare Calculation

FRA YY BER YY MUC YY E/HRE YY E/JNB YY PER5M13286.52NUC13286.52END ROE ...

Die für die Anwendung von EMA vorgegebenen Orte HRE und JNB werden mit „E/HRE" und „E/JNB" in der Streckenführung eingetragen.

4) Berechnung aufgrund einer Routing-Vorschrift

Hamburg -LH- Frankfurt -LH- München -LH- Düsseldorf -LH- Hamburg (hier gibt es keine YY Fares)

Farebasis: CRT1

TPM	Ortspaar	NUC OW	NUC RT	MPM
257	HAM – FRA	---	---	---
193	FRA – MUC	---	---	---
310	MUC – DUS	---	---	---
163	DUS – MUC	---	---	---
---	HAM – MUC	---	1021.84	Routing LH0040

Die Routenvorschrift LH0040 lautet: HAM – FRA/CGN/DUS – MUC

Da die Routenvorschrift LH0040 auf Hin- und Rückweg erfüllt wird, ergibt sich folgende Berechnung:

- Tarifkonstruktionspunkte für Hin- und Rückweg: HAM – MUC

- je ½ RT HAM – MUC für Hin- und Rückweg

Fare Calculation

HAM LH FRA LH MUC510.92LH HAM510.92NUC1021.84END ROE ...

Das Meilensystem kommt nicht zur Anwendung, deshalb wird auch in der Fare-Calculation-Box des Tickets kein „M" vor dem Betrag eingetragen!

→ In der Praxis wird die Fare Calculation bei rein innerdeutschen Tickets allerdings gleich in EUR kalkuliert und ausgewiesen.

ÜBUNG 4.4.2.2

1) Dürfen für folgende Reisen Extrameilen von den ermittelten TPM abgezogen werden, wenn ja, wie viele? Auf Hin- oder Rückflug oder für beide? Benutzen Sie hierfür die EMA-Tabelle auf S. 126. Der Tarifkonstruktionspunkt ist fett hervorgehoben.

a) Frankfurt – Mexico City – **Cancun** – Madrid – Frankfurt

b) Hamburg – Frankfurt – Tunis – Kairo – Jeddah – Delhi – Singapur – **Brisbane** – Bangkok – Delhi – Mumbai – Frankfurt – Hamburg

2) Bestimmen Sie anhand der vorgegebenen TPM und MPM den anwendbaren Meilenaufschlag, achten Sie dabei jedoch auf gegebenenfalls anzuwendende Extrameilen. Benutzen Sie hierfür die EMA-Tabelle auf S. 126.

a) TPM		b) TPM		c) TPM	
	BER		HAM		FRA
310	MUC	257	FRA	1123	ATH
440	ROM	396	LON	694	CAI
836	MAD	2187	CAI	2443	LOS
652	PAR	2203	NBO		
3630	NYC			MPM:	3621
		MPM:	4927		
MPM:	4761				

3) Berechnen Sie folgende Flugpreise unter Berücksichtigung des Meilensystems:

a) Frankfurt -YY- Algier -YY- Tripolis -YY- Kairo -MS- Khartoum

Farebasis: YIF

TPM	Ortspaar	NUC OW	NUC RT	MPM
960	FRA – ALG	---	---	---
630	ALG – TIP	---	---	---
1089	TIP – CAI	---	---	---
1007	CAI – KRT	---	---	---
---	FRA – KRT	2682.51	---	3520

Fare Calculation:

b)   Hamburg -YY- Paris -YY- Dublin -YY- Frankfurt -YY- Hamburg

Farebasis: YIF

TPM	Ortspaar	NUC OW	NUC RT	MPM
450	HAM – PAR	---	---	---
492	PAR – DUB	---	---	---
676	DUB – FRA	---	---	---
257	FRA – HAM	---	---	---
---	HAM – DUB	---	1831.66	799

Fare Calculation:

c) München -YY- Berlin -YY- Frankfurt -YY- Madrid -YY- Mexiko City -YY- Cancun

Farebasis: CIF (AT)

TPM	Ortspaar	NUC OW	NUC RT	MPM
294	MUC – BER	---	---	---
269	BER – FRA	---	---	---
884	FRA – MAD	---	---	---
5650	MAD – MEX	---	---	---
820	MEX – CUN	---	---	---
---	MUC – CUN	4043.31	---	6633

Fare Calculation:

4.4.2.3 Höher tarifierte Zwischenorte (HIPs)

Ein HIP (Higher Intermediate Point) ist ein höher tarifierter Ort innerhalb einer Tarifkomponente. Auf diesen höheren Tarif (höher als der Preis zwischen den Tarifkonstruktionspunkten) muss der abgelesene Preis zwischen den Tarifkonstruktionspunkten ggf. angehoben werden, sofern an diesem Ort eine Flugunterbrechung („Stopover") gemacht wird. Gibt es mehrere HIPs an Stopoverorten, so kommt der höchste zur Anwendung.
(Ausnahmen hierzu können in den Tarifwerken wie PAT nachgelesen werden; so werden HIPs bspw. bei Reisen ab Malawi zwischen/von/nach allen Orten, also auch Transferorten überprüft).

Um festzustellen, ob eine Tarifkomponente einen HIP enthält, müssen Sie die Preise zwischen den Tarifkonstruktionspunkten und allen Stopoverorten sowie die zwischen allen Stopoverorten innerhalb dieser Tarifkomponente, allerdings nur in Tarifrichtung, vergleichen.

Es werden immer die Tarife der gleichen Tarifart (RT/OW) und der gleichen Tarifklasse (First, Business, Economy) verglichen.
Gibt es mehrere Normal Fares desselben Typs, kann der niedrigere oder niedrigste Level für den HIP-Check benutzt werden, nachdem (gemäß der Note zu diesen Tarifen) ggf. Stopover-, Transfer-, Saison- und Wochentag-Einschränkungen beachtet wurden.

Liegt in einer Berechnung außerdem ein Meilenaufschlag zwischen den Tarifkonstruktionspunkten vor (dieser wird so ermittelt, wie im vorangegangenen Kapitel erläutert), so wird dieser auf den HIP aufgeschlagen.

Zur Entscheidung, ob an einem Ort eine Flugunterbrechung gemacht wird, kann folgende Regel herangezogen werden:

Definitionen Stopover / Transfer:

Ganz allgemein bezeichnet man als eine *Flugunterbrechung (Stopover)* einen freiwilligen Zwischenaufenthalt, während man als *Transfer* ein flugplanbedingtes Umsteigen ansieht.

Für die Anwendung von Tarifbestimmungen werden Stopover und Transfer allerdings nach folgender Zeitgrenze unterschieden:

Immer, wenn sich ein Fluggast länger als 24 Stunden an einem Zwischenort aufhält, handelt es sich um eine Flugunterbrechung (= Stopover). Ein Wechsel des Fluggeräts mit einem Aufenthalt unter 24 Stunden wird dagegen als Transfer angesehen. (Ausnahme hiervon bei Flügen innerhalb Zentralamericas, hier bilden bereits 6 Stunden die Grenze).

Ist gemäß einer Note zu einem Tarif nur eine bestimmte Anzahl von Stopovern erlaubt, werden die Aufenthalte an den Tarifkonstruktionspunkten nicht mitgezählt.

Ein Transfer wird im Ticket mit „X/" vor dem Ort gekennzeichnet, z. B.: X/ROM.

In allen folgenden Beispielen werden die Tarife zunächst der Streckenführung nach aufgeführt und danach in alphabetischer Reihenfolge alle weiteren.

1) Beispiel für die Überprüfung und Berechnung eines HIP anhand eines OW (an allen Zwischenorten Flugunterbrechungen):

Frankfurt -YY- London -YY- Washington -YY- New York

Farebasis: C

TPM	Ortspaar	NUC OW	NUC RT	MPM
396	FRA – LON	777.83	---	---
3672	LON – WAS	5401.39	---	---
215	WAS – NYC	---	---	---
---	FRA – NYC	5080.80	---	4621
---	FRA – WAS	5507.06	---	---
---	LON – NYC	5252.44	---	---

- Tarifkonstruktionspunkte sind FRA – NYC
- abgelesener OW-Tarif FRA – NYC, 5080.80 NUC
- Summe der TPM: 4283
- MPM FRA – NYC: 4621
- TPM < MPM, also kein Meilenaufschlag

```
        FRA
396     LON
3672    WAS
4283    215     NYC
```

- HIP-Überprüfung:
  Überprüft werden müssen hier die zwischen den Tarifkonstruktionspunkten und allen Stopoverpunkten in Tarifrichtung sowie zwischen allen Stopoverpunkten, also alle oben aufgeführten Orte). Der höchste Tarif ist hier der zwischen Frankfurt und Washington mit 5507.06 NUC.

- Würde nicht auf den HIP angehoben werden, so würde der Passagier mit der insgesamt längeren Strecke ab FRA günstiger wegkommen als ein Passagier; der erst in London zusteigt.

- Beachten Sie bitte, dass die MPM trotz HIP zwischen den Tarifkonstruktionspunkten abgelesen und mit der Gesamtsumme der TPM verglichen werden!

Fare Calculation
FRA YY LON YY WAS YY NYC M FRAWAS5507.06NUC5507.06END ROE ...

Nach den angeflogenen Orten und den vorgesehenen Beförderern werden der Meilenindikator, danach die Strecke mit dem höchsten Tarif und dahinter der errechnete NUC-Betrag eingetragen.

2) Beispiel für Überprüfung und Anwendung eines HIP in einer geschlossenen Reise mit Stopover- und Transferpunkten:

Frankfurt -YY- London -YY- San Francisco -YY- X/London -YY- Frankfurt

Farebasis: CRT

TPM	Ortspaar	NUC OW	NUC RT	MPM
396	FRA – LON	---	1418.76	---
5358	LON – SFO	---	13340.80	---
5358	SFO – LON	---	---	---
396	LON – FRA	---	---	---
---	FRA – SFO	---	9002.64	6822

Beachten Sie hier wieder die strikte Trennung von Hin- und Rückflug auch bei der HIP-Überprüfung:

Hinflug:

		FRA
	396	LON
5754	5358	SFO
	5358	X/LON
5754	396	FRA

- Tarifkonstruktionspunkte: FRA – SFO

- abgelesener Tarif FRA – SFO, ½ RT 4501.32 NUC

- Summe der TPM: 5754

- MPM : 6822

- TPM < MPM, also kein Meilenaufschlag

- HIP-Überprüfung:
  Auf dem Hinflug findet eine Flugunterbrechung in London statt, d. h., es müssen Tarife von/nach London überprüft werden, allerdings nur in Tarifrichtung (also FRA – LON und LON – SFO. Die Preise von San Francisco nach Frankfurt und London bleiben demnach unberücksichtigt).
  HIP: LON – SFO, ½ RT 6670.40 NUC

→ Es wird auf den HIP ½ RT LON – SFO angehoben: (ohne Meilenaufschlag) 6670.40 NUC.

Rückflug:

- Tarifkonstruktionspunkte und Meilenberechnung wie Hinflug!

- HIP-Überprüfung:
  Auf dem Rückflug findet in London nur ein Transfer statt, d. h., jetzt wird keine HIP-Überprüfung durchgeführt.

→ Ergebnis für den Rückflug: Es bleibt bei ½ RT FRA – SFO (ohne Meilenaufschlag), 4501.32 NUC.

Eintragung in der Fare-Calculation-Box:

```
Fare Calculation

FRA YY LON YY SFO M LONSFO6670.40YY X/LON YY FRA M4501.32NUC11171.72END ROE ...
```

Auf dem Hinflug wird neben dem „M" für die Überprüfung der Meilen der HIP LON-SFO angezeigt; auf dem Rückweg gibt es keine Besonderheiten, es wird lediglich „M" für überprüfte Meilen angegeben.

Achtung:
Bei der Überprüfung von HIPs sollten Sie anfangs *alle* Preise von/nach/zwischen Stopoverpunkten überprüfen, auch wenn es Ihnen unwahrscheinlich vorkommt, dass sich hinter einem Tarif ein HIP verbergen könnte.

Da Preise sich nicht nur nach Entfernungen richten, sondern auch immer aufgrund von Landeswährungen festgelegt werden und diese unterschiedliche „Wertigkeiten" besitzen und vor allem Kursschwankungen unterliegen, können sich zum einen völlig unvermutete HIPs ergeben und zum anderen können diese sich von Quartal zu Quartal (immer wenn die Wechselkurse neu festgelegt werden) ändern!

Hätten Sie zum Beispiel vermutet, dass auf der Streckenführung Tunis – München – Kopenhagen MUC – CPH höher tarifiert sein kann als TUN – CPH?
Beruhigt außer Acht lassen können Sie dagegen inländische Zubringerstrecken zu einem Langstreckenflug.

3) Beispiel für eine Berechnung mit HIP und Meilenaufschlag im OW

Frankfurt -YY- München -YY- Stockholm

Farebasis: C

TPM	Ortspaar	NUC OW	NUC RT	MPM
186	FRA – MUC	432.47	---	---
792	FRA – STO	1358.09	---	---
---	MUC – STO	1532.33	---	878

- Tarifkonstruktionspunkte sind FRA - STO

- abgelesener OW-Tarif FRA – STO, 1358.09 NUC

- Summe der TPM: 978

- MPM FRA - STO: 878

- Meilenaufschlag: 978 : 878 = 1.11389 = 15 % (Dieser muss auf den HIP aufgeschlagen werden!)

- HIP MUC – STO, OW 1532.33 NUC

- 1532.33 NUC x 1.15 = 1762.17 NUC

```
            FRA
      186   MUC
 978  792   STO
```

Eintragung in der Fare-Calculation-Box des Tickets:

Fare Calculation
FRA YY MUC YY STO15M MUCSTO1762.17NUC1762.17END ROE ...

ÜBUNG 4.4.2.3

Errechnen Sie die Flugpreise für folgende Streckenführungen unter Berücksichtigung der Meilenberechnung und HIPs.

a) Frankfurt -YY- Brüssel -YY- Kopenhagen -YY- Stockholm

Farebasis: YIF

TPM	Ortspaar	NUC OW	NUC RT	MPM
194	FRA – BRU	723.78	1204.08	232
462	BRU – CPH	1204.08	2005.24	554
311	CPH – STO	504.68	840.44	373
764	BRU – STO	1762.57	2937.08	916
732	FRA – STO	1543.22	2571.50	878
422	FRA – CPH	1057.85	1761.00	506
764	STO – BRU	1690.63	2817.72	916
732	STO – FRA	1543.22	2571.50	878

Fare Calculation:

b) Frankfurt -YY- Peking -YY- Hongkong -YY- Peking -YY- Frankfurt

Farebasis: FIF (Eastern Hemisphere)

TPM	Ortspaar	NUC OW	NUC RT	MPM
4840	FRA – BJS	11068.57	15811.80	7029
1239	BJS – HKG	815.20	1481.80	1486
1239	HKG – BJS	687.69	1248.60	1486
4840	BJS – FRA	7624.01	10890.62	7029
5688	FRA – HKG	10681.21	15257.98	7725
5688	HKG – FRA	6770.68	9671.30	7725

Fare Calculation:

c) Frankfurt -YY- München -YY- Madrid -YY- Paris -YY- Nürnberg -YY- Frankfurt

Farebasis: YIF

TPM	Ortspaar	NUC OW	NUC RT	MPM
186	FRA – MUC	432.47	813.60	rout.
931	MUC – MAD	1589.89	2647.74	1117
664	MAD – PAR	1337.87	2227.70	796
381	PAR – NUE	1034.51	1723.66	457
118	NUE – FRA	385.80	731.16	rout.
884	FRA – MAD	1605.44	2675.74	1060
275	FRA – PAR	812.05	1351.86	330
---	NUE – MAD	1966.36	3276.22	1144
381	NUE – PAR	1060.96	1767.22	457
275	PAR – FRA	815.16	1358.08	330

Fare Calculation:

4.4.2.4 Reisewegeinschränkungen („Limitations on indirect travel")

Nachdem Sie die Grundzüge der Tarifberechnung nun kennen gelernt haben, folgen hier die berühmten Ausnahmen zur Regel, die auf den ersten Blick ziemlich verwirrend sind.

Sie haben sich im Laufe der Jahre dadurch entwickelt, dass Tarifexperten das Meilensystem und die Währungsbesonderheiten so geschickt auszunutzen wussten, dass die Fluggesellschaften Verluste erlitten und Gegenmaßnahmen in Form von einschränkenden Regeln ergriffen.

Weltweit gelten folgende zwei wichtige Grundregeln:

A) Innerhalb einer Tarifkomponente darf derselbe Zwischenort nur dann mehrmals angeflogen werden, wenn an diesem Ort maximal eine Flugunterbrechung erfolgt. Mehrere Transfers oder eine Unterbrechung und mehrere Transfers an demselben Ort sind dagegen erlaubt. Auch ist es erlaubt, auf Hin- und Rückflug jeweils am gleichen Ort eine Flugunterbrechung einzulegen.

Beispiele:

B) Innerhalb einer Tarifkomponente dürfen die Tarifberechnungspunkte nicht nochmals angeflogen werden – weder als Stopover – noch als Transfer.

Beispiele:

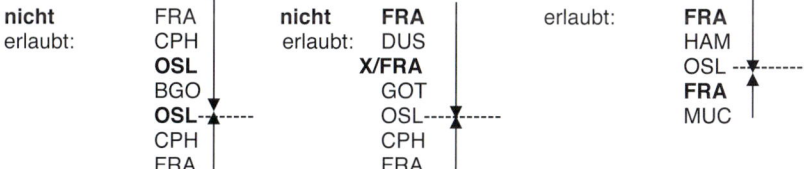

Zusätzliche, gebietsbezogene Einschränkungen:

1. Europa:

Ein Flugschein (auch Conjunction Ticket = Verbindungsflugschein) jeglicher Streckenführung darf nie mehr als drei internationale Ankünfte und/oder Abflüge innerhalb ein und desselben europäischen Landes enthalten (als Ankünfte und Abflüge zählen hierbei Transfers und Stopover).
Für alle hierüber hinausgehenden Abflüge/Ankünfte muss ein separates Ticket ausgestellt werden.

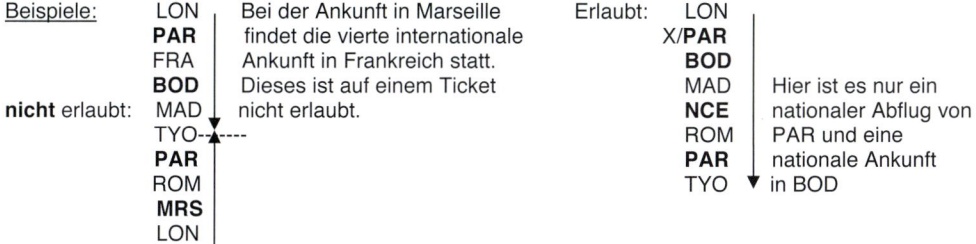

2. Für Reisen, die in Europa beginnen und nach außereuropäischen Orten führen, gilt außerdem:

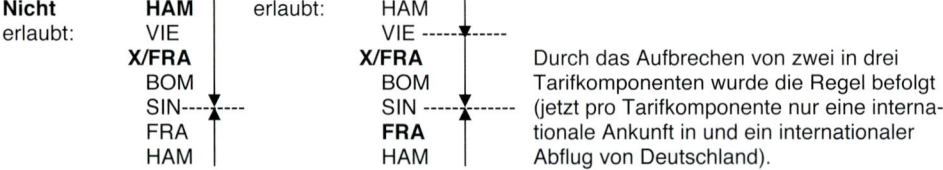

a) <u>Pro Tarifkomponente</u> dürfen nicht mehr als eine internationale Ankunft und ein internationaler Abflug (Transfers und Stopover) im europäischen Ausgangsland enthalten sein.

<u>Beispiele:</u>

Nicht	**HAM**	erlaubt:	**HAM**		
erlaubt:	VIE		VIE ----▼-----		
	X/FRA		**X/FRA**		Durch das Aufbrechen von zwei in drei
	BOM		BOM		Tarifkomponenten wurde die Regel befolgt
	SIN----▲----		SIN ----▼-------		(jetzt pro Tarifkomponente nur eine interna-
	FRA		**FRA**		tionale Ankunft in und ein internationaler
	HAM		HAM		Abflug von Deutschland).

b) Zusätzlich ist außerdem <u>pro Tarifkomponente</u> zu beachten, dass im Ausgangsland keine Flugunterbrechung (Stopover) gemacht werden darf, wenn das Ausgangsland vor/nach einem anderen europäischen Land noch einmal angeflogen wird.

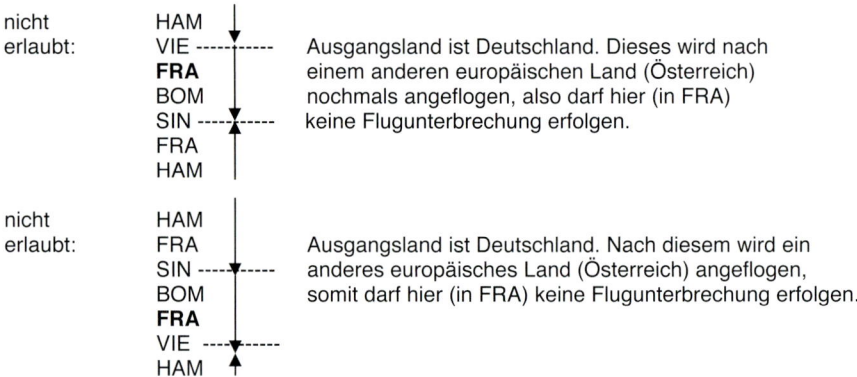

<u>Beispiele</u> (gleiche Reiseroute wie oben, diesmal mit Stop in FRA):

nicht	HAM	
erlaubt:	VIE ----▼-----	Ausgangsland ist Deutschland. Dieses wird nach
	FRA	einem anderen europäischen Land (Österreich)
	BOM	nochmals angeflogen, also darf hier (in FRA)
	SIN ----▲-----	keine Flugunterbrechung erfolgen.
	FRA	
	HAM	

nicht	HAM	
erlaubt:	FRA	Ausgangsland ist Deutschland. Nach diesem wird ein
	SIN ----▼-----	anderes europäisches Land (Österreich) angeflogen,
	BOM	somit darf hier (in FRA) keine Flugunterbrechung erfolgen.
	FRA	
	VIE ----▼-----	
	HAM ▲	

3. Für Reisen, die in Deutschland beginnen, gilt außerdem folgende Einschränkung:

<u>Pro Tarifkomponente von/nach einem Ort in Deutschland</u> dürfen nicht mehr als zwei Inlandsstrecken enthalten sein.

<u>Beispiele:</u>

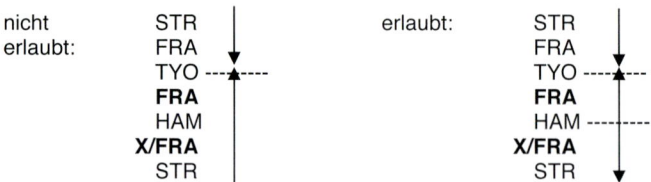

nicht	STR	erlaubt:	STR	
erlaubt:	FRA		FRA	
	TYO ---▲----		TYO ---▼----	
	FRA		**FRA**	
	HAM		HAM ----------	
	X/FRA		**X/FRA**	
	STR		STR ▼	

Weitere Einschränkungen und Ausnahmen können in den Tarifhandbüchern wie dem PAT nachgelesen werden.

ÜBUNG 4.4.2.4

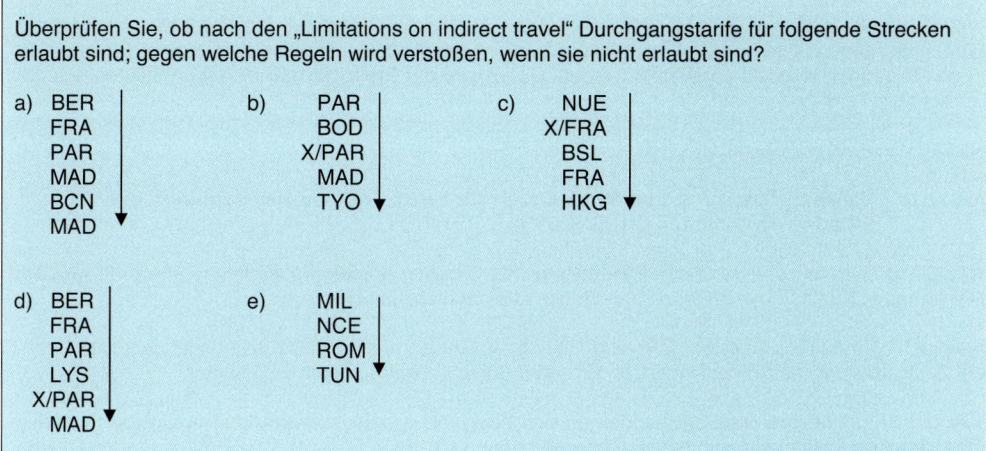

Überprüfen Sie, ob nach den „Limitations on indirect travel" Durchgangstarife für folgende Strecken erlaubt sind; gegen welche Regeln wird verstoßen, wenn sie nicht erlaubt sind?

a) BER
   FRA
   PAR
   MAD
   BCN
   MAD

b) PAR
   BOD
   X/PAR
   MAD
   TYO

c) NUE
   X/FRA
   BSL
   FRA
   HKG

d) BER
   FRA
   PAR
   LYS
   X/PAR
   MAD

e) MIL
   NCE
   ROM
   TUN

4.4.2.5 Mindestpreise

Als nächster Schritt in der Berechnung von Flugpreisen muss überprüft werden, ob die Preise, die wir unter Berücksichtigung von Meilensystem oder Routings, HIPs und Reisewegeinschränkungen berechnet haben, nicht eventuell bestimmte vorgeschriebene Mindestpreise unterbieten. Diese sollen in den folgenden Kapiteln vorgestellt werden. Dabei wird der Preis, den wir bisher ermittelten, als der „errechnete Tarif" bezeichnet.

4.4.2.5.1 Reiseart Circle Trip und Mindestpreis für Circle Trip-Journeys/Subjourneys (Circle Trip Minimum Check = CTM)

Alle Circle Trips müssen auf einen Mindestpreis hin, das sog. Circle Trip Minimum, überprüft werden. RT-Journeys/Subjourneys dagegen unterliegen keinem CTM-Check.

Es muss also zunächst bei allen Pricing Units bzw. Reisen, die zurück zum Ausgangspunkt führen, geklärt werden, ob es sich bei ihnen um CT- oder RT-Journeys/Subjourneys handelt.

Wie auf S. 121 bereits erläutert, handelt es sich bei einer „geschlossenen" Journey/Subjourney (also eine, die zum Ausgangspunkt zurückführt) immer dann um einen CT, wenn die Berechnungen für Hin- und Rückweg verschiedene Preise ergeben.
Wie diese unterschiedlichen Preise zustande kommen können, wissen Sie bereits: durch HIPs und Meilenaufschläge.
Verursachen allerdings lediglich verschiedene Saisonzeiten oder Tarifklassen unterschiedlich hohe Preise, so liegt ein RT vor.

Beispiele für CT:

```
Fare Calculation

FRA YY LON  YY NYC M LONNYC7295.60YY PAR YY FRA M PARNYC6339.23 …
```

```
Fare Calculation

FRA YY MUC YY MAD10M1471.65YY PAR YY NUE YY FRA10M NUEMAD1801.92 …
```

Beispiele für RT:

```
Fare Calculation

FRA YY X/LON YY WAS M4029.71YY FRA4029.71 …
```

```
Fare Calculation

FRA YY LON YY NYC M LONNYC4547.86YY LON YY FRA M LONNYC4547.86 …
```

```
Fare Calculation

FRA YY NYC6094.32 (in First Class) YY FRA3813.71 (in Business Class) …
```

Der Mindestpreis für Circle Trips ist folgendermaßen definiert:

Es ist der höchste „abgelesene" RT-Tarif ab *Ausgangsort* der CT-Pricing Unit zu irgendeinem Stopoverpunkt auf der CT-PU (ausgenommen Orte, die auf einem Side trip liegen – siehe letztes Beispiel).

Unter „abgelesen" ist zu verstehen, dass bei der Festsetzung des Mindestpreises keine Meilenaufschläge berücksichtigt werden.

CT-Konstruktionen mit verschiedenen Global Indicators, auch wenn es keine Round-The-World-Reisen (RTW) sind, unterliegen einer Art erweitertem CTM-Check, auf den hier nicht näher eingegangen werden soll.

Die Reihenfolge der Prüfung sieht somit folgendermaßen aus:

1. Wie gewohnt bis zum errechneten Preis mit HIPs und Meilenaufschlägen rechnen (HIPs von/nach allen Stopoverpunkten).

2. Mindestpreis festsetzen.

3. Beide Preise vergleichen.

→ Ist der errechnete Preis höher, so bleibt es dabei
→ Ist er niedriger, so muss die Differenz zwischen ihm und dem Mindestpreis ermittelt werden:

Circle Trip Minimum
- Errechneter Tarif

= „CT-PLUS"

Das Plus muss auf den errechneten Tarif aufgeschlagen und in der Fare-Calculation-Box des Tickets ausgewiesen werden.

Der Hintergrund für den CTM-Check liegt darin, dass auch hier vermieden werden soll, dass veröffentlichte Tarife durch geschickte Flugpreiskonstruktionen (z. B. durch mehrmaliges Aufbrechen eines CT) unterboten werden. Tatsächlich ist in einem Circle Trip ja aber mindestens ein RT-Tarif zu dem teuersten Ort der Reise enthalten, es werden im Gegenteil sogar noch mehr Orte als dieser teuerste Punkt angeflogen.

Beispiele:

1) Frankfurt -YY- X/Miami -YY- Mexico -YY- Miami -YY- Frankfurt

Farebasis: F

TPM	Ortspaar	NUC OW	NUC RT	MPM
4824	FRA – MIA	---	13479.84	---
1291	MIA – MEX	---	---	---
---	FRA – MEX	---	11315.92	7138

Aufgrund der „Limitations on indirect travel" kommt nur MEX als Tarifkonstruktionspunkt in Frage (MIA als Tarifkonstruktionspunkt dürfte innerhalb einer Tarifkomponente nicht noch mal angeflogen werden, auch nicht als Transfer). Ein Meilenaufschlag liegt auf Hin- und Rückflug nicht vor, jedoch ein HIP FRA – MIA auf dem Rückflug.

Die Tarifberechnung ergibt somit:

FRA YY X/MIA YY MEX M5657.96YY MIA YY FRA M FRAMIA6739.92...

Durch die unterschiedlichen Preise auf Hin- und Rückflug (Stopover in MIA auf dem Rückflug führt zum HIP) liegt ein CT vor und es muss ein CTM-Check gemacht werden.

Der errechnete Tarif für diesen CT beträgt 12397.88 NUC.

Der Mindestpreis ist der höchste RT-Tarif ab Ausgangsort zu irgendeinem Stopoverpunkt der Reise, also hier FRA – MIA (MIA ist Stopoverpunkt auf dem Rückflug). Er beträgt 13479.84 NUC.

Der Mindestpreis ist höher als der errechnete Tarif, also:

CTM	13479.84 NUC
- Errechneter Tarif	12397.88 NUC
= „CT-PLUS"	1081.96 NUC

Eintragung in der Fare-Calculation-Box des Tickets:

Fare Calculation
FRA YY X/MIA YY MEX M5657.96YY MIA YY FRA M FRAMIA6739.92**P FRAMIA1081.96** NUC13479.84END ROE ...

Nach der Darstellung der Meilenkalkulation wird das Ortspaar, das den Mindestpreis ergibt, mit einem vorangestellten „P" für das CT-PLUS und dem entsprechenden Betrag angegeben.

2) Frankfurt -YY- Zürich -YY- New York -YY- Frankfurt

Farebasis: F

TPM	Ortspaar	NUC OW	NUC RT	MPM
178	FRA – ZRH	---	695.38	---
3926	ZRH – NYC	---	12322.64	---
---	FRA – NYC	---	12188.64	4621

Die Tarifberechnung ergibt zusammengefasst:

FRA YY ZRH YY NYC M ZRHNYC6161.32YY FRA6094.32   (= 12255.64 NUC)

Da auf Hin- und Rückweg unterschiedliche Preise vorliegen, handelt es sich bei der berechneten Reise um einen CT, es muss also ein CTM-Check vorgenommen werden.

Das Circle Trip Minimum ist der höchste RT-Tarif ab Ausgangsort, hier also:
FRA – NYC = 12188.64 NUC.

Der errechnete Tarif beträgt hingegen 12255.64 NUC.

Da der errechnete Tarif über dem Minimum liegt, bleibt es beim errechneten Tarif von 12255.64 NUC.

Fare Calculation
FRA YY ZRH YY NYC M ZRHNYC6161.32YY FRA6094.32NUC12255.64END ROE ...

Der CTM-Check wird nur sichtbar, wenn sich ein „PLUS" ergibt

3) Frankfurt -YY- Athen -YY- Kairo -YY- Brüssel -YY- Frankfurt

Farebasis: YIF

TPM	Ortspaar	NUC OW	NUC RT	MPM
1129	FRA – ATH	---	2716.18	---
688	ATH – CAI	---	1490.32	---
2000	CAI – BRU	---	1402.08	---
194	BRU – FRA	---	1204.08	---
---	BRU – CAI	---	3375.78	---
---	CAI – FRA	---	1411.42	---
---	FRA – CAI	---	2395.72	2312
---	FRA – BRU	---	1204.08	---

1. Variante: Zwei Tarifkomponenten mit Tarifkonstruktionspunkten FRA - CAI

Hinflug:

- Tarifkonstruktionspunkte FRA – CAI, ½ RT 1197.86 NUC
- Summe der TPM: 1817
- MPM FRA – CAI: 2312
- TPM < MPM, also kein Meilenaufschlag
- HIP FRA – ATH, ½ RT 1358.09 NUC
= 1358.09 NUC

Rückflug:

- Tarifkonstruktionspunkte FRA – CAI, ½ RT 1197.86 NUC
- Summe der TPM: 2194
- MPM: 2312
- TPM < MPM, also kein Meilenaufschlag
- HIP BRU – CAI, ½ RT 1687.89

Errechneter Tarif = 3045.98 NUC

CTM-Check (höchster RT ab Ausgangsort ist FRA – ATH, 2716.18 NUC):
Der errechnete Tarif ist höher und somit anwendbar.

2. Variante: Aufbrechen des Rückfluges in zwei Tarifkomponenten:

Es ist grundsätzlich erlaubt, eine Tarifkomponente mehrmals „aufzubrechen", wenn hierdurch ein günstigeres Gesamtergebnis erzielt wird.

Zu beachten sind hierbei jedoch vier Dinge:

1. Die Richtung der Tarife muss beachtet werden.
2. Ebenfalls zu beachten ist die Tarifart (½ RT oder OW).
3. Der veröffentlichte Tarif zwischen den ursprünglichen Tarifkonstruktionspunkten darf hierdurch nicht unterboten werden.
4. Vorgeschriebene Mindestpreise (wie hier der CTM) für die PU/die Reise dürfen nicht unterboten werden.

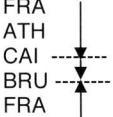

```
FRA
ATH
CAI ---▼---
BRU ---▲---
FRA
```

CAI – BRU, ½ RT:	701.04 NUC	
+ FRA – BRU, ½ RT:	602.04 NUC	
= Gesamt Rückflug:	1303.08 NUC	(ist nicht niedriger als der veröffentlichte Tarif ½ RT FRA - CAI, 1197.86 NUC!)
+ Hinflug:	1358.09 NUC	
= Errechneter Tarif	2661.17 NUC	(Gesamt)
CTM (FRA – ATH):	2716.18 NUC	
- Errechneter Tarif:	2661.17 NUC	
= CT-PLUS:	55.01 NUC	

Diese Variante kommt trotz Anhebung auf den Mindestpreis zum günstigeren Ergebnis und somit zur Anwendung!

Fare Calculation

FRA YY ATH YY CAI M FRAATH1358.09YY BRU701.04YY FRA602.04P FRAATH55.01NUC 2716.18END ROE …

Circle Trip Minimum bei CT-Reisen mit Side trips

Unter Side trips versteht man Abstecher von einem En-route-Ort der eigentlichen Reiseroute und dorthin wieder zurück (dabei müssen nicht alle Strecken des Abstechers geflogen werden).

Obwohl Side trips bei allen Reisearten (also auch bei OW oder OJ) vorkommen können, sollen sie hier am Beispiel von Circle Trips mit CTM-Check erläutert werden, da die CTM-Regel für diese Fälle eine besondere Einschränkung enthält:

So ist bei einem CT mit Side trip der Mindestpreis der höchste RT-Tarif ab Ausgangsort der Reise/PU zu einem Stopoverpunkt auf der gesamten Reise/PU, ausgenommen zu Orten, die in diesem Side trip liegen.

Ein Beispiel für einen Side trip (in einem CT):

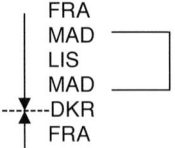

```
FRA
MAD ─┐
LIS   │
MAD ─┘
---▼---DKR
FRA
```

In diesem Fall handelt es sich bei dem Side trip, wie in den meisten Fällen, um einen einfachen RT (von Madrid nach Lissabon und zurück). Side trips können jedoch auch kleine Rundreisen oder Open Jaws sein.

Wie im obigen Beispiel können Side trips auch internationale Strecken enthalten.

Bei der Kalkulation eines Fluges mit Side trip wird dieser Side trip als eine separate Berechnung aus der eigentlichen Berechnung herausgelöst. Obwohl dann zwei getrennte Kalkulationen aufgestellt werden, bleibt es bei der Ausstellung eines einzigen Tickets.

Die separate Berechnung von Side trips kann aus unterschiedlichen Gründen vorgenommen werden:

a) Die „Limitations on indirect travel" verbieten das zweifache Anfliegen eines Zwischenortes innerhalb einer Tarifkomponente, wie z. B. in dem obigen Beispiel: Madrid dürfte nicht zweimal als Stopoverpunkt innerhalb einer Tarifkomponente auftauchen.

Eine Alternative zur Konstruktion mit Side trip wäre hier das „Aufbrechen" an anderer Stelle oder in mehrere Tarifkomponenten, z. B.:

```
FRA │
MAD │
LIS---------
MAD ↑
DKR │
FRA │
```

Da beide Wege erlaubt sind, müssen Sie beide Berechnungen durchführen und vergleichen, welche zum günstigeren Ergebnis führt.

b) Durch die Konstruktion eines Side trips können ggf. hohe Meilenaufschläge oder hohe HIPs aus der Grundberechnung herausgelöst werden. Auch hier immer eine Vergleichsrechnung machen, ob die Lösung mit Side trip wirklich zum günstigeren Ergebnis führt.

Kommen wir zurück zu unserem Beispiel und sehen wir uns die Berechnung der Variante mit Side trip einmal genauer an:

Frankfurt -YY- Madrid -YY- Lissabon -YY- Madrid -YY- Dakar -YY- Frankfurt

Farebasis: YIF

TPM	Ortspaar	NUC OW	NUC RT	MPM
884	FRA – MAD	---	2675.74	1060
319	MAD – LIS	---	1048.50	382
319	LIS – MAD	---	984.72	382
1966	MAD – DKR	---	3564.02	2359
2844	DKR – FRA	---	3466.80	3412
2844	FRA – DKR	---	4525.42	3412
---	FRA – LIS	---	2946.42	1398
---	LIS – DKR	---	4211.18	2084

A) Die Berechnung mit Side trip sieht folgendermaßen aus:

1. Errechneter Tarif:

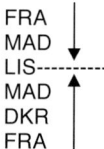

a) ```│ FRA```   + b)   ```MAD │```   (½ RT MAD – LIS)
```↓ MAD```   ```LIS---▼----```
```----▲--DKR```   ```MAD ↑```   (½ RT MAD – LIS)
```│ FRA```

Beachten Sie hierbei besonders, dass Madrid *einmal* in der Hauptberechnung bleibt, da der Kunde ja erst von dort aus seinen Abstecher vornimmt.
```

zu a)

Hinweg:

- Tarifkonstruktionspunkte FRA – DKR, ½ RT 2262.71 NUC
- TPM: 2850 (FRA – MAD – DKR!)
- MPM: (FRA – DKR): 3412
- TPM < MPM, also kein Meilenaufschlag
- kein HIP
= 2262.71 NUC

Beachten Sie hierbei, dass, auch wenn FRA – LIS theoretisch den höchsten Preis hätte, es trotzdem nicht als HIP in Frage kommen würde, da LIS aus der Grundberechnung entfernt wurde.

Rückweg:

- Tarifkonstruktionspunkte FRA – DKR, ½ RT 2262.71 NUC
- MPM/TPM/HIP – Überprüfung entfällt, da Direktflug
= 2262.71 NUC

zu b):

MAD – LIS, RT: 1048.50 NUC

2. CTM-Überprüfung:

CTM = FRA – DKR, RT 4525.42 NUC

Vergleichen Sie das CTM mit dem Ergebnis von a) (also der Grundberechnung ohne den Side trip): hier 4525.42 NUC
→ Der errechnete Tarif ist genauso hoch wie das CTM.

Beachten Sie auch hier, dass, wieder angenommen, FRA – LIS wäre der höchste Tarif ab Ausgangsort, es trotzdem nicht als CTM in Frage kommen würde, da LIS aus der Grundberechnung entfernt wurde.

3. Endergebnis:

Erst nachdem der errechnete Tarif mit dem Mindestpreis verglichen wurde, wird jetzt der Preis für den Side trip dazuaddiert.
hier: 4525.42 NUC + 1048.50 NUC = 5537.92 NUC

Die Eintragung in der Fare-Calculation-Box des Tickets sieht folgendermaßen aus:

Fare Calculation
FRA YY MAD**(YY LIS524.25YY MAD524.25)**YY DKR2262.71YY FRA2262.71NUC5573.92END ROE ...

Der Side trip wird mit einer Klammer angezeigt und sein Betrag dahinter vermerkt.

B) Berechnung ohne Side trip:

1. Errechneter Tarif

1. Tarifkomponente: FRA – MAD – LIS:

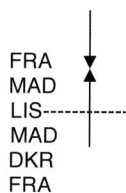

FRA
MAD
LIS
MAD
DKR
FRA

- FRA – LIS, ½ RT 1473.21 NUC
- TPM: 1203
- MPM: 1398
- TPM < MPM, also kein Meilenaufschlag
- kein HIP
= 1473.21 NUC

2. Tarifkomponente:

- LIS – MAD – DKR – FRA, gerechnet in umgekehrter Richtung:
  FRA – LIS, ½ RT 1473.21 NUC
- TPM: 5129
- MPM: 1398
- 5129 : 1098 = 3.6688 = > 25 % Meilenaufschlag

→ die 2. Tarifkomponente muss noch mal aufgebrochen werden, es bietet sich DKR als Tarifkonstruktionspunkt an:

neue 2. Tarifkomponente : LIS – MAD – DKR

FRA
MAD
LIS
MAD
DKR
FRA

- LIS – DKR, ½ RT 2105.59 NUC
- TPM: 2285
- MPM: 2084
- 2285 : 2084 = 1.0964 = 10 % Meilenaufschlag
- kein HIP
= 2105.59 NUC x 1.10 = 2316.14 NUC

3. Tarifkomponente: DKR – FRA, gerechnet in Tarifrichtung:

- FRA – DKR, ½ RT 2262.71 NUC
- MPM/TPM/HIP → Überprüfung entfällt, da Direktflug
= 2262.71 NUC

Gesamtbetrag errechneter Tarif

		1473.21 NUC
	+	2316.14 NUC
	+	2262.71 NUC

	=	6052.06 NUC

2. CTM: FRA – DKR, RT = 4525.42 NUC

Der errechnete Tarif ist höher und wird damit angewendet.
Der Endpreis beträgt also für diese Variante 6052.06 NUC.

3. Gesamtergebnis

Die Lösung mit Side trip in diesem Fall die günstigere Berechnungsvariante.

ÜBUNG 4.4.2.5.1

Berechnen Sie die Flugreisen unter Berücksichtigung eines evtl. Anhebens auf ein Circle Trip Minimum (berechnen Sie nur Lösungen mit max. zwei Tarifkomponenten):

a) Frankfurt -YY- X/Windhoek -YY- Capetown -YY- Windhoek -YY- Frankfurt

Farebasis: YIF

TPM	Ortspaar	NUC OW	NUC RT	MPM
5044	FRA – WDH	6219.55	8884.40	7631
793	WDH – CPT	291.78	522.40	---
793	CPT – WDH	291.78	522.40	---
5044	WDH – FRA	1623.31	2317.74	---
---	CPT – FRA	2412.04	3509.12	---
---	FRA – CPT	6001.76	8573.28	8755

Fare Calculation:

b) Frankfurt -YY- Bangkok -YY- Kalkutta (Kolkata) -YY- X/Bangkok -YY- Frankfurt

Farebasis: F

TPM	Ortspaar	NUC OW	NUC RT	MPM
5583	FRA – BKK	9092.87	12989.82	7258
1008	BKK – CCU	736.00	1226.36	1209
1008	CCU – BKK	632.36	1053.80	1209
5583	BKK – FRA	5633.48	8047.76	7257
---	CCU – FRA	4948.70	7069.54	6132
---	FRA – CCU	7627.43	10894.32	6132

Fare Calculation:

4.4.2.5.2 Reiseart OW und Mindestpreis für OW-Berechnungen mit einem HIP ab Ausgangsort („Oneway-Backhaul-Check")

Auch Oneway-Journeys/Subjourneys müssen bei bestimmten Konstellationen auf einen Mindestpreis hin überprüft werden, der allerdings anders bestimmt wird als der für Circle Trips. Eine dieser Überprüfungen wird als OW-Backhaul-Check (BHC) bezeichnet.

Für alle OW-Journeys/Subjourneys, die (innerhalb einer Tarifkomponente) einen höheren Tarif ab Ausgangsort zu irgendeinem Stopoverpunkt auf der Strecke enthalten als den zwischen den Tarifkonstruktionspunkten, muss ein OW-Backhaul-Check durchgeführt werden.

(Dies sind meistens Journeys/Subjourneys mit einem geographischen „Knick", deshalb „Backhaul-Check".)

Der Hintergrund für den BHC ist der, dass auch hier wieder die Unterschreitung eines veröffentlichten direkten Tarifs unmöglich gemacht werden soll. So wäre es nämlich ohne diesen Mindestpreis möglich, für eine Rundreise durch die Ausstellung von zwei OW-Tickets ab Ausgangsort den veröffentlichten höchsten RT-Tarif ab Ausgangsort (also das CTM) zu unterbieten.

Ausnahmen:

Der BHC ist nicht anwendbar für:

- Pricing Units gänzlich innerhalb Europas

- für Reisen gänzlich innerhalb TC1

- für Reisen gänzlich zwischen der South Atlantic Area und TC2

- zu Orten, die laut Note vom HIP-Check ausgeschlossen werden können

Die Überprüfung erfolgt folgendermaßen:

1. Kalkulieren Sie zunächst den errechneten Tarif so wie gewohnt mit Meilenberechnung und HIPs von/nach/zwischen allen Stopoverpunkten.

2. Schauen Sie sich erst danach noch einmal die Preise ab Ausgangsort der Tarifkomponente an und überprüfen Sie, ob irgendeiner dieser Preise höher ist als der zwischen dem Ausgangs- und Endpunkt der Tarifkomponente. Wenn Sie einen höheren Tarif gefunden haben, müssen Sie einen Backhaul-Check machen:

> **Höchster HIP ab Ausgangsort zu einem Stopoverpunkt (ohne Meilenaufschlag)**
> **– Tarif zwischen den Tarifkonstruktionspunkten (ohne Meilenaufschlag)**
> ---
> **= Differenz**
> **+ Höchster HIP ab Ausgangsort zu einem Stopoverpunkt (ohne Meilenaufschlag)**
> ---
> **= Mindestpreis**

3. Vergleichen Sie diesen Mindestpreis mit dem errechneten Tarif.

- Ist der errechnete Tarif gleich hoch oder höher als der Mindestpreis, bleibt es bei diesem.

- Ist er niedriger, muss die Differenz zwischen beiden ermittelt werden, da diese später im Ticket ausgewiesen wird:

> **Mindestpreis**
> **– Errechneter Tarif**
> ----------------------------
> **= „BHC-PLUS"**

4. Die Gegenrechnung ergibt: Um den errechneten Tarif auf den Mindestpreis anzuheben, müsste das BHC-PLUS auf den errechneten Preis aufgeschlagen werden. Dieser Rechenschritt muss auch im Ticket kenntlich gemacht werden.

5. Da ein OW nicht unbedingt immer nur aus einer Tarifkomponente bestehen muss, kann es in seltenen Fällen auch vorkommen, dass sogar mehrere Backhaul-Checks durchgeführt werden müssen, nämlich für jede Tarifkomponente der OW-Reise, die einen HIP ab Ausgangsort der jeweiligen Komponente enthält.

Beispiele

1) OW ohne Meilenaufschlag

Frankfurt -YY- Jakarta -YY- Singapur

Farebasis: F

TPM	Ortspaar	NUC OW	NUC RT	MPM
---	FRA – SIN	8573.28	---	8097
557	JKT – SIN	437.00	---	---
6912	FRA – JKT	9066.42	---	8689

1. Errechneter Tarif:

- Tarifkonstruktionspunkte FRA – SIN, OW 8573.28 NUC
- TPM: 7469
- MPM: 8097
- TPM < MPM, also kein Meilenaufschlag
- HIP FRA – JKT, abgelesener OW 9066.42 NUC

```
                 FRA  ┐
            6912 JKT  │
       7469  557 SIN  ▼
```

2. Berechnung des Mindestpreises:

```
  HIP FRA – JKT      9066.42 NUC
– FRA – SIN          8573.28 NUC
-------------------------------------------------
= Differenz           493.14 NUC
+ HIP FRA – JKT      9066.42 NUC
-------------------------------------------------
= Mindestpreis       9559.56 NUC
```

3. Vergleich des errechneten Tarifs mit dem Mindestpreis:

```
  Mindestpreis       9559.56 NUC
– Errechneter Tarif  9066.42 NUC
-------------------------------------------------
= „BHC-PLUS"          493.14 NUC
```

Anmerkung: Das BHC-PLUS ist immer dann mit der Differenz identisch, wenn es keinen Meilenaufschlag und keinen HIP zwischen Stopoverpunkten oder von einem Stopoverpunkt zum Tarifkonstruktionspunkt gibt (aber auch nur dann!).

Fare Calculation

FRA YY JKT YY SIN M FRAJKT9066.42**P FRAJKT FRASIN493.14**NUC9559.56END ROE …

---

2) OW mit Meilenaufschlag

Frankfurt -YY- Miami -YY- Caracas

Farebasis: CIF

TPM	Ortspaar	NUC OW	NUC RT	MPM
4824	FRA – MIA	5955.04	---	---
1365	MIA – CCS	---	---	---
---	FRA – CCS	5465.05	---	6022

1. Errechneter Tarif:

- Tarifkonstruktionspunkte FRA – CCS, OW 5465.05 NUC
- TPM: 6189
- MPM: 6022
- 6189 : 6022 = 1.0277 = 5 % Meilenaufschlag
- HIP FRA – MIA, abgelesener Tarif: 5955.04 NUC
- 5955.04 NUC x 1.05 = 6252.79 NUC

$$\begin{array}{ccc} & & \text{FRA} \\ & 4824 & \text{MIA} \\ 6189 & 1365 & \text{CCS} \end{array} \downarrow$$

2. Berechnung des OW-Mindestpreises (BHC):

HIP ab Ausgangsort (FRA – MIA) ohne Meilenaufschlag	5955.04 NUC
– Tarif zwischen den Tarifkonstruktionspunkten (FRA – CCS) ohne Meilenaufschlag	5465.05 NUC
= Differenz	489.99 NUC
+ HIP ab Ausgangsort (FRA – MIA) ohne Meilenaufschlag	5955.04 NUC
= Mindestpreis	6445.03 NUC

3. Vergleich:

Mindestpreis	6445.03 NUC
– Errechneter Tarif	6252.79 NUC
= „BHC-PLUS"	192.24 NUC

Eintragung in der Fare-Calculation-Box des Tickets:

Fare Calculation
FRA YY MIA YY CCS 5M FRAMIA6252.79**P FRAMIA FRACCS192.24**NUC6445.03END ROE …

Nach der Kalkulation für den errechneten Tarif mit 5 % Meilenaufschlag auf den HIP zwischen Frankfurt und Miami wird das BHC-Plus mit der Kennung „P" sowie den beiden Ortspaaren, die für die Errechnung des BHC-Plus Grundlage waren, angezeigt.

3) OW mit verschiedenen HIPs

Frankfurt -YY- Amsterdam -YY- Houston -YY- Dallas -YY- Guatemala City

Farebasis: FIF

TPM	Ortspaar	NUC OW	NUC RT	MPM
228	FRA – AMS	---	---	---
5011	AMS – HOU	9836.62	---	---
233	HOU – DFW	---	---	---
1328	DFW – GUA	---	---	---
---	AMS – DFW	9890.62	---	---
---	AMS – GUA	12473.33	---	---
---	FRA – DFW	9693.33	---	---
---	FRA – GUA	9656.02	---	7015
---	FRA – HOU	9573.93	---	---

1. Errechneter Tarif:

- Tarifkonstruktionspunkte FRA – GUA, OW 9656.02 NUC
- TPM: 6800
- MPM: 7015
- TPM < MPM, also kein Meilenaufschlag
- HIP AMS – GUA, OW 12473.33 NUC
- = 12473.33 NUC

```
                          FRA  |
                228       AMS   |
                5011      HOU   |
                233       DFW   |
          6800  1328      GUA   ▼
```

2. BHC:

HIP ab Ausgangsort FRA – DFW	9693.33 NUC
– FRA – GUA	9656.02 NUC

| = Differenz | 37.31 NUC |
| + HIP ab Ausgangsort FRA – DFW | 9693.02 NUC |

| = Mindestpreis | 9730.33 NUC |

3. Vergleich:

Mindestpreis	9730.33 NUC
Errechneter Tarif	12473.33 NUC

→ Der errechnete Tarif ist höher und wird angewendet.

Beachten Sie bei dieser Aufgabe, dass es beim errechneten Tarif mehrere HIPs gibt und der allerhöchste, hier AMS – GUA, für den errechneten Tarif angewendet wird.
Bei der Berechnung des BHC werden jedoch nur HIPs ab Ausgangsort überprüft und berechnet, das ist hier FRA – DFW (bzw. FRA – HOU)!

Fare Calculation

FRA YY AMS YY HOU YY DFW YY GUA M AMSGUA12473.33NUC12473.33END ROE ...

ÜBUNG 4.4.2.5.2

Berechnen Sie folgende OW-Reisen unter Berücksichtigung eines evtl. anwendbaren Backhaul-Checks (berechnen Sie nur Lösungen mit max. einer Tarifkomponente):

a) Berlin -YY- Frankfurt -YY- Muscat -YY- Doha

Farebasis: CIF

TPM	Ortspaar	NUC OW	NUC RT	MPM
268	BER – FRA	---	---	---
3227	FRA – MCT	4953.24	7075.16	4221
453	MCT – DOH	462.93	769.82	---
---	BER – MCT	4953.24	7075.16	4401
---	BER – DOH	4807.01	6866.70	3896
---	FRA – DOH	4807.01	6866.70	3716

Fare Calculation:

b) Frankfurt -YY- Wien -YY- New York -YY- Los Angeles -YY- Salt Lake City

Farebasis: C

TPM	Ortspaar	NUC OW	NUC RT	MPM
385	FRA – VIE	---	---	---
4232	VIE – NYC	5553.73	7933.90	5078
2461	NYC – LAX	---	---	---
590	LAX – SLC	---	---	---
---	FRA – NYC	5339.04	7627.42	4621
---	FRA – LAX	6457.04	9863.42	6952
---	FRA – SLC	6401.04	9751.42	6447
---	VIE – LAX	6671.72	10169.88	7394
---	VIE – SLC	6615.72	10057.90	6888

Fare Calculation:

4.4.2.5.3 Reiseart Open Jaw und Mindestpreis für Open Jaws „CPM"

Bei Normal Fare Open Jaws handelt es sich, wie bereits eingangs erläutert, um *nicht geschlossene Hin- und Rückreisen.*
Bei der Berechnung von Open Jaws ist es zunächst entscheidend, die Tarifrichtung zu bestimmen.

Bezüglich der *Tarifrichtung* gilt:

Bei Open Jaws werden, wie bei allen anderen Reisearten auch, die Preise der Tarifkomponenten immer in Reiserichtung abgelesen, außer eine Tarifkomponente führt ins Ausgangsland der gesamten Reise oder in ein Land, in dem eine vorangegangene PU ihren Ausgangspunkt hatte, zurück (dann wird sie entgegen der Reiserichtung abgelesen).

Tarifkomponenten zwischen Kanada und USA bzw. innerhalb Skandinaviens gelten hierbei als Inlands-Strecken.

Bezüglich der *Tarifart* gilt, dass Normal Fare Open Jaws mit ½-RT-Tarifen berechnet werden, solange nicht mehr als zwei internationale Tarifkomponenten vorliegen. Befindet sich der Surface-Sektor (die Gabel) nicht innerhalb eines Landes („internationaler Surface-Sektor"), ist das Verfahren für den OOJ und TOJ (siehe S. 123) bei der IATA und den einzelnen Fluggesellschaften bzw. für bestimmte Märkte und im automatischen Pricing in den Reservierungssystemen derzeit noch unterschiedlich (Stand: 08/2008).

Beispiele: **X = Surface-Sektor**

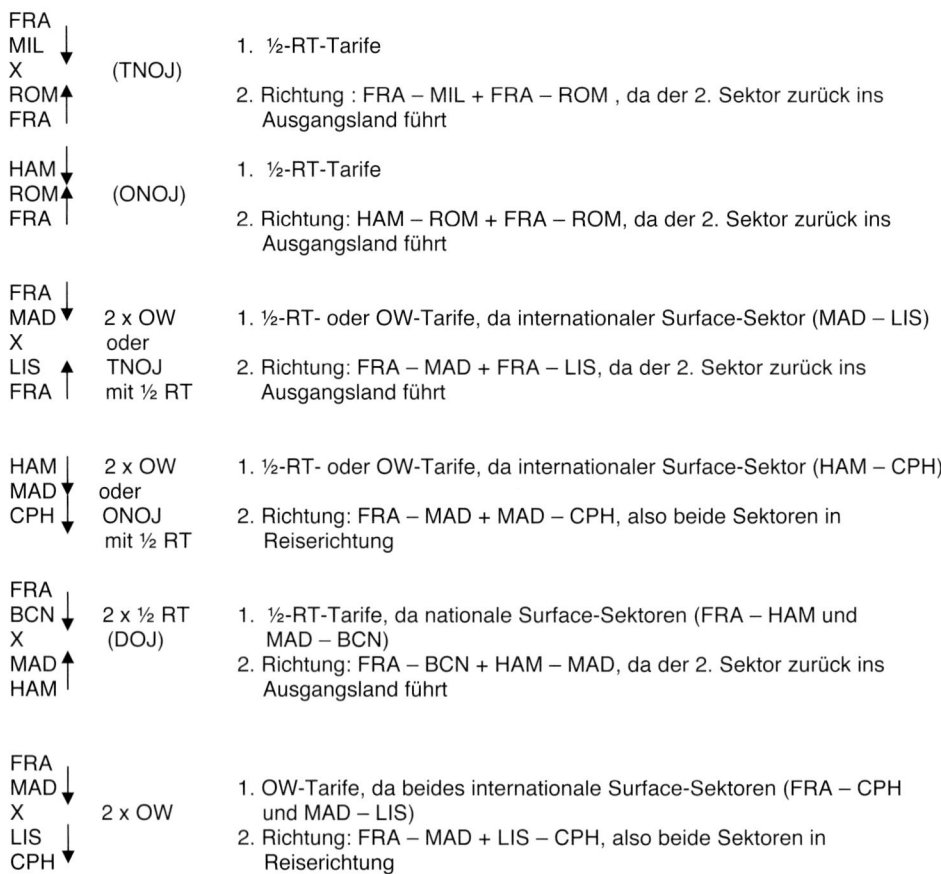

FRA
MIL
X   (TNOJ)
ROM
FRA

1. ½-RT-Tarife

2. Richtung : FRA – MIL + FRA – ROM , da der 2. Sektor zurück ins
   Ausgangsland führt

HAM
ROM   (ONOJ)
FRA

1. ½-RT-Tarife

2. Richtung: HAM – ROM + FRA – ROM, da der 2. Sektor zurück ins
   Ausgangsland führt

FRA
MAD   2 x OW
X   oder
LIS   TNOJ
FRA   mit ½ RT

1. ½-RT- oder OW-Tarife, da internationaler Surface-Sektor (MAD – LIS)

2. Richtung: FRA – MAD + FRA – LIS, da der 2. Sektor zurück ins
   Ausgangsland führt

HAM   2 x OW
MAD   oder
CPH   ONOJ
            mit ½ RT

1. ½-RT- oder OW-Tarife, da internationaler Surface-Sektor (HAM – CPH)

2. Richtung: FRA – MAD + MAD – CPH, also beide Sektoren in
   Reiserichtung

FRA
BCN   2 x ½ RT
X   (DOJ)
MAD
HAM

1. ½-RT-Tarife, da nationale Surface-Sektoren (FRA – HAM und
   MAD – BCN)
2. Richtung: FRA – BCN + HAM – MAD, da der 2. Sektor zurück ins
   Ausgangsland führt

FRA
MAD
X   2 x OW
LIS
CPH

1. OW-Tarife, da beides internationale Surface-Sektoren (FRA – CPH
   und MAD – LIS)
2. Richtung: FRA – MAD + LIS – CPH, also beide Sektoren in
   Reiserichtung

Offene Reisen rechnerisch schließen

Als Nächstes sollten Sie bei allen nicht geschlossenen Reisen immer überprüfen, ob es nicht günstiger wäre, die Reise rechnerisch zu schließen.

Denn immer, wenn in einer nicht geschlossenen Reise die Preisberechnung aus der Summe der Teil-streckentarife für die tatsächlich geflogenen Strecken ein höheres Ergebnis erzielt als der veröffentlichte Tarif zwischen den Tarifberechnungspunkten incl. der Surface-Strecke, darf diese günstigere Berechnung gewählt werden.

Denselben Vergleich müssen Sie auch bei Gabelreisen anstellen:

Wäre es günstiger, die Gabelreise zu schließen und eine komplette Hin- und Rückreiseberechnung aufzustellen, da man im gegebenen Fall evtl. mit ½-RT-Tarifen statt OW-Tarifen rechnen kann? Wenn ja, dürfen Sie diese günstigere Berechnung anwenden!

Ausnahme:
Wenn in einer nicht geschlossenen Reise ein internationaler Surface-Sektor mehr TPM enthält als die tatsächlich geflogene Strecke bis zum Anfangspunkt des Surface-Sektors und der Surface-Sektor nicht in einen Durchgangstarif mit einbezogen wird, muss für die Strecke vom Ausgangsort bis zum Beginn der Surface-Strecke ein separates Ticket ausgestellt werden.

Beispiel für das rechnerische Schließen einer OW-Reise:

Frankfurt -YY- London - surface- Manchester -YY- Dublin

Farebasis: YIF

TPM	Ortspaar	NUC OW	NUC RT	MPM
396	FRA – LON	835.39	---	---
153	LON – MAN	---	---	---
164	MAN – DUB	515.44	---	---
---	FRA – DUB	1244.53	---	811
---	FRA – MAN	1188.52	---	---

1. Berechnung incl. Surface-Strecke, d. h., es wird so gerechnet, als ob diese Strecke geflogen wird

- Tarifkonstruktionspunkte FRA – DUB, OW 244.53 NUC   FRA
- TPM: 713 (incl. LON – MAN!)   396   LON
- MPM: 811 (FRA – DUB)   153   MAN
- TPM < MPM, also kein Meilenaufschlag   713   164   DUB
  kein HIP
= 1244.53 NUC

2. Berechnung von zwei einzelnen Strecken (Ausstellung jedoch auf einem Ticket!)

  FRA – LON: 835.39 NUC   (Direktflüge, daher keine Meilen-   FRA
+ MAN – DUB: 515.44 NUC   und HIP-Überprüfung nötig)   LON
--------------------------------------   X
= Gesamt: 1350.83 NUC   MAN
     DUB

3. Vergleich
   Die Berechnung incl. der Surface-Strecke wird also günstiger und sollte deshalb dem Kunden angeboten werden.

Fare Calculation

FRA YY LON//MAN YY DUB M1244.53NUC1244.53END ROE ...

Die // zeigen an, dass die Surface-Strecke in die Berechnung mit einbezogen wurde (jedoch ohne Ausstellung eines Flight Coupons). Wird die Surface-Strecke nicht mit einbezogen, wird diese Strecke mit /- dargestellt.

Mindestpreis Common Point Minimum (CPM)

Gabelreisen/Subjourneys, die eine *geschlossene Reise ab/bis Ausgangsland der Reise/PU* enthalten, müssen den Mindestpreis „CPM" = Common Point Minimum einhalten.
Der Mindestpreis für eine solche Gabelreise ist der Preis für die darin enthaltene geschlossene Reise.

Beispiel:

Manchester -YY- X/Hamburg -YY- Warschau -YY- Frankfurt -YY- X/Manchester -YY- London

→ Die Reise ist als NOJ-Reise definiert (OOJ).

Farebasis: YIF

TPM	Ortspaar	NUC OW	NUC RT	MPM
---	MAN – WAW	1172.38	1955.24	1165
504	MAN – HAM	---	---	---
468	HAM – WAW	---	---	---
557	WAW – FRA	---	---	---
518	FRA – MAN	---	---	---
153	MAN – LON	296.95	593.90	---
---	LON – WAW	1014.26	1689.14	1078

1. Errechneter Tarif

Erste Tarifkomponente:

				MAN
-	Tarifkonstruktionspunkte MAN – WAW, ½ RT 977.62 NUC		504	X/HAM
-	TPM: 972	972	468	WAW
-	MPM:1165		557	FRA
-	TPM < MPM, also kein Meilenaufschlag		518	X/MAN
=	977.62 NUC	1228	153	LON

Zweite Tarifkomponente:

- Tarifkonstruktionspunkte LON – WAW, ½ RT 844.57 NUC
- TPM: 1228
- MPM: 1078
- 1228 : 1078 = 1.1391 = 15 % Meilenaufschlag
- kein HIP
= 971.25 NUC

2. Gesamtpreis:

```
  1. Tarifkomponente      977.62 NUC
+ 2. Tarifkomponente      971.25 NUC
-------------------------------------------------
= Gesamtpreis            1948.87 NUC
```

3. Mindestpreis CPM

Bei dieser Berechnung muss der CPM-Check für die geschlossene Reise ab/bis Ausgangsland der Reise/PU (hier MAN – X/HAM – WAW – FRA – MAN) durchgeführt werden. Der Flugpreis darf nicht niedriger sein als der RT MAN – WAW.

```
RT MAN – WAW:    1955.24 NUC
Errechneter Tarif: 1948.87 NUC
-------------------------------------------
CPM-PLUS            6.37 NUC
```

Fare Calculation

MAN YY X/HAM YY WAW M977.62YY FRA YY X/MAN YY LON15M971.25**P R/MAN6.37**
NUC1955.24END ROE …

Der Ort, an dem die geschlossene Reise beginnt und endet, wird mit einem R/ angezeigt, dazu kommt das „P" für die Differenz.

ÜBUNG 4.4.2.5.3

1) Bestimmen Sie zu den folgenden Streckenführungen

- Reiseart
- Tarifrichtung

a) BER
   STO
   X
   GOT
   BER

b) BER
   ROM
   CPH

c) BER
   JNB
   X
   CPT
   FRA

2) Berechnen Sie folgende Reise:

Hamburg -YY- Helsinki -YY- X/Hamburg -YY- Berlin

Farebasis: CIF

	TPM	Ortspaar	NUC OW	NUC RT	MPM
	726	HAM – HEL	1277.20	2126.58	874
	726	HEL – HAM	---	---	---
	186	HAM – BER	---	---	---
	---	BER – HEL	1202.53	2002.14	930

Fare Calculation:

4.4.2.6 Pricing Unit Concept

Das Pricing Unit Concept erlaubt das Aufteilen einer Reise (Journey) in mehrere anstoßende Subjourneys/Pricing Units. Fällt deren Summe niedriger aus als die Grundberechnung nach dem Journey Concept, so darf der niedrigere Preis (unter Beachtung spezieller Mindestpreise) angewendet werden.

Beispiele:

Nach dem Pricing Unit Concept gibt es zusätzliche Varianten, z. B.:

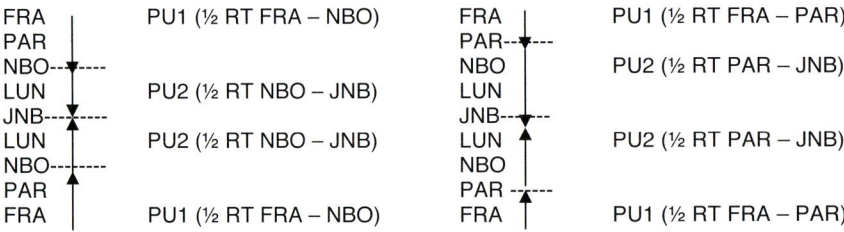

> Grundsätzlich ist das Aufbrechen in mehrere Tarifkomponenten erlaubt, und zwar beliebig oft. Das Zerlegen von Tarifkomponenten in mehrere nacheinander folgende Pricing Units (OW und RT) darf jedoch nie dazu führen, direkte Tarife zu unterbieten.
>
> Außerdem ist stets die Reiseart der jeweiligen PU zu berücksichtigen. Jede PU, die per Definition ein RT oder CT ist, muss auch mit ½-RT-Tarifen berechnet werden.

Mixed OW/RT Pricing Units

Eine Kombination von ½-RT- und OW-Tarifen innerhalb einer Reise ist dann möglich, wenn die Reise als OW-Reise oder als NOJ definiert ist und ein Land/Flughafen zweimal angeflogen wird.

Beispiel:

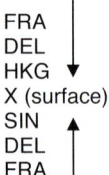

FRA
DEL
HKG
X (surface)
SIN
DEL
FRA

Nach dem Journey Concept würden hier zwei Tarifkomponenten (FRA – HKG plus FRA – SIN) addiert werden.

Das Pricing Unit Concept sieht außerdem folgende Möglichkeit vor:

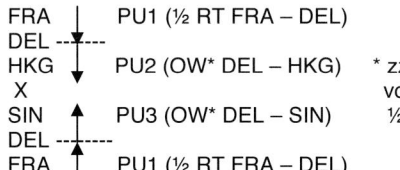

FRA   PU1 (½ RT FRA – DEL)
DEL
HKG   PU2 (OW* DEL – HKG)   * zzt. werden Gabelreisen mit internationaler surface-Strecke
X   von den Systemen unterschiedlich berechnet (OW oder
SIN   PU3 (OW* DEL – SIN)   ½-RT-Tarife)
DEL
FRA   PU1 (½ RT FRA – DEL)

Beispiel:

Manchester -YY- X/Hamburg -YY- Warschau -YY- Frankfurt -YY- X/Manchester -YY- London

→ Die Reise ist als NOJ-Reise (ONOJ) definiert (siehe Kap. 4.4.2.1)

Farebasis: Y

TPM	Ortspaar	NUC OW	NUC RT	MPM
---	MAN – WAW	1172.38	1955.24	1165
504	MAN – HAM	---	---	---
468	HAM – WAW	---	---	---
557	WAW – FRA	---	---	---
518	FRA – MAN	---	---	---
153	MAN – LON	296.95	593.90	---
---	LON – WAW	1014.26	1689.14	1078

A) Berechnung mit 1 PU; Anhebung auf CPM (s. o. S. 160):

> Fare Calculation
>
> MAN YY X/HAM YY WAW M977.62YY FRA YY X/MAN YY LON15M 971.25**P R/MAN6.37**
> NUC1955.24END ROE…

B) Berechnung mit 2 PUs:

1. Tarifkomponente = PU1: RT

- Tarifkonstruktionspunkte MAN – WAW, ½ RT 977.62 NUC   MAN
- TPM: 972   504   X/HAM
- MPM: 1165   972   468   WAW
- TPM < MPM, also kein Meilenaufschlag   557   FRA
                                                          1075   518   MAN

2. Tarifkomponente = PU1: RT   LON

- Tarifkonstruktionspunkte MAN – WAW, ½ RT 977.62 NUC
- TPM: 1075
- MPM: 1165
- TPM < MPM, also kein Meilenaufschlag

3. Tarifkomponente = PU2: OW

- Tarifkonstruktionspunkte MAN – LON, OW 296.95 NUC
- keine Meilenberechnung, da Nonstopflug

Gesamtpreis:

```
  1. Tarifkomponente     977.62 NUC
+ 2. Tarifkomponente     977.62 NUC
+ 3. Tarifkomponente     296.95 NUC
--------------------------------------------------
= Gesamtpreis           2252.19 NUC
```

→ Der Vergleich beider Methoden ergibt, dass die 1. Berechnung den günstigeren Preis ergibt und deshalb angewendet werden sollte.

4.4.2.7   Weitere Mindestpreise

4.4.2.7.1   Oneway Subjourney Check (OSC)

Veröffentlichte direkte Tarife dürfen nicht durch das Aufbrechen in mehrere *Oneway-Subjourneys* (Pricing Units, die mit OW-Tarifen berechnet werden) unterboten werden.

Genauer gesagt, muss der veröffentlichte Tarif zwischen dem Ausgangspunkt einer OW-PU (unit origin) und dem Endpunkt (unit destination) der nächsten OW-PU mit den addierten Einzelpreisen der beiden PUs verglichen werden. Der veröffentlichte Preis ist als Mindestpreis anzusehen; liegen die addierten Einzelpreise darunter, müssen sie auf diesen angehoben werden.

Achtung:
Der OSC ist nicht anwendbar:

- zwischen OW-PUs, die durch eine Surface-Strecke unterbrochen werden
- für Kombinationen von OW-PUs, die nicht aufeinander folgen
- innerhalb von Pricing Units
- bei Kombinationen von Normal Fares mit Special Fares
- für Reisen von/nach Kanada, USA und den US-Territories

Beispiel:

Frankfurt -YY- Algier -YY- Tripolis -YY- Kairo -YY- Khartoum

Farebasis: FIF/F

TPM	Ortspaar	NUC OW	NUC RT	MPM
960	FRA – ALG	1484.10	---	1152
630	ALG – TIP	---	---	---
1089	TIP – CAI	320.26	---	---
1007	CAI – KRT	584.20	---	---
---	FRA – KRT	5852.42	---	3508
---	FRA – CAI	4458.54	---	2312
---	FRA – TIP	2997.77	---	1466
---	TIP – KRT	511.33	---	2032

A) Geht man von einer einzigen Tarifkomponente aus, so ergibt sich folgende Berechnung:

- Tarifkonstruktionspunkte FRA – KRT, OW 5852.42 NUC
- TPM: 3686
- MPM: 3520
- 3686 : 3520 = 1.0471 = 5 % Meilenaufschlag
- kein HIP
- 5852.42 NUC x 1.05 = 6145.04 NUC

		FRA
	960	ALG
	630	TIP
	1089	CAI
3686	1007	KRT

Fare Calculation

FRA YY ALG YY TIP YY CAI YY KRT5M6145.04NUC6145.04END ROE …

B) Teilt man den Durchgangsflugpreis FRA – KRT jedoch in zwei PUs, z. B. FRA – TIP und TIP – KRT auf, ergibt sich folgende Berechnung:

PU1: FRA – TIP

- Tarifkonstruktionspunkte FRA – TIP, OW 2997.77 NUC
- TPM: 1590
- MPM: 1466
- 1590 : 1466 = 1.0845 = 10 % Meilenaufschlag
- kein HIP
- 2997.77 NUC x 1.10 = 3297.54 NUC

PU2: TIP – KRT

- Tarifkonstruktionspunkte TIP – KRT, OW 511.33 NUC
- TPM: 2096
- MPM: 2032
- 2096 : 2032 = 1.0314 = 5 % Meilenaufschlag
- HIP CAI-KRT, OW 584.20 NUC
- 584.20 NUC x 1.05 = 613.41 NUC

```
  PU1: 3297.54 NUC
+ PU2:  613.41 NUC
------------------------------
=       3910.95 NUC
```

Der damit errechnete Gesamtpreis (errechneter Tarif) von 3910.95 NUC liegt unter dem veröffentlichten Tarif FRA – KRT 5852.42 NUC (ohne Meilenaufschlag!).

Ermittlung der Differenz zwischen Mindestpreis und errechnetem Tarif:

```
  Mindestpreis       5852.42 NUC
– Errechneter Tarif  3910.95 NUC
----------------------------------------------
= „PLUS" (OSC-H)     1941.47 NUC
```

Fare calculation

FRA YY ALG YY TIP10M3297.54YY CAI YY KRT5M CAIKRT613.4H FRAKRT1941.47NUC 5852.42END ROE...

Das „PLUS" wird auf den errechneten Tarif aufgeschlagen und in der Fare-Calculation-Box mit „H" gekennzeichnet.

Für weitere Checks werden die auf den Mindestpreis angehobenen PUs als eine OW-PU angesehen.

(Zur Anwendung von mehr als 1 OSC in einer Reise siehe das Beispiel der Übung 4.4.2.7, Aufg. 2)

ÜBUNG 4.4.2.7.1

Berechnen Sie folgende Reise unter Berücksichtigung des Mindestpreises OSC

a) Frankfurt -YY- Istanbul -YY- Karachi -YY- Singapur -YY-Tokio

Farebasis: FIF/F

TPM	Ortspaar	NUC OW	NUC RT	MPM
1169	FRA – IST	---	---	---
2446	IST – KHI	---	---	---
2946	KHI – SIN	1272.58	2120.58	---
3312	SIN – TYO	3226.01	5375.46	---
---	FRA – TYO	12336.44	17622.58	9320 (EH)
---	FRA – KHI	7058.06	10082.26	4617
---	FRA – SIN	9740.03	13912.32	8097
---	KHI – TYO	1937.66	2980.86	5185

Fare Calculation:

4.4.2.7.2   Return Subjourney Check (RSC)

Der Mindestpreis für fortfolgende/anstoßende Subjourneys, die mit ½-RT-Tarifen berechnet werden (RT, CT, OJ) ist der höchste RT-Tarif ab Ausgangspunkt der ersten dieser Return-Subjourneys zu irgendeinem Stopoverpunkt in einem der nachfolgenden Return-Subjourneys. Sollte die Addition der errechneten Subjourney-Tarife zu einem niedrigeren Ergebnis gelangen, müssen diese auf den Mindestpreis angehoben werden.

Im Prinzip gleicht dieser Mindestpreis dem CTM-Check. Auch mit ihm soll erreicht werden, dass veröffentlichte direkte Tarife nicht umgangen werden.

Hierzu gibt es einige geografische Ausnahmen, die aktuell im PAT nachgelesen werden können.

Der RSC variiert abhängig von der Mixtur der Return Subjourneys. Es folgen einige Möglichkeiten, basierend auf ½ RTs:

- die erste Return Subjourney ist ein RT/CT und die folgende ebenso:
  Der Mindestpreis ist der höchste von den Varianten: A-X-A, A-C-A, A-Y-A

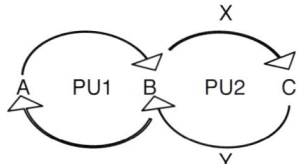

- Die erste Subjourney ist ein Origin Normal Open Jaw, die folgende ein RT/CT:
  Der Mindestpreis ist der höchste von den Varianten:

  ½ RT A1 – X + ½ RT A2 – X oder
  ½ RT A1 – C + ½ RT A2 – C oder
  ½ RT A1 – Y + ½ RT A2 – Y

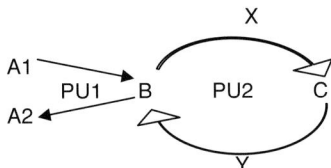

- Die erste Subjourney ist ein RT/CT und die nachfolgende ein Turnaround Normal Open Jaw:
  Der Mindestpreis der jeweils höhere Tarif von:

  ½ RT A – X + ½ RT A-Y   oder
  ½ RT A – D1 + ½ RT A-Y   oder
  ½ RT A – X + ½ RT A-D2 oder
  ½ RT A – D1 + ½ RT A-D2

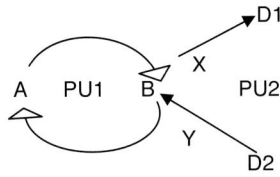

- Die erste Subjourney ist ein Origin Normal Open Jaw, die zweite ein Turnaround Normal Open Jaw:
  Der Mindestpreis ist der höchste von den Varianten:

  ½ RT A1 – X + ½ RT A2 – Y   oder
  ½ RT A1 – E1 + ½ RT A2 – E2 oder
  ½ RT A1 – X + ½ RT A2 – E2 oder
  ½ RT A1 – E1 + ½ RT A2 – Y

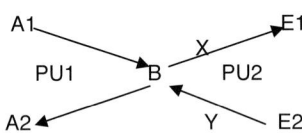

Beispiel für einen RSC:

Warschau -YY- Athen -YY- Bangkok -YY- Sydney -YY- Singapur -YY- Athen -YY- Warschau

Farebasis: YIF

TPM	Ortspaar	NUC OW	NUC RT	MPM
---	WAW – ATH	---	1750.24	---
4919	ATH – BKK	---	---	---
4668	BKK – SYD	---	2894.72	---
3900	SYD – SIN	---	---	---
5619	SIN – ATH	---	---	---
---	ATH – SYD	---	8310.12	11406
---	SIN – SYD	---	3533.48	---
---	WAW – SYD	---	10958.18	12598

Die Reise soll folgendermaßen zerlegt werden:

```
WAW    |       PU1 (½ RT WAW – ATH = 875.12 NUC)
ATH ---▼----
BKK     |
SYD ---✕---- PU2 (RT/CT ATH – SYD)
SIN     |
ATH ---▲----
WAW    ▲       PU1 (½ RT WAW – ATH = 875.12 NUC)
```

Zu PU2:

```
            ATH  |
      4919  BKK  |
 9587 4668  SYD  ▼
      3900  SIN  ▲
 9519 5619  ATH  |
```

Hinweg:

- Tarifkonstruktionspunkte ATH – SYD, ½ RT 4155.06 NUC
- TPM: 9587
- MPM: 11406
- TPM < MPM, also kein Meilenaufschlag
- kein HIP
= 4155.06 NUC

Rückweg:

- Tarifkonstruktionspunkte ATH – SYD, ½ RT 4155.06 NUC
- TPM: 9519
- MPM: 11406
- TPM < MPM, also kein Meilenaufschlag
- kein HIP
= 4155.06 NUC

Der Gesamtpreis für PU1 + PU2 beträgt damit 1750.24 NUC + 8310.12 NUC = 10060.36 NUC

Der RSC ist der höchste Tarif ab Warschau (Ausgangspunkt der 1. PU) zum höchsten Stopoverpunkt der folgenden PUs. Dieses ist WAW – SYD, RT 10958.18 NUC (ohne ggf. anfallende Aufschläge). (Zu prüfen sind auch die RT-Tarife WAW – BKK und WAW – SIN).

Der oben errechnete Tarif muss also auf diesen Betrag angehoben werden:

Mindestpreis	10958.18 NUC
- Errechneter Tarif	10060.36 NUC

= PLUS (RSC-U)	897.82 NUC

Fare Calculation

WAW YY ATH875.12YY BKK YY SYD M4155.06YY SIN YY ATH M4155.06YY WAW875.12U
WAWSYD 897.82NUC10958.18END ROE ...

Die Differenz wird in der Fare-Calculation-Box des Tickets mit „U" dargestellt.

4.4.2.7.3   Directional Minimum Check (DMC)

Der DMC ist nur für OW Pricing Units von/nach Japan anwendbar, und nur, wenn das Ticket außerhalb des Reiseantrittslandes ausgestellt wird.

Beispiel: Frankfurt –Tokyo, OW/F-Class, Ticket wird in London verkauft/ausgestellt.

Hier muss auf den höchsten Tarif zwischen allen Ticketed Points in alle Richtungen angehoben werden. Ist TYO – FRA also höher tarifiert als FRA – TYO, bildet TYO – FRA den Mindestpreis.

4.4.2.7.4   Country of Payment Check (COP)

RT- oder CT-Pricing Units in Tickets, die außerhalb des Reisantrittslandes ausgestellt werden und eine Strecke in oder über das Land enthalten, in dem das Ticket ausgestellt wird, können einer zusätzlichen Mindestpreisüberprüfung unterliegen. Diese gilt jedoch nur für bestimmte Länder und spezifische Carrier, die bspw. im PAT nachgelesen werden können. Für Reisen innerhalb Europas ist der COP in den Ländern der ECAA (siehe Kap. 4.1.1) nicht anwendbar.

4.4.2.8   Klassendifferenzen

Bei allen bisherigen Berechnungen sind wir davon ausgegangen, dass der Kunde nur eine einzige Beförderungsklasse benutzt bzw. dass das Ticket auf einer einheitlichen Tarifbasis berechnet wird.
In der Praxis kann es aber vorkommen, dass die gewünschte Beförderungsklasse auf bestimmten Teilstrecken gar nicht angeboten wird oder ausgebucht ist.

Generell ist ein solcher Wechsel über beliebig viele Klassen und auf allen Teilstrecken möglich, jedoch sind bei der Berechnung solcher „Klassendifferenzen" („Differentials") einige besondere Regeln zu beachten, und zwar in der folgenden Reihenfolge:

Basis für die Berechnung ist der Preis für die gesamte Reise in der niedrigsten geflogenen Klasse.

1) Hierbei wird zunächst der errechnete Tarif incl. HIPs und Meilensystem errechnet und ggf. auf einen Mindestpreis angehoben.

2) Für die Strecke, die in einer höheren Klasse geflogen wird, muss die Differenz ermittelt werden, indem der Preis der niedrigeren von der höheren Tarifklasse abgezogen wird.

   Die Preise für das „Differential" werden so abgelesen wie die Preise für den Grundflugpreis, d. h. in der gleichen Richtung und Tarifart (OW- oder ½-RT-Tarife).

   Sind mehrere Strecken nacheinander in der höheren Klasse gebucht, so wird die Differenz auf Basis des Durchgangsflugpreises für diese Strecke ermittelt. Hierbei sind das Meilensystem und HIPs zu beachten.

   Jedes Differential muss innerhalb einer Tarifkomponente berechnet werden, das „Durchziehen" über einen Tarifkonstruktionspunkt ist somit nicht erlaubt.

3) Die Differenz wird auf den unter 1) ermittelten Betrag aufgeschlagen.

4) Das Ergebnis muss mit der Kalkulation der betreffenden Tarifkomponente, komplett in der höheren geflogenen Klasse berechnet, verglichen und dem Kunden das günstigere Ergebnis angeboten werden.

Werden komplette Tarifkomponenten in einer anderen Klasse geflogen, so berechnen Sie den Flug anhand einer Kombination dieser Tarifkomponenten.

(Diese Kombination darf allerdings nie zu einem günstigeren Ergebnis kommen als die Berechnung des Durchgangstarifs in der niedrigeren Klasse plus Differential.)

Dies ermöglicht die beliebige Kombination verschiedener Tarifklassen auf einem Ticket, die entweder als Klassendifferenz zur jeweiligen günstigsten geflogenen Klasse oder als separate PU berechnet werden. Einschränkungen bezüglich der Kombinierbarkeit kann es allerdings bei Sondertarifen geben, hier legen die Bedingungen der Tarife fest, ob sie kombinierbar sind (siehe S. 184 ff.).

Beispiele:

1) Frankfurt -YY/F- New York -YY/C- Frankfurt

Der Flugpreis setzt sich hier aus ½ RT FRA – NYC in F-Class plus ½ RT FRA – NYC in C-Class zusammen.

Eintragung in der Fare-Calculation-Box für dieses Beispiel:

Fare Calculation
FRA YY NYC6094.32YY FRA3813.71NUC9908.03END ROE ...

2) Frankfurt -YY/C- Mumbai -YY/F- SIN

TPM	Ortspaar	NUC OW/F	NUC OW/C	MPM
4082	FRA – BOM	---	4922.13	---
2437	BOM – SIN	1347.91	1036.87	---
---	FRA – SIN	---	5819.75	8097

A) Eine Kombination von Tarifkomponenten liefert hier folgendes Ergebnis:

FRA – BOM, OW/C: 4922.13 NUC
+ BOM – SIN, OW/F: 1347.91 NUC

6270.04 NUC

FRA ↓
BOM--↑--
SIN ↓

(der zu prüfende OSC für FRA –BOM OW/C + BOM – SIN OW/C = 5959.00 NUC ergibt keine Anhebung auf den niedrigeren Durchgangstarif FRA – SIN OW/C = 5819.75 NUC)

B) Die Vergleichsrechnung unter Berücksichtigung des Durchgangstarifs FRA – SIN in C-Class
   + Differential für die Strecke BOM – SIN ergibt Folgendes:

BOM – SIN, OW/F: 1347.91 NUC
– BOM – SIN, OW/C: 1036.87 NUC

= Differential   311.04 NUC
+ FRA – SIN, OW/C: 5819.75 NUC

6130.79 NUC

→ Diese Variante ist günstiger als A) und damit vorzuziehen

Eintragung in der Fare-Calculation-Box:

Fare Calculation
FRA YY BOM YY SIN M5819.75D BOMSIN311.04NUC6130.79END ROE ...

Die Strecke, auf der die Klassendifferenz entstanden ist, wird mit „D" gekennzeichnet und mit dem entsprechenden Betrag nach der Tarifberechnung angezeigt. Dabei wird das Ortspaar in der Tarifierungsrichtung eingetragen.

3) Berlin -YY/Y- Wien -YY/C- Kairo

TPM	Ortspaar	NUC OW/C	NUC OW/Y	MPM
332	BER – VIE	---	1008.07	---
1471	VIE – CAI	3195.34	2748.86	---
---	BER – CAI	2946.43	2487.51	2492

A) Berechnung mit Differential:

1. Berechnung des Flugpreises in der niedrigeren Klasse (Y-Class):

- Tarifkonstruktionspunkte BER – CAI, OW/Y 2487.51 NUC
- TPM: 1803
- MPM: 2492
- TPM < MPM, also kein Meilenaufschlag
- HIP VIE - CAI, OW/Y 2748.86 NUC
= 2748.86 NUC

```
                                              BER |
                                    332   VIE |
                          1803   1471   CAI ↓
```

2. Berechnung des Differentials:

  VIE – CAI, OW/C: 3195.34 NUC
– VIE – CAI, OW/Y: 2748.86 NUC

= Differential: 446.48 NUC

3. Endergebnis: Flugpreis in Y-Cl + Differential

  BER – CAI, OW/Y: 2748.86 NUC
+ Differential: 446.48 NUC

=   3195.34 NUC

Fare Calculation

BER YY VIE YY CAI M VIECAI2748.86D VIECAI446.48NUC3195.34END ROE ...

B) Berechnung aus einer Kombination von Sektortarifen:

  BER – VIE, OW/Y: 1008.07 NUC
+ VIE – CAI, OW/C: 3195.34 NUC

              4203.41 NUC

```
BER ↓
VIE --------
CAI ↓
```

(der zu prüfende OSC für BER – VIE OW/Y + VIE – CAI OW/Y = 3756.93 NUC ergibt keine Anhebung auf den niedrigeren Durchgangstarif BER – CAI OW/Y = 2487.51 NUC)

→ Diese Variante ist teurer als die Berechnung A) mit Differential

---

Fare Calculation

BER YY VIE1008.07YY CAI3195.34NUC4203.41END ROE...

C) Vergleich: Würde die gesamte Reise in C-Class billiger werden?

- Tarifkonstruktionspunkte BER – CAI, OW/C 2946.43 NUC
- TPM: 1803
- MPM: 2492
- TPM < MPM, also kein Meilenaufschlag
- HIP VIE - CAI, OW/C 3195.34 NUC
= 3195.34 NUC

```
                                          BER |
                                 332      VIE
                       1803      1471     CAI ↓
```

→ Die Berechnung des durchgehenden Flugpreises in der C-Class ist gleich günstig wie die Berechnung A) mit Differential und sollte deshalb dem Kunden angeboten werden.

Fare Calculation

BER YY VIE YY CAI M VIECAI3195.34NUC3195.34END ROE ...

---

4) Frankfurt -YY/C- Khartoum -YY/F- Kairo -YY/C- Frankfurt

TPM	Ortspaar	NUC RT/F	NUC RT/C	MPM
2731	FRA – KRT	8358.58	5793.30	3508
1007	KRT – CAI	1086.26	886.76	---
1815	CAI – FRA	2237.72	1775.98	---
1007	CAI – KRT	973.60	787.96	---
1815	FRA – CAI	6367.34	4713.66	---

A) Berechnung mit Differential:

1. Hin- und Rückweg in C-Class:

Hinweg:

- Tarifkonstruktionspunkte FRA – KRT, ½ RT/C 2896.65 NUC
- keine Meilenberechnung, da Direktflug
= 2896.65 NUC

Rückweg:

- Tarifkonstruktionspunkte FRA – KRT, ½ RT/C 2896.65 NUC
- TPM: 2822
- MPM: 3508
- TPM < MPM, also kein Meilenaufschlag
= 2896.65 NUC

```
                                          FRA |
                                 2731     KRT ▼
                                 1007     CAI
                       2822      1815     FRA |
```

2. Berechnung des Differentials für KRT-CAI auf dem Rückweg:

CAI – KRT, ½ RT/F: 486.80 NUC   **(wird in der Richtung und Tarifart wie**
- CAI – KRT, ½ RT/C: 393.98 NUC   **der Grundtarif auf dem Rückweg berechnet**
---   **und so auch als Differential in der Fare**
= Differential: 92.82 NUC   **Calculation eingetragen, also ½ RT CAI – KRT)**

3. Endergebnis der Berechnung in C-Class plus Differential:

```
  Hinweg in C-Class:   2896.65 NUC
+ Rückweg in C-Class: 2896.65 NUC
+ Differential:          92.82 NUC
-----------------------------------------------
=                      4972.69 NUC
```

B) Vergleich: Würde Hinweg komplett in C-Class, Rückweg komplett in F-Class billiger werden?

```
  Hinweg    komplett in C-Class: 2896.65 NUC
+ Rückweg  komplett in F-Class : 4179.29 NUC
-----------------------------------------------------------
=                               7075.94 NUC
```

→ Diese Variante ist teurer!

Fare Calculation

FRA YY KRT2896.65YY CAI YY FRA M2896.65D CAIKRT92.82NUC5886.12END ROE ...

---

5) Hamburg -YY/C- Mailand -YY/C- Rom -YY/F- Amman -YY/F- Kairo

TPM	Ortspaar	NUC OW/F	NUC OW/C	MPM
558	HAM – MIL	---	---	---
307	MIL – ROM	---	---	---
1473	ROM – AMM	3277.79	2305.49	---
295	AMM – CAI	413.50	393.44	---
---	HAM – AMM	4374.53	3484.69	---
---	HAM – CAI	4561.21	3299.57	2586
---	ROM – CAI	3165.22	2185.71	1329

A) Berechnung mit Differential

1. Berechnung der gesamten Reise in C-Class:

-   Tarifkonstruktionspunkte HAM – CAI, OW/C 3299.57 NUC
-   TPM: 2633
-   MPM: 2586
-   2633 : 2586 = 1.018 = 5 % Meilenaufschlag
-   HIP HAM – AMM, OW/C 3484.69
-   3484.69 NUC x 1.05 = 3658.92 NUC

```
           HAM |
       558 MIL |
       307 ROM |
      1473 AMM |
 2633  295 CAI ▼
```

BHC:

```
  HAM – AMM, OW/C:  3484.69 NUC
– HAM – CAI , OW/C:  3299.57 NUC
-------------------------------------------------
                     185.12 NUC
+ HAM – AMM, OW/C: 3484.69 NUC
-------------------------------------------------
= Mindestpreis:      3669.81 NUC
– Errechneter Tarif:  3658.92 NUC
-------------------------------------------------
= BHC-PLUS:           10.89 NUC
```

2. Berechnung des Differentials:

ROM – AMM – CAI in F-Class:

- Tarifkonstruktionspunkte ROM – CAI, OW/F 3165.22 NUC
- TPM: 1768
- MPM: 1594
- 1768 : 1594 = 1.1091 = 15 % Meilenaufschlag
- HIP ROM – AMM, OW/F 3277.79 NUC
- 3277.79 NUC x 1.15 = 3769.45 NUC

		ROM
	1473	AMM
1768	295	CAI

ROM – AMM – CAI in C-Class:

- Tarifkonstruktionspunkte ROM – CAI, OW/C 2185.71 NUC
- Meilenberechnung identisch mit F-Berechnung, also 15 % Meilenaufschlag
- HIP ROM – AMM, OW/C 2305.49 NUC
- 2305.49 NUC X 1.15 = 2651.31 NUC

Differential:

```
  ROM-AMM-CAI  F-Class:  3769.45 NUC
– ROM-AMM-CAI  C-Class:  2651.31 NUC
--------------------------------------------------------
= Differential:          1118.14 NUC
```

3. Gesamtpreis der Berechnung in C-Class + Differential:

```
  Gesamte Reise in C:  3669.81 NUC
+ Differential:        1118.14 NUC
-----------------------------------------------
=                      4787.95 NUC
```

B) Vergleich: Würde die gesamte Reise in F-Class billiger werden?

- HAM – CAI, OW/F 4561.21 NUC
- 5 % Meilenaufschlag (s. o.)
- kein HIP
- 4561.21 NUC x 1.05 = 4789.27 NUC

→ Die Lösung mit dem Differential führt hier also zum etwas günstigeren Ergebnis.

Fare Calculation

HAM YY MIL YY ROM YY AMM YY CAI5M HAMAMM3658.92D ROMCAI15M ROMAMM1118.14P
HAMAMM HAMCAI10.89NUC4787.95END ROE...

Da auch das Differential auf einen Meilenaufschlag sowie auf HIPs hin überprüft werden muss, werden nach der Strecke mit dem Differential die Meilenberechnung (hier 15M) und der HIP ROM – AMM angezeigt – außer es handelt sich bei dem Differential um einen Direktflug (also nur eine Strecke).

ÜBUNG 4.4.2.8

Berechnen Sie folgende Flugreisen unter Berücksichtigung der Klassendifferenzen und finden Sie die jeweils günstigste Berechnungsvariante.

1) Berlin -YY/C- Frankfurt -YY/C- Athen -YY/F- Damaskus -YY/C- Berlin

TPM	Ortspaar	NUC RT/F	NUC RT/C	MPM
268	BER – FRA	---	---	---
1129	FRA – ATH	---	---	---
771	ATH – DAM	2095.48	1334.76	---
---	BER – DAM	6113.76	4085.18	2619
---	FRA – DAM	6113.76	4085.18	---

Fare Calculation:

2) Frankfurt -YY/F- Addis Abbeba- YY/Y- Johannesburg -YY/Y- Windhoek

TPM	Ortspaar	NUC OW/F	NUC OW/Y	MPM
3324	FRA – ADD	7204.29	3372.68	---
2526	ADD – JNB	1680.00	986.00	---
722	JNB – WDH	486.74	291.78	---
---	FRA – WDH	11357.92	6219.55	6105
---	FRA – JNB	11314.36	5482.17	6469
---	ADD – WDH	1766.00	1034.00	3577

Fare Calculation:

4.4.2.9   Errechnen von unveröffentlichten Tarifen („Constructed Fares")

4.4.2.9.1   Anstoßtarife („Add-ons")

Für weniger bedeutende Flughäfen sind Preise nicht im PAT-Preisteil veröffentlicht, sondern müssen mithilfe der „Add-on"-Tabellen errechnet werden, die in den Tarifwerken enthalten sind.
Auch die CRS errechnen Flugpreise zu solchen Orten mithilfe von Add-ons. Allerdings wird dieses bei der automatischen Preisberechnung nicht sichtbar, denn die errechneten Add-on-Preise werden wie veröffentlichte Direktflugpreise behandelt und sind auch im Ticket nicht als Anstoßtarife zu erkennen.

4.4.2.9.2   Lowest-combination-Prinzip

Das Lowest-combination-Prinzip findet dort Anwendung, wo der Fluggast eine indirekte Flugroute zu fliegen wünscht, aber der Tarif zwischen den Tarifkonstruktionspunkten nicht veröffentlicht ist.
Hier wird der gesuchte Tarif unter Beachtung der Mindestverkaufspreise durch die günstigste Kombination von zwei oder mehr Tarifkomponenten über die im Flugschein angegebenen Orte (also tatsächlich angeflogenen Orte) konstruiert.

Beispiel:

Frankfurt -UA- New York -UA- Los Angeles -TG- Bangkok -AI- Kalkutta

Es gibt keinen veröffentlichten Flugpreis über die AP-Route (Atlantic-Pacific), dieser muss aus einzelnen Tarifkomponenten zusammengesetzt werden:

Hierbei ergeben sich folgende Möglichkeiten:

Farebasis: Y

a) FRA – NYC – LAX
+   LAX – BKK
+   BKK – CCU

b) FRA – NYC – LAX – BKK
+   BKK – CCU

c) FRA – NYC
+   NYC – LAX – BKK
+   BKK – CCU

Die günstigere dieser Möglichkeiten ersetzt den nicht vorhandenen Tarif zwischen Frankfurt und Kalkutta via AP.

4.4.2.10   Reihenfolge der Checks und Zusammenfassung

☑ Tarifkonstruktionspunkte (fare construction points) und Tarifkomponenten/PUs bestimmen

☑ Reiseart (OW, RT/CT, OJ) der gesamten Reise/Subjourney bestimmen

☑ Tarifrichtung und Tarifart (OW- oder ½ RT-Tarife) bestimmen

☑ Tarife zwischen den Tarifkonstruktionspunkten für jede Tarifkomponente ablesen

☑ Sind Routings anwendbar? (Pro Tarifkomponente prüfen!)

→ Sind keine Routings angegeben: Meilensystem überprüfen (Überprüfung immer pro Tarifkomponente):

- MPM zwischen den Tarifkonstruktionspunkten ablesen
- TPM zwischen allen Orten (Transfer- und Stopoverorte) addieren
- Sind Extrameilen von den TPM abzuziehen?
- Wenn TPM > MPM, Meilenaufschlag ermitteln: TPM : MPM = %

☑ Pro Tarifkomponente HIPs überprüfen:

- vom Ausgangsort zu allen Stopoverpunkten
- zwischen allen Stopoverpunkten
- von allen Stopoverpunkten zum Tarifkonstruktionspunkt
- der allerhöchste wird angewendet

→ Kein HIP, kein Meilenaufschlag:
Abgelesener Tarif zwischen den Tarifkonstruktionspunkten kann angewendet werden

→ Meilenaufschlag, kein HIP:
Meilenaufschlag auf den abgelesenen Tarif zwischen den Tarifkonstruktionspunkten aufschlagen

→ HIP und Meilenaufschlag:
Meilenaufschlag auf den HIP-Tarif aufschlagen

☑ Der so errechnete Tarif muss ggf. auf einen Mindestpreis angehoben werden:

→ Für OW-PUs:
- mit einem HIP ab Ausgangsort: Mindestpreis BHC
- OSC-Check
- DMC-Check für PUs von/nach Japan, außerhalb des Reiseantrittslandes ausgestellt

→ Für RT/CT/NOJ-PUs:
- CTM (und RTW-Minimum RWM für Round-The-World-Reisen)
- CPM Common Point Minimum
- RSC Minimum Fare Check
- DMC-Check bei NOJ: für ½-RT-PUs von/nach Japan, außerhalb des Reiseantrittslandes ausgestellt
- COP-Check für RT/CT-PUs, die in oder über das Land der Ticketausstellung führen (nur für bestimmte Länder/Carrier bei Ticketausstellung außerhalb des Reiseantrittslandes).

☑ Bei Klassendifferenzen:

- Grundberechnung zunächst in der niedrigsten geflogenen Klasse incl. HIPs, Meilenberechnung und gegebenenfalls Mindestpreise überprüfen
- dann das „Differential" dazu addieren.
- Vergleich, ob Tarifkomponente in der höheren Klasse billiger wäre
- günstigere Lösung anbieten.

Natürlich erfasst das hier aufgeführte Regelwerk zur Tarifberechnung längst noch nicht alles; zu allen Themen, angefangen beim Meilensystem bis hin zu den Mindestpreisen gibt es noch etliche Ausnahmen und Ergänzungen, die sich auf einzelne Fluggesellschaften oder Märkte (Länder/Gebiete) beziehen und sich zudem häufig ändern. Sie können daher keine Berücksichtigung in einem Lehrbuch finden; zu einer korrekten Flugpreisberechnung müssen daher immer die aktuellen Tarife herangezogen werden!

Zusammenfassung der Eintragungen in die Fare-Calculation-Boxes von automatisch erstellten Tickets (TAT-Entry)

Grundsätzlich wird die Fare-Calculation im TAT waagerecht dargestellt und enthält der Reihe nach alle Elemente der Berechnung. Nur gleiche Zeichen, also zwei Zahlen oder zwei Buchstaben, werden durch Leerzeichen getrennt.

Indirekte Streckenführung im OW ohne Meilenaufschlag:

Fare Calculation
HAM YY FRA YY MIL YY ROM **M1476.17**NUC1476.17END ROE...

Der Preis der Tarifkomponente und seine Berechnung werden nach dem jeweiligen Tarifkonstruktionspunkt angezeigt, das „M" steht zwischen Tarifkonstruktionspunkt und Betrag; am Ende zeigt „NUC" den Gesamtbetrag an, danach immer „END" und „ROE ...".

RT mit 20 % Meilenaufschlag auf dem Hinweg und direktem Rückflug:

Fare Calculation
FRA YY MUC YY PAR YY MAD**20M1578.66**YY FRA1315.55NUC2894.21END ROE ...

Da der Rückflug direkt ist, steht der Betrag für die zweite Tarifkomponente unmittelbar nach dem Tarifkonstruktionspunkt der zweiten Tarifkomponente.

OW mit Extrameilen über bestimmte Orte, mit Meilenaufschlag:

Fare Calculation
FRA YY BER YY MUC YY E/HRE YY E/JNB YY BER5M13286.52NUC13286.52END ROE ...

Die Anwendung der Extrameilen wird durch E/HRE und E/JNB angezeigt, d. h., die Orte werden genannt, die angeflogen werden müssen, um diese absetzen zu können.

RT mit indirekter Streckenführung und innerdeutschem Routing:

Fare Calculation
MUC LH FRA LH HAM510.92LH MUC510.92NUC1021.84END ROE ...

Darstellung ohne „M"

OW mit HIP und Meilenaufschlag:

Fare Calculation

FRA YY MUC YY STO**15M MUCSTO1762.17**NUC1762.17END ROE ...

Der HIP wird vor dem Betrag für die Tarifkomponente durch die beiden Orte, die den höheren Tarif erzeugen, angezeigt; davor die Meilenberechnung.

CT mit HIP auf der Rückreise ohne Meilenaufschlag:

Fare Calculation

FRA YY LON YY SFO M LONSFO6670.40YY X/LON YY FRA **M4501.32**NUC11171.72END ROE ...

Der HIP wird immer in der Richtung angezeigt, wie er auch berechnet wird.

Anhebung auf ein Circle Trip Minimum (CTM):

Fare Calculation

FRA YY X/MIA MX MEX M5657.96MX MIA YY FRA M FRAMIA6739.92**P FRAMIA1081.96** NUC13479.84END ROE ...

Darstellung des CTM-PLUS': Das Ortspaar mit dem höchsten Tarif ab Ausgangsort wird zusammen mit dem PLUS-Betrag angezeigt.

CT mit Side trip:

Fare Calculation

FRA YY MAD(**YY LIS524.25YY MAD524.25**)YY DKR2262.71YY FRA2262.71NUC5573.92END ROE ...

Der Side trip wird in Klammern angezeigt.

Anheben auf ein BHC-Minimum in einem OW:

Fare Calculation

FRA YY MIA YY CCS5M FRAMIA6252.79**P FRAMIA FRACCS192.24**NUC6445.03END ROE ...

Darstellung des BHC-PLUS': zuerst der HIP ab Ausgangsort, dann die Tarifkonstruktionspunkte.

Anheben auf ein Common Point Minimum (CPM) in einem Open Jaw:

Fare Calculation

MAN YY X/HAM YY WAW M977.62YY FRA YY X/MAN YY LON15M971.25**P R/MAN6.37** NUC1955.24END ROE ...

Der Ort, an dem die geschlossene Reise anfängt und endet, wird durch „R/" angezeigt, dazu „P" für das PLUS.

Anhebung auf ein Minimum für OW-Subjourneys (OSC):

Fare calculation

FRA YY ALG YY TIP10M3297.54YY CAI YY KRT5M CAIKRT613.4**H FRAKRT1941.47**
NUC5852.42END ROE …

Der veröffentlichte direkte Tarif FRA-KRT wird um 150.63 NUC durch die Zerlegung in zwei PUs unterschritten. Die Differenz wird mit „H" gekennzeichnet.

Anhebung auf ein Minimum für Return-Subjourneys (RSC):

Fare Calculation

WAW YY ATH875.12YY BKK YY SYD M4155.06YY SIN YY ATH M4155.06YY WAW875.12SYD
897.82NUC10958.18END ROE …

Der veröffentlichte RT-Tarif WAW-SYD wird durch die Zerlegung in mehrere RT-PUs um 897.82 NUC unterschritten, die Differenz mit „U" ausgewiesen.

Klassendifferenz über mehrere Strecken mit Meilenaufschlag und HIP in einem OW:

Fare Calculation

HAM YY MIL YY ROM YY AMM YY CAI5M HAMAMM3658.92**D ROMCAI15M ROMAMM1118.14P**
HAMAMM HAMCAI10.89NUC4787.95END ROE …

Die Klassendifferenz wird nach dem errechneten Tarif durch ein „D" und die Strecke, auf der sie anzuwenden ist, mit einem evtl. anzuwendenden Meilenaufschlag sowie HIP und BHC-PLUS angezeigt. Es werden nur Anfangs- und Endort der Differential-Strecke angegeben.

4.4.3 Flugpreisberechnung mit CRS (hier AMADEUS)

Auch ohne einen PNR angelegt zu haben, können Sie in den GDS eine Preisberechnung für umfangreiche Flugrouten durchführen. Dabei werden alle Aspekte der Flugpreisberechnung, wie z. B. Meilensystem, Limitations on indirect travel, Mindestpreise etc. berücksichtigt. Der Transaktionscode in AMADEUS hierfür lautet: >FQP, z. B. >FQP FRAADDNBO

Dies wäre eine Standardabfrage, bei der das System automatisch an allen Orten Stopovers berechnet, IATA-Flex-Fares benutzt (wo vorhanden) und die Berechnung für das heutige Datum und alle angebotenen Tarifklassen durchführt.

Als Ausgabe erhält man daher zunächst eine Liste von anwendbaren Tarifklassen, hier FIF, CIF, YIF:

```
FQPFRAADDNBO

 * FARE BASIS *   DISC      * PTC         * FARE<EUR>  * MSG   *T
01 FIF          *           * 1           *   6275.46  *RB     *Y
02 CIF          *           * 1           *   3711.46  *RB     *Y
03 YIF          *           * 1           *   2913.46  *RB     *Y
```

Den gewünschten Tarif kann man nun mit >FQQ# (# = Laufnummer des Tarifs) selektieren:

```
FQQ02

02 CIF          *           * 1           *   3711.46  *RB     *Y

LAST TKT DTE 12AUG08 - DATE OF ORIGIN
----------------------------------------------------------------
     AL FLGT  BK T DATE   TIME   FARE BASIS      NVB  NVA   BG
 FRA
 ADD YY      C  C 12AUG          CIF                        30
 NBO YY      C  C                CIF                        30

EUR  3666.00       12AUG08FRA YY ADD YY NBO M5703.07NUC
                   5703.07END ROE0.642811
EUR    22.77RA
EUR     6.55DE
EUR    16.14IH
EUR  3711.46
```

Die Ausgabe gleicht dem Ticket-Image bzw. TST nach der Tarifabfrage im PNR mit FXP.

Die FQP-Abfrage kann/sollte auch noch weiter spezifiziert werden, denn es gilt: Je exakter die Vorgaben an das System, desto exakter die Berechnungen. Folgende Parameter können z. B vorgegeben werden:

*FQP FRA/**ABA**LON/**AAA**NYC*	/A	= Airline
FQP FRALON-MADLIS-FRA	- nach einem Ort	= hier Stopover, sonst Transfer
*FQP FRA/**D12DEC**MUC/**D15DEC**LON*	/D	= Datum
*FQP FRA/**CF**NYC/**CY**SFO*	/C	= Tarifklasse

4.5   Sondertarife

Als Sondertarife bezeichnet man Tarife, die unterhalb der Normaltarife liegen und weitere Einschränkungen irgendwelcher Art gegenüber den Normaltarifen aufweisen.

Die größte Auswahl an Tarifen gibt es bei der Beförderung in der Economy Class, aber auch, wer in der Business Class sitzt, kann sparen, wenn er sich bestimmten Einschränkungen im Tarif (nicht im Service!) unterwirft.

4.5.1   Publizierte Sondertarife

Einige Airlines versehen ihre Sondertarife mit prägnanten Namen wie Weekend, IClubNN etc., wobei der 1. Buchstabe der Reservierungsklasse entspricht. Andere Airlines und auch die IATA benutzen für die Farebasis folgenden klassischen Aufbau:

Aufbau einer Farebasis

Beispiel: Y   L   W   *   PX   6M   *
               1)   2)   3)   *   4)   5)   *

1) Die Farebasis von Tarifen beginnt mit der Bezeichnung der Tarifklasse, mit der auch die Beförderungsklasse zusammenhängt. Im Fall von Sondertarifen stimmt bei den meisten Fluggesellschaften dieser erste Buchstabe mit der Reservierungsklasse überein. IATA-Interline-Tarife in der Economy-Beförderungsklasse werden einheitlich mit Y... dargestellt.

2) Es folgt ggf. ein Season-Indicator, hier können folgende verwendet werden (Aufzählung beginnend beim höchsten Level):

2 Saisonzeiten	: H, L	H	= Hochsaison (High)
3 Saisonzeiten	: H, K, L	L	= Nebensaison (Low)
4 Saisonzeiten	: H, K, J, L	K, J, F, T	= Zwischensaison (Shoulder)
5 Saisonzeiten	: H, K, J, F, L		bei mehreren Saisonzeiten
6 Saisonzeiten	: H, K, J, F, T, L		

3) Es folgt ggf., z. B. bei Nordatlantiksondertarifen, eine Wochenmitte-/Wochenendkennung

   W = Wochenende (Fr/Sa/So)
   X = Wochenmitte   (Mo/Di/Mi/Do)
   Je nach Zielort sind Wochenende und Wochenmitte nicht immer wie o. a. festgelegt.

*   Zwischen der Wochentagskennung bzw. der Beförderungsklasse und der Tarifbezeichnung steht in einigen Fällen noch ein „N" für Nachttarif.

4) Es folgt die Kennung des Sondertarifs, z. B.:

   AP   = APEX (Advanced Purchase Excursiontarif)
   PX   = Pextarif (Purchase Excursion)
   E/EE = Excursiontarif
   OX   = Oneway-Excursion
   SX   = Super-Pex
   BB   = Budget-Tarif

5) Danach folgt ggf. eine Angabe über die maximale Ticketgültigkeit, ausgedrückt entweder in Tagen (nur Ziffern) oder in Monaten (z. B. 3M, 6M usw.).

*   Als Letztes folgt in einigen Fällen ein Fare-Level-Identifier, z. B. YE75/1 oder YE75/2
     Dieser wird verwendet, wenn es mehr als einen Tarif mit der gleichen Farebasis gibt.
     Die Endungen ...DE oder ...US werden zur Anzeige des Tarifursprungs (Deutschland/USA) verwendet.

Allein an der Farebasis eines Sondertarifs kann man also u. U. schon eine ganze Menge ablesen.

Alle weiteren Informationen kann man den zugeordneten Notes entnehmen, denen die Standardbedingungen für internationale Sondertarife mit der Note SC100 gemäß der IATA-Resolution 100 vorangestellt sind.

4.5.1.1 Standardbedingungen für internationale Sondertarife

Fare Notes in CRS (hier AMADEUS)

Die Notes zu Sondertarifen sind eingeteilt in bestimmte Standardparagrafen. Jeder dieser Paragrafen hat in AMADEUS eine Zwei-Buchstaben-Kennung nach dem ATPCO-Format[31].

Die Standard Note SC100 gibt die Grundbedingungen für diese Paragraf zu allen Notes vor. Nur wenn die Bedingungen eines Tarifs in diesem Punkt von den Standardbedingungen abweichen, ist dieser Paragraf in der entsprechenden Note aufgeführt. Ansonsten gelten die Standardbedingungen des SC100.

Im Folgenden sollen nach einer Übersicht über die Bezeichnungen der Standardparagrafen die wichtigsten Standardbedingungen von Sondertarifen ausgeführt werden:

RU (Rule) Application	/ Anwendung/erlaubte Reisearten
EL Eligibility	/ Ermäßigungsberechtigung
DA Day/Time	/ Anwendbare Tage und Zeiten
SE Seasonality	/ Saisonzeiten
FL Flight Applications	/ Anwendungsbestimmungen zu Flügen
AP Reservations and ticketing	/ Reservierung und Ticketausstellung/ Vorausbuchungsfristen
MN Minimum stay	/ Mindestaufenthalt
MX Maximum stay	/ Maximaldauer
SO Stopovers	/ Flugunterbrechungen
TF Transfers	/ Umsteigen
CO Constructions and combinations	/ Konstruktionen und Kombinationen
BO Blackout Dates	/ Zeiten, die für den Tarif nicht anwendbar sind
AC Accompanied travel	/ Gemeinsame Reisen
SU Surcharges	/ Zuschläge
TR Travel Restrictions	/ Reiseeinschränkungen
SR Sales Restrictions	/ Verkauf und Werbung/Einschränkungen
PE Penalties	/ Gebühren für Umbuchungen und Erstattung
HI HIP/Mileages exceptions	/ Ausnahmen zu HIPs und Meilenberechnung
TE Ticket endorsements	/ Flugscheineintragungen
CD (CH) Children/Infants Discounts	/ Kinder-/Kleinkinderermäßigungen
TC Tour conductor discount	/ Reiseleiterermäßigung
AD Agent discount	/ Agentenermäßigung
OD Other discounts	/ Andere Ermäßigungen
TO Tours	/ Reisen in Verbindung mit touristischen Arrangements (IT)
DE (DO) Deposits	/ Vorauszahlung
GP (GR) Groups	/ Bestimmungen zu Gruppen

In den GDS außerdem verwendet:

MD Miscelleanous	/ Verschiedenes
VC Voluntary Changes	/ Freiwillige Änderungen

---

[31] ATPCO = Airline Tariff Publishing Company

Erläuterung:

A) – enthält immer die Standardbedingungen der Paragrafen
B) – enthält übergeordnete Bedingungen und Verweise auf die General Rules des PAT

(RULE) APPLICATION

A)   1) Application
        see the fare rule

        2) Fares
        a) shown in the fares pages
        b) fares only apply if purchased before departure
           Exception: may be used for enroute upgrading from a lower fare provided all conditions of
           these fares are met
        c) when fares are expressed as a percentage of a normal fare and more than one level of
           normal fare exists, the percentage will be applied on the highest normal fare for the class of
           service used

        3) Passenger Expenses
        not permitted

B)   1) Types of Trip
        General Rule
        one way, round trip, circle trip, open jaw

        2) Passenger Expenses
        if permitted, General Rule

ELIGIBILITY

A)   1) Eligibility
          no requirements
          Exception: unaccompanied infant: not eligible

        2) Documentation
          not required

DAY/TIME

A)   no restrictions

        Carrier Fares Rules Exception: midweek and weekend periods
        midweek: Mon, Tue, Wed, Thu
        weekend: Fri, Sat, Sun

B)   Midweek/Weekend Application
        the day of departure on the first international sector in each direction determines the
        applicable fare

        Carrier Fares Rules Exception: transatlantic/transpacific midweek/weekend fares: the date of
        departure on each transatlantic/transpacific sector determines the applicable fare

SEASONALITY

A)   no restrictions

B)   Seasonal Application
the date of departure on the first international sector of the pricing unit determines the fare for the entire pricing unit

Carrier Fares Rules Exception: transatlantic/transpacific seasonal fares: the date of departure on the outbound transatlantic/ transpacific sector determines the applicable fare for the entire pricing unit

FLIGHT APPLICATION

A)   no restrictions

Carrier Fares Rules Exception: travel is restricted to services of carriers listed in Paragraph 0) Application

B)   General Rule

RESERVATIONS AND TICKETING

A)   *APEX/Super APEX*

1) Reservations
a) deadline: see the fare rule
b) must be made for the entire pricing unit in accordance with the deadline

2) Ticketing
a) deadline: see the fare rule
b) tickets must show reservations for the entire pricing unit

PEX/Super PEX

1) Reservations
a) must be made at the same time as ticketing
b) must be made for the entire pricing unit

2) Ticketing
a) must be completed at the same time as reservations
b) tickets must show reservations for the entire pricing unit

Other Individual Fares

1) Reservations
   no restrictions
2) Ticketing
   no restrictions

Group Fares

1) Reservations
   must be made for the entire pricing unit
2) Ticketing
   no restrictions

B)   *inclusive tour fares:* General Rule

MINIMUM STAY

A)   1) no requirement

       2) Waiver of Minimum Stay
after ticket issuance: permitted only in the event of death of an immediate family member or an accompanying passenger

B)   1) Minimum Stay
the number of days counting from the day after departure, or the number of months counting from the day of departure, on the first international sector of the pricing unit to the earliest day return travel may commence from the last stopover point (including for this purpose the point of turnaround) outside the country of unit origin

Carrier Fares Rules Exception: transatlantic/transpacific/within western hemisphere carrier fares: General Rule

       2) Waiver of Minimum Stay
General Rule

MAXIMUM STAY

A)   12 months

B)   Maximum Stay
the number of days counting from the day after departure, or the number of months counting from the day of departure, to the last day return travel may commence from the last stopover point (including for this purpose the point of turnaround)

Carrier Fares Rules Exception:transatlantic/transpacific/within western hemisphere carrier fares: General Rule

STOPOVERS

A)   not permitted

B)   General Rule

TRANSFERS

A)   unlimited permitted

B)   1) General Rule
       2) if there are limitations on the number of transfers: each stopover uses one of the transfers permitted

CONSTRUCTIONS AND COMBINATIONS

A)   1) Constructions
unspecified through fares may be established by construction with applicable add-ons

2) Combinations

a) end-on and side trip combinations permitted
b) in the case of round trip special fares, one half of a fare established under one fare rule may not be combined with

i) one half of a fare established under another fare rule
ii) normal fares between the country of unit origin and the country of turnaround

c) notwithstanding b), half round trip combination permitted with carrier specified fares if the carrier fare authorises such combination, provided
i) combination only permitted within the same conference area
ii) combination only permitted with the same fare type
iii) the most restrictive conditions apply

B)   1) Constructions

General Rule

2) Combinations
when combining fares within a pricing unit, the more restrictive conditions apply; this requirement shall apply to all Paragraphs except Paragraphs 2) Day/Time, 3) Seasonality, 4) Flight Application, 9) Transfers, 11) Blackout Dates, 12) Surcharges, 17) Higher Intermediate Point and Mileage Exceptions, 19) Children and Infant Discounts

3) except as otherwise specified in a fare rule
a) where end-on combination is permitted the conditions of the special fare (including Paragraph "Application") apply only to the use of the special fare and not to any combined fares
b) any end-on combination restriction applies to the entire journey

Exception: notwithstanding any other rule, end-on combinations to/from USA

BLACKOUT DATES

A)   no restrictions

SURCHARGES

A)   no requirements

ACCOMPANIED TRAVEL

A)   no requirements

TRAVEL RESTRICTIONS

A)   no restrictions

SALES RESTRICTIONS

A)   1) Advertising and Sales
no restrictions

2) Extension of Validity
as provided in General Rule

B) 1) Advertising and Sales
a) sales shall include the issuance of tickets, miscellaneous charges orders (MCOs), multiple purpose documents (MPDs) and prepaid ticket advices (PTAs)
b) advertising: any limitations on advertising shall not preclude the quoting of such fares in company tariffs, system timetables and air guides
2) Extension of Validity
General Rules and

PENALTIES

A) 1) Cancellation, No-Show, Upgrading
no restrictions

2) Rebooking and Rerouting

Individual Fares
a) voluntary: permitted
b) involuntary: permitted

Group Fares
a) voluntary: not permitted
b) involuntary: permitted

B) 1) Cancellation, No-Show, Upgrading
a) General Rule
b) inclusive tour fares: General Rule

2) Rebooking and Rerouting
a) voluntary: General Rule , , and provisions for rebooking and rerouting in case of illness
b) involuntary: General Rule ,

3) Multiple Penalties
a) for half round trip combination if a penalty applies to each half round trip fare, then the highest penalty charge applies for the pricing unit
b) when 2 or more pricing units are combined on one ticket and each pricing unit has a penalty charge, then the penalty established for each pricing unit applies

HIGHER INTERMEDIATE POINT AND MILEAGE EXCEPTIONS

A) specific exceptions are shown in the fare rule

B) General Rules and

TICKET ENDORSEMENTS

A) *APEX/Super APEX/PEX/Super PEX*

1) tickets must show by insert or sticker in accordance with the Important Notice in the How to Use the Fares Rules, that travel is at a special fare and subject to special conditions

2) tickets and any subsequent reissue must be annotated NONREF/APEX or NONREF SAPEX or NONREF/PEX or NONREF/SPEX

3) tickets and any subsequent reissue must be annotated VOLUNTARY CHNGS RESTRICTED in the Endorsement Box. This will not preclude any carrier from producing its own notice if so desired

Other Individual Fares: no restrictions

CHILDREN AND INFANT DISCOUNTS

A) 1) Children
a) accompanied children aged 2-11 years: charge 75 % of applicable adult fare
b) unaccompanied children aged 2-11 years: charge 100 % of applicable adult fare

2) Infant
a) accompanied infant
i) no seat: charge 10 % of applicable adult fare
ii) booked seat: charge 75 % of applicable adult fare
b) unaccompanied infant: not permitted

B) General Rule
TOUR CONDUCTOR DISCOUNTS

A) not permitted

B) if permitted, General Rule

AGENT DISCOUNTS

A) not permitted

OTHER DISCOUNTS/SECONDARY FARE APPLICATIONS

A) 1) Fares
specific requirements are shown in the fare rule

2) Eligibility
specific requirements are shown in the fare rule

3) Documentation
specific requirements are shown in the fare rule

4) Accompanied Travel
specific requirements are shown in the fare rule

GROUPS

A) 1) Eligibility

Affinity, Incentive Fares

requirements as shown in General Rule
Exception: unaccompanied infant: not eligible

Other Fares
no requirements
Exception: unaccompanied infant: not eligible

2) Minimum Group Size
see the fare rule
contracted seat fares: the minimum number of contracted seats shown in the fare rule

3) Accompanied Travel
group required to travel together for the entire pricing unit

4) Documentation

Affinity, Incentive Fares
required

Other Fares
no requirements

5) Name Changes and Additions

specific requirements are shown in the fare rule

B)   1) Minimum Group Size

General Rule

2) Accompanied Travel
for groups of 20 or more passengers, if lack of space prevents the group from travelling together, some members of the group may travel on the next preceding and/or succeeding flight with available space

3) *Affinity, Incentive Fares*
General Rule

TOURS

A)   1) Minimum Tour Price
specific requirements are shown in the fare rule

2) Tour Features
specific requirements are shown in the fare rule

3) Tour Literature
specific requirements are shown in the fare rule

4) Modifications of Itinerary
specific requirements are shown in the fare rule

B)   General Rule

DEPOSITS

A)   no requirements

Zusammenfassung, Übersetzung und Erläuterung der Standardparagrafen der SC100:

RU (Rule) Application: Anwendung

Hier wird spezifiziert, ob es sich um einen IATA-Tarif oder um einen Carrier-Fare handelt, und es wird auch das geografische Gebiet angegeben, in dem der Tarif gültig ist.

- Wird ein Tarif als prozentuale Ermäßigung eines Normaltarifes ausgedrückt und gibt es mehrere Level von Normaltarifen, so ist der höchste Normaltarif der benutzten Klasse ausschlaggebend.

- Festlegung, für welche der möglichen Reisearten der Tarif gilt:
  OW = Oneway
  RT = Round trip
  CT = Circle Trip
  OJ = Open Jaw

DA Day/Time: Anwendbare Tage und Zeiten

Wochenmitte: Montag, Dienstag, Mittwoch, Donnerstag
Wochenende: Freitag, Samstag, Sonntag

Gibt es Wochenend- und Wochenmittetarife, so bestimmt das Abflugdatum des ersten internationalen Sektors in jeder Flugrichtung den anwendbaren Tarif für den jeweiligen Sektor.

Ausnahme für Carrier Fares auf Transatlantik/Transpazifik-Strecken:
Bei diesen bestimmt das Datum der Abreise des Transatlantik-/Transpazifiksektors in jeder Richtung den anwendbaren Preis für den jeweiligen Sektor.

SE Seasonality: Saisonzeiten

Sind zu einem Sondertarif verschiedene Saisonzeiten angegeben, so bestimmt das Datum der Abreise des ersten internationalen Sektors der Pricing Unit den Preis für die gesamte PU.

Hierzu gibt es eine Ausnahme bei den Carrier Fares für Transatlantik/Transpazifik-Flüge:
Bei diesen bestimmt das Datum der Abreise des Transatlantik-/Transpazifiksektors den anwendbaren Preis für die gesamte Pricing Unit.

FL Flight Applications: Anwendungsbestimmungen zu bestimmten Flügen

Bei Carrier Fares kann in den Notes zu bestimmten Tarifen angegeben werden, ob die Reise auf nur eine Airline, die in Paragraf RU genannt wäre, beschränkt wird. Außerdem werden hier ggf. bestimmte Flugnummern oder Uhrzeiten vorgegeben.

AP Reservation and Ticketing: Reservierung und Ticketausstellung

Für APEX- und SUPER-APEX-Tarife gibt es eine Deadline in der jeweiligen Note, das heißt, die Tickets müssen innerhalb eines bestimmten Zeitraums vor Reisebeginn bzw. nach Buchungs-erstellung ausgestellt werden.

Sie müssen außerdem feste Reservierungen für die gesamte Reise/Pricing Unit aufweisen.

Für PEX- und SUPERPEX-Tickets gilt: Ebenfalls feste Reservierungen; die Ausstellung der Tickets muss gleichzeitig mit der Reservierung erfolgen.

MN Minimum Stay: Mindestaufenthalt

Kein genereller Mindestaufenthalt vorgeschrieben.

Unter Mindestaufenthalt versteht man die Dauer, die sich ein Reisender mindestens in seinem Zielgebiet aufhalten muss, bevor er den Rückflug nach Hause antreten darf. Damit soll verhindert werden, dass z. B. Geschäftsreisende, die oft noch am selben Tag zurückfliegen müssen, diese Tarife nutzen können, denn Sondertarife sollen hauptsächlich Urlaubern vorbehalten sein.

Für die Dauer des Mindestaufenthalts gibt es zwei Bestimmungsmethoden, die bei richtiger Anwendung zum selben Ergebnis führen:

a) Addieren Sie zum Datum des Antritts des ersten internationalen Sektors der entsprechenden Pricing Unit die angegebene Zahl der Tage des Mindestaufenthalts, dann erhalten Sie das Datum, an dem die Rückreise vom letzten internationalen Flugunterbrechungspunkt (Stopoverpoint) bzw. Umkehrpunkt außerhalb der entsprechenden Pricing Unit frühestens angetreten werden darf.

b) Zählen Sie die Tage, beginnend vom Tag nach Antritt des ersten internationalen Sektors der entsprechenden Pricing Unit (der Tag nach Antritt ist also der erste Tag, der gezählt wird) bis zum letzten Flugunterbrechungsort (Stopoverpoint) bzw. Umkehrpunkt außerhalb der entsprechenden Pricing Unit durch.

Z. B.: angegebener Mindestaufenthalt: 14 Tage, Antrittsdatum des ersten internationalen Sektors: 10. März

a) 10 + 14 = 24. März
b) von 11 an zählen = 24. März

Bei einigen Tarifen werden andere Vorschriften genannt, so sind z. B. bei Transatlantikflügen meistens die Transatlantikstrecken ausschlaggebend: Hier wird der Mindestaufenthalt vom Antritt des Hinflugs über den Atlantik bis zum letzten internationalen Flug vom letzten Stopoverpunkt zurück über den Atlantik gezählt.

Bei vielen Sondertarifen ist außerdem die sog. „Sunday-Return-Rule" (Kennung im Preisteil mit „SU") eine weit verbreitete Mindestaufenthaltsregel. Hierbei darf der Rückflug der Reise frühestens an dem der Ankunft des Hinfluges folgenden Sonntagmorgen um 00.01 Uhr stattfinden. Unabhängig vom Anreisetag (Montag bis Samstag) ist also immer der früheste Rückreisetermin der nächste Sonntagmorgen. Bei einer Anreise am Sonntag ergibt sich somit ein Mindestaufenthalt von einer Woche, kürzeste Aufenthaltsdauer ist damit eine Nacht (bei Anreise am Samstag).

Nennt eine Note als Mindestaufenthalt lediglich „14 Tage", so wird gerechnet, wie unter SC100 aufgeführt (vom Datum des Antritts des ersten internationalen Sektors an).

MX Maximum Stay: Maximaldauer

Standard: 12 Monate

Mit der Maximaldauer des Tarifs ist gleichzeitig die Ticketgültigkeit verbunden: das gesamte Ticket ist zur Beförderung nur so lange gültig, wie der Tarif es zulässt.
Wird das Ticket nicht vor Ablauf der Dokumentengültigkeit umgeschrieben, so kann es nur noch erstattet werden.

Ist in der Note eine kürzere Maximaldauer als ein Jahr angegeben, so wird sie folgendermaßen bestimmt:

Wenn sie in Tagen angegeben ist, so gelten die zur Standardbestimmung des Mindestaufenthaltes aufgestellten Regeln entsprechend: Entweder wird zum Tag des Reiseantritts die Anzahl der Tage hinzuaddiert oder aber man zählt die Tage nach Reiseantritt durch. Allerdings ist hier der wirkliche Reisebeginn und nicht – wie oben – der Antritt der ersten internationalen Strecke entscheidend.

Beispiel:

Reiseantritt:	15. März, Maximumaufenthalt: 35 Tage
	15 + 35 = 50
	50 – 31 = 19. April (der März hat 31 Tage)

oder

durchzählen vom 16. März an = 19. April

Wird der Maximalaufenthalt in Monaten ausgedrückt, so ergibt sich das Datum des Reiseantritts, um die Anzahl der genannten Monate verschoben. Eine Ausnahme ergibt sich wenn der Reiseantritt am letzten Tag eines Monats stattfindet: Dann wird wiederum der letzte Tag des Monats daraus.

Beispiel:

Reiseantritt:	15. Mai, Maximalaufenthalt 6 Monate	= 15. November
Reiseantritt:	31. März, Maximalaufenthalt 3 Monate	= 30. Juni
Reiseantritt:	30. April, Maximalaufenthalt 1 Monat	= 31. Mai
Reiseantritt:	15. Mai, Maximalaufenthalt 12 Monate (oder 1 Jahr) = 15. Mai des nächsten Jahres	

Entscheidend ist nach der SC100 jedoch nicht die Ankunft am Ziel, sondern, wann der Rückflug vom letzten Stopoverpoint bzw. dem Umkehrpunkt angetreten werden muss.

SO Stopovers: Flugunterbrechungen

Grundsätzlich nicht erlaubt.
Sind sie in einem Tarif erlaubt, aber in der Anzahl begrenzt, so zählen die Tarifberechnungspunkte nicht als Stopoverpunkte.

TF Transfers: Umsteigen (Change of aircraft)

Sind grundsätzlich in beliebiger Anzahl erlaubt.

Zählen von Transfers: Wenn in den Notes zu den Tarifen eine Einschränkung zu Transfers genannt ist, werden alle Zwischenorte zwischen den Tarifkonstruktionspunkten als Transfer gezählt (lediglich die Tarifkonstruktionspunkte selbst/der Umkehrort werden nicht berücksichtigt). Erst dann überprüfen Sie, ob zusätzlich einer von diesen ein Stopover ist.

CO Constructions and Combinations: Konstruktionen und Kombinationen

In diesem Paragraf kann z. B. angegeben sein, ob bei einer OJ-Reise für die Lücke eine Inlandsstrecke zum Normaltarif eingeschlossen werden darf.

Hier werden außerdem gegebenenfalls bestimmte Konstruktions- und Kombinationsmöglichkeiten aufgeführt.

Constructed Fares:
Add-ons sind auch für Special Fares erlaubt (siehe S. 178)

End-on-combination:
Die Kombination aufeinander folgender Special Fares ist ebenfalls erlaubt, allerdings sind hier genauestens die Bedingungen zu prüfen. Werden verschiedene Tarife end-on-kombiniert, so sind die Bedingungen des jeweiligen Tarifs nur auf diesen selbst, nicht aber auf den kombinierten Tarif anzuwenden.

Combination of ½-RT-Fares:
Die Kombination von zwei halben Specialfares auf Hin- und Rückflug mit verschiedenen Fare Rules ist nicht erlaubt; ebenso die Kombination von ½ RT Special Fare mit ½ RT Normal Fare zwischen Ausgangsland und Bestimmungsland der Pricing Unit.

Ausnahme: Carrier Fares können eine Kombination von ½- RT-Fares zulassen, wenn sie den gleichen Tariftyp aufweisen und innerhalb eines Konferenzgebietes liegen.

Bei Carrier Fares ist hier außerdem erwähnt, ob ein Interlining gestattet ist und wenn ja, mit welchen Airlines. Ist ein Interlining auf ½-RT-Basis gestattet, darf der Hinflug mit einer anderen Airline als der Rückflug gebucht werden.

Werden verschiedene Tarife auf ½-RT-Basis kombiniert, gelten zumeist die restriktiveren Bedingungen.

PE Penalties: Gebühren für Umbuchungen und Erstattung

Schreibt ein Tarif eine Umbuchungsgebühr vor, so gibt es zwei mögliche Verfahren, diese Gebühr zu quittieren:
a) Der Flugschein wird umgeschrieben und die Umbuchungsgebühr auf dem neuen Flugschein als Aufzahlungsbetrag ausgewiesen
b) Es wird eine MCO über die Umbuchungsgebühr ausgestellt.

TE Ticket Endorsements: Einschränkungen/Ticketeintragungen

APEX/SUPER APEX/PEX/SUPER PEX-Tarife müssen im Ticket als Sondertarif gekennzeichnet werden, der bestimmten Einschränkungen unterliegt. In die Endorsement-Box des Tickets muss der Vermerk, dass die Umbuchbarkeit des Tickets eingeschränkt ist (aber: diverse Carrier haben ihre eigenen Vorschriften).

CD/CH Children/Infant Discounts: Kinder-/Kleinkinder-Ermäßigungen

Ticket-Designator: CH und IN, z. B. CH33 und IN90

Bei einer klassischen Farebasis folgt dieser Ermäßigungssatz dem vorangegangenen Sondertarif, z. B. BPX6M/CH25. Fehlt der Ermäßigungssatz, kann man von der Standard-Ermäßigung ausgehen.

<u>Kinder</u>

Begleitete Kinder (von zwei bis einschließlich elf Jahren) zahlen 75 % des anwendbaren IATA-Tarifs für Erwachsene und haben damit Anspruch auf einen eigenen Sitzplatz.

Stopover Charges, Weekend Surcharges, Cancellation Charges, Rebooking Fees etc. werden zum selben Prozentsatz wie der Flugpreis ermäßigt.

Auf innerdeutschen Flügen gibt es höhere Ermäßigungen, sie beträgt 33 - 100 % bzw. bei den billigsten Tarifangeboten kann es auch vorkommen, dass für Kinder und Kleinkinder der volle Tarif bezahlt werden muss.

Unbegleitete Kinder zahlen 100 % (siehe Kap. 2.4).

<u>Kleinkinder</u> (unter zwei Jahren)

zahlen 10 %, wenn sie auf dem Schoß des begleitenden Erwachsenen sitzen.

Sollen sie einen eigenen Sitzplatz haben, zahlen sie 75 % des Erwachsenen-Tarifs.

Nur ein Kleinkind pro begleitendem Erwachsenen hat Anspruch auf diese hohe Ermäßigung, für jedes weitere Kleinkind muss der Kinderpreis bezahlt werden. Dafür hat dieses Kleinkind dann aber auch Anspruch auf einen eigenen Sitzplatz.

Von den Gebühren bezahlen Kleinkinder nur die Stopovercharge, die genauso ermäßigt ist wie der Flugpreis.

Auf innerdeutschen Flügen fliegen Kleinkinder ohne Sitzplatz teilweise auch frei.

Unbegleitete Kleinkinder unter zwei Jahren sind nicht zugelassen.

AD Agent discount: Agentenermäßigung

Nicht anwendbar.

OD Other Discounts: Andere Ermäßigungen

Unter diesem Paragrafen kann nachgelesen werden, ob auf den jeweiligen Sondertarif weitere prozentuale Ermäßigungen wie z. B. für Schüler/Jugendliche/Studenten oder Senioren gewährt werden.

Zur Eintragung bei Sondertarifen in Tickets ist Folgendes zu beachten:

Immer, wenn die Umbuchbarkeit des Tarifs auch nur geringfügig eingeschränkt ist, z. B. nach Reiseantritt durch eine Umbuchungsgebühr, werden in den Spalten „Not Valid Before" und „Not Valid After" die Reservierungsdaten des jeweiligen Coupons eingetragen, was so viel bedeuten soll wie: Der Coupon ist zu dem bezahlten Tarif weder vor noch nach dem Tag (und der Uhrzeit) gültig, den die Reservierung angibt, sondern nur genau zu diesem Datum (und Uhrzeit).

Beispiele: (Auszüge aus dem CRS AMADEUS)

1) Für folgenden Tarif und Reservierung soll ein Ticket ausgestellt werden:

>FQDFRALON/ALH/D27AUG

```
ROE 0.642811 UP TO 1.00 EUR
27AUG08**27AUG08/LH FRALON/NSP;EH/TPM   396/MPM   475
**STAR ALLIANCE CONVENTIONS PLUS ON GGAIRLHCONVENTIONS **
*** FOR STAR ALLIANCE RTW * SEE FQD XYZXYZ EG FRAFRA ***

LN FARE BASIS    OW    EUR  RT   B PEN  DATES/DAYS    AP MIN MAX R
01 COW          500              C  -     -      -     -   -   - M
02 CRT                912        C  -     -      -     -   -   - M
03 YOW2         452              Y  -     -      -     +   -   - M
04 YFLEX1             771        Y  -     -      -     +   -   - M
05 YABASIC1          731        Y NRF    -      -     +   - 12M M
06 BFLEX1            669        B  -     -      -     +   - 2+  5 M
07 MBASIC1          549        M NRF    -      -     +   + 3+  5 M
08 GOWGB        206              G NRF    -      -     +   + -   - R
09 HABASIC1          399        H NRF    -      -     + 7+  + 1M R
10 GKOMBI2          349        G NRF    -      -     +   + -  6M R
11 KOWGB        158              K NRF    -      -     +   + -   - R
12 QABASIC1          309        Q NRF    -      -    +14+  + 1M M
13 KKOMBI2          269        K NRF    -      -     +   + -  6M R
14 VABASIC1          229        V NRF    -      -    +21+  + 1M M
15 LOWGB         98              L NRF    -      -     +   + -   - R
16 WEEKEND           189        W NRF    -      -     + 1+  +  +M
17 LKOMBI2          169        L NRF    -      -     +   + -  6M R
18 WABASIC1          159        W NRF    -      -     +   + + 1M M
19 TOWGB         62              T NRF    -      -     +   + -   - R
20 WYOUNG            119        W NRF    -      -     + +SU 12M M
21 TKOMBI2          109        T NRF    -      -     +   + -  6M R
22 EOWGBD         38              E NRF    -      -     +   + -   - R
23 EKOMBI2            59        E NRF    -      -     +   + -  6M R
24 SPROMO            36        S NRF S02AUG 28AUG+ 7+  +   - R
                                    B21AUG O28AUG
                                    C31AUG   -
25 EKOMBLCY          25        E NRF    -      -     +   + -  6M R
26 E99B               8        E NRF    -      -     +   + -  6M R
```

Sie haben den Tarif LKOMBI2 (#17) für Hin- und Rückflug ausgesucht.

Es fliegt Herr Frank Frankenstein mit folgender Reservierung:

```
RP/FRAL12902/
  1.FRANKENSTEIN/FRANK MR
  2  LH4724 L 27AUG 3 FRALHR HK1  0745 1  0825 0900     AB6 E 0 S
     SEE RTSVC
  3  LH4725 L 02SEP 2 LHRFRA HK1  0920 2  0950 1220     321 E 0 S
```

Aus dem Fare-Display können Sie bereits entnehmen, dass der Tarif mit „NRF" gekennzeichnet ist. Ist die Umbuchung- und Stornierung des Flugs somit nicht zulässig bzw. eingeschränkt, werden in den Feldern „Not Vaild After" und „Not Valid Before" genau die Reservierungsdaten eingetragen, hier 27. AUG und 02. SEP.

Die genauen Umbuchungs- bzw. Stornobedingungen können und müssen Sie der jeweiligen Note mit der Abfrage: *>FQN#//PE* entnehmen.

Ausgabe:

```
FQN17//PE
**  RULES DISPLAY  **                    TAX MAY APPLY
                                         SURCHG MAY APPLY-CK RULE
27AUG08**27AUG08/LH FRALON/NSP;EH/TPM   396/MPM   475
LN FARE BASIS    OW   EUR  RT   B PEN   DATES/DAYS   AP MIN MAX R
17 LKOMBI2                 169 L NRF    -     -    + + -   6M R
FCL: LKOMBI2    TRF:  21 RULE: KK01 BK:  L
PTC: ADT-ADULT                FTC: XPN-INSTANT PURCHASE NONREF
PE.PENALTIES

  CANCELLATIONS

    ANY TIME
      TICKET IS NON-REFUNDABLE.
      WAIVED FOR DEATH OF PASSENGER OR FAMILY MEMBER.
        NOTE -
        WAVIERS MUST BE EVIDENCED BY DEATH CERTIFICATE.
        --------
        FULL REFUND PERMITTED BEFORE DEPARTURE IN CASE OF
        REJECTION OF VISA.
        EMBASSY STATEMENT REQUIRED.
        --------
        REFUND OF UNUSED FEES AND TAXES PERMITTED.

  CHANGES

    BEFORE DEPARTURE
      CHARGE EUR 50.00 FOR REISSUE/REVALIDATION.
        NOTE -
        CHARGE APPLIES PER TRANSACTION.
        CHILD DISCOUNT DOES NOT APPLY.
        INFANT FREE OF CHARGE.
        --------
        REROUTING NOT PERMITTED.
        --------
        REBOOKING/REISSUE/UPGRADING/MCO ISSUANCE MUST BE
        MADE IN ONE TRANSACTION BEFORE DEPARTURE OF THE
        FLIGHT BEING CHANGED PROVIDED ALL FARE CONDITIONS
        ARE COMPLIED WITH INCLUDING ADVANCE PURCHASE.
        --------
        FARE CAN BE UPGRADED TO ANY -KOMBI-/-FLYLH/
```

```
          YABASIC- AND YABASE- FARE. CHARGE APPLIES. IN CASE
          OF COMBINED -KOMBI- FARES ONLY THE UPGRADED SECTOR
          WILL BE CHARGED PLUS EUR 50.00 REBOOKING CHARGE.
          UPGRADING TO -FLEX/C- FARE NOT PERMITTED.

    AFTER DEPARTURE
      CHARGE EUR 50.00 FOR REISSUE/REVALIDATION.
          NOTE -
          CHARGE APPLIES PER TRANSACTION.
          CHILD DISCOUNT DOES NOT APPLY.
          INFANT FREE OF CHARGE.
          -----------
          REROUTING NOT PERMITTED.
          --------
          CHARGE APPLIES PER TRANSACTION. REBOOKING/REISSUE/
          UPGRADING/MCO ISSUANCE MUST BE MADE IN ONE
          TRANSACTION BEFORE DEPARTURE OF THE FLIGHT BEING
          CHANGED PROVIDED ALL FARE CONDITIONS ARE COMPLIED
          WITH.
          EXCEPT IN CASE OF REBOOKING ADVANCE PURCHASE
          CONDITION CAN BE IGNORED.
          --------
          FARE CAN BE UPGRADED TO ANY -KOMBI-/-FLYLH/
          YABASIC- AND YABASE- FARE. CHARGE APPLIES. IN CASE
          OF COMBINED -KOMBI- FARES ONLY THE UPGRADED SECTOR
          WILL BE CHARGED PLUS EUR 50.00 REBOOKING CHARGE.
          UPGRADING TO -FLEX/C- FARE NOT PERMITTED.
          --------
          IN CASE OF UPGRADING AFTER START OF JOURNEY
          ADVANCE PURCHASE CONDITION OF NEW FARE COMPONENT
          HAS TO BE COMPLIED WITH IF MORE RESTRICTIVE THAN
          THE ADVP OF THE ORIGINAL TICKET.
          --------
          ANY TIME
          CHANGE TO OW TRAVEL-
          IF A TOTALLY UNUSED RETURN TICKET SHALL BE USED
          FOR ONE WAY TRAVEL -EITHER INBOUND OR OUTBOUND-
          THE DIFFERENCE BETWEEN THE RETURN FARE AND THE
          APPLICABLE Y/C-CLASS ONE WAY FARE HAS TO BE
          COLLECTED.
          -----------
          IF THE RETURN FARE IS HIGHER THAN THE ONE WAY FARE
          THE RETURN TICKET MAY BE USED FOR ONE WAY TRAVEL
          WITHOUT REFUND.
          -----
          UPGRADE TO ONE WAY IS ONLY POSSIBLE IF ORIGIN/
          DESTINATION OF THE ORIGINAL TICKET REMAIN
          UNCHANGED. UPGRADE TO ONE WAY TICKET MUST BE MADE-
          -FOR OUTBOUND TRAVEL BEFORE DEPARTURE OF ORIGINAL
           OUTBOUND FLIGHT
          -FOR INBOUND TRAVEL BEFORE DEPARTURE OF ORIGINAL
           INBOUND FLIGHT
          IN CASE OF UPGRADE TO ONE WAY FARE REBOOKING FEE
          DOES NOT APPLY. FARE MUST BE RECALCULATED FROM THE
          POINT OF ORIGIN.
```

Die weiteren Besonderheiten der Ticketeintragungen finden Sie in dem Paragrafen TE Ticket Endorsements:

```
FQN17//TE
**  RULES DISPLAY  **                    TAX MAY APPLY
                                         SURCHG MAY APPLY-CK RULE
27AUG08**27AUG08/LH FRALON/NSP;EH/TPM    396/MPM   475
LN FARE BASIS     OW    EUR   RT   B PEN  DATES/DAYS   AP MIN MAX R
17 LKOMBI2                     169 L NRF    -     -    +  +  -  6M R
FCL: LKOMBI2    TRF:  21 RULE: KK01 BK:  L
PTC: ADT-ADULT                 FTC: XPN-INSTANT PURCHASE NONREF
TE.TKT ENDORSEMENT

  THE ORIGINAL AND THE REISSUED TICKET MUST BE ANNOTATED -
  CHANGES OF RES RESTRICTED- - AND - VALID LH ONLY - - AND-
  NONREF - IN THE ENDORSEMENT BOX.
  AND - THE ORIGINAL AND THE REISSUED TICKET MUST BE
     ANNOTATED - NONREF/SPEX - IN THE FORM OF PAYMENT BOX.
```

Wichtig ist also der Eintrag in der Endorsement-Spalte: „CHANGES OF RES RESTRICTED - VALID LH ONLY – NONREF" und der Vermerk „NONREF/SPEX" in der Form of Payment-Box der Buchung.

TST hierzu :

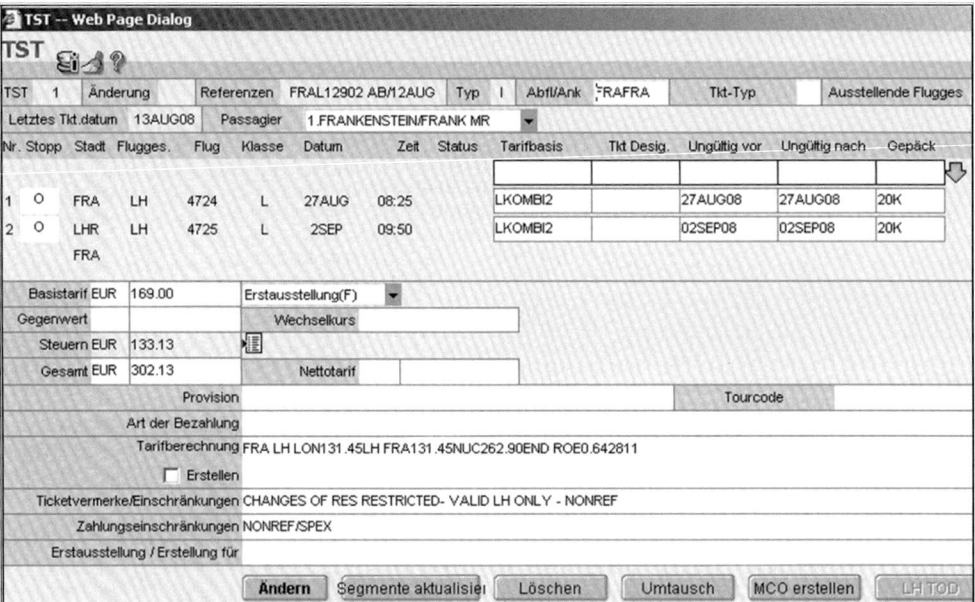

2) Frau Erna Piepenbrink möchte einen Flug zum Excursion-Tarif nach Johannesburg kaufen.

Hier zunächst die Tarifabfrage:

```
FQDHAMJNB/ASA/D13SEP
AF   AZ   BA   BD   DE   EK   ET   EY   HM       TAX MAY APPLY
IB   KL   KQ   LH   LX   MK   OS   QR   SR       SURCHG MAY APPLY-CK RULE
TK   TP   VS   /YY*AC   AF   AG   AK   A0
C6   DY   D2   EK   E6   FR   GX   G5   HJ
HS   ID   IF   IT   JD   LF   LH   LL   LQ
L9   QU   Q7   Q9   RY   R3   SP   S9   TF
TV   T7   T9   UK   UR   UV   U2   VB   VK
VY   V6   WW   XF   X3   X5   YC   Y2   ZD
ZN   ZU   2L   3H   4U   5N   5Q   6B   6G
6P   6Q   6S   7A   7Y   8H   8I   8U   9B
9F   9G   9X
ROE 0.642811 UP TO 1.00 EUR
13SEP08**13SEP08/SA HAMJNB/NSP;EH/TPM .....MPM  6734
LN FARE BASIS     OW   EUR  RT   B PEN  DATES/DAYS   AP MIN MAX R
01 FOW           5315            F -     -     -      -   -   - M
02 FR                      8174  F -     -     -      -   -   - M
03 COW           3909            C -     -     -      -   -   - M
04 YOW           3082            Y -     -     -      -   -   - M
05 CR                      5584  C -     -     -      -   -   - M
06 YR                      4740  Y -     -     -      -   -   - M
07 JRCDE                   3384  J -     -     -      + - 3+  - R
08 BEE6M                   3088  B -     -     -      -   5   +M
09 DNCDE                   2484  D +     -     -    +60+ 7+ 1M R
10 BKRCDE                  1100  B +  S20JUN  18SEP+  +   + 12M R
11 MKRCDE                   960  M +  S20JUN  18SEP+  +   + 12M R
12 HKRCDE                   830  H +  S20JUN  18SEP+ 7+  + 12M R
13 QKRCDE                   730  Q +  S20JUN  18SEP+ 7+  + 12M R
14 VKRCDE                   630  V +  S20JUN  18SEP+10+ + 12M R
15 LKRCDE                   560  L +  S20JUN  18SEP+14+ + 12M R
```

Die Bedingungen zum Excursion-Tarif (#8) sehen folgendermaßen aus:

```
FQN08
**   RULES DISPLAY   **                  TAX MAY APPLY
                                         SURCHG MAY APPLY-CK RULE
13SEP08**13SEP08/SA HAMJNB/NSP;EH/TPM .....MPM  6734
LN FARE BASIS     OW   EUR  RT   B PEN  DATES/DAYS   AP MIN MAX R
08 BEE6M                   3088  B -     -     -      -   5   +M
FCL: BEE6M     TRF:  23 RULE: 2300 BK:  B
PTC: ADT-ADULT                FTC: XEX-REGULAR EXCURSION
RU.RULE APPLICATION
EXCURSION FARES BETWEEN EUROPE AND ARICA
APPLICATION /RESO 070L/
 APPLICATION
   AREA
     THESE FARES APPLY
     BETWEEN EUROPE/AFRICA.
   CLASS OF SERVICE
     THESE FARES APPLY FOR ECONOMY CLASS SERVICE.
   TYPES OF TRANSPORTATION
     FARES GOVERNED BY THIS RULE CAN BE USED TO CREATE
     ROUND-TRIP/CIRCLE-TRIP/OPEN-JAW JOURNEYS.

   EXCEPTION---
```

```
      MAY BE USED FOR EN-ROUTE UPGRADING FROM A LOWER
      FARES PROVIDED ALL CONDITIONS OF THESE FARES
      ARE MET.
   OTHER CONDITIONS
      PASSENGER EXPENSES NOT PERMITTED

MN.MIN STAY
BETWEEN EUROPE AND SOUTHERN AFRICA

   RETURN TRAVEL FROM LAST STOPOVER MUST COMMENCE NO EARLIER
   THAN 5 DAYS AFTER DEPARTURE FROM FARE ORIGIN.

MX.MAX STAY
BETWEEN EUROPE AND SOUTHERN AFRICA

   ORIGINATING EUROPE -
      RETURN TRAVEL FROM LAST STOPOVER MUST COMMENCE NO LATER
      THAN 6 MONTHS AFTER DEPARTURE FROM FARE ORIGIN.

   ORIGINATING SOUTHERN AFRICA -
      RETURN TRAVEL FROM LAST STOPOVER MUST COMMENCE NO LATER
      THAN 9 MONTHS AFTER DEPARTURE FROM FARE ORIGIN.

SR.SALES RESTRICT

   EXTENSION OF TICKET VALIDITY IS PERMITTED.
           NOTE -
             ONLY PERMITTED FOR INVOLUNTARY REROUTING.

CD.CHILD DISCOUNTS

   ACCOMPANIED CHILD 2-11 - CHARGE 75 PERCENT OF THE FARE.
           TICKETING CODE - BASE FARE CODE PLUS CH
   OR - 1ST INFANT UNDER 2 WITHOUT A SEAT - CHARGE 10 PERCENT
           OF THE FARE.
                TICKETING CODE - IN AND PERCENT OF DISCOUNT
   OR - INFANT UNDER 2 WITH A SEAT - CHARGE 75 PERCENT OF THE
           FARE.
                TICKETING CODE - BASE FARE CODE PLUS IN
   OR - UNACCOMPANIED CHILD 2-11 - CHARGE 100 PERCENT OF THE
           FARE.
           NOTE -
             UNACCOMPANIED INFANT - NOT PERMITTED
             ---
             CHILDREN WHO HAVE REACHED THEIR 12TH BIRTHDAY AT
             TIME OF DEPARTURE MUST PAY THE FULL APPLICABLE
             ADULT FARE

TC.TOUR CONDUCTOR

   TOUR CONDUCTOR - NO DISCOUNT.


AD.AGTS DISCOUNTS

   AGENT - NO DISCOUNT.

SO.STOPOVERS
BETWEEN GERMANY AND SOUTH AFRICA

   4 STOPOVERS PERMITTED
       LIMITED TO 2 FREE AND 2 AT EUR 75.00/ZAR 750.00 EACH.
```

```
TF.TRANSFERS/RTGS


   6 TRANSFERS PERMITTED - 3 IN EACH DIRECTION.
   AND - UNLIMITED TRANSFERS PERMITTED
               WITHIN THE FARE ORIGIN COUNTRY
               WITHIN THE TURNAROUND COUNTRY.


SU.SURCHARGES


   THE PROVISIONS BELOW APPLY ONLY AS FOLLOWS -
   TICKETS MAY ONLY BE SOLD IN ARGENTINA/NEW ZEALAND.
    A SURCHARGE OF USD 310.00 PER DIRECTION WILL BE ADDED TO
    THE APPLICABLE FARE FOR TRAVEL.


CO.COMBINABILITY
BETWEEN EUROPE AND AFRICA
    ADD-ONS PERMITTED.
   END-ON-END
    END-ON-END COMBINATIONS PERMITTED WITH DOMESTIC FARES.
    VALIDATE ALL FARE COMPONENTS. TRAVEL MUST BE VIA THE
    POINT OF COMBINATION.
   OPEN JAWS/ROUND TRIPS/CIRCLE TRIPS
    FARES MAY BE COMBINED ON A HALF ROUND TRIP BASIS
    -TO FORM SINGLE OPEN JAWS AT THE POINT OF DESTINATION OR
    DOUBLE OPEN JAWS/ROUND TRIPS/CIRCLE TRIPS.
    PROVIDED -
    COMBINATIONS ARE WITH ANY FARE OF THE SAME FARE TYPE
    FOR ANY CARRIER IN ANY RULE AND TARIFF.
    COMBINATIONS ARE WITH ANY FARE FOR CARRIER SA IN ANY
    RULE AND TARIFF.
    POINT OF COMBINATION.
   OPEN JAWS/ROUND TRIPS/CIRCLE TRIPS
    FARES MAY BE COMBINED ON A HALF ROUND TRIP BASIS
    -TO FORM SINGLE OPEN JAWS AT THE POINT OF DESTINATION OR
    DOUBLE OPEN JAWS/ROUND TRIPS/CIRCLE TRIPS.
    PROVIDED -
    COMBINATIONS ARE WITH ANY FARE OF THE SAME FARE TYPE
    FOR ANY CARRIER IN ANY RULE AND TARIFF.
    COMBINATIONS ARE WITH ANY FARE FOR CARRIER SA IN ANY
    RULE AND TARIFF.
```

Es ist bereits folgender Hinflug gebucht:

```
RP/FRAL12902/
   1.PIEPENBRINK/ERNA MRS
  2   SA7537 B 13SEP 4 HAMFRA HK1          1445 1555   AB6   0
       OPERATED BY LUFTHANSA
       SEE RTSVC - TRAFFIC RESTRICTION EXISTS
  3   SA 263 B 13SEP 4 FRACPT HK1          1720 0500+1 346 E 0
       SEE RTSVC
  4   SA 304 B 14SEP 5 CPTJNB HK1          0620 0820   738 E 0
       SEE RTSVC
```

Beantworten Sie nun folgende Fragen:

a) Handelt es sich bei den Aufenthalten in Frankfurt und Kapstadt (CPT) um Transfers oder
   Stopover?
b) Sind diese Aufenthalte nach den Tarifbedingungen erlaubt?
c) Wann ist der früheste Rückflug möglich?

d) Wann ist der späteste Rückflug möglich?
e) Darf der Rückflug auch mit einer anderen Fluggesellschaft, z. B. Lufthansa durchgeführt werden?

Zu a) Da der Weiterflug jeweils am gleichen Tag stattfindet, handelt es sich um Transfers.

Zu b)

```
TF.TRANSFERS/RTGS
   6 TRANSFERS PERMITTED - 3 IN EACH DIRECTION.
   AND - UNLIMITED TRANSFERS PERMITTED
                WITHIN THE FARE ORIGIN COUNTRY
                WITHIN THE TURNAROUND COUNTRY.
```

Bedeutet: Drei Transfers in jeder Richtung erlaubt, im Reiseausgangs- und Bestimmungsland sogar beliebig viele (hier also okay).

Zu c)

```
MN.MIN STAY
BETWEEN EUROPE AND SOUTHERN AFRICA

   RETURN TRAVEL FROM LAST STOPOVER MUST COMMENCE NO EARLIER
   THAN 5 DAYS AFTER DEPARTURE FROM FARE ORIGIN.
```

Bedeutet: Rückflug vom letzten Stopover-Punkt (hier Johannesburg) darf nicht früher als fünf Tage nach dem Reisebeginn liegen – also 13. SEP + 5 Tage = 18. SEP

Zu d)

```
MX.MAX STAY
BETWEEN EUROPE AND SOUTHERN AFRICA

   ORIGINATING EUROPE -
     RETURN TRAVEL FROM LAST STOPOVER MUST COMMENCE NO LATER
     THAN 6 MONTHS AFTER DEPARTURE FROM FARE ORIGIN.

   ORIGINATING SOUTHERN AFRICA -
     RETURN TRAVEL FROM LAST STOPOVER MUST COMMENCE NO LATER
     THAN 9 MONTHS AFTER DEPARTURE FROM FARE ORIGIN.
```

Bedeutet: Rückflug vom letzten Stopover darf nicht später als sechs Monate nach Reisebeginn angetreten werden, also 13. SEP + 6 Monate = 13. MAR

Zu e)

```
CO.COMBINABILITY
BETWEEN EUROPE AND AFRICA
   ...
   OPEN JAWS/ROUND TRIPS/CIRCLE TRIPS
     FARES MAY BE COMBINED ON A HALF ROUND TRIP BASIS
     -TO FORM SINGLE OPEN JAWS AT THE POINT OF DESTINATION OR
      DOUBLE OPEN JAWS/ROUND TRIPS/CIRCLE TRIPS.
   PROVIDED -
      COMBINATIONS ARE WITH ANY FARE OF THE SAME FARE TYPE
      FOR ANY CARRIER IN ANY RULE AND TARIFF.
```

Bedeutet: Tarif darf in zwei halbe RT-Tarife von verschiedenen Fluggesellschaften zerlegt werden, wenn diese den gleichen Tariftyp aufweisen.

Das Ticket/TST zu dem kompletten Ticket (hier mit Rückflug am 27. SEP mit nur einem Transfer in FRA) sähe folglich so aus:

```
01 PIEPENBRI*/ERNA *

LAST TKT DTE 13SEP08 - DATE OF ORIGIN
----------------------------------------------------------
      AL FLGT  BK T DATE   TIME  FARE BASIS      NVB   NVA   BG
 HAM
XFRA  SA  7537 B  B 13SEP 1405  BEE6M                 13MAR 20
XCPT  SA  0263 B  B 13SEP 1720  BEE6M                 13MAR 20
 JNB  SA  0302 B  B 14SEP 0600  BEE6M                 13MAR 20
XFRA  SA  0260 B  B 17SEP 1910  BEE6M          18SEP13MAR 20
 HAM  SA  7504 B  B 18SEP 0735  BEE6M          18SEP13MAR 20


EUR  3166.00        13SEP08HAM SA X/FRA SA X/CPT SA JNB5M
                    2522.04SA X/FRA SA HAM M2401.95NUC4923.99
EUR   280.90YR      END ROE0.642811
EUR    25.84RD      XT EUR 22.77RA EUR 16.14DE EUR 1.74EV EUR
EUR    65.88XT      14.75ZA EUR 10.48WC
EUR  3538.62
PRICED WITH VALIDATING CARRIER SA - REPRICE IF DIFFERENT VC
```

Das Datum des 18. SEP wird in die Not-Valid-Before-Felder derjenigen Coupons eingetragen, die für den Rückflug nach Deutschland gültig sind – in diesem Fall also auf den Coupons mit der Reservierung JNB – FRA und FRA – HAM.

In die Not-Valid-After-Felder wird für alle Coupons das Datum der maximalen Aufenthaltsdauer eingetragen, denn nur bis zu diesem Datum (dem 13. MAR) ist das gesamte Ticket gültig.

Bei Anwendung von Excursion-Tarifen darf die Kundin – wenn sie es möchte – Umbuchungen vornehmen, ohne dafür Gebühren bezahlen zu müssen. Allerdings darf das Mindestaufenthaltsdatum nicht unterschritten und die maximale Aufenthaltsdauer nicht überschritten werden.

4.5.1.2 Gebräuchlichste Sondertarife

Im Folgenden sollen nur die charakteristischen Merkmale der gebräuchlichsten Sondertarife aufgeführt werden, um Sie mit diesen vertraut zu machen.

Hierbei ist jedoch zu bedenken, dass diese Tarife zum einen in etlichen Varianten angeboten werden und sie zum anderen kurzfristigen Änderungen unterliegen, so dass in der praktischen Anwendung eine sehr genaue Überprüfung der aktuellen Bedingungen erforderlich ist.

Excursion-Tarif

Farebasis z. B. YEE6M

Der Excursion-Tarif ist der am wenigsten restriktive, aber auch teuerste Sondertarif. Von den hier vorgestellten Sondertarifen ist er der einzige, der relativ frei mit anderen Normal- und sogar einigen Sondertarifen kombinierbar ist.

- Mindestaufenthalt: Sunday-return-rule, 6 Tage oder länger (je nach Destination)
- Maximaldauer: 6/9/12 Monate
- Transfers und Flugunterbrechungen sind i.d.R. gestattet, allerdings ist die Anzahl der Flugunterbrechungen teilweise eingeschränkt bzw. die Region, in der sie stattfinden dürfen, festgelegt, und es können u. U. Gebühren für diese verlangt werden.

- Er ist jederzeit (unter Berücksichtigung von Mindest- und maximaler Aufenthaltsdauer) frei umbuchbar/erstattbar, ohne Erstattungs- oder Stornogebühr.

PEX-Tarife

Farebasis z. B. YHPX6M

- Transfers sind i. d. R. erlaubt, aber in der Anzahl begrenzt.
- Flugunterbrechungen sind i. d. R. nicht erlaubt.
- Mindestaufenthalt: 7/14 Tage.
- Maximaldauer: 3/6 Monate, auch 45 Tage
- Bezahlung und Flugscheinausstellung müssen gleichzeitig und innerhalb eines bestimmten kurzen Zeitraums (24-72 Stunden) nach Reservierung vorgenommen werden.
- Bei kompletter Stornierung der Reise vor Reiseantritt wird der bezahlte Preis abzüglich einer Gebühr von 100 € erstattet. Nach Reiseantritt ergibt sich normalerweise nur noch ein geringer oder gar kein Erstattungswert.
- Der Flugschein muss mit: „NON REF/PEX" in der Form of Payment-Box gekennzeichnet sein und das Endorsement „VOLUNTARY REROUTING RESTRICTED" tragen (nicht erstattbar, freiwillige Umbuchungen untersagt).

Superpex

Farebasis z. B. YSX6M

Er ist meist der günstigste Sondertarif und gleicht in den Bedingungen dem PEX-Tarif, hat aber teilweise noch zusätzliche Einschränkungen.
Der Flugschein muss das Endorsement: „NON REF/SPEX" tragen (nicht erstattbar).

Innerdeutsche Tarife

Wie bereits oben erwähnt, ändern sich die innerdeutschen Sondertarife häufig, zudem bieten die verschiedenen Fluggesellschaften auch unterschiedliche Tarife an. Es macht deshalb auch keinen Sinn, diese Tarife hier eingehend vorzustellen.

ÜBUNG 4.5.1

1) Frau Susi Sorglos möchte in die Vereinigten Arabischen Emirate reisen. Sie hat sich bereits folgende Flugverbindungen geben lassen:

```
1.SORGLOS/SUSI MRS
  2   EK 046 ? 28JUN 4 FRADXB HK1        2  1515 2325    772 E 0 M
      NON SMOKING FLIGHT LEG
      SEE RTSVC
  3   EK 047 ? 05JUL 4 DXBFRA HK1        1  1430 1920    343 E 0 M
      NON SMOKING FLIGHT LEG
      SEE RTSVC
```

a) Prüfen Sie, ob der günstigste angebotene Tarif aus der Tarifabfrage anwendbar ist.

b) Wie viel würde das Ticket für ihre 10-jährige Tochter Anna kosten?

c) Welcher Eintrag erscheint in der Endorsement-Spalte?

d) Was kostet eine Umbuchung des Hinflugs vor Reiseantritt?

```
FQDFRADXB/AEK/D28JUN
ROE 0.642811 UP TO 1.00 EUR
28JUN08**28JUN08/EK FRADXB/NSP;EH/TPM  3008/MPM  3944
LN FARE BASIS    OW   EUR  RT    B PEN  DATES/DAYS    AP MIN MAX R
01 FOW          5566            F -     -      -  + -   -    - M
02 FRT                    8546  F -     -      -  + -   -    - M
03 FOWDE1       4177            F NRF B31DEC O31DEC+ -  -    - R
04 JOW          3951            J -     -      -  + -   -    - M
05 YOW          3363            Y -     -      -  + -   -    - M
06 JRT                    6063  J -     -      -  + -   -    - M
07 FE1YDE1               5967  F NRF B31DEC O31DEC+ -  - 12M R
08 JOWDE1       2671            J NRF B31DEC O31DEC+ -  -    - R
09 YRT                    5160  Y -     -      -  + -   -    - M
10 AE3MDE1              4923  A NRF B31DEC O31DEC+ -  + 3M R
11 JE1YDE1              3816  J NRF B31DEC O31DEC+ -  - 12M R
12 AEYUPDE1            3310  A NRF B31AUG O31DEC+ -  - 12M R
13 CE3MDE1              3178  C NRF B31DEC O31DEC+ -  + 3M R
14 YOWDE1       1101            Y NRF B31DEC O31DEC+ -  -    - R
15 EOWDE1        930            E NRF B31DEC O31DEC+ -  -    - R
16 YE1YDE1              1573  Y NRF B31DEC O31DEC+ -  - 12M R
17 WOWDE1        721            W NRF B31DEC O31DEC+ -  -    - R
18 EE1YDE1              1329  E NRF B31DEC O31DEC+ -  - 12M R
19 MOWDE1        620            M NRF B31DEC O31DEC+ -  -    - R
20 BKOWDE1       561            B NRF S11AUG   17DEC+ -  -    - R
                                  B31DEC O31DEC
21 WE3MDE1              1030  W NRF B31DEC O31DEC+ -  + 3M R
22 ME3MDE1               885  M NRF B31DEC O31DEC+ -  + 3M R
```

```
>FQN22
**  RULES DISPLAY  **                    TAX MAY APPLY
                                         SURCHG MAY APPLY-CK RULE
28JUN08**28JUN08/EK FRADXB/NSP;EH/TPM  3008/MPM  3944
LN FARE BASIS     OW   EUR   RT   B PEN  DATES/DAYS   AP MIN MAX R
22 ME3MDE1                   885 M NRF B31DEC O31DEC+ -   +  3M R
FCL: ME3MDE1   TRF:  22 RULE: DE02 BK:  M
PTC: ADT-ADULT              FTC: XES-SPECIAL EXCURSION
RU.RULE APPLICATION
EXCURSION CIRCULAR FARES EX GERMANY
 APPLICATION
   AREA
     THESE FARES APPLY
     FROM GERMANY TO MIDDLE EAST.
   CLASS OF SERVICE
     THESE FARES APPLY FOR FIRST/BUSINESS/ECONOMY CLASS
     SERVICE.
   TYPES OF TRANSPORTATION
     THIS RULE GOVERNS ROUND-TRIP FARES.
     FARES GOVERNED BY THIS RULE CAN BE USED TO CREATE
     ROUND-TRIP/CIRCLE-TRIP/SINGLE OPEN-JAW/DOUBLE OPEN-JAW
     JOURNEYS.
     THESE FARES MAY NOT BE USED FOR INDIVIDUAL AND GROUP
     INCLUSIVE TOURS.
 CAPACITY LIMITATIONS
   THE CARRIER SHALL LIMIT THE NUMBER OF PASSENGERS CARRIED
   ON ANY ONE FLIGHT AT FARES GOVERNED BY THIS RULE AND SUCH
   FARES WILL NOT NECESSARILY BE AVAILABLE ON ALL FLIGHTS.
   THE NUMBER OF SEATS WHICH THE CARRIER SHALL MAKE
   AVAILABLE ON A GIVEN FLIGHT WILL BE DETERMINED BY THE
   CARRIERS BEST JUDGMENT
 OTHER CONDITIONS
   ECONOMY CLASS PASSENGERS REQUIRING THE USE OF
   THERAPEUTIC OXYGEN ON BOARD THE AIRCRAFT
   SHALL BE CHARGED THE APPLICABLE IATA FARE
   APPLICABLE TO THE JOURNEY TRAVELLED ON OXYGEN
   SUPPORT.SUCH PASSENGERS SHALL NOT QUALIFY FOR ANY
   PROMOTIONAL/DISCOUNTED OR MARKET TARIFF.
   IF A NON-IATA FARE HAS BEEN PURCHASED BEFORE THE
   NEED FOR OXYGEN IS IDENTIFIED THEN THAT FARE VALUE
   CAN BE USED TOWARDS THE PURCHASE OF A FULL IATA
   FARE.
   ----
   PNRS WITH FICTITIOUS NAMES/TICKET NOS WILL BE
   SUBJECT TO A CHARGE OF USD 50 EQUIVALENT PER
   PASSENGER.
   -------------
   ALL FARE ARE SUBJECT TO CHANGE OR WITHDRAWAL
   WITHOUT NOTICE.
   FARES ARE ONLY GUARANTEED IF AUTOPRICED AND
   TICKETED IN GDS ON THE SAME DAY.
   ------------------
   APPROVED SPECIAL BAGGAGE ALLOWANCE IF ANY IS VALID
   FOR TRAVEL ON EK ONLY -WHERE EK IS THE OPERATING
   CARRIER. THE BAGGAGE ALLOWANCE WILL NOT APPLY TO
   CODESHARE FLIGHTS /EK 6000-6999/ OPERATED BY
   PARTNER CARRIERS EG.UL/TG ETC.
   NORMAL IATA ALLOWANCES WILL APPLY ON CODESHARE
   SECTORS OPERATED BY OAL.
   -------------------------------------------------
   FARES ARE INCLUSIVE OF FUEL COST AND NO FURTHER
```

```
      EK FUEL SURCHARGE SHOULD APPLY
MN.MIN STAY

  TRAVEL FROM LAST INTERNATIONAL STOPOVER MUST COMMENCE NO
  EARLIER THAN 6 DAYS AFTER DEPARTURE FROM FARE ORIGIN
  OR - TRAVEL FROM LAST INTERNATIONAL STOPOVER MUST COMMENCE
      NO EARLIER THAN THE FIRST SUN AFTER DEPARTURE FROM
      FARE ORIGIN.

MX.MAX STAY
FOR ME3MDE1 TYPE FARES

  TRAVEL FROM LAST STOPOVER MUST COMMENCE NO LATER THAN 3
  MONTHS AFTER DEPARTURE FROM FARE ORIGIN.

SR.SALES RESTRICT

  TICKETS MUST BE ISSUED ON/BEFORE 31DEC 09.

TR.TVL RESTRICTION
  VALID FOR TRAVEL COMMENCING ON/BEFORE 31DEC 09.

AP.ADVANCE RES/TKT

  RESERVATIONS ARE REQUIRED FOR ALL INTERNATIONAL SECTORS.
  OPEN RETURNS NOT PERMITTED.
        NOTE -
        EK RESERVES THE RIGHT TO CANCEL ANY PNR WHERE AN
        ITINERARY DOES NOT COMPLY WITH THE BOOKING CLASS
        CODE/RBD
        -----
        IF THE COUPONS ARE NOT USED IN THE SEQUENCE
        PROVIDED IN THE TICKET EK RESERVES THE RIGHT TO
        CHARGE THE HIGHER FARE IF ANY FAILING WHICH EK
        WILL CANCEL ANY PNR OR INVALIDATE THE REMAINING
        FLIGHT COUPONS.
        -----
        IF A PASSENGER FAILS TO TRAVEL ON A SECTOR BOOKED
        EK RESERVES THE RIGHT TO CANCEL THE REMAINING EK
        SECTORS.
        TICKET DEADLINE CONTROL -
        EK HAS IMPLEMENTED AN AUTOMATIC TICKET DEADLINE
        CONTROL. FURTHER INFORMATION IS AVAILABLE IN THE
        VARIOUS GDS USING THE APPLICABLE ENTRY FORMAT -
        PLEASE NOTE THE // IS TO BE REPLACE BU THE CHANGE
        SIGN AND THE -- TO BE REPLACED BY THE ASTERISK
        SIGN.
        MARS - GTTL
        GALILEO - L//GIGC -- EKINFO/TTL00 OR 01 OR 02
        AMADEUS - GGAIREKRESERVATION FOLLOWED BY MS309
        SABRE - //QEK/Y/EKINFO/TTL00 OR 01 OR 02
        ABACUS - //QEK/Y/EKINFO/TTL00 OR 01 OR 02
        WORLDSPAN - //EK//G/TTL
        TRAVEL ON AB MUST BE IN X RBD
        TRAVEL ON LH MUST BE IN Z RBD

FL.FLT APPLICATION

  IF THE FARE COMPONENT INCLUDES TRAVEL WITHIN GERMANY
      THEN THAT TRAVEL MUST BE ON
      ONE OR MORE OF THE FOLLOWING
        ANY AB FLIGHT OPERATED BY AB
```

```
              ANY 2A FLIGHT
              ANY 9B FLIGHT.
      AND
      IF THE FARE COMPONENT INCLUDES TRAVEL BETWEEN GERMANY AND
      DXB
            THEN THAT TRAVEL MUST BE ON
            ONE OR MORE OF THE FOLLOWING
              ANY EK FLIGHT OPERATED BY EK.
      AND
      IF THE FARE COMPONENT INCLUDES TRAVEL BETWEEN DXB AND
      MIDDLE EAST
            THEN THAT TRAVEL MUST BE ON
            ONE OR MORE OF THE FOLLOWING
              ANY EK FLIGHT OPERATED BY EK.

CD.CHILD DISCOUNTS

  ACCOMPANIED CHILD 2-11 - CHARGE 75 PERCENT OF THE FARE.
          TICKETING CODE - BASE FARE CODE PLUS CH AND PERCENT
            OF DISCOUNT.
    MUST BE ACCOMPANIED ON ALL FLIGHTS IN SAME COMPARTMENT
        BY ADULT 18 OR OLDER
  OR - UNACCOMPANIED CHILD 5-11 - CHARGE 100 PERCENT OF THE
        FARE.
            TICKETING CODE - BASE FARE CODE PLUS CH
  OR - 1ST INFANT UNDER 2 WITHOUT A SEAT - CHARGE 10 PERCENT
        OF THE FARE.
            TICKETING CODE - BASE FARE CODE PLUS IN AND
              PERCENT OF DISCOUNT.
        MUST BE ACCOMPANIED ON ALL FLIGHTS IN SAME
          COMPARTMENT BY ADULT 18 OR OLDER
  OR - INFANT UNDER 2 WITH A SEAT - CHARGE 75 PERCENT OF THE
        FARE.
            TICKETING CODE - BASE FARE CODE PLUS IN AND
              PERCENT OF DISCOUNT.
        MUST BE ACCOMPANIED ON ALL FLIGHTS IN SAME
          COMPARTMENT BY ADULT 18 OR OLDER.

TC.TOUR CONDUCTOR

  TOUR CONDUCTOR - NO DISCOUNT.

AD.AGTS DISCOUNTS

  AGENT - NO DISCOUNT.


OD.OTHER DISCOUNTS

          NOTE -
          ALL OTHER DISCOUNTS NOT APPLICABLE

SO.STOPOVERS

  2 STOPOVERS PERMITTED - 1 IN EACH DIRECTION
      LIMITED TO 1 FREE AND 1 AT EUR 50.00.
        1 FREE IN DXB
        1 IN DXB AT EUR 50.00.
      CHILD/INFANT DISCOUNTS APPLY.

TF.TRANSFERS/RTGS
  UNLIMITED TRANSFERS PERMITTED ON THE PRICING UNIT
```

```
        FARE BREAK AND EMBEDDED SURFACE SECTORS NOT PERMITTED ON
          THE FARE COMPONENT.

SU.SURCHARGES
  NONE UNLESS OTHERWISE SPECIFIED

TE.TKT ENDORSEMENT

  THE ORIGINAL AND THE REISSUED TICKET MUST BE ANNOTATED -
  VALID ON EK/CHG OF RES - AND - EUR75 - IN THE ENDORSEMENT
  BOX.

PE.PENALTIES

  CHANGES

    ANY TIME
      CHARGE EUR 75.00 FOR REISSUE/REVALIDATION.
      WAIVED FOR DEATH OF PASSENGER OR FAMILY MEMBER.
        NOTE -
        PENALTY APPLIES FOR ADULT/CHILD AND INFANT UNDER
        TWO OCCUPYING A SEAT.
        -------
        PENALTY APPLIES PER CHANGE.
        -------
        ANYTIME-
        IN CASE OF NO SHOW TICKET IS NOT VALID/NON
        REFUNDABLE.

  CANCELLATIONS

    BEFORE DEPARTURE
      CHARGE EUR 150.00 FOR CANCEL/REFUND.
      WAIVED FOR DEATH OF PASSENGER OR FAMILY MEMBER.
        NOTE -
        CHILD / INFANT DISCOUNTS DO NOT APPLY.

    AFTER DEPARTURE
      TICKET IS NON-REFUNDABLE IN CASE OF REFUND.
      WAIVED FOR DEATH OF PASSENGER OR FAMILY MEMBER.
    ANY TIME
      TICKET IS NON-REFUNDABLE IN CASE OF NO-SHOW.

CO.COMBINABILITY
    ADD-ONS PERMITTED.
  OPEN JAWS
    FARES MAY BE COMBINED ON A HALF ROUND TRIP BASIS WITH EK
    FARES
    -TO FORM SINGLE OR DOUBLE OPEN JAWS.
    A MAXIMUM OF TWO INTERNATIONAL FARE COMPONENTS
    PERMITTED.
    PROVIDED -
    THE OPEN SEGMENT MUST BE
    -BETWEEN MIDDLE EAST AND AFRICA/BETWEEN MIDDLE EAST AND
    AREA 3
    -WITHIN MIDDLE EAST OR WITHIN EUROPE
    COMBINATIONS ARE WITH ANY FARE IN RULE DE01/DE02 IN
    TARIFF
    IPREUAF - BETWEEN EUROPE-AFRICA
    OR RULE DE01/DE02 IN TARIFF
    IPREUAS - BETWEEN EUROPE-AREA 3
    OR RULE DE01/DE02 IN TARIFF
```

```
           IPREUME - BETWEEN EUROPE-THE MIDDLE EAST.
     ROUND TRIPS/CIRCLE TRIPS
       FARES MAY BE COMBINED ON A HALF ROUND TRIP BASIS WITH EK
       FARES
       -TO FORM ROUND TRIPS
       -TO FORM CIRCLE TRIPS
       A MAXIMUM OF TWO INTERNATIONAL FARE COMPONENTS
       PERMITTED.
      PROVIDED -
       COMBINATIONS ARE WITH ANY FARE IN RULE DE01/DE02 IN
        TARIFF
        IPREUAF - BETWEEN EUROPE-AFRICA
        OR RULE DE01/DE02 IN TARIFF
        IPREUAS - BETWEEN EUROPE-AREA 3
        OR RULE DE01/DE02 IN TARIFF
        IPREUME - BETWEEN EUROPE-THE MIDDLE EAST.
     END-ON-END
       END-ON-END COMBINATIONS NOT PERMITTED. VALIDATE ALL FARE
       COMPONENTS.
      PROVIDED -
        COMBINATIONS ARE FOR CARRIER EK
     OTHERWISE
       END-ON-END COMBINATIONS PERMITTED. VALIDATE ALL FARE
       COMPONENTS. TRAVEL MUST BE VIA THE POINT OF COMBINATION.


HI.HIGHER INTERMEDIATE POINT

           NOTE -
           SURCHARGE AND EXCESS MILEAGE CAN BE IGNORED .
           HIGHER INTERMEDIATE POINT RULE DOES NOT APPLY FOR
           STOPOVERS/CONNECTIONS.
           -----
           THESE FARES SHOULD NOT BE COMPARED/CHECKED WITH
           THE FOLLOWING-
           -HIGH IMMEDIATE FARE -HIP-
           -DIRECTION MINIMUM CHECK -DMC-
           -COUNTRY OF PAYMENT MINIMUM CHECK -COP-
           -CIRCLE TRIP MINIMUM CHECK -CTM-
           -COMMON POINT MINIMUM CHECK -CPM-


VC.VOLUNTARY CHANGES
VOLUNTARY CHANGES CONDITIONS MAY APPLY FOR AUTOMATED
REISSUE/REVALIDATION
REFER TO PENALTIES CATEGORY *PE FOR DETAILS
```

2) Die 24-jährige Friseuse Gabi Haarscharf fragt Sie nach dem günstigsten Tarif für Flüge nach Tunis.

Die W-Klasse ist bereits ausgebucht, aber V ist noch verfügbar. Sie buchen folgende Flüge ein:

```
RP/FRAL12902/
  1.HAARSCHARF/GABI MRS
  2  LH4110 V 08AUG 3 FRATUN HK1  2145 1  2225 0045+1 737 E 0 R
     NON-SMOKING FLIGHT
     SEE RTSVC
  3  LH4111 V 12SEP 3 TUNFRA HK1  0255     0335 0605    737 E 0 R
     NON-SMOKING FLIGHT
     SEE RTSVC
```

a) Warum ist der Tarif VABASIC nicht anwendbar?

b) Ist der Jugendtarif VYOUNG anwendbar? Wie ist hier die Altersgrenze?

c) Wann muss das Ticket spätestens ausgestellt werden?

d) Wie muss das Alter nachgewiesen werden?

```
>FQDFRATUN/ALH/D08AUG
ROE 0.7616 UP TO 1.00 EUR
08AUG08**08AUG08/LH FRATUN/NSP;EH/TPM   915/MPM  1098
**STAR ALLIANCE CONVENTIONS PLUS ON GGAIRLHCONVENTIONS **
*** FOR STAR ALLIANCE RTW * SEE FQD XYZXYZ EG FRAFRA ***

LN FARE BASIS      OW    EUR   RT   B PEN   DATES/DAYS   AP MIN MAX R
01 COW            784              C  -       -     -      -  -   - M
02 CRT                      1305   C  -       -     -      -  -   - M
03 YFLEX1                   1106   Y  -       -     -      +  -   - M
04 BFLEX1                    940   B  -       -     -      +  - 2+  5 M
05 MBASIC1                   790   M NRF      -     -      +  + 3+  5 M
06 HABASIC1                  470   H NRF      -     -      + 7+  + 3M M
07 QABASIC1                  370   Q NRF      -     -     +14+  + 3M M
08 VYOUNG                    295   V NRF      -     -      + +SU 12M M
09 VABASIC1                  280   V NRF      -     -     +14+  + 1M M
10 WEEKEND                   270   W NRF      -            + 1+  +  +M
11 WABASIC1                  220   W NRF      -     -     +21+  + 1M M


>FQN08
**   RULES DISPLAY   **                 TAX MAY APPLY
                                        SURCHG MAY APPLY-CK RULE
08AUG08**08AUG08/LH FRATUN/NSP;EH/TPM   915/MPM  1098
LN FARE BASIS      OW    EUR   RT   B PEN   DATES/DAYS   AP MIN MAX R
08 VYOUNG                    295   V NRF      -     -      + +SU 12M M
FCL: VYOUNG    TRF:  21 RULE: 6270 BK:  V
PTC: YTH-YOUTH CONFIRMED    FTC: PZ -YOUTH
RU.RULE APPLICATION
YOUTH FARES GERMANY TO EUROPE
 APPLICATION
   AREA
     THESE FARES APPLY
     FROM GERMANY TO EUROPE.
   TYPES OF TRANSPORTATION
     FARES GOVERNED BY THIS RULE CAN BE USED TO CREATE
     ROUND-TRIP/OPEN-JAW JOURNEYS.
   FARES ONLY APPLY IF PURCHASED BEFORE DEPARTURE.
   FARES MAY NOT BE USED FOR ENROUTE UPGRADING.
 OTHER CONDITIONS
   PASSENGER EXPENSES NOT PERMITTED

MN.MIN STAY

  RETURN TRAVEL FROM LAST STOPOVER MUST COMMENCE NO EARLIER
  THAN 1201AM ON THE FIRST SUN AFTER DEPARTURE FROM FARE
  ORIGIN.

MX.MAX STAY

  TRAVEL FROM LAST STOPOVER MUST COMMENCE NO LATER THAN 12
  MONTHS AFTER DEPARTURE FROM FARE ORIGIN.
        NOTE -
```

```
           IF DESIRED RETURN FLIGHT CANNOT BE BOOKED AS DATE
           IS OUTSIDE SYSTEM BOOKING RANGE OF 360 DAYS
           IN ADVANCE AN ALTERNATIVE FLIGHT MUST BE BOOKED
           FOR TICKET ISSUANCE.ANY LATER REBOOKING TO DESIRED
           DATE -WITHIN MAXIMUM VALIDITY- IS ONLY POSSIBLE IF
           PERMITTED BY FARE NOTE AND REQUIRES REBOOKING FEE
           IF APPLICABLE.



AP.ADVANCE RES/TKT

  RESERVATIONS ARE REQUIRED FOR ALL SECTORS.
  TICKETING MUST BE COMPLETED WITHIN 24 HOURS AFTER
  RESERVATIONS ARE MADE.

FL.FLT APPLICATION
BETWEEN GERMANY AND TUNISIA

  THE FARE COMPONENT MUST BE ON
       ONE OR MORE OF THE FOLLOWING
         ANY LH FLIGHT.



EL.ELIGIBILITY

  VALID FOR YOUTH CONFIRMED 2-24.
          NOTE -
          PROOF OF AGE/PASSPORT OR OTHER OFFICIAL
          DOCUMENT MUST BE PRESENTED AT THE TIME OF
          TICKETING.
  OR - FOR INFANT UNDER 02 WITHOUT A SEAT WITH ID.



TE.TKT ENDORSEMENT

  THE ORIGINAL AND THE REISSUED TICKET MUST BE ANNOTATED -
  NONREFUNDABLE - IN THE ENDORSEMENT BOX.
          NOTE -
          TICKET MUST SHOW BY INSERT OR STICKER THAT
          TRAVEL IS AT A SPECIAL FARE AND SUBJECT TO
          SPECIAL CONDITIONS.
          ---------
          DATE OF BIRTH OF PASSENGER MUST
          BE SHOWN IN THE TICKET AFTER THE NAME OF PASSENGER



PE.PENALTIES
BETWEEN GERMANY AND EUROPE FOR VYOUNG FARES

  ORIGINATING GERMANY -
    CANCELLATIONS

      ANY TIME
        TICKET IS NON-REFUNDABLE.
        WAIVED FOR DEATH OF PASSENGER OR FAMILY MEMBER.
         NOTE -
         WAIVERS MUST BE EVIDENCED BY DEATH CERTIFICATE.
         -----------------------------------------
         REFUND OF UNUSED FEES AND TAXES PERMITTED.
         -----------------------------------------
```

```
CHANGES

   ANY TIME
      CHARGE EUR 50.00 FOR REISSUE/REVALIDATION.
         NOTE -
         REBOOKING/REISSUE/MCO ISSUANCE MUST BE MADE IN
         IN ONE TRANSACTION BEFORE DEPARTURE OF THE FLIGHT
         BEING CHANGED PROVIDED THAT ALL THE CONDITIONS OF
         OF THE FARE INCLUDING ADVANCE PURCHASE ARE
         COMPLIED WITH.
         --------------------------------------------------
         CHANGE TO OW TRAVEL-
         IF A TOTALLY UNUSED RETURN TICKET SHALL BE USED
         FOR ONE WAY TRAVEL -EITHER INBOUND OR OUTBOUND-
         THE DIFFERENCE BETWEEN THE RETURN FARE AND THE
         APPLICABLE HIGHER ONE WAY FARE HAS TO BE
         COLLECTED.
         ---
         IF THE RETURN FARE IS HIGHER THAN THE ONE WAY FARE
         THE RETURN TICKET MAY BE USED FOR ONE WAY TRAVEL
         WITHOUT REFUND IN CASE OF NON REFUNDABLE FARES.
         ---
         UPGRADE TO ONE WAY IS ONLY POSSIBLE IF ORIGIN/
         DESTINATION OF THE ORIGINAL TICKET REMAIN
         UNCHANGED. UPGRADE TO ONE WAY TICKET MUST BE MADE-
         - FOR OUTBOUND TRAVEL BEFORE DEPARTURE OF ORIGINAL
            OUTBOUND FLIGHT
         - FOR INBOUND TRAVEL BEFORE DEPARTURE OF ORIGINAL
            INBOUND FLIGHT
         IN CASE OF UPGRADE TO ONE WAY FARE REBOOKING FEE
         DOES NOT APPLY.
         ---
         IN CASE OF TICKET UPGRADE THE ORIGINAL
         NON-REFUNDABLE AMOUNT REMAINS NON-REFUNDABLE.

ORIGINATING EUROPE -
   CANCELLATIONS
      ANY TIME
         TICKET IS NON-REFUNDABLE.
         WAIVED FOR DEATH OF PASSENGER OR FAMILY MEMBER.
            NOTE -
            WAIVERS MUST BE EVIDENCED BY DEATH CERTIFICATE.

   CHANGES

      ANY TIME
         CHARGE EUR 50.00 FOR REISSUE/REVALIDATION.
            NOTE -
            REBOOKING/REISSUE/MCO ISSUANCE MUST BE MADE IN
            IN ONE TRANSACTION BEFORE DEPARTURE OF THE FLIGHT
            BEING CHANGED PROVIDED THAT ALL THE CONDITIONS OF
            OF THE FARE INCLUDING ADVANCE PURCHASE ARE
            COMPLIED WITH.
            --------------------------------------------------
            CHANGE TO OW TRAVEL-
            IF A TOTALLY UNUSED RETURN TICKET SHALL BE USED
            FOR ONE WAY TRAVEL -EITHER INBOUND OR OUTBOUND-
            THE DIFFERENCE BETWEEN THE RETURN FARE AND THE
            APPLICABLE HIGHER ONE WAY FARE HAS TO BE
            COLLECTED.
            ---
            IF THE RETURN FARE IS HIGHER THAN THE ONE WAY FARE
```

```
THE RETURN TICKET MAY BE USED FOR ONE WAY TRAVEL
WITHOUT REFUND IN CASE OF NON REFUNDABLE FARES.
---
UPGRADE TO ONE WAY IS ONLY POSSIBLE IF ORIGIN/
DESTINATION OF THE ORIGINAL TICKET REMAIN
UNCHANGED. UPGRADE TO ONE WAY TICKET MUST BE MADE-
- FOR OUTBOUND TRAVEL BEFORE DEPARTURE OF ORIGINAL
  OUTBOUND FLIGHT
- FOR INBOUND TRAVEL BEFORE DEPARTURE OF ORIGINAL
  INBOUND FLIGHT
IN CASE OF UPGRADE TO ONE WAY FARE REBOOKING FEE
DOES NOT APPLY.
---
IN CASE OF TICKET UPGRADE THE ORIGINAL
NON-REFUNDABLE AMOUNT REMAINS NON-REFUNDABLE.
```

4.5.2 Unpublizierte Sondertarife

Neben den o. a. Sondertarifen und Ermäßigungen gibt es auch sog. unpublizierte Tarife (Unpublished Fares), die mit bestimmten Gruppen ausgehandelt werden und nur diesen zugänglich sind.
Dies können sein:

* bestimmte Reisebüros (Nego Fares),
* bestimmte Firmen (Corporate Fares),
* alle Agenten eines bestimmten Landes/Marktes,
* Tarife zur Konstruktion bestimmter Reisen (z. B. Pauschalreisen).

Um die Preise dieser Sondertarife zu erfahren, sind spezielle Eingaben in den Reservierungssystemen erforderlich.

4.5.2.1 Unifares (Ausgehandelte Tarife und dynamische Ermäßigungen im AMADEUS-System)

Die Produktgruppe „Unifares" von AMADEUS vereint „Negotiated Fares" und weitere Produkte für ausgehandelte Tarife.

* AMADEUS NEGO FARES (N): ausgehandelte Tarife, die von Fluggesellschaften, Consolidators und Reisebüro-Ketten manuell in AMADEUS gepflegt und an die berechtigten Reisebüros über AMADEUS verteilt werden.
* Mit ATPCO NEGO FARES (A) können Fluggesellschaften ihre ausgehandelten Tarife über den amerikanischen Tarifverteiler ATPCO in mehrere Reservierungssysteme gleichzeitig laden, so wie das auch bei den Published Fares üblich ist.
* (ATPCO) PRIVATE FARES (V) ist ebenfalls ein Produkt zur Verteilung von Tarifen, jedoch sind auf diesen Tickets die Preise dargestellt.
* Mit dem AMADEUS DYNAMIC DISCOUNT FARES Produkt (U) kann ein Published Fare um einen gewünschten Prozentsatz reduziert und einem bestimmten Nutzerkreis zur Verfügung gestellt werden.
* CORPORATE NEGO FARES sind Firmenvereinbarungen mit Airlines und werden sowohl als Corporate Negotiated Fare (C) als auch ATPCO Corporate Negotiated Fare (B) und als Corporate Dynamic Discount Fare (D) oder Corporate Private Fare (W) angeboten

Nego Fares werden i. d. R. als IT ausgestellt (s. u.), die Preisberechnung wird hierbei automatisch vom AMADEUS-System durchgeführt und muss nicht manuell aufgebaut werden.

Eingabebeispiele: >*FQD FRA HKG/D01JAN/R,U*   (nur Unifares)
                            >*FQD FRA HKG/D01JAN/R,UP* (Unifares + Published Fares)

(Zur Erläuterung der Ausgabe siehe S. 119)

4.5.2.2 IT-Tarife (Inclusive-Tour-Tarife)

IT-Tarife sind Sondertarife mit einem „geschichtlichen" Hintergrund: Sie wurden aufgelegt, um Veranstaltern den Einkauf von günstigen Flugleistungen zur Bündelung von Pauschalreisen zu ermöglichen und räumten den Linienfluggesellschaften, deren veröffentlichte Tarife genehmigungspflichtig waren, damit die Möglichkeit ein, konkurrenzfähige Preise (auch gegenüber den Charterfluggesellschaften) unter den offiziellen Sondertarifen anzubieten. Diese tarifliche Nische wurde sofort genutzt und IT-Tarife wurden sehr bald auch ohne die dazugehörigen Pauschalreiseleistungen verkauft. Da IATA-Agenten die Umgehung der strengen IATA-Regeln nicht in Kauf nehmen wollten, wurden solche Tickets besonders häufig im sog. „Graumarktbereich" verwendet, z. B. für Tickets, die über Consolidator (s. S. 238) verkauft wurden. Seit der Liberalisierung des Luftverkehrs innerhalb Europas und durch bilaterale Abkommen wie z. B. mit Australien und den USA, können Fluggesellschaften jedoch auch ohne diesen Hilfsgriff supergünstige Tarife anbieten, die

sich auch mit denen von Charterflügen oder Billigfliegern messen lassen können. Heute werden ITs oftmals für unpublizierte Tarife verwendet und über den BSP abgerechnet.
Die Besonderheit bei der Ausstellung eines Tickets auf IT-Basis ist, dass der Preis des Tickets für den Passagier nicht sichtbar ist.

Die folgenden IATA-Regeln für die Verwendung von IT-Tarifen gelten nicht innerhalb der ECAA-Länder (siehe S. 112) sowie zwischen Europa und Kanada/USA sowie Europa und dem Südwest-Pazifik.

Nach diesen Regeln werden IT-Tarife zur Konstruktion von Pauschalreisen verwendet, die ein Veranstalter auflegt. Diese Pauschalreisen müssen außer der Flugbeförderung mit einer oder mehreren IATA-Fluggesellschaften und der Unterkunft am Zielort noch zusätzliche touristische Leistungen beinhalten. Diese touristischen Leistungen können sein: Transfers, Mietwagen, Stadtrundfahrten, Ausflüge etc., jedoch nicht die Verpflegung in der Unterkunft.
Der Veranstalter, der IT-Reisen anbietet, muss sich dies von einer IATA-Fluggesellschaft genehmigen lassen und das Programm in vorgeschriebener Form veröffentlichen.
Durch die Genehmigung erhält jeder Tarif eine sog. IT-Referenznummer, die auf dem Flugschein eingetragen werden muss. Sie besteht aus 10-14 Buchstaben und Zahlen, die sich wie folgt zusammensetzen:

Beispiel: IT1LH2DER111

IT	= Tarifbezeichnung
1	= Endziffer des Genehmigungsjahrs
LH	= Genehmigende Fluggesellschaft
2	= Verkehrsgebiet (TC2), in dem IT genehmigt wurde
DER111	= Abkürzung des Firmennamens des Veranstalters und Zahlengruppe zur Identifizierung des Zielflughafens (oder an dieser Stelle Bezeichnung der Tour – mit bis zu 8 Zeichen)

Bei den IATA-Tarifen werden Gruppen-ITs und Einzel-ITs unterschieden.

Die Beförderung kann bei ITs, je nach Tarif, in der Tourist-, Business- oder First Class erfolgen.

Nach den IATA-Regeln gilt für ITs außerdem ein genereller Mindestaufenthalt von 6 Nächten, außer der jeweilige Tarif hat andere Bedingungen. Innerhalb Europas gibt es ab Deutschland auch sog. „Wochenend-ITs". Hier muss die Hinreise Mi/Do/Fr/Sa erfolgen, die Rückreise am folgenden So/Mo/Di/Mi stattfinden (außer der jeweilige Tarif hat andere Bedingungen).

Agent Coupon eines IT-Tickets: M/IT in der Fare-Calculation; Fare ausgewiesen

```
                      SCHULE FUER
ETKT      **AGENT COUPON**              00000232        **ITINERARY**
SINGAPORE AIRLINES          1 OF 1   3DZEGP/1A   OSQ0025H FRASIN 16SEP
KRAUT/BENJAMIN MR                 TC*F*IT8SQ2SIA70   HJPX3M
                                     10SEP08   OSQ0326H SINFRA 23SEP
                                                    HJPX3M
QS//NON ENDORSABLE/ REBKG/RERTG FEE EUR 100/
FRA SQ SIN M/IT SQ FRA M/IT END XT22.77RA6.55DE10
.38SG



IT                      EXCH/
EUR155.56YQ INV
EUR   7.08YQ FCI N
EUR 39.70XT ORIG ISS/
EUR 1031.34
      618 5297324953 5 PRI   FFVV
7906/
```

Passenger Receipt des IT-Tickets: Nur Steuern, aber keine Fare ausgewiesen

```
                        ELECTRONIC TICKET
                   PASSENGER ITINERARY RECEIPT

SCHULE FUER TOURISTIK            DATE: 10 SEPTEMBER 2008
WEIGAND KG                       AGENT: 1009
GERVINUSSTRASSE 5-7              NAME: KRAUT/BENJAMIN MR
60322  FRANKFURT
IATA   : 000 00232
TELEPHONE: 069-282974


ISSUING AIRLINE                   : SINGAPORE AIRLINES
TICKET NUMBER                     : ETKT 618 5297324953
BOOKING REF : AMADEUS: 3DZEGP
FROM /TO         FLIGHT CL DATE  DEP   FARE BASIS   NVB   NVA   BAG ST

FRANKFURT        SQ 0025 H  16SEP 1235  HJPX3M           16SEP 16SEP 20K OK
TERMINAL:1
SINGAPORE CHANG                  ARRIVAL TIME: 0635

SINGAPORE CHANG SQ 0326 H  23SEP 1345  HJPX3M           23SEP 23SEP 20K OK
TERMINAL:3
FRANKFURT                        ARRIVAL TIME: 2030
TERMINAL:1


AT CHECK-IN, PLEASE SHOW A PICTURE IDENTIFICATION AND THE DOCUMENT YOU
GAVE FOR REFERENCE AT RESERVATION TIME

ENDORSEMENTS   : QS//NON ENDORSABLE/ REBKG/RERTG FEE EUR 100/
TOUR CODE      : IT8SQ2SIA700
PAYMENT        : INV

FARE CALCULATION  : FRA SQ SIN M/IT SQ FRA M/IT END
                    XT22.77RA6.55DE10.38SG

AIR FARE        : EUR IT
TAX             :           155.56YQ       7.08YQ         39.70XT
TOTAL           : EUR IT


NOTICE
CARRIAGE AND OTHER SERVICES PROVIDED BY THE CARRIER ARE
SUBJECT TO CONDITIONS OF CARRIAGE, WHICH ARE HEREBY INCORPORATED BY
REFERENCE. THESE CONDITIONS MAY BE OBTAINED FROM THE ISSUING CARRIER.

THE ITINERARY/RECEIPT CONSTITUTES THE 'PASSENGER TICKET' FOR
THE PURPOSES OF ARTICLE 3 OF THE WARSAW CONVENTION, EXCEPT WHERE THE
CARRIER DELIVERS TO THE PASSENGER ANOTHER DOCUMENT COMPLYING WITH THE
REQUIREMENTS OF ARTICLE 3.

NOTICE
IF THE PASSENGER'S JOURNEY INVOLVES AN ULTIMATE DESTINATION OR STOP IN
A COUNTRY OTHER THAN THE COUNTRY OF DEPARTURE THE WARSAW CONVENTION MAY
BE APPLICABLE AND THE CONVENTION GOVERNS AND IN MOST CASES LIMITS THE
LIABILITY OF CARRIERS FOR DEATH OR PERSONAL INJURY AND IN RESPECT OF
LOSS OF OR DAMAGE TO BAGGAGE. SEE ALSO NOTICES HEADED ADVICE TO
INTERNATIONAL PASSENGERS ON LIMITATION OF LIABILITY' AND 'NOTICE OF
BAGGAGE LIABILITY LIMITATIONS'.

                                                      PAGE:1/1
```

4.5.3 Airpässe

In einigen Kontinenten/Ländern, die über ein ausgedehntes Flugnetz verfügen, bieten dort vertretene Fluggesellschaften sog. Rundreisepässe an. Diese bestehen meistens aus einer abgestuften Anzahl von Flugcoupons, die auf beliebigen Flügen des Streckennetzes gelten und eine Ermäßigung gegenüber dem Kauf von Einzeltickets beinhalten. Der Verkauf dieser Pässe ist jedoch oft nur im Ausland gestattet und manchmal nur im Zusammenhang mit einem internationalen Flugschein derselben Fluggesellschaft, die auch den Rundreisepass anbietet.

Sehr viele Angebote gibt es für Nord- und Südamerika, dort sogar Länder überschreitend.

Wenn Sie bei AMADEUS eine Preisabfrage zwischen zwei Orten vornehmen, bekommen Sie mitunter einen Hinweis auf einen Airpass, die Bedingungen hierzu können dann der entsprechenden Note entnommen werden.

Einen Überblick über die Bedingungen/Ausstellung der verschiedenen Rundreisepässe finden Sie bspw. in den Extranets der Carrier oder auf ihren Marketingseiten in den GDS.

4.5.4 RTW – Round-The-World-Tarife

Verschiedene Vorschlagsrouten für Flüge um die Welt werden von einigen Airlines schon fertig ausgearbeitet angeboten.

Die Tarifanfrage in AMADEUS erfolgt mit demselben Anfangs- und Endort, z. B.: >*FQD FRAFRA/ASK* (immer mit Airline).

4.5.5   Flugpreisberechnung mit Sondertarifen

Für Sondertarife mit indirekten Routings erfolgt die Berechnung zunächst mit Normaltarifen, um die fare construction points und die Reiseart zu bestimmen, die dann auch für den Sondertarif gelten.

Journey Concept:

Angenommen, Sie haben zu dem weitestentfernten/höchsttarifierten Ort ab Ausgangsort keinen Meilenaufschlag ermittelt. Die Reiseart ist RT. Sie ermitteln jetzt den günstigsten Sondertarif zwischen diesen Orten (hierfür müssen Sie nach der Note des jeweiligen Tarifs prüfen, ob dieser überhaupt Transfers oder Stopover zulässt und ob evtl. ein Routing zu diesem Tarif vorgeschrieben ist). Wenn Sie verschiedene Tarife kombinieren wollen, überprüfen Sie ganz genau Paragraf Konstruktionen und Kombinationen (CO) der Notes zu jedem angewandten Tarif.

Bei der Kalkulation von Sondertarifen ist außerdem Folgendes zu beachten:

1. Gibt es keine Routingvorschrift, so gilt die bereits geprüfte Meilenberechnung des Normaltarifs.

2. Auch bei Sondertarifen gibt es einen HIP-Check, allerdings werden hier nur die Tarife zwischen den Tarifberechnungspunkten und den dazwischen liegenden Stopoverpunkten einer Pricing Unit überprüft (also nicht die Tarife zwischen den Stopoverpunkten). Weisen diese Tarife nicht den gleichen Tariftyp auf, so müssen die nächsthöheren Spezialtarife herangezogen werden.

3. OW-Pricing Units:
   BHC und DMC werden entsprechend den o. a. Regeln zu den Normaltarifen geprüft.

4. Circle Trips:
   Sie bestehen bei Special Fares aus max. zwei internationalen Tarifkomponenten. Der CTM-Check kann auch bei Sondertarifen zur Anwendung kommen und ist genauso wie bei Normaltarifen der höchste (Sonder-)Tarif ab Ausgangsort zu einem Stopoverpunkt der Rundreise.

5. Open Jaws:
   Sie bestehen bei Special Fares ebenfalls aus max. 2 internationalen Tarifkomponenten, die mit ½-RT-Tarifen berechnet werden. Die Tarifkomponente, die ins Reiseantrittsland der Pricing Unit zurückführt, wird in Richtung *vom* Reiseantrittsland angewendet. Bei Reisen von/nach Europa gilt dies ebenso für die Tarifkomponente, die nach Europa zurückführt (außer auf Reisen innerhalb Europas).

6. OSC: Nicht anwendbar bei der Kombination von Normal Fares mit Special Fares

7. RSC: Gilt nicht für Special Fares

Pricing Unit Concept:

Bei der Anwendung des Pricing Unit Concepts ergeben sich diverse Kombinationsmöglichkeiten von verschiedenen Sondertarifen untereinander bzw. von Sondertarifen mit Normaltarifen. In jedem Fall ist es auch hier notwendig, sehr genau die Kombinationsmöglichkeiten in der jeweiligen Note zu überprüfen.

Beispiel:

```
01 KLAUKE/HEINI*

LAST TKT DTE 01JAN09 - DATE OF ORIGIN
-----------------------------------------------------------
      AL FLGT  BK T DATE   TIME  FARE BASIS      NVB  NVA   BG
 FRA
 SIN  SQ 0025  S  S 01JAN  1200  YIF                        20
 SYD  SQ 0231  S  S 05JAN  0030  YEE8                 05JAN 20
 AKL  EK 0412  Q  Q 03FEB  0830  QRTAU1         03FEB03FEB  20
 SYD  EK 0413  Q  Q 10FEB  1845  QRTAU1         10FEB10FEB  20
 SIN  SQ 0232  S  S 12FEB  1240  YEE8                 05JAN 20
 FRA  LH 9765  Y  Y 15FEB  1410  YRT                        20


EUR   5535.00       01JAN09FRA SQ SIN3452.02SQ SYD1098.53EK
                    AKL286.28EK SYD286.28SQ SIN1098.53LH FRA
EUR    324.20YQ     2387.94NUC8609.58END ROE0.642811
EUR     10.62YQ     XT EUR 22.77RA EUR 6.57DE EUR 20.76SG EUR
EUR    147.29XT     50.16WY EUR 27.00AU EUR 6.20KK EUR 6.20KK
EUR   6017.11       EUR 7.63IA
```

Hier wurden mehrere Tarife miteinander kombiniert:

1. RT: FRA–SIN–FRA (½ RT YIF/SQ: 3452.02 NUC + ½ RT YRT/LH: 2387.94 NUC)
2. RT: SIN–SYD–SIN   (2 x ½ RT YEE8/SQ: 1098 NUC)
3. RT: SYD–AKL–SYD (2 x ½ RT QRTAU1/EK: 286.28 NUC)

→ Es wurde also überprüft, ob
- der YIF-Tarif der SQ mit dem YRT-Tarif der LH auf ½ -RT-Basis kombinierbar ist,-
- der YEE8-Tarif end-on mit dem YIF/YRT-Tarif kombiniert werden darf,
- der QRTAU1-Tarif der EK end-on mit dem YEE8-Tarif der SQ kombinierbar ist.

4.6 Ermäßigungen für bestimmte Personengruppen

Während die o. a. Sondertarife für jedermann, der die Bedingungen einhält, gelten, sind die folgenden Ermäßigungen und Tarife personenbezogen. In den Notes der Tarife ist genau vermerkt, wer sie nutzen darf. Die Berechtigung zur Nutzung der Ermäßigungen/Tarife muss in den meisten Fällen nachgewiesen werden.

4.6.1 Ermäßigungen für Kinder

Ticket Designator: CH.

Von zwei bis elf Jahren erhalten Kinder 25 % Ermäßigung auf IATA-Tarife, wenn sie in Begleitung fliegen.

Unbegleitete Kinder zahlen unter acht Jahren 100 %, von 8 bis 11 Jahren 75 % des anwendbaren IATA-Tarifs.

Der gleiche Ermäßigungssatz gilt für Stopover Charges.

4.6.2 Ermäßigungen für Kleinkinder

Ticket Designator: IN.

Unter zwei Jahren erhalten Kleinkinder 90 % Ermäßigung, wenn sie keinen eigenen Sitzplatz beanspruchen. Benötigen sie einen eigenen Sitzplatz, ist der Kindertarif fällig (75 % bei IATA).

Der gleiche Ermäßigungssatz gilt für Stopover Charges.

4.6.3 Studententarife (weltweit außer innerhalb Europas, zwischen Europa und USA/Kanada sowie zwischen Europa und dem Südwestpazifik)

Ticket Designator: SD, z. B. Y/SD25

Weltweit außer für die o. a. Ausnahmen gibt es eine Ermäßigung von i. d. R. 25 % auf den anwendbaren Y-Normaltarif für Schüler und Studenten zwischen 12 und 25 Jahren bzw. bis zu 30 Jahren (je nach Strecke) für die Flüge zwischen Wohnort und dem Ausland, in dem die Lehranstalt sich befindet. Dabei müssen Schüler und Studenten mindestens für sechs Monate an dieser Lehranstalt eingeschrieben sein.

4.6.4 Gruppentarife

Gruppenbuchungen durch Reisebüros können bei den meisten Airlines nur schriftlich oder telefonisch vorgenommen werden. Die hierfür gewährten Ermäßigungen sind bei der Airline anzufragen. Reiseleiter erhalten als Begleiter von Gruppen meist besondere Konditionen.

4.6.5 Weitere Personengruppen

Personenbezogene ermäßigte Tarife kann es beispielsweise noch geben für:

* Behinderte
* Begleitpersonen von Behinderten
* Senioren
* Familien
* Ehegatten

- Gastarbeiter
- Seeleute
- Militär
- Pilgerer nach Mekka
- Auswanderer
- Diplomaten
- Deportees (Auszuweisende)
- Jugendaustauschprogramme nach USA/Kanada
- Bonusprogramme, z. B. für Vielflieger
- Agenten
- Ethnic Fares

ÜBUNG 4.6

Das folgende TST ist für einen Erwachsenen angelegt. Füllen Sie die Fare Elemente in der darunterliegenden TST-Maske für ein Kind aus (mit 25 % Ermäßigung).

```
TST00001     FRAL12902 AB/12SEP I 0 LD 23JAN09 OD FRAFRA SI
T-
FXP
    1.VATER/PETER MR
 1   FRA SA  261 C 23JAN 2045  OK CR                        30K
 2 O JNB SA  260 C 26JAN 2020  OK CR                        30K
     FRA
FARE  F EUR    5584.00
TX001 X EUR    275.76YRVA TX002 X EUR    22.77RAEB TX003 X EUR    6.57DESE
TX004 X EUR      0.90EVAB TX005 X EUR    11.28ZAEB TX006 X EUR   10.74WCTR
TOTAL   EUR    5912.02
FRA SA JNB4343.42SA FRA4343.42NUC8686.84END ROE0.642811
```

```
TST00001     FRAL12902 AB/12SEP I 0 LD 23JAN09 OD FRAFRA SI
T-
FXP/RCH
    1.TOCHTER/LENA (CHD)
 1   FRA SA  261 C 23JAN 2045  OK CRCH                      30K
 2 O JNB SA  260 C 26JAN 2020  OK CRCH                      30K
     FRA
FARE  F EUR    _____
TX001 X EUR    _____YRVA TX002 X EUR   _____RAEB TX003 X EUR  ____DESE
TX004 X EUR    _____EVAB TX005 X EUR   _____ZAEB TX006 X EUR  ____WCTR
TOTAL   EUR    _____
FRA SA JNB_____SA FRA_____NUC_____END ROE0.642811
```

4.7 Währungsbestimmungen

Bei der Berechnung von Flugreisen ist als erster Grundsatz zu beachten, dass Tarife immer auf der Basis von Landeswährungen festgesetzt und veröffentlicht und darüber hinaus in die künstliche Recheneinheit NUC (Neutral Unit of Construction) umgerechnet werden.

Eine Ausnahme hierzu bilden einige Länder, in denen Flugtarife in USD statt der Landeswährung veröffentlicht werden.

Den veröffentlichten Landeswährungstarif können Sie immer dann direkt anwenden, wenn es sich bei der Flugroute des Kunden um einen ablesbaren Tarif handelt und das Ticket auch in dem Land (im Euro-Bereich der gesamte Bereich) ausgestellt und verkauft wird, in dem die Reise angetreten wird, also die gleiche Währung anwendbar ist. Handelt es sich dagegen um eine internationale Flugroute mit mehreren Sektoren und zu überprüfenden HIPs etc., so empfiehlt es sich, zum Berechnen gleich die NUC-Preise zu verwenden, um z. B. für die HIP-Überprüfung eine Vergleichsbasis zu haben.

Die Abkürzungen der Währungen lassen sich aus den ersten beiden Buchstaben der ISO-Codes der Länder sowie dem ersten Buchstaben der Währung ableiten; der Euro wird EUR abgekürzt.

Müssen Sie nun entweder NUC-Beträge oder Beträge von einer Währung in eine andere umrechnen, so sind verschiedene Regeln zu beachten.

4.7.1 Rate of Exchange (ROE)

Für die Umrechnung von NUC-Beträgen in eine Landeswährung benutzen Sie grundsätzlich die ROE (Rate of Exchange), die am Anfang eines jeden Quartals vom IATA-Clearing-House veröffentlicht wird. Nur bei extremen Kursschwankungen (über 6 %) wird auch zwischen den Quartalen eine ROE geändert.
Die ROE orientiert sich am Wechselkurs zum US-Dollar.

Um von einer Landeswährung in NUC umzurechnen, benutzen Sie die Formel:

$$\frac{\text{Landeswährung}}{\text{ROE}} = \text{NUC}$$

Entsprechend benutzen Sie für die Umrechnung von NUC in Landeswährungen die Formel:

NUC X ROE = Landeswährung

Hierbei sind bestimmte Rundungsregeln zu beachten:

- Bei NUCs werden grundsätzlich immer nur zwei Stellen nach dem Komma beachtet und nicht gerundet, sowohl beim Umrechnen von Landeswährungen mit der ROE als auch innerhalb von Berechnungen, z. B. beim Errechnen von Meilenaufschlägen.

- Landeswährungen haben eigene Rundungseinheiten, die auch jeweils zu der ROE in den Tarifwerken veröffentlicht werden.

EUR werden immer auf die Rundungseinheit 1 aufgerundet, was allerdings nur für die Flugpreise selbst zutrifft, während Steuern andere Rundungseinheiten haben können, bei EUR z. B. 0.01 (und hier wird im Gegensatz zu den Flugpreisen kaufmännisch gerundet).

Bis auf einige Ausnahmen, die mit entsprechenden Anmerkungen in den Tarifwerken versehen sind, werden die Landeswährungsbeträge immer auf die nächste Rundungseinheit aufgerundet.
Bei der Rundung von Landeswährungen wird nur die erste Nachkommastelle nach dem Umrechnen berücksichtigt, wenn die Aufrundungseinheit 1 heißt.

Beispiel:

Zu rundender Betrag: <u>1456.0</u>7363 EUR, Rundungseinheit 1:
Es soll die 1. Stelle nach dem Komma beachtet, alle weiteren ignoriert werden:
Ergebnis: 1456 EUR.
Im Ticket wird in das Fare-Feld EUR1456.00 eingetragen, da bei den Dezimaleinheiten für alle Länder, die den Euro anwenden, 2 angegeben ist.

Beispiel:

Kaufmännisch zu rundender Steuer-Betrag: <u>3.41</u>478 EUR, Rundungseinheit 0.01:
Es wird die Stelle nach dem Komma für die Rundung in Betracht gezogen, die auf die Rundungseinheit folgt (d. h. in diesem Fall die 3.), alle weiteren ignoriert:
Ergebnis : 3.41 EUR

4.7.2 Bankers Rate of Exchange

Um Tickets von der Währung, in der sie berechnet werden (also von der Währung des Reiseantrittslandes), in eine andere Zahlungswährung umzurechnen, benutzen Sie die Bankers Rate of Exchange.

Sie wird jeden Mittwoch von der „Daily Financial Times" publiziert und ist dann bis zum jeweils folgenden Dienstag gültig. AMADEUS übernimmt diese Rate automatisch.
Für Länder, in denen keine offizielle „Bankers Rate of Exchange" zur Verfügung steht, gelten die anwendbaren Bankers Selling Rates bzw. Bankers Buying Rates.

Sie dürfen unter keinen Umständen ein Ticket, das in einer fremden Währung berechnet wurde, über die ROE in die Zahlungswährung umrechnen, da hier einige Differenzen auftreten können!

Beispiel:

Ein inneramerikanisches Ticket wurde mit 300.00 USD berechnet. Der Kunde möchte dieses Ticket schon vor Abflug in die USA bei Ihnen im Büro kaufen, und er möchte das Ticket natürlich in EUR bezahlen.

Richtige Vorgehensweise:

Sie erkundigen sich nach der Bankers Rate of Exchange, die momentan anwendbar ist – z. B.
1 USD = 1.1235 EUR und multiplizieren

> 300.00 USD x 1.1235 = 337.05 EUR –> also EUR 337.00 (Rundung wie o. a.)

Falsche Vorgehensweise:

Sie rechnen den USD-Betrag zunächst mit der ROE in NUC um.
Diese beträgt stets 1 : 1; also würde sich in unserem Beispiel ein Betrag von 300 NUC ergeben.
Dann rechnen Sie den NUC-Betrag mit der ROE wiederum in EUR um. Die ROE in beträgt in diesem Fall
1 NUC = 1.23522 EUR

> 300 NUC x 1.23522 = 370.05 EUR (gerundet 370.00 EUR)

→ Sie hätten also 33 EUR zu viel kassiert!

Die Reservierungssysteme rechnen Beträge automatisch um. Die separate Abfrage für eine Umrechnung zwischen Landeswährungen in AMADEUS lautet:
>FQC..., z. B. >FQC 100USD/EUR

Nach den weltweit gültigen IATA-Regeln sind immer die BSR und ROE *zum Ausstellungsdatum des Tickets* gültig. Etwaige Tarifänderungen, Änderungen Wechselkurse oder Tarifbedingungen zwischen Ticketausstellung und Reisebeginn haben keinen Einfluss mehr hierauf, vorausgesetzt, die ursprüngliche Reservierung wurde nicht geändert.

ÜBUNG 4.7

Benutzen Sie bitte den folgenden Auszug zur Ermittlung der ROEs und rechnen Sie diese Flugpreise um:

a) 256 NUC → EUR

c) 398 NUC → Bahraini Dinar

b) 586 NUC → Aruban Guilder

d) 854 NUC → Australian Dollar

		ISO Code	Local Curr. Fares	Other Charges	ROE (1 NUC=)	Notes
Afghanistan	Afghani	AFN	1	1	49.50	2, 8
Albania	Lek	ALL	1	1	5.08432	22
Algeria	Algerian Dinar	DZD	10	1	63.35398	
American Samoa	US Dollar	USD	1	0.1	1.00	5
Angola	Kwanza	AOA	1	1	75.011	2, 8
Anguilla	East Caribbean Dollar	XCD	1	0.1	2.70	2, 5
Antigua and Barbuda	East Caribbean Dollar	XCD	1	0.1	2.70	2
Argentina	Argentine Peso	ARS	1	0.1	3.0666	1, 2, 5, 8
Armenia	Armenian Dram	AMD	1	1	307.175	8, 22
Aruba	Aruban Guilder	AWG	1	1	1.79	
Australia	Australian Dollar	AUD	1	0.1	1.044421	8
Austria	Euro	EUR	1	0.01	0.642811	8
Azerbaijan	Azerbaijianan Manat	AZN	0.1	0.1	0.8242	8, 22
Bahamas	Bahamian Dollar	BSD	1	0.1	1.00000	2
Bahrain	Bahraini Dinar	BHD	1	0.1	0.3761	
Bangladesh	Taka	BDT	1	1	68.604	2, 19
Barbados	Barbados Dollar	BBD	1	0.1	2.01130	2
Belarus	Belarussian Ruble	BYR	10	10	2133.40	4, 8, 22
Belgium	Euro	EUR	1	0.01	0.642811	8

Notes:

☐ 1 For information apply to the nearest office of an issuing or participating airline.

☐ 2 International fares, fares related charges and excess baggage charges will be quoted in US Dollars.

☐ 3 No rounding is involved; all decimals beyond two shall be ignored.

☐ 4 Rounding of fares and other charges shall be to the nearest rounding unit except US Tax charges shall be rounded to the nearest 0.01.

☐ 5 Rounding of fares and other charges shall be to the nearest rounding unit.

☐ 6 Rounding of other charges shall be accomplished by dropping amounts less than 50 cents/lisenti and increasing amounts of 50 cents/lisenti or more.

☐ 7 Changes to promotional fares in Japanese Yen shall be calculated to JPY 1 and rounded up to JPY 1,000.

☐ 8 See 11.9. for sources for bankers rates of exchange.

5 Konstruktion und Kalkulation von Flugpauschalreisen

Im Folgenden sollen nur diejenigen Aspekte der Planung, Konstruktion und Kalkulation einer Pauschalreise beleuchtet werden, die den *Fluganteil* betreffen.

Das organisatorische Vorgehen, nicht jedoch der rechtliche Rahmen, hängt davon ab, ob es sich um einen Großveranstalter handelt, der Reisen für eigene Kataloge produziert und vielleicht sogar über eigene Hotels und Fluggesellschaften verfügt oder aber ob es sich bspw. um ein Reisebüro handelt, das regelmäßig auch eigene Reisen veranstaltet, um seinen Gewinn zu steigern und hierfür alle Leistungen als Fremdleistungen einkaufen muss.

5.1 Vorüberlegungen (Marketing)

Um eine Pauschalreise zu produzieren, die erfolgreich am Markt platziert werden kann, sind einige konzeptionelle Überlegungen erforderlich, die allerdings eher in den Bereich des Marketing gehören und deshalb hier nur kurz angerissen werden sollen. Hierzu gehören bspw. folgende Fragen:

- Welche Ziele will ich mit dem Produkt erreichen? (Umsatzsteigerung, Kundenbindung, Imageveränderung etc.)
- Welches sind die momentanen Trends, welche Megatrends gibt es?
- Welche Zielgruppe(n) spreche ich mit der Pauschale an?
- Handelt es sich um eine neu zu erschließende oder bereits vorhandene Zielgruppe?
- Wie groß ist (sind) die Zielgruppe(n), die ich mit dem Angebot erreichen kann?
- Wie finanzkräftig und zahlungswillig ist (sind) diese Zielgruppe(n)?
- Wie ist die Konkurrenzsituation auf dem Markt?

5.2 Planung

Reiseform

Es ist zu klären, ob die Pauschale als *Individual- oder Gruppenreise* (geschlossen oder offen, mit oder ohne Reiseleitung) angeboten werden soll. Fallen relativ hohe Fixkosten z. B. für die Reiseleitung oder einen Transport/Transfer an, so empfiehlt es sich, die Reise als Gruppenreise mit einer *Mindestteilnehmerzahl* auszuschreiben.

Zeitliche Planung

Je nachdem, für welche Vertriebsschiene die Reise produziert werden soll, sind unterschiedliche *Vorlaufzeiten* einzuplanen. Reisen, die in den Katalog sollen, müssen auf dessen Erscheinungstermin abgestimmt sein und benötigen einen entsprechend langen Vorlauf. Handelt es sich um eine einmalige Reise, so hängen Verfügbarkeiten der Plätze z. B. von der Saisonzeit ab – Hochsaisontermine sind wesentlich gefragter und früher ausgebucht als Nebensaisontermine.

Wahl der Fluggesellschaft

Die Wahl der geeigneten Fluggesellschaft hängt von vielen Faktoren ab, so z. B.:

- **Streckenführung**:
    - Wird das Ziel im Direktflug oder mit Umsteigen angeflogen?
    - Umläufe/Frequenz: Wie häufig pro Tag/Woche/Jahr wird geflogen?
    - Wie liegen die Flugzeiten (Slots)? Günstig: morgens hin, abends zurück (Tagesrandverbindungen).
    - Wie lang ist die sog. „Kettenlänge", also von wann bis wann im Jahr wird die Verbindung geflogen?
    - Welcher Zielflughafen wird im Zielgebiet angeflogen? Wie lang ist die Transferzeit zu den jeweiligen Unterkünften?

- **Sicherheit, Pünktlichkeit, Zuverlässigkeit und Sauberkeit:**
  Renommierte, deutsche Fluggesellschaften und Fluggesellschaften der EU genießen bei den Kunden ein größeres Vertrauen als unbekannte.

- **Linienflug, Charterflug oder Low-Cost? Vor- und Nachteile:**

  - **Linie:**
    - o Bindung an veröffentlichten Flugplan und Tarife.
    - o Flüge zu Ferienzielen wie z. B. Inseln im Mittelmeer eher mit Umsteigen, dafür aber in relativ hoher Frequenz.
    - o Für Reiseveranstalter werden sog. IT-Tarife angeboten, die zur Konstruktion von Pauschalreisen verwendet werden dürfen und auf dem Ticket ohne Preis angezeigt werden (siehe hierzu S. 217 ff.).
    - o I. d. R. guter Komfort.
    - o Großzügige Freigepäckbestimmungen (siehe S. 71 ff.)

  - **Charter:**
    - o Tarife können je nach Vertrag mit dem Reiseveranstalter ausgehandelt werden (Vertragsarten s. u.).
    - o Viele Direktflugverbindungen zu den Ferienzielen, allerdings oft nur einmal wöchentlich. I. d. R. guter Komfort.
    - o Gepäckfreigrenzen meist niedriger als bei Linienflügen.

  - **Low Cost:**
    - o Bei Einzelplatzbuchungen Tarife in Abhängigkeit vom Buchungszeitpunkt und Verfügbarkeit.
    - o Eher Punkt-zu-Punkt-Verbindungen, schwerpunktmäßig werden große Städte angeflogen.
    - o Komfort i. d. R. sehr gering.
    - o Aufgegebenes Gepäck oftmals mit Gebühren verbunden.

- **Preis-Leistungsverhältnis**
  Die Einkaufspreise müssen unter Berücksichtigung der o. a. Faktoren verglichen werden.

- **Einzusetzendes Fluggerät**
  Hier muss berücksichtigt werden, ob das Fluggerät zum einen die nötige Reichweite besitzt und zum anderen die gewünschte Sitzplatzkapazität – siehe hierzu Kap. 1.5.

5.3 Rechtliche Grundlagen

Die rechtlichen Grundlagen sollen nur zusammenfassend dargestellt werden, da sie in allen betreffenden Rahmenlehrplänen auch separat ausführlich behandelt werden.

Folgende vertragliche Grundlagen entstehen bei einer Reiseveranstaltung:

Kunde – Reiseveranstalter

Bei der Buchung einer Pauschalreise wird zwischen dem Kunden und dem Reiseveranstalter ein **Reisevertrag nach § 651a BGB** geschlossen. Auch Reisebüros oder Tourismusorganisationen können als Reiseveranstalter tätig werden, sobald sie mehrere Leistungen zu einem Gesamtpaket bündeln und auf eigene Rechnung unter eigenem Namen verkaufen. Entscheidend ist die Sicht des Kunden.

Reiseveranstalter – Reisemittler (Reisebüro)

Die vertragliche Grundlage zwischen Reiseveranstalter und Reisebüro bei der Vermittlung von Pauschalreisen bilden der **Handelsvertretervertrag** nach §§ 84 ff. HGB oder **Handelsmaklervertrag** nach §§ 93 ff. HGB. Die genaue Ausgestaltung der geschäftlichen Beziehung zwischen den beiden wie z. B. die Provisionsregelungen regelt der sog. **Agenturvertrag**.

Kunde – Reisebüro

Zwischen dem Reisebüro und seinem Kunden kommt ein **Vermittlungsvertrag (Geschäftsbesorgungsvertrag)** nach § 675 BGB zur Anwendung. Da er die Vermittlung einer Reiseleistung zum Gegenstand hat, wird er in diesem konkreten Fall auch Reisevermittlungsvertrag genannt. Aus diesem Vertrag haftet der Reisemittler nur für seine Vermittlungsleistung, d. h. beispielsweise für die Richtigkeit der Auskünfte, Kontrolle der Unterlagen auf Vollständigkeit etc.

5.3.1 Pauschalreiserecht

Definition Pauschalreise im Sinne des Reisevertragsgesetzes § 651 BGB:
Mind. zwei Reisehauptleistungen werden zu einem Gesamtpaket verschnürt und zu einem Gesamtpreis verkauft.

Hauptleistungen:
- Beförderung
- Unterkunft
- weitere Leistungen, die nicht Nebenleistungen von Beförderung/Unterkunft sind

Nebenleistungen, z. B.:
- Transfers
- Reiseversicherungen
- Verpflegung in der Unterkunft
- Reiseleitung
- Ausflüge am Zielort

→ **Aber: Verbrauchersicht entscheidend!**
   Auch FeWos oder andere Einzelleistungen in Katalogen sind gemäß Pauschalreiserecht zu behandeln!

Reiseveranstalter:
- kann jede natürliche oder juristische Person sein.
- Auch wer einmalig eine Reise veranstaltet, wie z. B. Leserreise, ist Reiseveranstalter i. S. des § 651 BGB.
- Auch nichtgewerbliche Anbieter, wie z. B. Kirchengemeinden, können Reiseveranstalter sein.

Reisevertrag § 651 BGB

Pflichten Reisender:
- Zahlung des Reisepreises

Pflichten Veranstalter:
- Erbringung der Reiseleistungen
- Übermittlung einer Reisebestätigung
- Informationspflichten gemäß Informationsverordnung (BGB-InfoV, § 4) in Bezug auf
   - Prospektangaben,
   - Infos vor Vertragsabschluss,
   - Reisebestätigung, Allgemeine Reisebedingungen,
   - Unterrichtung vor Beginn der Reise.
       Diese Vorschriften gelten jedoch nicht für Gelegenheitsveranstalter entsprechend der
   →Definition zum Insolvenzschutz (s. u.)

Konstruktion und Kalkulation von Flugpauschalreisen
– rechtliche Grundlagen – Verträge für den Flugeinkauf
– Vollcharter

- Reisepreiserhöhungen nur bis 20. Tag vor Reisebeginn und nur aus bestimmten Gründen (Erhöhung Beförderungskosten, Abgaben, Wechselkurse)

- Sicherung des Reisepreises durch Insolvenzabsicherung/Sicherungsschein (s.u.)
  → nicht für Gelegenheitsveranstalter und Nichtgewerbliche
  → nicht, wenn die Reise weniger als 24 Std. dauert und ohne Übernachtung durchgeführt wird und weniger als 75 € kostet
  → nicht für Veranstalter als jur. Person des öffentl. Rechts
- Kunden muss bei Anzahlung oder Zahlung des Reisepreises der **Sicherungsschein** über diese Absicherung ausgehändigt werden

Rechte Reisender:
- Rücktritt bei mehr als 5 % Erhöhung des Reisepreises
- Rücktritt bei erheblicher Änderungen der Leistungen
- Freiwilliger Rücktritt gegen Kostenerstattung
- Kündigung wegen höherer Gewalt
- Gewährleistungs- und Haftungsansprüche:
  Zuerst muss immer Abhilfe verlangt und dem Reiseveranstalter Chance hierzu gegeben werden
  Erst dann können Kunden:
  - selbst Abhilfe schaffen und Ersatz der entstehenden Aufwendungen verlangen
  - den Reisepreis mindern
  - den Vertrag kündigen und Erstattung der Kosten für die Rückbeförderung verlangen
  - Zusätzlich Schadensersatz wegen Nichterfüllung und nutzlos aufgewendeter Urlaubszeit verlangen.

Der Reiseveranstalter muss immer auch für die Mängel seiner sämtlichen Vertragspartner einstehen (also auch für Mängel der Fluggesellschaft).

Beschränkung der Haftung des Reiseveranstalters bei Nicht-Körperschäden auf den dreifachen Reisepreis ist möglich (wenn der Schaden weder vorsätzlich, noch grob fahrlässig oder durch Leistungsträger verursacht wurde).

Die Verjährungsfrist für die Geltendmachung der Ansprüche beträgt zwei Jahre.

Versicherungen für Reiseveranstalter

- Personen- und Sachschaden-Haftpflichtversicherung
- Vermögensschaden-Haftpflichtversicherung (gegen Ansprüche auf Schadensersatz nach § 651ff. BGB).
- Grundversicherungsschutz (gegen Personen-, Sach- und Vermögensschäden) für alle Klein-veranstalter und Einsteiger, die nur in geringem Umfang Eigenveranstaltungen betreiben/bis zu maximal 250 Reiseteilnehmer pro Jahr
- Insolvenzversicherung

5.3.2 Verträge für den Flugeinkauf [32]

Werden zur Produktion einer Pauschalreise Flugleistungen bei einer Charterfluggesellschaft eingekauft, so kann dies zu unterschiedlichen Konditionen erfolgen, die sich hauptsächlich nach der Verteilung des Auslastungsrisikos richten:

5.3.2.1 Vollcharter

Erfolgt i. d. R. für eine gesamte Charterkette; der Reiseveranstalter chartert das ganze Flugzeug unter Garantie und trägt das volle Auslastungsrisiko.

---

[32] Vgl. Berg, W.: Tourismusmanagement, 1. Aufl. 2006, S. 94

Konstruktion und Kalkulation von Flugpauschalreisen
– rechtliche Grundlagen – Verträge für den Flugeinkauf
– Teilcharter, Kumulative Garantie, Flugstundeneinkauf, Zubucher/Einbucher

Wird ihm das Recht zur Weiterveräußerung eines Teils der Plätze eingeräumt, spricht man von „Subcharterverträgen". Mithilfe dieser Verträge kann der Reiseveranstalter sein Risiko minimieren.

5.3.2.2 Teil- oder Blockcharter

Hier übernimmt der Reiseveranstalter nur ein bestimmtes Kontingent gegen Garantie (auf der gesamten Kette oder nur bestimmten Flügen), für die er dann das Auslastungsrisiko trägt. Auch hierbei kann er ggf. Subcharterverträge mit anderen Reiseveranstaltern abschließen. Üblich ist auch die Kombination von Garantieplätzen mit einem Pro-Rata-Kontingent, also einem Kontingent, für das der Reiseveranstalter nur zahlen muss, wenn er die Plätze auch tatsächlich verkauft.

5.3.2.3 Kumulative Garantie

Hier wird eine bestimmte Anzahl von Sitzen, verteilt über die gesamte Saison, eingekauft. Stellt sich im Nachhinein heraus, dass die vereinbarte Anzahl nicht erreicht wurde, kommt es zu einer nachträglichen Erhöhung des Einkaufspreises.

5.3.2.4 Flugstundeneinkauf

Beim Flugstundeneinkauf kauft der Reiseveranstalter eine feste Anzahl von Stunden pro Saison ein. Der Preis hierfür errechnet sich aus den anfallenden Kosten pro Maschine pro Stunde.

5.3.2.5 Zubucher und Einbucher

Dies sind Einzelplatzverkäufe an vorwiegend kleinere Reiseveranstalter. Das Auslastungsrisiko liegt hier bei der Fluggesellschaft. Da Fluggesellschaften mittlerweile auch im Gelegenheitsverkehr Einzelplätze an Endverbraucher verkaufen können (über Reisebüros oder direkt), ist dies eine weit verbreitete Vertragsform, mit der die Fluggesellschaften Restplätze ihrer Maschinen auffüllen.

5.4 Kalkulation

Auch bei der Kalkulation des Preises soll hier der Schwerpunkt auf den Produktbaustein Flug gelegt und eine reine Kostenkalkulation erstellt werden, bei der die Fragen der Preispolitik, wie z. B. Preisziele, Nachfrageverhalten oder Marktstellung der Mitbewerber keine Erwähnung finden. Auch die die weiteren Leistungen, wie bspw. die Übernachtungsleistung, Reiseleitung etc., bleiben hier unberücksichtigt.

5.4.1 Kalkulationsgrundsätze der kostenorientierten Preiskalkulation eines Reiseveranstalters

Bei der kostenorientierten Preiskalkulation werden die Kosten den Einnahmen (Erlösen) gegenübergestellt und so die sog. Gewinnschwelle und der resultierende Gewinn/Verlust ermittelt. Bezüglich der Kosten wird bei einem Reiseveranstalter üblicherweise zwischen den Betriebskosten und den **Touristischen Kosten** unterschieden.
Betriebskosten sind solche, die durch die Produktionstätigkeit und -fähigkeit des Veranstalters anfallen, so z. B. Personalkosten, Werbekosten etc. (fixe und variable Kosten).
Touristische Kosten sind hingegen solche, die für den Einkauf von Fremdleistungen anfallen.

Bei der Kostenkalkulation muss zwischen der Vollkostenrechnung und der Teilkostenrechnung (Deckungsbeitragsrechnung) unterschieden werden.
Bei der **Vollkostenrechnung** werden alle Kosten des Betriebes, die unabhängig von dem jeweiligen Auftrag anfallen, zugerechnet (also Fixkosten/Gemeinkosten plus variable Kosten).
In einem scharfen Wettbewerb kann vor allem für einzelne Reisen auch die **Deckungsbeitragsrechnung** angewendet werden, bei der nur die für den Auftrag anfallenden Extrakosten (Variable Kosten) sowie der zu erzielende Gewinn und ggf. die zu zahlende Provision in das Angebot einkalkuliert werden, um so einen marktfähigen Preis erzielen zu können.

Zu berücksichtigen sind außerdem die Besteuerungsgrundsätze (**Margenbesteuerung** für Reisen, die mit Fremdleistungen produziert und an Privatleute verkauft werden und **Regelbesteuerung** (für Reisen, die unternehmerisch verwendet werden, also z. B. Incentivereisen).

5.4.2 Planung und Kalkulation der Flugleistung[33]

- Der Flugeinkauf beruht zunächst auf einer **Planteilnehmerzahl**, die z. B. durch Vorjahreswerte ermittelt wurde und die zu erwartende Gesamtteilnehmerzahl über die Saison darstellt.

- Des weiteren ist die *Saisonlänge* festzustellen, diese ist identisch mit der *technischen oder effektiven Flugkettenlänge*.

- Im nächsten Schritt ist anhand der *durchschnittlichen Aufenthaltsdauer* zu ermitteln, wie viele *Leerflüge pro Saison* anfallen. Technische Kettenlänge abzüglich Leerflüge bilden die sog. **„Kommerzielle Kettenlänge"**.

  Beispiele:
  Technische Kettenlänge: 30 Wochen
  Durchschnittliche Aufenthaltsdauer: zwei Wochen:
  Es entstehen zwei leere Rückflüge am Anfang und zwei leere Hinflüge am Ende der Saison.
  Die kommerzielle Kettenlänge beträgt somit 28 Wochen.

  Würde die durchschnittliche Aufenthaltsdauer sogar drei Wochen betragen, entstünden drei leere Hin- und Rückflüge. Bei einer Woche Aufenthalt ist es entsprechend jeweils ein Leerflug.
  Ausnahme: Wenn die Kettenlänge über das gesamte Jahr reicht, entstehen keine Leerflüge!

---

[33] Vgl.: Berg, W.: Tourismusmanagement, 1. Aufl. 2006, S. 94 sowie Mundt, J.: Reiseveranstaltung: Lehr- und Handbuch, 6. Aufl. 2007, S. 233 ff.

- Danach wird ermittelt, wie viele Planteilnehmer sich auf einen Umlauf verteilen. Dieses Ergebnis erhält man, indem die Planteilnehmerzahl durch die kommerzielle Kettenlänge dividiert wird.

  → Anmerkung: Die Anzahl der Planteilnehmer und ggf. ihre Verteilung auf verschiedene Abflughäfen bestimmen den Einsatz des geeigneten Fluggerätes.

- Bei der Kalkulation des Nettoflugpreises wird nun noch die zu erwartende Auslastung berücksichtigt. Im Charterverkehr wird mit ca. 90 % durchschnittlicher Auslastung kalkuliert. Das heißt, der Preis für die kommerzielle Kettenlänge muss durch 0,9 dividiert werden, um zu erwartende Ausfälle auszugleichen. Wird das Gesamtergebnis durch die Anzahl der Plätze pro Umlauf geteilt, so erhält man die Nettoflugkosten pro Teilnehmer.

Über diese Grundkalkulation hinaus müssen weitere Preiselemente wie verschiedene Saisonzeiten, Zu- und Abschläge für bestimmte Flughäfen, Ermäßigungen für bestimmte Personengruppen (z. B. Kinder) oder Anlässe (z. B. Frühbucher) oder bestimmte Reisedauern (z. B. 12=10 Tage), Kinderfestpreise, Sonderpreisaktionen sowie Produktdifferenzierungen für verschiedene Vertriebskanäle mit einkalkuliert werden.

Da große Veranstalter mittlerweile mehrere Preisteile pro Saison herausgeben und beim „Dynamic packaging" sogar tagesaktuelle Preise für ihre Kalkulation anwenden, ist der Einsatz eines Yield Management-Systems als dynamische Preis-Mengen-Steuerung mit dem Ziel der gewinnmaximalen Nutzung von Kapazitäten unerlässlich.

Beispiel:

Der kleine Reiseveranstalter Sunshine-Tours möchte eine einwöchige Flugreise von Anfang Oktober bis Ende November nach Madeira durchführen. Er rechnet mit einer Gesamtnachfrage von 1260 Personen bei einer technischen Kettenlänge von 8 Wochen.

- 1. Schritt: Technische Kettenlänge = 8 Wochen

- 2. Schritt: Kommerzielle Kettenlänge: Technische Kettenlänge – Aufenthaltsdauer in Wochen
  (Oder: jeweils eine leerer Hin- und Rückflug)
  8 Wochen – 1 Woche = 7 Wochen

- Teilnehmer pro Umlauf: 1260 : 7 = 180
  → geeignetes Fluggerät für einen Vollcharter wäre z. B. eine B737 oder der A320

- Kalkulation:
  Der zugrunde gelegte Preis pro Stunde/Passagier oder pro Kette muss nun noch durch 0.9 dividiert werden (Auslastungsrisiko).

- Bei der Vollkostenrechnung müssen neben den weiteren touristischen Kosten (eingekaufte Fremdleistungen wie z. B. Unterkunft, Verpflegung, Reiseleitung, Transfers) noch die Betriebskosten incl. der Fixkosten/Gemeinkosten, der Gewinnzuschlag, die Umsatzsteuer und die Agenturprovision aufgeschlagen werden, um zum Katalogpreis zu gelangen.

ÜBUNG 5

1) Wie werden Kunden gegen eine Pleite des Reiseunternehmens abgesichert und wer ist zu dieser Absicherung verpflichtet?

2) Welche Charterverträge bieten das geringste Risiko für einen kleinen Reiseveranstalter?

6 Vertriebswege und Marketinginstrumente der Fluggesellschaften

6.1 Indirekter Vertrieb

6.1.1 IATA-Agenturen

Den einzelnen Fluggesellschaften mit ihren weltweiten Flugnetzen ist es nicht möglich, ein flächendeckendes Angebot an Verkaufsbüros zu unterhalten; das aber wäre notwendig, wenn Passagiere nicht nur im Heimatmarkt, sondern auch in jedem angeflogenen Land gewonnen werden sollen. Da sich dieses Problem allen Linienfluggesellschaften gleichermaßen stellt, wurde das IATA-Agentur-System entwickelt, in welchem sich die *Reisebüros als ideale Partner* durch bereits vorhandene ergänzende Produktpaletten und eine flächendeckende Verbreitung anboten. Für die Reisebüros hat eine IATA- Agentur den Vorteil, dass sie mit einer solchen Lizenz Flugscheine aller IATA-Fluggesellschaften ausstellen dürfen und hierfür eine vereinbarte Provision von der Fluggesellschaft bzw. eine Service-Gebühr vom Kunden erhalten (s.u.).

Für die Linienfluggesellschaften hat sich dieser indirekte Vertriebsweg durch die Zwischenschaltung eines Reisebüros zu einem wichtigen Absatzweg entwickelt, und auch die Reisebüros erzielen einen erheblichen Anteil ihres Gesamtumsatzes durch den Verkauf von IATA-Flugscheinen. 2007 gab es in Deutschland 3884 IATA-Agenturen[34].

Wie wird man IATA-Agentur?

Das IATA-Agentursystem ist ein Lizenzsystem, in dem bestimmte Voraussetzungen von einem Reisebüro zur Zulassung als IATA-Agent gefordert werden; die Ansprüche an die Zulassung waren zunächst sehr hoch. Als Folge der Deregulierung des US-Luftverkehrs und im Zuge der Schaffung eines europäischen Binnenmarktes übte die EG-Liberalisierungskommission jedoch starken Druck auf die IATA aus, die Zulassungsvoraussetzungen zu lockern, um eine Expansion des Luftverkehrs in Europa zu ermöglichen. Die Zulassungsbedingungen für den Verkauf von IATA-Flugpassagen sind in der *Resolution 818* enthalten. Im Wesentlichen wird dort Folgendes von dem Antragsteller verlangt:

- Es muss sich bei dem Antragsteller um ein Reisebüro oder einen Reiseveranstalter handeln, und eine Gewerbeanmeldung muss vorliegen.

- Das Reisebüro muss über kompetentes und qualifiziertes Personal verfügen, das in der Lage ist, Tickets auszustellen und über den BSP abzurechnen.

- Das Reisebüro darf seine Räumlichkeiten nicht mit einer Fluggesellschaft oder einem GSA (Generalagent, siehe S. 238) teilen und weder den Namen der IATA noch den einer Fluggesellschaft tragen oder ihm ähnlich sein. Es darf außerdem nicht als Generalagent eines Carriers tätig sein.

- Das Reisebüro muss die sichere Aufbewahrung von Dokumenten und vereinnahmten Geldern gewährleisten. Dazu gehört die Aufbewahrung dieser Dokumente in einem Safe der Klasse Euro/Vds Norm Klasse 0 oder höher[35] und eine Einbruchssicherung aller Zugänge zum Reisebüro.

- Der Anschluss an ein BSP-fähiges Computerreservierungssystem und die Belegung eines eintägigen BSP-Seminars ist weitere Voraussetzungen für die Akkreditierung.

- Mindestumsätze werden nicht verlangt.

---

[34] fvw-Dokumentation „Ketten und Kooperationen 07" vom Juni 2008, S. 6
[35] mindestens 300 kg; bei Einmauerschränken entfällt das Mindestgewicht

- Je nach Umsatzeinschätzung im ersten Jahr wird eine Sicherheitsleistung in entsprechender Höhe in Form einer Bankbürgschaft, Abtretungserklärung auf ein Festgeldkonto oder Vertrauensschadensversicherung von der IATA gefordert. Hiermit werden die von dem Reisebüro treuhänderisch vereinnahmten Gelder abgesichert.

- Die Abrechnung erfolgt per Bankabruf entweder periodisch (4 x monatlich) oder monatlich und kann über BSPlink papierlos via Internet vorgenommen werden.

- Erfüllt ein Reisebüro die Zulassungsvoraussetzungen, so wird ein Agenturvertrag zwischen ihm und den IATA-Mitgliedsgesellschaften geschlossen und das Reisebüro bekommt eine IATA – Nummer. Die Kosten für die Zulassung belaufen sich auf ca. 1000 Euro für den Neuantrag eines Hauptbüros zuzüglich BSP-Zuschaltungskosten und BSP-Seminargebühr sowie die Jahresgebühren der IATA.

Abrechnung der IATA-Agenturen mit den Fluggesellschaften: BSP-Verfahren

Die Abrechnung von Flugscheinen, die in IATA-Agenturen ausgestellt werden, wird obligatorisch über BSP abgewickelt. Der **BSP = Billing and Settlement Plan** ist eine Institution der IATA in bestimmten Ländern/Ländergruppen zur Vereinheitlichung und Vereinfachung von Flugpassageverkauf, Verwaltung und Abrechnung zwischen IATA-Agenturen und Fluggesellschaften. Angeschlossen sind die Rechenzentren, sog. „Data Processing Center" (DPC), die die technische Abwicklung vornehmen.

Die Teilnahme am BSP steht auch NON-IATA-Airlines offen.

Der BSP funktioniert folgendermaßen: Die Verkäufe u. a. Abrechnungsvorgänge der IATA-Agenten mithilfe eines GDS werden automatisch an den BSP übermittelt.
Hier werden die Abrechnungen kontrolliert und eine monatliche Abrechnung sowie Auswertung (Billing Statement und Billing Analysis) an die Agenten übermittelt. Der von der IATA-Agentur zu entrichtende Gesamtbetrag wird von der Inkassostelle/Clearingbank des BSP in Deutschland zum Zahlungstermin eingezogen; diese überweist dann die im Abrechnungszeitraum verkauften Flugscheinumsätze abzüglich eventueller Provisionen an die BSP-Fluggesellschaften.

Provisionsmodelle

a) Provisionsmodelle der Fluggesellschaften gegenüber Reisebüros

Das herkömmliche IATA-Provisionsmodell sah Standardprovisionen von 9 % auf alle vermittelten IATA-Flugscheine für die Mittler vor und gilt theoretisch auch heute noch überall dort, wo die Fluggesellschaften nicht eigene Vereinbarungen mit ihren Vertriebspartnern, den Reisebüros, getroffen haben.
Nach einer Übergangsphase, in der ab Mitte der 90er Jahre zunächst umsatzbezogene Incentives über die Grundprovision hinaus gezahlt wurden (was die EU dann 2000 untersagte) und später dann die Provisionen immer weiter gesenkt wurden, haben die meisten Fluggesellschaften seit 2003 die „Nullprovision" eingeführt und geben ihre Flugscheine nun zu Nettotarifen an die IATA-Agenturen, die ihrerseits eine Gewinnmarge gegenüber den Kunden aufschlagen, deren Höhe und Bezeichnung sie frei wählen können (z. B. „Serviceentgelt/Bearbeitungsgebühr/Buchungsgebühr/Handling-Fee"). Damit fällt zum einen die Endpreisbindung der Flugtarife, aber es verändert sich auch das Vertragsverhältnis zwischen Mittlern und Fluggesellschaften, und die Reisebüros werden zunehmend ihres **Handelsvertreterstatus** enthoben und zu *„Maklern"* für die Kunden.

b) Vergütungsmodelle von Reisebüros gegenüber Kunden

Im Zuge der sinkenden Provisionen der Airlines (aber auch anderer Partner, wie z. B. die Reiseveranstalter) müssen sich die Reisebüros auf verminderte Einnahmen einstellen, wenn sie nicht ihrerseits eigene Vergütungsmodelle für ihre Dienstleistungen entwerfen oder Einnahmen aus anderen Quellen erzielen.

- **Privatkundengeschäft**

  Reisebüros nehmen entweder einen Aufschlag auf den *Netto-Ticket-Preis* und weisen einen höheren Endpreis oder/und eine separate **„Service Fee"** aus. Die Service Fees legen sie in ihrer Höhe selbst fest und veröffentlichen sie in Gebührentabellen.

- **Firmenkundengeschäft**

  Im Bereich des Firmengeschäfts gibt es verschiedene Vergütungsmodelle, z. B.:

  - **Management-Fee**

    Sämtliche Provisionen des Reisebüros (so welche eingenommen werden) gehen an den Firmenkunden; dieser zahlt eine pauschale Gebühr an das Reisebüro (monatlich/pro Quartal), die sämtliche Kosten des Reisebüros plus einen Gewinnzuschlag berücksichtigt.

  - **Transaction-Fee**

    Jeder einzelne Prozess des Reisebüros wird nach einer Gebührentabelle bezahlt.

  - **Saving Incentives**

    Zusätzlich zu einer Grundgebühr erhält das Reisebüro eine Bonuszahlung des Firmenkunden für erzielte Ersparnisse.

  - **Kick-Back/Umsatzrückvergütung**

    Provisionssplitting, bei dem die Firma von den erhöhten Provisionen des Reisebüros durch Umsatzerhöhungen profitiert. → Dieses Modell gehört seit der Senkung der Provisionen der Vergangenheit an.

6.1.2 Consolidator

Der Consolidator ist eine Art **Großhändler in der Touristikbranche.**

Während früher im sog. **„Graumarktbereich"** Tarifbedingungen nicht eingehalten, Rabatte gewährt und weitergegeben wurden, obwohl dies zu diesem Zeitpunkt nicht statthaft war, oder sog. illegale Weichwährungstickets ausgestellt wurden, ist die Tätigkeit des Consolidators heute rechtlich unproblematisch: Sowohl die Provisionshöhe als auch die Weitergabe von Provisionen hat die IATA in der Resolution 814 freigegeben und die von den Consolidatoren verkauften Niedrigsttarife sind i. d. R. legal. Die großen Consolidatoren sind heute zugelassene IATA-Agenten und rechnen ihre Umsätze über BSP ab.

Reisebüros erhalten die Flugscheine i. d. R. zu Nettotarifen, auf die sie dann eine prozentuale oder fest kalkulierte Marge aufschlagen.

Während das große Nebeneinander der diversen Sondertarife in Form von IATA-, Netto- und Negotarifen als auch von Web- und No-Frills- sowie Charter- und Consolidatortarifen für den Kunden kaum noch überschaubar ist, können Reisebüroagenten mittels spezieller Buchungstechnologie mittlerweile alle Tarife aus den unterschiedlichen Tarifquellen auf einer Maske vergleichen.[36]

Die Einkaufspreise für den Großhändler unterscheiden sich nur geringfügig, jedoch kann dieser ab einer bestimmten Umsatzhöhe mit einer Superprovision oder einem Incentive rechnen, die normalerweise nicht an das Reisebüro weitergegeben wird. Eine größere Gewinnspanne liegt für den Consolidator in der Garantieabnahme auf auslastungsschwachen Flügen, worin jedoch auch ein großes wirtschaftliches Risiko liegt. Insgesamt sind jedoch auch die Gewinnmargen der Consolidatoren über die letzten Jahre hinweg immer geringer geworden, und so bauen sich diese zunehmend weitere Geschäftsfelder auf.

6.1.3 Non-IATA-Agenturen / Generalagent GSA

Verfügt ein Reisemittler über keine IATA-Lizenz, so hat er dennoch mehrere Möglichkeiten, an Linienflugscheine zu kommen, bspw.:
- er bezieht diese als Unteragentur bei einer IATA-Agentur
- er übernimmt Ticketausstellung und den Verkauf einer bestimmten Fluggesellschaft für ganz Deutschland und/oder andere Märkte (GSA/Generalagent) – diese Funktion ist auch für Fluggesellschaften möglich.

---

[36] z. B. im AMADEUS Fare Wizard

6.2   Eigenvertrieb der Fluggesellschaften

Durch Kostensteigerungen und wachsenden Konkurrenzdruck gewinnt der Eigenvertrieb für die Fluggesellschaften an Attraktivität, da er ihnen eine größere Kundenbindung und bessere Mittel der Verkaufssteuerung bieten kann. Außerdem können durch ihn die Provisionsabgaben oder sonstigen Incentivezahlungen an die Reisebüros eingespart werden.

Den höchsten Anteil am Eigenvertrieb halten die Low-Cost-Carrier, die ihre Niedrigstpreise nur dann so knapp kalkulieren können, wenn sie die Kosten auf absolutem Minimum halten. Sie vertreiben ihre Flüge größtenteils über Internet und Telefon.

- Der Direktvertrieb wird durch den Ausbau der Präsenz in den *neuen Medien* vorangetrieben. Dies erfolgt auf vielfache Weise:

    - Firmenkunden erhalten per Internet direkte Reservierungsmöglichkeiten (bis hin zur Bestellung von Tickets).
    - Privatkunden können über die eigenen Internet-Portale buchen und Tickets bestellen.
    - Fluggesellschaften gründen oder beteiligen sich an Online-Reisebüros und Internetportalen (z. B. www.opodo.de).

- Eine klassische Form des Eigenvertriebs sind die in den größeren Städten unterhaltenen *Verkaufsbüros der Fluggesellschaften.*

- Eine weitere Form des Eigenvertriebs ist das *direkte Engagement der Fluggesellschaften im Firmenreisegeschäft.* Die Bandbreite reicht hier von Kundenkontakt und -pflege über Rabatt- und Discountgewährungen auf Flugscheine bis zum direkten Verkauf von Flugscheinen an Firmenreisestellen. Dieses sind die Reiseorganisationsabteilungen großer Firmen, die selbst keine Zulassung als IATA-Agentur haben und Tickets von einem IATA-Reisebüro erzeugen lassen. (Sie können zwar Buchungen, aber keine Tickets erzeugen – allerdings mit der Konsequenz, dass der Umsatz und damit auch ggf. die Provision diesem Reisebüro zugerechnet werden).

    Eine mögliche Art der Rabattgewährung sind die **Firmen-Netto-Raten (Corporate Net Rates):** Auf besonders geförderten Strecken werden individuelle Tarife mit den Firmen ausgehandelt, auf die es allerdings keine Provision für das Ticket ausstellende Reisebüro gibt; auch sind diese Raten von den Firmenförderungsprogrammen ausgeschlossen. Das Reisebüro verlangt in diesem Fall eine sog. „Management-“ oder „Ticket Fee“ für seine Dienstleistung.

    Bislang beschränken sich die Vereinbarungen mit Firmen noch größtenteils auf die eigene Fluggesellschaft. Die Einbeziehung sämtlicher Allianz-Partner in globale Verträge ist hingegen wesentlich komplizierter für beide Seiten und bisher eher die Ausnahme.

    Bei Lufthansa können Firmen wahlweise an den **Firmenförderungsprogrammen** PartnerPlus Progress oder PartnerPlusBenefit teilnehmen. Während im ersten Programm individuelle Verträge mit den Firmen ausgehandelt werden, stellt das Benefit-Programm Freiflüge, Upgrades, Gepäckgutschriften und Sachprämien für Mitarbeiter von Firmen zur Verfügung, die bestimmte Punktestände erreichen.

- Auch die telefonischen Reservierungszentralen der Fluggesellschaften, *„Call-Center“,* übernehmen von der Reservierung bis zur Ticketbestellung zunehmend Service- und Vertriebsfunktionen.

- Eine weitere Variante des Eigenvertriebs ist das **E**ngagement *im Veranstalter- und Touristikgeschäft.* Das beginnt bei den sog. **„Stopover-Programmen“**, die ein kostengünstiges Pauschalarrangement an irgendeinem Flugunterbrechungsort – vor allem auf Fernoststrecken – bieten, bis hin zur Gründung oder Beteiligung von/an Reiseveranstaltern. Diese sog. „vertikale Integration“ wurde in Deutschland jahrelang stark vorangetrieben, obwohl mittlerweile eine Trendwende eintritt und sich die Unternehmen wieder stärker auf ihr Kerngeschäft konzentrieren und eher horizontal verflechten (siehe auch S. 2 ff.).

6.3 Computerreservierungssysteme CRS/GDS und das Internet

Die Computerreservierungssysteme sind heute das wichtigste Marketing- und Vertriebsinstrument der Linienfluggesellschaften.

Während Computer in Reisebüros erst seit den 70er-Jahren für Reservierungszwecke eingesetzt werden, übernehmen sie bei den Fluggesellschaften schon seit den Sechzigerjahren einen großen Teil der Reservierungstätigkeiten. Früher wurde jede einzelne Buchung oder Buchungsänderung per Telefon oder Telex manuell in Listen oder Reservierungstafeln eingegeben und diese mussten ständig von Mitarbeitern kontrolliert werden; das immense Wachstum des Flugverkehrsaufkommens machte dieses schließlich unmöglich, und so führen heute Computer diese Arbeiten aus. Auch die in der Anzahl täglich steigenden und sich häufig ändernden Tarife und Tarifkombinationen schließen eine manuelle Verwaltung nahezu aus. Darüber hinaus ist durch die Zunahme des Geschäftsreiseverkehrs, der von den buchenden Agenturen eine hohe Flexibilität und schnelle Reaktionen auf weltweite Reservierungs- und Änderungswünsche fordert, die Notwendigkeit eines weltumspannenden Reservierungssystems **(Global Distribution System = GDS)** erwachsen, welches das Angebot möglichst vieler Fluggesellschaften und aller mit Flugreisen zusammenhängenden Leistungen (Hotel, Mietwagen, Bahnfahrten usw.) in Sekundenschnelle darstellen und bei Buchung bestätigen kann.

Auch die Bedeutung des Computers als Marketinginstrument wurde schnell erkannt. Nachdem in den USA United Airlines und American Airlines damit anfingen, Reisebüros direkt an ihre Computersysteme Apollo und Sabre anzuschließen, gerieten auch andere Fluggesellschaften in Zugzwang und erkannten den mit diesem Schritt verbundenen Wettbewerbsvorteil der beiden großen Carrier. Als Konsequenz schlossen sie sich diesen an. So entwickelten sich aus den Reservierungssystemen durch ein System von Nutzungsentgelten profitable Gesellschaften, die als Marketing- und Vertriebsinstrument der Fluggesellschaften heute nicht mehr wegzudenken sind.

Weil die CRS einen so großen Einfluss auf die Wettbewerbsfähigkeit von Fluggesellschaften haben, hat die Kartellbehörde der USA den Betreibern dieser Systeme inzwischen untersagt, ihre eigenen Angebote bevorzugt darzustellen. In Europa wurde bereits 1989 zunächst von der ECAC, dann auch von der EG-Kommission ein **Verhaltenskodex** erlassen, der die Betreiber von CRS zur *Neutralität* verpflichtet. Eine große Rolle in der neutralen Darstellung spielt dabei die Platzierung auf der Bildschirmseite, da durch Untersuchungen nachgewiesen wurde, dass der Großteil aller Buchungen von der 1. Bildschirmseite getätigt wird. Auch eine falsche oder nicht aktualisierte Darstellung des Angebots eines Anbieters kann diesem sehr schaden. Nicht zuletzt sollte allen Anbietern der Zugang zu allen CRS frei sein, umgekehrt sollte sich keiner weigern dürfen, in einem CRS dargestellt zu werden. Dieser Codex soll jedoch gelockert und der GDS-Markt auch in Europa liberalisiert werden. Danach können die CRS/GDS-Betreiber und Fluggesellschaften die Buchungsentgelte und den Umfang der von ihnen zur Verfügung gestellten Daten frei aushandeln. Damit wird es möglich, dass Fluggesellschaften bestimmte Angebote und Tarife nicht mehr in allen Buchungssystemen darstellen. Die eingestellten Angebote müssen allerdings weiterhin neutral dargestellt werden.

Intern bieten spezielle Computerprogramme zusammen mit den Daten der Reservierungssysteme den Fluggesellschaften die Möglichkeit, ihre Auslastungsquoten genau zu berechnen und entsprechende Maßnahmen zu einer optimalen Auslastung bei möglichst hohem Gewinn zu ergreifen. Diese das Umsatz- und Ertragsmanagement unterstützenden Programme werden **„Yield-Management-Programme"** genannt.
Bei den Reisebüros werden CRS längst nicht mehr nur zur Reservierung von Flügen, Hotels, Bahn-, Schiffs- und Pauschalreisen sowie der Reisedokumentenerstellung und -abrechnung benutzt, sondern auch hier verstärkt als Marketinginstrument und für den *Kundenservice* eingesetzt. Hierzu gehört das Verwalten von Kundendateien und Erstellen gezielter Mailings sowie Speichern spezieller Kundenwünsche.

Eine weitere Einsatzmöglichkeit ergibt sich durch die Kombination mit diversen Softwareprogrammen. Mit deren Hilfe kann das Reisebüro für sich oder große Kunden Statistiken erstellen und auswerten sowie Reisekosten abrechnen und Kundenprofile erstellen. CRM-Programme (siehe S. 243) sind auch hier auf dem Vormarsch und werden ebenso eingesetzt wie Verkaufssteuerungen durch Hervorheben bestimmter Veranstalter.

Der Trend zum Internet, der sich beim Verbraucher schon durchgesetzt hat, hält nun zunehmend auch in den Reisebüros Einzug und hat ganz eindeutige Auswirkungen auf die Entwicklung der CRS.

Die herkömmliche Großrechnertechnologie war nicht auf die Datenmengen vorbereitet, die in der Internettechnologie mit ihren grafischen Oberflächen, Fotos und Videos verwendet werden. Um den stürmischen Entwicklungen des Internets standzuhalten, kaufen oder beteiligen sich immer mehr der „reinen" CRS an Internetfirmen und stellen ihre eigenen Programme um. Sie stehen aber auch auf vielen Internet-Sites mit Buchungsfunktionen als **Internet-Booking-Engine (IBE)** im Hintergrund und betreiben eigene Online-Portale. Und die Reisebüros greifen nicht mehr über Standleitungen, sondern über das Internet auf die CRS zu, die mehr und mehr Funktionalitäten integrieren.

Diese Online-Vertriebskanäle wie Online-Reisebüros und Webportale werden auch als **„Internet Distribution Systeme" (IDS)** bezeichnet.

Unter den GDS kämpfen heute weltweit und in Deutschland vor allem die vier großen: AMADEUS, GALILEO, SABRE und WORLDSPAN um den Markt. In Deutschland hat AMADEUS hiervon eine Vormachtstellung, was nicht zuletzt darauf zurückzuführen ist, dass es sich schon sehr früh mit dem traditionsreichen Vertriebssystem „START" verbunden hat.

- **AMADEUS**

  1971 nahm die „Studiengesellschaft zur Automatisierung für Reise und Touristik (START)" die Arbeit auf. Sie wurde 1976 in eine Betriebsgesellschaft umgewandelt, deren Gesellschafter zu je 25 % die LH, TUI und DB und DER/abr/Hapag Lloyd waren. Seit 1980 war START im Komplettbetrieb verfügbar.

  1987 gründeten Lufthansa, SAS, Iberia und Air France das Computerreservierungssystem AMADEUS und übernahmen im Jahr 1995 auch System One, das CRS der Texas-Airline-Gruppe.

  Durch eine Zusammenführung von START und AMADEUS entstand 1998 die START AMADEUS GmbH, an der sich 1999 die AMADEUS Global Travel Distribution S.A. zu 34 % beteiligt hat. Im Dezember 2001 vollzog Start den letzten Schritt zur Fusion mit Amadeus. Der bisherige 34 %-Gesellschafter Amadeus Global Travel Distribution S.A., Madrid, übernahm die übrigen 66 % der Anteile und 2003 wurde Start Amadeus in Amadeus integriert. Die Umbenennung in Amadeus Germany GmbH erfolgte im Februar 2003.

  Alleiniger Gesellschafter von Amadeus Germany ist seit 2005 die Amadeus IT Group SA, ein weltweit führender Anbieter von Technologie- und Vertriebs-Lösungen für die Reise- und Tourismusbranche.

  Folgende Anbieter sind in Deutschland über AMADEUS buchbar[37]:

  - rund 500 buchbare Fluggesellschaften – incl. einiger Low-Cost-Carrier
  - über 73.000 Hotels
  - 27 Mietwagenfirmen
  - rund 200 Reise- und Busveranstalter
  - 74 Verkehrsverbünde
  - 40 europäische Bahnen
  - 30 Fähranbieter
  - sechs Versicherungsanbieter
  - drei Event-Ticket-Anbietersysteme mit mehr als 1.000 Veranstaltern
  - acht Kreuzfahrtlinien

  Im Backoffice-Bereich werden sowohl im touristischen Bereich als auch für den Geschäftskundenbereich Kundenverwaltungsprogramme angeboten, die das Anlegen von Kundendateien, -profilen bis hin zur Hinterlegung von Reisekostenrichtlinien und Durchführung der Reisekostenabrechnung ermöglichen.

---

[37] Stand Januar 2008

- **SABRE**

SABRE wurde bereits 1959 als Reservierungssystem von American Airlines gegründet und wird seit 1996 auch an der Börse gehandelt. 1998 kam es zu einem Zusammenschluss mit dem asiatischen CRS Abacus; 2000 beteiligte sich Sabre mit 51 % an DCS, dem deutschen Betreiber des touristischen Reservierungssystems Merlin und übernahm es 2003 komplett.

Die Unternehmen treten seitdem unter der Marke Sabre Travel Network gemeinsam auf und gehören zur Sabre Holding.

2005 übernahm Sabre das online-Portal LASTMINUTE.COM.

Heute können über das System weltweit Fluggesellschaften, Hotels, Autovermieter, Fähr- und Kreuzfahrt-Reedereien, Eisenbahnen sowie Reiseveranstalter gebucht werden.

- **GALILEO by Travelport**

Basierend auf einer Studie der Association of European Airlines AEA erfolgte die Gründung von GALILEO im Jahr 1987 durch die europäischen Fluggesellschaften BA, KL, AZ und SR sowie Covia, die zu dieser Zeit eine Tochtergesellschaft der UA war und das amerikanische CRS Apollo betrieb.

1993 wurden die Systeme Apollo und GALILEO zum ersten globalen GDS zusammengeführt.

Nachdem GALILEO 1997 in eine Aktiengesellschaft umgewandelt wurde, war es seit Oktober 2001 im Besitz der US-amerikanischen Holding Cendant Corporation, zu der auch Hotelketten wie Ramada und Days Inn sowie der Autovermieter Avis Nordamerika, aber auch das Time-Sharing-Unternehmen RCI gehören.

GALILEO ist heute ein Bestandteil von Travelport. Unter dem Dach von Travelport sind mehr als 20 führende Anbieter zusammengefasst, darunter die Online-Reisebüros Orbitz und ebookers, das globale Vertriebssystem GALILEO sowie GTA zur Aufbereitung weltweiter Reisedienstleistungen.

Auch das GDS WORLDSPAN wurde 2007 von Travelport übernommen. Das Management der Firma WORLDSPAN GDS wird mit dem Management der Firma GALILEO GDS fusioniert, um den Geschäftsbereich Travelport GDS zu bilden – die beiden Namen „GALILEO" und „WORLDSPAN" sind nun lediglich Markennamen („Galileo by Travelport", „Worldspan by Travelport").

- **WORLDSPAN by Travelport**

Mit WORLDSPAN, das seit 1982 im Einsatz ist, befindet sich seit 1990 ein weiterer Wettbewerber auf dem europäischen CRS-Markt. Es ist aus einer Kooperation der Systeme Pars (TWA und Northwest) und DATAS II (Delta Airlines) entstanden.
Seit 2003 ist das System von seinen früheren drei Eigentümern, Delta Air Lines, Northwest Airlines und American Airlines durch Worldspan Technologies Inc. übernommen worden. 2007 wurde es von Travelport übernommen und das Management mit dem GALILEO-Management fusioniert.

6.4 Kundenbindungsprogramme

Um eine engere Kundenbindung zu erreichen, werden zahlreiche Marketingstrategien von den Fluggesellschaften eingesetzt, z. B.

- **Direktwerbung in den öffentlichen Medien**
  (z. B. Fernsehen, Zeitungen, Zeitschriften), auch Direktmailings (Postversandaktionen) an Kunden sind nicht unüblich.

- **Vielflieger-Programme der Fluggesellschaften**
  Vielflieger-Programme bieten den Kunden einer bestimmten Fluggesellschaft (basierend auf Umsatz oder geflogenen Meilen) nach einem Bonus-System bestimmte Extras wie Freitickets oder kostenloses „Upgrading" (Höherstufung in eine höhere Reiseklasse).
  Auch so ungewöhnliche Incentives wie Eintrittskarten für den Wiener Opernball, Flugsimulatortrainingsstunden, Fahrten mit dem Heißluftballon und Beauty-Farm-Wochenenden werden angeboten. Eine Airline nimmt oftmals an den verschiedenen Programmen ihrer Allianz-Partner teil. In der Regel können Punkte auch bei Mietwagen- und Hotelpartnern gesammelt werden. Einige Programme lassen die Übertragung der Prämien auf Dritte zu. Den Fluggesellschaften liefern die Vielfliegerprogramme neben der Kundenbindung ausführliche Datenbanken über ihre Kunden, deren Gewohnheiten und Reisewünsche.

  <u>Beispiele</u> hierfür sind:

  - Lufthansa: Miles and More
  - Air France/KLM/Skyteam: Flying Blue
  - British Airways: Executive Club
  - SAS: EuroBonus
  - American Airlines: Aadvantage Frequent Flyer Program
  - Delta Airlines: SkyMiles
  - United Airlines: Mileage Plus

- **Customer Relationship Management CRM**

  CRM ist ein technisch unterstütztes System für das Kundenbeziehungsmanagement, mit dessen Einsatz die Kundenpflege verbessert werden kann. Dies wird vorrangig durch eine persönlichere Betreuung des Kunden erreicht. Hierzu müssen auf allen Kontaktebenen (Call-Center, Check-In, Flugbegleiter, Außendienst, Internet etc.) Informationen über den Kunden gesammelt und detailliert in einem zentralen Kundenprofil festgehalten werden. Das reicht vom Einkommens-niveau des Wohnumfeldes über die Teilnahme an Sonderaktionen und Glücksspielen, bis hin zum Klickverhalten auf der Internetseite der Fluggesellschaft. Sind die Daten erst einmal zusammen-gestellt und ausgewertet, werden sie allen Mitarbeitern im Unternehmen, die mit dem Kunden zu tun haben, zur Verfügung gestellt. Diese können dann auf Knopfdruck den Kunden persönlich begrüßen, klassifizieren und gezielt bedienen. Außerdem können dem Kunden genau auf seine Bedürfnisse zugeschnittene Angebote unterbreitet werden.

  CRM-Lösungen werden von verschiedenen Softwareherstellern angeboten und überall dort eingesetzt, wo die persönliche Betreuung der Kunden entweder aus Kostengründen vernachlässigt wurde oder aber aufgrund der Vielzahl der Kunden nicht gewährleistet werden kann – also nicht nur bei Fluggesellschaften, sondern auch bei Reiseveranstaltern und in großen Reisebüros.

ÜBUNG 6

1) Was versteht man unter einem „IDS"?

2) Wie heißt das Vielfliegerprogramm der LH?

3) Was ist eine Transaction-Fee?

7 Umweltschutz

7.1 Ausgangssituation

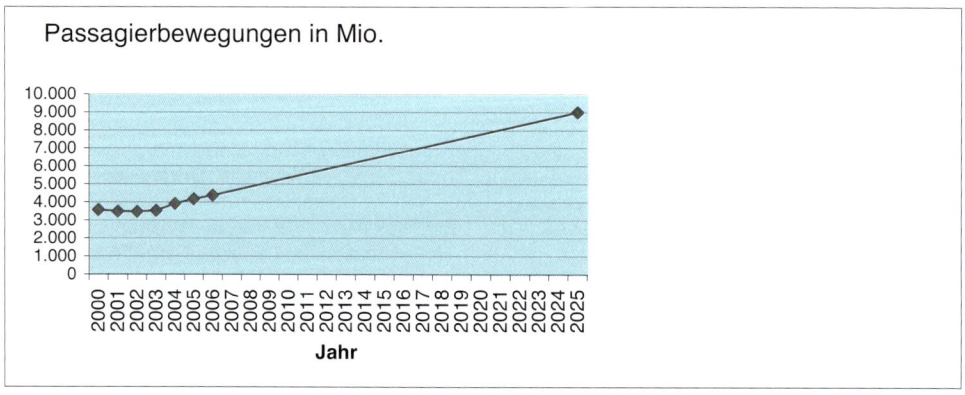

Wie diese Grafik eindrucksvoll zeigt, werden sich allein die *Passagierzahlen* in den *nächsten 20 Jahren weltweit mehr als verdoppeln*, was einem jährlichen Wachstum von ca. 5 % entspricht.

Die Ursachen hierfür sind wachsende Reisetätigkeit, die Zunahme der Flugziele/Verbindungen und Frequenzen, gut abgestimmte Umsteigeverbindungen, Bequemlichkeit, Globalisierung und der Preisverfall durch Billigflieger.

Auch deutschlandweit wird mit ähnlich hohen Wachstumsraten gerechnet. Da der Luftverkehr jedoch mit Umweltbelastungen wie Emissionen, Lärm, Energieverbrauch und Abfall verbunden ist, sind hier zielgerichtete Maßnahmen zu deren Reduzierung und Vermeidung notwendig, die nachfolgend vorgestellt werden sollen.

7.2 Umweltbilanz der Verkehrsträger

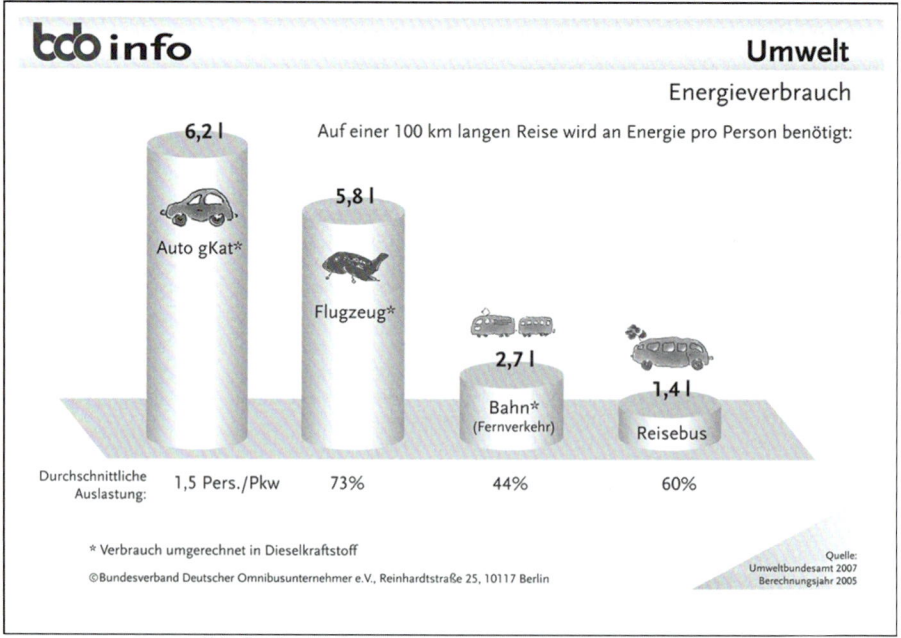

Abb.: Bundesverband Deutscher Omnibusunternehmer e.V. BDO

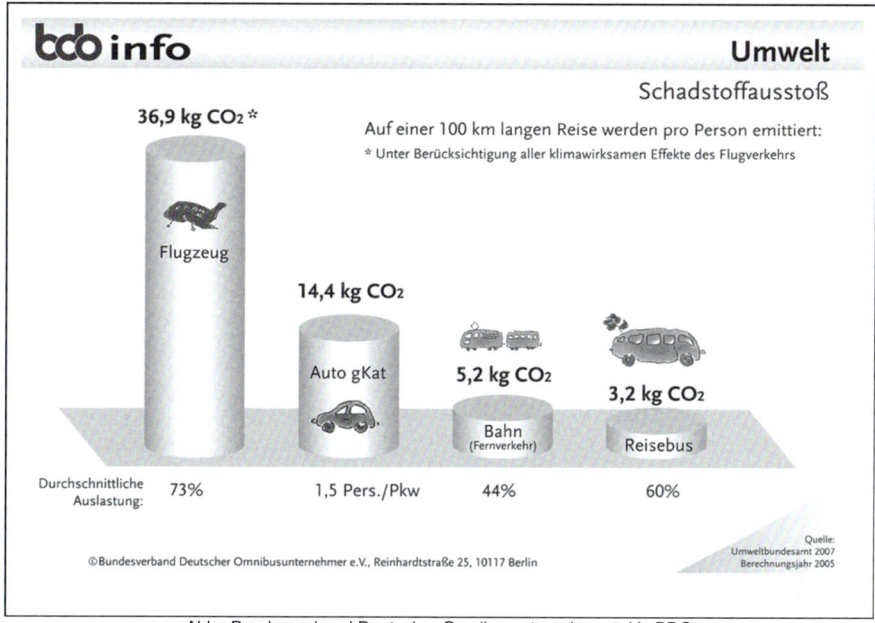

Abb.: Bundesverband Deutscher Omnibusunternehmer e.V. BDO

Während das Flugzeug beim Energieverbrauch immerhin an zweiter Stelle nach dem Auto rangiert, liegt es beim CO_2-Ausstoß auf dem unrühmlichen ersten Platz (bei diesem Vergleich werden alle klimawirksamen Effekte des Luftverkehrs herangezogen). Hier besteht also dringender Handlungsbedarf, den alle Beteiligten (Flugzeugbauer, Fluggesellschaften, Flughafenbetreiber, Politik und Verbraucher auch bereits erkannt haben.

7.3 Gesetzliche Regelungen und umweltpolitische Maßnahmen

7.3.1 Verursacherprinzip

Nach dem Verursacherprinzip soll derjenige, der Umweltbeeinträchtigungen verursacht, für deren Beseitigung oder Verringerung auch in die Pflicht genommen werden. D. h., er soll die *Kosten für die Vermeidung, Beseitigung oder den Ausgleich von Umweltbelastungen* tragen sowie Adressat von entsprechenden Verboten, Geboten und Auflagen sein.

Das Verursacherprinzip ist im Art. 174–176 des Vertrags über die Europäische Gemeinschaft (EVG) verankert worden und gilt damit *europaweit*. In Deutschland findet es beispielsweise im Gesetz über Naturschutz und Landschaftspflege (BNatSchG) oder dem Gesetz über Abgaben für das Einleiten von Abwasser in Gewässer (AbwAG) seinen Niederschlag.

Konsequent durchgesetzt, trägt dieses Prinzip zumindest dazu bei, gravierende Umweltschäden durch einzelne Verursacher zu vermeiden. In der Praxis ist dies allerdings nicht so einfach umzusetzen, denn viele Umweltschäden lassen sich nicht auf einen einzelnen Verursacher bzw. eine bestimmte Gruppe zurückführen, so z. B. das Waldsterben, die Klimaveränderungen etc. Sie sind teils Folge vergangener Umweltsünden und teils auf erlaubte Umweltbelastungen wie Abgase durch Kfz oder Fabriken zurückzuführen. Hier können die Kosten zur Beseitigung der Schäden nur der Allgemeinheit über Steuern nach dem **„Gemeinlastprinzip"** aufgebürdet werden. Auch aus sozialpolitischen Gründen sowie zur Sicherung der Wettbewerbsfähigkeit wird oftmals dem Gemeinlastprinzip der Vorzug gegeben. Problematisch ist auch, dass das Verursacherprinzip nicht berücksichtigt, dass allein der *kostenlose Zugriff auf die natürlichen Ressourcen* wie Luft und Wasser zu einer rücksichtslosen *Verschwendung* und in letzter Konsequenz auch zu ihrer *Verschmutzung* führt.

7.3.2   Single European Sky

Der europäische Luftraum ist durch nationale Landesgrenzen und Interessen geprägt und entsprechend in *über 58 Lufträume* fragmentiert. Hierdurch entstehen nicht nur hohe Flugsicherungskosten (siehe Tabelle unter der Grafik), sondern auch unnötige Emissionen durch Warteschleifen und unnötige Umwege aufgrund von Überflugverboten einzelner Staaten. Experten schätzen, dass der Ausstoß der Emissionen durch die Zusammenlegung der europäischen Lufträume um bis zu *12 % gemindert* werden könnte! So wäre beispielsweise die Reise von Toulouse nach Hamburg auf direktem Weg rund 100 Kilometer kürzer. Die Fluggesellschaften fordern deshalb seit Ende der 90er Jahre den sog. „Single European Sky", um die Verkehrsströme zu optimieren. Seit 2002 wird dieses Projekt durch Eurocontrol zusammen mit der Europäischen Kommission in Abstimmung mit der ICAO durchgeführt und bis 2020 soll der „Single European Sky" geschaffen sein. Auch Deutschland will sich daran beteiligen, dieses Ziel zu erreichen und diskutiert daher die *Teilprivatisierung der Deutschen Flugsicherung,* die bisher zu 100 % durch den Bund finanziert wird. Bestandteil des Projektes ist auch die Entwicklung *computergestützter Planungssysteme,* die beispielsweise die Sinkflüge optimieren. „Heute ist es noch üblich, sehr viel früher als eigentlich erforderlich auf eine niedrigere Flughöhe zu sinken. Dann wird wieder umständlich Zwischenschub gegeben, bis die richtige Entfernung zur Landebahn erreicht ist. Das kostet unnötig Kerosin. Ein direkter Sinkflug von der Flughöhe bis zum Boden könnte den Ausstoß von Treibhausgasen deutlich verringern"[38].

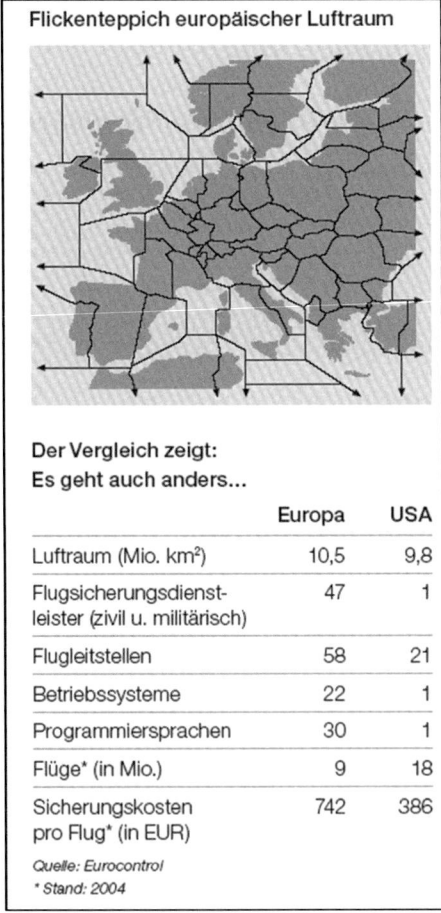

Flickenteppich europäischer Luftraum

Der Vergleich zeigt:
Es geht auch anders...

	Europa	USA
Luftraum (Mio. km²)	10,5	9,8
Flugsicherungsdienst-leister (zivil u. militärisch)	47	1
Flugleitstellen	58	21
Betriebssysteme	22	1
Programmiersprachen	30	1
Flüge* (in Mio.)	9	18
Sicherungskosten pro Flug* (in EUR)	742	386

Quelle: Eurocontrol
* Stand: 2004

Abb: http://konzern.lufthansa.com/de/downloads/presse/politikbrief/12_2006/Lufthansa_PolitikBrief_Dezember_2006_S1.pdf

---

[38] http://www.bundesregierung.de/nn_209372/Content/DE/Artikel/2008/05/2008-05-01-hightech-serie-luftverkehr-umwelt.html

7.3.3 Nationales Luftverkehrskonzept und Nationales Flughafenkonzept

Im globalen Wettbewerb bestehen, das rasante Wachstum des Luftverkehrs in Deutschland mit umweltverträglichem Handeln verbinden und gegenüber der EU erfolgreich auftreten – das alles würde einfacher sein, wenn es einen *einheitlichen politischen Rahmen für den Luftverkehr* in Deutschland gäbe. Zurzeit sind jedoch *vier Bundesministerien* (Verkehr, Wirtschaft, Umwelt, Inneres) für den Luftverkehr und *16 Bundesländer* für die Flughäfen in ihren Regionen zuständig. Der BDF fordert daher stellvertretend für die deutschen Luftverkehrsgesellschaften ein nationales Luftverkehrskonzept mit einer Bündelung der Kompetenz beim Verkehrsministerium.

Dieses die *Umwelt-, Sicherheits- und Wirtschaftlichkeitsbelange* umfassende Konzept (z. B. Umweltabgaben, Sicherheitsgebühren, Nachtflugverbote) beinhaltet auch die Forderung nach einem *Flughafenkonzept*, dessen Entwurf das Bundesverkehrsministerium 2008 fertig gestellt hat. Seit Jahren forderte beispielsweise die „Initiative Luftverkehr" ein landesweites Vorgehen, um einerseits die Verschwendung von Subventionen für unnötige regionale Flughäfen einzudämmen und um andererseits den *Kapazitätsengpässen an den deutschen Hubs* durch deren gezielten Ausbau gegenzusteuern. In ihrem „Masterplan zur Entwicklung der Flughafeninfrastruktur zur Stärkung des Luftverkehrsstandortes Deutschland im internationalen Wettbewerb" aus dem Jahr 2006 hat sie anschaulich die zu erwartende Entwicklung der deutschen Flughäfen mit und ohne Ausbau dargelegt. Die hiernach zu erwartenden infrastrukturellen Engpässe würden ohne Ausbau zu weiteren unnötigen Emissionen führen (Warteschleifen, Wartezeiten auf Startbahnen etc.).

7.4 Bereiche der Belastungen durch Luftverkehr und Maßnahmen der Vermeidung/Reduzierung

7.4.1 Emissionen

Das Flugzeug ist derjenige Verkehrsträger, der unter Berücksichtigung aller klimawirksamen Effekte aufgrund der hohen Reisegeschwindigkeit in kurzer Zeit den höchsten CO_2-Ausstoß erzeugen kann. Jedoch nicht allein das Kohlendioxid wirkt klimaschädlich. Hinzu kommen u. a. auch **Kondensstreifen** und *Zirruswolken*, die sich in großer Höhe bilden und das regionale Klima beeinflussen können, da sie die Rückstrahlungen vom Erdboden in den Weltraum vermindern und so das Aufheizen der Erde in dem jeweiligen Gebiet fördern.

Weitere Schadstoffe, die vom Luftverkehr erzeugt werden, sind bspw. NO, NO_2, SO_2, O_3, PM 10, Benzol, Toluol, Xylol und Ethylbenzol.

Die *gesamte Klimawirkung der verschiedenen Effekte* wird auf das *zwei- bis fünffache des CO_2-Ausstoßes* geschätzt.[39]

Die folgenden Grafiken zeigen den Bedeckungsgrad der Erde mit Kondensstreifen in Prozent für 1992 und 2050:

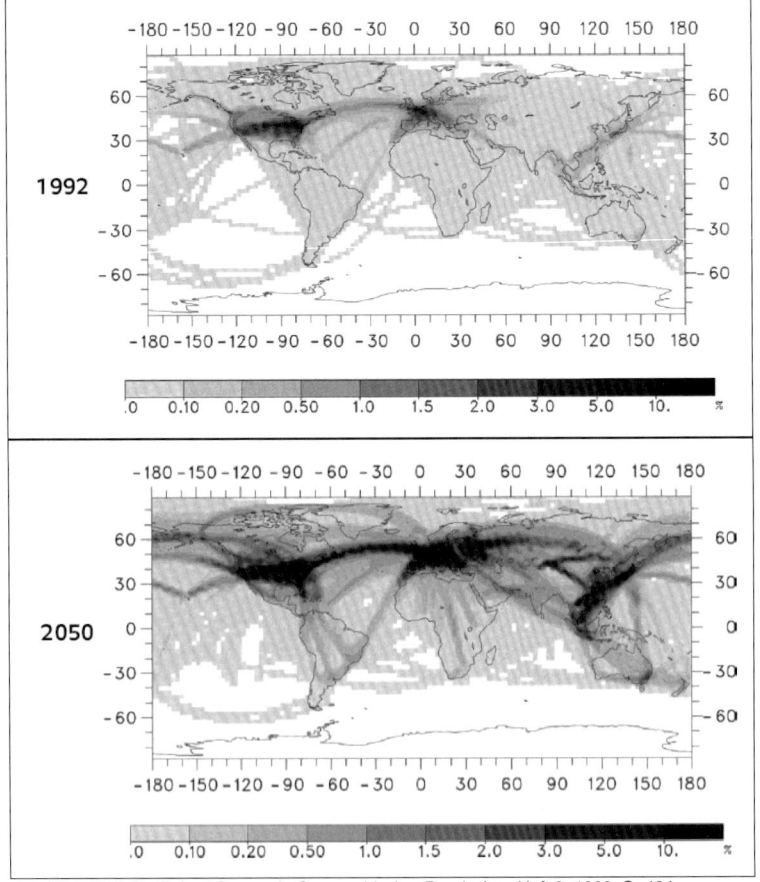

Abb.: Prof. Dr. Robert Sausen in Geographischer Rundschau Heft 9, 1999, S. 484

[39] Arbeitsblatt „Der internationale Luftverkehr und Klimawandel"; Hrsg: Germanwatch http://www.germanwatch.org/

7.4.1.1 Gesetzliche Vorgaben und umweltpolitische Maßnahmen

Vereinbarung zur Reduzierung von Treibhausgasen und Emissionshandel

Das 1992 verabschiedete sog. **„Kyoto-Protokoll"** verpflichtet die dem Protokoll zustimmenden Staaten zu einer Reduzierung der **Treibhausgase** *bis 2012 um mindestens 5,2 % gegenüber 1992.* 2005 trat es in Kraft und alle europäischen Staaten haben es mittlerweile ratifiziert. Europa muss seine Treibhausemissionen um durchschnittlich 8 % senken, Deutschland hat sich sogar zu −21 % verpflichtet. Inzwischen haben sich dem Abkommen über 170 Staaten angeschlossen, jedoch nicht die USA (Stand Juni 2008). Auch sind Entwicklungsländer und die stark im Wachstum befindlichen Staaten China und Indien hiervon ausgenommen. Ebenfalls nicht erfasst werden die Emissionen, die der Luftverkehr verursacht.

Die im Kyoto-Protokoll reglementierten Treibhausgase sind:[40]

- **Kohlendioxid (CO_2)**
  Haupterzeuger: Kraftwerke, Verkehr, industrielle Produktion.
  CO_2 ist für ca. 77 % des anthropogenen (durch den Menschen verursachten) Treibhauseffekts verantwortlich.

- **Methan (CH_4)**
  Haupterzeuger: Landwirtschaft, Abfälle, Kühe beim Wiederkäuen, Düngung, Anbau von Reis, Klärwerke, Mülldeponien, Kohlebergbau. Außerdem enthalten die Permafrostböden (Dauerfrost-böden) große Mengen des Gases. Durch die Klimaerwärmung tauen sie langsam auf und setzen das über Jahrtausende gebundene Gas frei.
  Ihr Treibhaus-Potenzial ist 21-mal höher als das von CO_2. Methan trägt 14 % zur Erderwärmung bei.

- **Distickstoffoxid (N_2O, Lachgas)**
  Haupterzeuger: Landwirtschaftlich genutzte Ackerflächen durch die Verwendung von stickstoff-haltigem Dünger, der im Boden von winzigen Organismen – den Mikroorganismen – zersetzt wird. N_2O hat aber ein 300-mal größeres Treibhaus-Potenzial als CO_2. Insgesamt beträgt sein Anteil am Treibhauseffekt 8 %.

- **perfluorierte Kohlenwasserstoffe (FKWs/PFCs)**

- **teilhalogenierte Fluorchlorkohlenwasserstoffe (H-FKW/HFCs)**

- **Schwefelhexafluorid (SF_6)**

---

[40] Vgl.: „Luftverkehr und akustische Umwelt" Erlebnis Wissen Luftverkehr – Materialien für den Unterricht, Hrsg.: Deutsche Lufthansa AG; Quelle: http://erlebnis-wissen.lufthansa.com/index.php?id=4302m

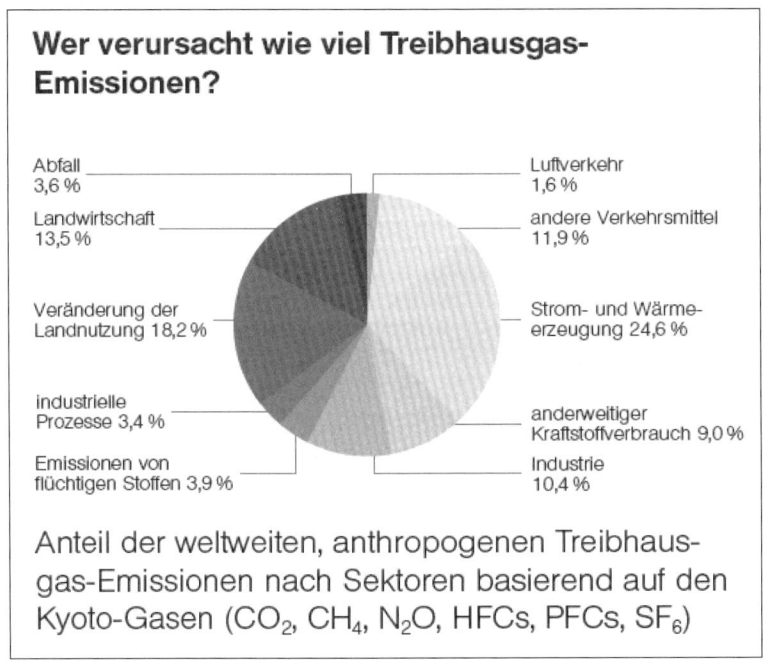

Wer verursacht wie viel Treibhausgas-Emissionen?

Abfall
3,6 %

Landwirtschaft
13,5 %

Veränderung der
Landnutzung 18,2 %

industrielle
Prozesse 3,4 %

Emissionen von
flüchtigen Stoffen 3,9 %

Luftverkehr
1,6 %

andere Verkehrsmittel
11,9 %

Strom- und Wärme-
erzeugung 24,6 %

anderweitiger
Kraftstoffverbrauch 9,0 %

Industrie
10,4 %

Anteil der weltweiten, anthropogenen Treibhaus-gas-Emissionen nach Sektoren basierend auf den Kyoto-Gasen (CO_2, CH_4, N_2O, HFCs, PFCs, SF_6)

Abb.: Abb.: „Emissionen des Luftverkehrs" Erlebnis Wissen Luftverkehr – Materialien für den Unterricht, Hrsg.: Deutsche Lufthansa AG; Quelle: http://erlebnis-wissen.lufthansa.com/fileadmin/de/medien/4203M.pdf

Als ein Instrument unter mehreren, die vereinbarten Ziele zu erreichen, wurde auch der **Handel mit Verschmutzungsrechten** zugelassen, den Umweltpolitiker gerne auch auf den Luftverkehr ausweiten würden. Er wurde 2005 in der EU eingeführt und soll künftig auch für *alle Fluggesellschaften gelten, die in der EU starten oder landen.* Die deutsche Regierung und die deutsche Luftfahrtbranche unterstützen diese Forderung grundsätzlich, allerdings wird über das wie und wann noch heftig diskutiert, um Wettbewerbsfähigkeit und Wachstum der Branche nicht zu gefährden. So wird dieses Vorhaben bspw. seitens der US-amerikanischen Fluggesellschaften heftig attackiert.

7.4.1.2 Maßnahmen der Verursacher

7.4.1.2.1 Flugzeughersteller und Fluggesellschaften

Flugzeughersteller und Fluggesellschaften arbeiten eng zusammen, um schadstoffärmeres Fluggerät zum Einsatz zu bringen. Seit den 60er-Jahren wurde der CO_2-Ausstoß per 100 pkm (Passagier-kilometer) immerhin um 70 % reduziert.[41]

Konkrete Maßnahmen zur Schadstoffreduktion sind:

- **JTI (Clean Sky Joint Technology Initiative)**
  Flugzeughersteller und EU unterhalten im Rahmen der JTI gemeinsame Forschungsprogramme; ca. 1,6 Mrd. investieren beide in das „Clean Sky" Programm. Geforscht wird u. a. an sparsameren Triebwerken, alternativen Treibstoffen und Gewicht sparenden Werkstoffen.

- **ACARE (Advisory Council of Aeronautical Research)**
  Innerhalb des ACARE hat sich die Luftverkehrsindustrie selbst zu einer Reduktion der CO_2-Belastung um 50 % und der NO_x-Belastung um 80 % pro 100 pkm bis zum Jahr 2020 verpflichtet.

---

[41] Branchenposition zur Einbeziehung des Luftverkehrs in den Emissionshandel, Hrsg.: ADV, BARIG, BDF, BDLI, BIEK, BTW, Deutsches Verkehrsforum, Luftverkehr für Deutschland, Lufthansa, Feb. 2008, veröffentlicht z. B. auf: http://www.initiative-luftverkehr.de/positionen/index.html

7.4.1.2.2   Flughäfen

Auch Flughäfen produzieren Schadstoffe, zum einen durch die an- und abfliegenden Flugzeuge, aber auch durch ihre Bodendienste.

Eine Möglichkeit für Flughäfen, Fluggesellschaften einen wirtschaftlichen Anreiz zum Einsetzen schadstoffärmerer Fluggeräte zu bieten, sind **emissionsabhängige Flughafenentgelte**, wie sie die Hubs Frankfurt und München Anfang 2008 mit einer dreijährigen Pilotphase eingeführt haben.

Weitere Instrumente, die Schadstoffemission an Flughäfen zu reduzieren sind bspw.:[42]

*   Minimierung der Wartezeiten an den Landebahnen,
*   Optimierung von Abfertigungsprozessen (Vermeidung von Leerfahrten),
*   Einsatz von Brennstoffzellenfahrzeugen,
*   Ausrüstung der für die Flugzeugabfertigung eingesetzten mobilen Arbeitsmaschinen mit den schadstoffärmsten Motoren,
*   Einrichtung geeigneter Stromversorgung auf dem Vorfeld, die den Einsatz von Hilfstriebwerken der Flugzeuge auf den Parkpositionen teilweise ersetzt.

7.4.1.3   Maßnahmen von Verbrauchern

Neben dem Weg der *Vermeidung* von Flügen beispielsweise durch Videokonferenzen, Urlaub auf „Balkonien" oder dem Ausweichen auf andere Verkehrsmittel haben Passagiere die Möglichkeit, **Ausgleichszahlungen** für die von ihnen verursachten Klimagase zu leisten. Das Geld wird von speziellen Organisationen wie „atmosfair" oder „myclimate" eingezogen und beispielsweise in ausgewählte Solar-, Wasserkraft-, Biomasse- oder Energiesparprojekte in Entwicklungsländern investiert, um dort Treibhausgase einzusparen, die eine vergleichbare Klimawirkung haben wie die Emissionen des Flugzeugs. Ein speziell entwickelter „Emissionsrechner" liefert die entsprechenden Daten und gibt nach Eingabe der Flugstrecke den zu entrichtenden Zahlungsbetrag aus.
Viele Reiseveranstalter und Fluggesellschaften haben einen solchen Emissionsrechner bereits in ihre Webseiten integriert, so dass ihre Kunden direkt bei der Buchung auf die Möglichkeit der Ausgleichszahlung gestoßen werden.

Reiseveranstalter, die sich im „forum anders reisen" zusammengeschlossen haben, stehen für nachhaltigen Tourismus und erleichtern ihren Kunden ein verantwortungsvolles und zukunftsfähiges Handeln auch bei der Urlaubsentscheidung. Bei Flügen von Veranstaltern des forums anders reisen müssen Urlaubslänge und Entfernung in einem vertretbaren Verhältnis stehen (keine Flüge in Zielgebiete unter einer Entfernung von 700 km; bei Flügen über 700 km bis 2.000 km muss die Aufenthaltsdauer mindestens acht Tage betragen; bei Flugreisen über 2.000 km muss der Aufenthalt mindestens 14 Tage betragen).

---

[42] Vgl.: Arbeitsmappe Frankfurt Airport, S. 47, Hrsg: Fraport AG, 2007

7.4.2 Lärm

7.4.2.1 Gesetzliche Vorgaben und umweltpolitische Maßnahmen

7.4.2.1.1 ICAO Annex 16

Flugzeuge sind nach einem international verbindlichen Regelwerk, dem so genannten ICAO, Annex 16, in verschiedene Lärmkategorien aufgeteilt. Abhängig von Antriebsart, Motorenanzahl und Gewicht müssen Flugzeuge bestimmte Lärmgrenzwerte einhalten. Entsprechend wird innerhalb der EU die Zulassung von Flugzeugen, die die vorgegebenen Grenzwerte überschreiten, versagt (Ausnahmen hiervon bilden bspw. Hilfsgüterflüge, Flugzeuge, an denen ein historisches Interesse besteht, oder in Einzelfällen Wartungsflüge).

7.4.2.1.2 Nachtflugeinschränkungen; Start- und Landebeschränkungen

Insbesondere stadtnahe Flughäfen können von den zuständigen Landesministerien Auflagen für den nächtlichen Flugbetrieb erhalten – als strengste Maßnahme steht hier das absolute Nachtflugverbot zur Verfügung.

Es gibt jedoch auch abgestufte Modelle, in denen eine Kontingentierung nach den Lärmkategorien der ICAO vorgenommen wird – diese kann tags und/oder nachts wirksam sein.

7.4.2.1.3 Lärmoptimierte Flugroutenplanung

Durch die Weiterentwicklung technischer Systeme wird eine verbesserte Flugroutenplanung der Flugsicherung möglich, die auch zur Lärmminderung beiträgt.

7.4.2.2   Maßnahmen der Verursacher

7.4.2.2.1   Flugzeughersteller und Fluggesellschaften

Gemeinsames Ziel von Flugzeugherstellern und Fluggesellschaften ist die Entwicklung neuartiger Triebwerke, die neben besseren Strömungsverhältnissen in der Turbine auch durch neue Werkstoffe zur Lärmverringerung beitragen.

Im Rahmen des o. A. ACARE setzte sich die Luftfahrt-Industrie das ehrgeizige Ziel, den empfundenen Lärmpegel von Flugzeugen bis zum Jahr 2020 um 50 % zu verringern.

Als erfolgreiches Beispiel kann der Airbus A380 dienen. Im Vergleich zu einer alten Version der B747 weist er einen erheblich verkleinerten Lärmteppich beim Start auf:

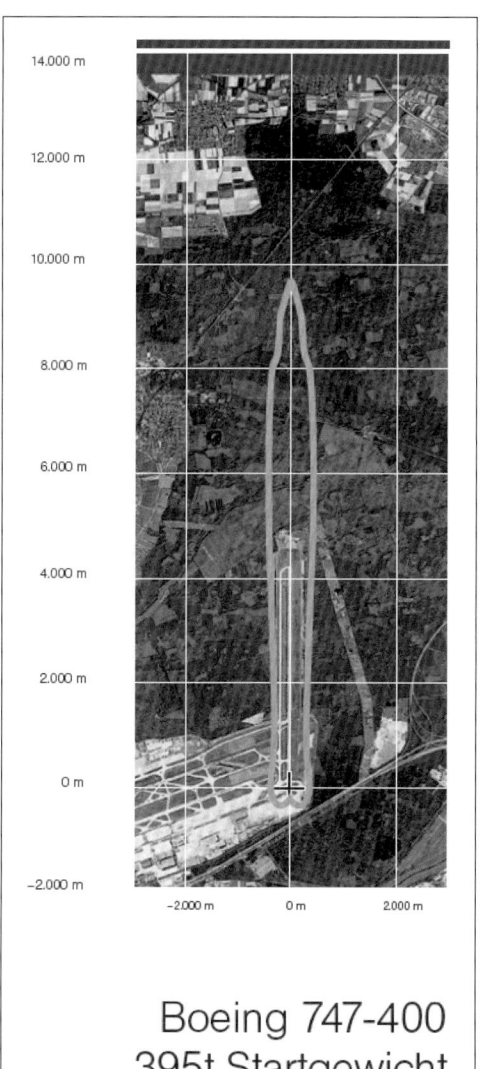

Boeing 747-400
395t Startgewicht

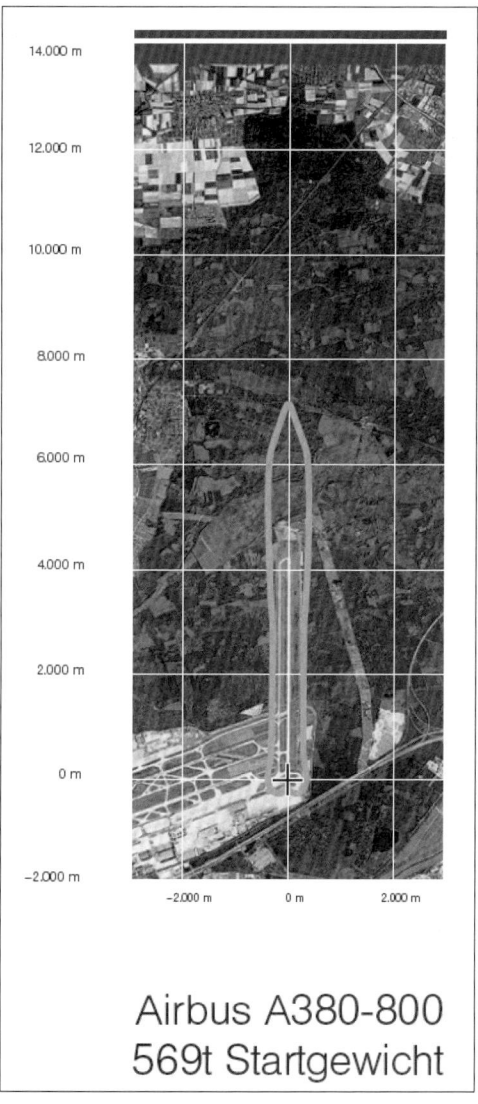

Airbus A380-800
569t Startgewicht

Abb.: „Luftverkehr und akustische Umwelt" Erlebnis Wissen Luftverkehr – Materialien für den Unterricht, Hrsg.: Deutsche Lufthansa AG; Quelle: http://erlebnis-wissen.lufthansa.com/index.php?id=4302m

7.4.2.2.2 Flughäfen

Lärmoptimierte An- und Abflugrouten, die erst ab einer definierten Mindesthöhe verlassen werden dürfen, tragen erheblich zur Lärmreduzierung bei und werden für einige Flughäfen vorgegeben.

Als wirtschaftlicher Hebel wirkt eine *Entgeltordnung*, die *nach Lärmkategorien differenziert* ist. Das heißt, dass lärmarme Flugzeuge durch geringere Entgelte deutlich günstiger gestellt werden.

Passive Schallschutzprogramme von Flughäfen erstatten Schallschutzmaßnahmen in Wohnungen und besonders schutzwürdigen Einrichtungen wie z. B. Kindergärten, Schulen und Altenheimen in Nähe des Flughafens, die dem Lärm von landenden und startenden Flugzeugen besonders stark ausgesetzt sind.

7.4.3 Energieverbrauch

Es wurden bereits mehrere Instrumente vorgestellt, die neben anderen Effekten, wie z. B. der Minderung von Emissionen, auch gleichzeitig zu einer Senkung des Energieverbrauchs im Luftverkehr führen.

7.4.3.1 Gesetzliche Vorgaben und umweltpolitische Maßnahmen

Eine dieser Maßnahmen ist die Vereinheitlichung des europäischen Luftraums zum „Single European Sky". Denn optimierte Flugrouten führen automatisch auch zur Einsparung von Kerosin.

Eine weitere Möglichkeit, den Kerosinverbrauch zu drosseln, besteht in der *Besteuerung von Kerosin*. Denn bislang ist der Treibstoff Kerosin von der *Mineralölsteuer befreit*; dies bedeutet eine Wettbewerbsverzerrung gegenüber den konkurrierenden Verkehrsträgern Straße und Schiene, die Kraftstoffe und Strom verwenden, die der Energiesteuer unterliegen.
Da jedoch die CO_2-Emissionen in einem fixen Verhältnis zum Kerosinverbrauch stehen, fordern Umweltschützer seit langem die Abschaffung dieses Privilegs und die Einführung einer europa-/weltweit einheitlichen Kerosinbesteuerung. Das BMVBS spricht sich zwar für die Einführung einer Kerosin-Steuer aus, allerdings unter dem Vorbehalt, dass es keinen deutschen oder europäischen Alleingang gibt, da es sonst zu Benachteiligungen deutscher/europäischer Fluggesellschaften im globalen Wettbewerb kommen würde.

Ferner wird auf politischer Ebene die Einführung einer **Emissionsabgabe** auf jeden Flug entsprechend der ökologischen Folgekosten diskutiert.

7.4.3.2 Maßnahmen der Verursacher

7.4.3.2.1 Flugzeughersteller und Fluggesellschaften

Automatisch sinkt durch besser ausgelastete Flugzeuge aufgrund der seit Jahren gestiegenen Nachfrage auch der Pro-Kopf-Verbrauch beim Treibstoff. Effizientes Yield Management und Hub-and-Spoke-Systeme (siehe S. 3) verstärken diesen Effekt noch. Da dieser Vorteil allein jedoch nicht ausreicht und sich der gleichzeitige Anstieg bei der Anzahl der Flüge negativ auswirkt, sind weitere Maßnahmen erforderlich. Die Entwicklung *neuer Triebwerke, leichterer Werkstoffe*, die *Optimierung von Fluggeschwindigkeiten*, und eine *bessere Ausnutzung von Winden* können den Verbrauch von Kerosin weiter reduzieren helfen.

7.4.3.2.2 Flughäfen

Flughäfen verbrauchen Strom für technische Anlagen und müssen beheizt bzw. klimatisiert werden. Hier kann eine Reduzierung vor allem durch Energiesparmaßnahmen bei Neubauten und Sanierungen sowie durch optimierte Planungsprozesse erreicht werden.

7.4.4 Abfall

7.4.4.1 Gesetzliche Vorgaben und umweltpolitische Maßnahmen

In Deutschland legt das *Kreislaufwirtschafts- und Abfallgesetz* die Prinzipien der *Vermeidung, Verwertung und Ablagerung von Abfall* fest. Auch EU-weit gelten folgende nach Prioritäten gelisteten Ziele:[43]

1. Abfallvermeidung: hierzu gehört unter anderem auch das Verbot von umweltgefährdenden Stoffen, wie z. B. PCB, FCKW etc.
2. Wiederverwendung: das heißt eine erneute Nutzung des Guts, wie z. B. Pfandflasche, Second-Hand-Use etc.
3. Recycling durch stoffliche Verwertung: definierte Abfallstoffströme oder Teile davon werden aufbereitet, um vermarktungsfähige Sekundärrohstoffe wiederzugewinnen. Dazu werden großtechnisch heute überwiegend mechanische oder biologische Verfahren verwendet.
4. Recycling durch energetische Verwertung: die Stoffe werden verbrannt oder vergast, jedoch mit dem alleinigen Ziel der Energiegewinnung.
5. Andere Formen der Verwertung.
6. Deponieren.

Diese Prinzipien gelten für *Verbraucher und Industrie* gleichermaßen, somit auch für Luftverkehrsgesellschaften und Flughäfen.

7.4.4.2 Maßnahmen der Verursacher – Fluggesellschaften

In den letzten Jahrzehnten hat sich das Bild der Versorgung von Passagieren auf Flügen europäischer Airlines deutlich gewandelt: Wo früher Plastikgeschirr und -besteck dominierten, Verpackungen ohne Ende zu öffnen waren, um an Essen oder Trinken zu gelangen und Portionspackungen geradezu ein Muss darstellten, sind diese heute weitestgehend durch *wieder verwertbare und Abfall minimierende Produkte* ersetzt worden.

Dabei schlagen viele Fluggesellschaften zwei Fliegen mit einer Klappe: Wurden früher ungefragt Frühstücks- oder Lunchpakete mit feststehendem Inhalt verteilt, wird heute auf Kurzstrecken und bei Billigfliegern teilweise gar nichts mehr kostenlos ausgegeben. Damit werden nicht nur die Catering-Kosten, sondern auch erheblich Müll eingespart.

ÜBUNG 7

1) Aus wie vielen Lufträumen besteht derzeit der europäische Luftraum?

2) Weshalb hat das Kyoto-Protokoll nur geringe Auswirkungen auf den Luftverkehr?

3) Welche Möglichkeiten haben Flughäfen, zur Emissionsreduzierung beizutragen?

---

[43] Artikel *Recycling*. In: Wikipedia, Die freie Enzyklopädie. Bearbeitungsstand: 18. Juni 2008, 20:05 UTC. URL: http://de.wikipedia.org/w/index.php?title=Recycling&oldid=47401925 (Abgerufen: 23. Juni 2008, 14:38 UTC)

8 Anhang

8.1 Lösungen der Übungsaufgaben

ÜBUNG 1.1

1)

Linie	Charter
Tarifpflicht (müssen genehmigt und veröffentlicht werden)	Freie Preise
Beförderungspflicht, öffentlich	Kann an bestimmte Gruppen verchartert werden
Betriebspflicht	---
Flugpläne müssen veröffentlicht werden und sind bindend	Keine gesetzliche Pflicht

2) Weil sie Netzcarrier sind, das heißt, Verbindungen aufeinander abgestimmt haben. Historisch gesehen wurden sie für die flächendeckende Versorgung mit Fluglinien aufgebaut und finanziert, mussten also auch unrentable Strecken bedienen. Heute stehen sie im starken internationalen Wettbewerb und steuern den hohen Kosten durch Vernetzung mit anderen Carriern entgegen. Sie heben sich außerdem gerade durch die hohe Servicekomponente voneinander sowie von Charter- und Billigfluggesellschaften ab.
Abgelegene Flughäfen aus Kostengründen zu wählen, ist für sie ebenfalls schwierig, da ihre Hauptzielgruppe, die Geschäftsreisenden, auf zentrale Lagen und gute Verkehrsanbindungen angewiesen sind sowie gut ausgestattete Flughäfen (mit Konferenzräumen, Lounges etc.) bevorzugen.

3) Weil Billigflüge oftmals eine parallele Streckenführung haben, dabei jedoch deutlich günstiger sind. Im Gegensatz zu Charterfliegern steuern sie nicht nur touristische Zentren an und weisen eine relativ hohe Frequenz auf.

ÜBUNG 1.4.1

1) Die 3.

2) Das Recht einer Fluggesellschaft, in einem anderen Staat Passagiere, Fracht oder Post aufzunehmen, um sie ins eigene Land zu befördern.

3) Die ICAO.

ÜBUNG 1.4.2

1) Die Abrechnung der Fluggesellschaften untereinander.

2) Sie kann sich besser vermarkten und generiert ein größeres Passagieraufkommen.

3) In der Star Alliance.

ÜBUNG 1.5

1) A320, B 737

2) 2

3) Der „Buckel", unter dem sich das Upperdeck verbirgt.

4) 12000–13000 km

ÜBUNG 1.6

1)
Münster
Paderborn
Dortmund
Düsseldorf
Mönchengladbach
Köln-Bonn

2)
a) Linienflugziele:

Hongkong	HKG
Tokyo Haneda	HND
Paris Charles de Gaulle	CDG
San Francisco	SFO
Bangkok	BKK
Amsterdam	AMS

b) Ferienflugziele:

Lanzarote	ACE
Palma de Mallorca	PMI
Antalya	AYT
Monastir	MIR
Phuket	HKT
Santo Domingo	SDQ

3) AIRail Terminal

4) Frankfurter Kreuz; A3 und A5

ÜBUNG 1.7

1) 1000 SZR = ca. 1200,- €

2) 125 €

ÜBUNG 2.1

1) Die Ticketausstellung/elektronische Ticketerstellung.

2) Sie kann bei Langstreckenflügen von Fluggesellschaften gefordert werden und stellt sicher, dass der Passagier befördert wird, wenn er sich bei Flugunterbrechungen noch einmal bei der Fluggesellschaft rückversichert.

3) Die buchende Stelle, also das Reisebüro oder das Reservierungsbüro der Fluggesellschaft.

ÜBUNG 2.2.1

a) 07:05 Uhr bzw. 06:00 Uhr mit mehr Umsteigezeit in Frankfurt
b) 14:40 Uhr
c) 1 Stunde (Dresden: +2 Stunden, Tel Aviv: +3)
d) Er muss in Frankfurt umsteigen
e) LH 1063 und LH 686

ÜBUNG 2.2.2

a) 08:55
b) Lufthansa
c) A 320

ÜBUNG 2.2.3

1)
a) Yemen   : 15:20 Uhr – 3 Std. = 12:20 Uhr UTC
   Zeit im Senegal entspricht UTC; im Senegal ist es also 12:20 Uhr.

b) St.Lucia   : 22:40 Uhr Montag   + 4 Std. = 02:40 Uhr Dienstag UTC
   Rwanda   : 02:40 Uhr Dienstag + 2 Std. = 04:40 Uhr Dienstag Ortszeit

c) Schweden : 23:11 Uhr Dienstag – 2 Std. = 21:11 Uhr Dienstag UTC
   Neuseel. : 21:11 Uhr Dienstag + 12 Std. = 09:11 Uhr Mittwoch Ortszeit

d) SriLanka : 10:05 Uhr Mittwoch – 5 ½ Std. = 04:35 Uhr Mittwoch UTC
   Nicaragua : 04:35 Uhr Mittwoch – 6 Std.   = 22:35 Uhr Dienstag Ortszeit

2)
a) KUL 23:55 Uhr   – 8 Std.   = 15:55 Uhr UTC
   MRU *02:55 Uhr   – 4 Std.   = 22:55 Uhr UTC

   Differenz = Flugzeit: 7 Stunden

b) LOS 00:45 Uhr – 1 Std.   = 23:45 Uhr UTC (Tag vorher)
   LHR 07:15 Uhr – 1 Std.   = 06:15 Uhr UTC

   Differenz = Flugzeit: 6 Std. 30 Min.

c) ZRH 20:25 Uhr – 2 Std.   = 18:25 Uhr UTC
   MNL *18:00 Uhr – 8 Std.   = 10:00 Uhr UTC (nächster Tag)

   Differenz = Flugzeit: 15 Std. 35 Min.

3)
a) Reisezeit:
   LHE 18:40 Uhr – 6 Std.   = 12:40 Uhr UTC
   JFK *06:25 Uhr + 4 Std.   = 10:25 Uhr UTC (nächster Tag)

   Differenz = Reisezeit: 21 Std. 45 Min.

   Flugzeit:
   Aufenthalt in RUH von 21:15 Uhr bis *00:25 Uhr = 3 Std. 10 Min.

       21 Std. 45 Min. Reisezeit
     – 3 Std. 10 Min. Aufenthalt

     = 18 Std. 35 Min. Flugzeit

b) Reisezeit:
   JNB 19:25 Uhr – 2 Std.   = 17:25 Uhr UTC
   ADB *15:45 Uhr – 3 Std.   = 12:45 Uhr UTC (nächster Tag)

   Differenz = Reisezeit: 19 Std. 20 Min.

Flugzeit:
Aufenthalt in ZRH von 06:20 Uhr bis 11:50 Uhr = 5 Std. 30 Min.

    19 Std. 20 Min. Reisezeit
  – 5 Std. 30 Min. Aufenthalt

= 13 Std. 50 Min. Flugzeit

c) Reisezeit:
   DXB 00:45 Uhr – 4 Std.   = 20:45 Uhr UTC (Tag vorher)
   BOS 12:35 Uhr + 4 Std.   = 16:35 Uhr UTC

   Differenz = Reisezeit: 19 Std. 50 Min.

   Flugzeit:
   Aufenthalt in LHR von 05:40 Uhr bis 10:00 Uhr = 4 Std. 20 Min.

       19 Std. 50 Min. Reisezeit
    –   4 Std. 20 Min. Aufenthalt

   = 15 Std. 30 Min. Flugzeit

4)
a) Umrechnung der Abflugzeit in Ortszeit Madrid:
   CCS 17:20 Uhr + 4 ½ Std.   = 21:50 Uhr UTC (01. JUL)
   GMT 21:50 Uhr + 2 Std.   = 23:50 Uhr Madrid – Ortszeit (01. JUL)

   Ankunftszeit:
   23:50 Uhr + 8 Std. 10 Min. = 08:00 Uhr Madrid (02. JUL)

b) Umrechnung der Abflugzeit in Ortszeit Mexico City:

   MAD 12:15 Uhr – 2 Std.   = 10:15 Uhr UTC (05. SEP)
   GMT 10:15 Uhr – 6 Std.   = 04:15 Uhr Mexico – Ortszeit (05. SEP)

   Ankunftszeit:
   04:15 Uhr + 16 Std. 25 Min. = 20:40 Uhr Mexico City (05. SEP)

5)
a) Umrechnung der Ankunftszeit in Ortszeit Istanbul:
   SIN 06:05 Uhr – 8 Std.   = 22:05 Uhr UTC (27. AUG)
   GMT 22:05 Uhr + 3 Std.   = 01:05 Uhr Istanbul – Ortszeit (28. AUG)

   Abflugzeit:
   01:05 Uhr – 12 Std. 35 Min. = 12.30 Uhr Istanbul (27. AUG)

b) Umrechnung der Ankunftszeit in Ortszeit Bangkok:
   STO 06:15 Uhr – 2 Std   = 04:15 Uhr UTC (10. AUG)
   GMT 04:15 Uhr + 7 Std.   = 11:15 Uhr Bangkok – Ortszeit (10. AUG)

   Abflugzeit:
   11:15 Uhr – 11 Std. 10 Min. = 00:05 Uhr Bangkok (10. AUG)

6)
a) 02:30 Uhr
b) 15:50 Uhr
c) 11:59 Uhr
d) 00:03 Uhr

7)
a) 01.50 p.m.
b) 01.30 a.m.
c) 06.15 p.m.
d) 12.30 p.m.

ÜBUNG 2.3

1) 30 kg

2) Nur, wenn es:
- für den persönlichen Gebrauch bestimmt ist
- mit dem Brennstoff Flüssiggas, das vollständig absorbiert ist, befüllt ist
- am Körper getragen wird (nicht im aufgegebenen oder Handgepäck!)

3) 79 € (1047 € x 1,5 % x 5)

ÜBUNG 2.4

1) Ja, bis einige Wochen vor der Geburt (bei LH bis zur 36. SW)

2) Mindestens 5 Jahre

3) Eine Liege zum Krankentransport im Flugzeug

ÜBUNG 2.5

1) Konsulate/Konsulabteilungen der Botschaft/Honorarkonsulate

2) Ja (Beispiel: Thailand – Einreiseverweigerung bei ungepflegter Kleidung)

3)
- Gültigkeit, evtl. sogar noch eine bestimmte Zeit lang über die Reise hinaus
- evtl. Stempel von anderen Ländern, aus denen die Reise nicht erwünscht ist
- bei Kindern: Lichtbild erforderlich?

4)
- Länder, die evtl. im Transit berührt werden (auf Hin- und/oder Rückreise)
- das Bestimmungsland
- das Ausgangsland (re-entry-permit?)

5) In den Staaten der EU außer GB, Irland, Bulgarien, Rumänien und Zypern) sowie in Island, Norwegen.
Flugreisende müssen sich bei Einreisen in die Schengener Staaten (wie hier Italien) nicht mehr ausweisen.

ÜBUNG 3.1

1)
a) E99B
b) bar (CASH)
c) am 13. SEP 2008
d) FRAL12902

2)
a) Es bedeutet, dass in München zu dem ausgewählten Tarif keine Flugunterbrechung, sondern nur ein Transfer erfolgen darf
b) EUR 413.73
c) 20 kg auf allen Teilstrecken
d) HAM – X/MUC – BKK – X/MUC – HAM

ÜBUNG 3.2

a) Sabine Test
b) Per Rechnung
c) 220 5297324945 und -46
d) EUR 1574.60
e) EUR 210.00

ÜBUNG 3.6

1)
a) Für Übergepäck
b) VRG Linhas Aereas SA in Frankfurt
c) 50.00 EUR

2)
a) Stornogebühren
b) Lufthansa
c) FRAL12902

ÜBUNG 4.1

1) In TC2

2) Zu Europa

3)
a) Von Frankfurt nach Tokio über folgende Strecken:

- Frankfurt – Athen – Delhi – Kuala Lumpur – Tokio	: EH
- Frankfurt – Moskau – Tokio	: TS
- Frankfurt – Madrid – New York – Los Angeles – Tokio	: AP
- Frankfurt – Tokio direkt	: TS

b) Von/nach New York über folgende Strecken:

- Frankfurt – London – New York	: AT
- Hongkong – Dubai – Wien – Lissabon – New York	: AT
- Sydney – Honolulu – San Francisco – New York	: PA

ÜBUNG 4.4.1

a) EUR 4051.00
b) EUR 7406.00

ÜBUNG 4.4.2.2

1)
a) Hinflug Frankfurt – Cancun: 550 Extrameilen (über Mexico City); zurück keine

b) Hin- und Rückflug keine Extrameilen, da Brisbane nicht in Südostasien liegt.

2)
a)

TPM		
	BER	
310	MUC	
440	ROM	
836	MAD	
652	PAR	
5868 3630	NYC	▼

MPM: 4761
5868 : 4761 = 1.2325
= 25 % Meilenaufschlag

b)

TPM		
	HAM	
257	FRA	
396	LON	
2187	CAI	
5043 2203	NBO	▼

MPM: 4927
5043 : 4927 = 1.0235
= 5 % Meilenaufschlag

c)

TPM		
	FRA	
1123	ATH	
694	CAI	
4260 2443	LOS	↓

MPM: 3621
4260 : 3621 = 1.1764
= 20 % Meilenaufschlag

3)
a) Frankfurt -YY- Algier -YY- Tripoli -YY- Cairo -YY- Khartoum

Farebasis: YIF

- Tarifkonstruktionspunkte FRA – KRT, OW 2682.51 NUC
- TPM: 3686
- MPM: 3520
- 3686 : 3520 = 1.0471 = 5 % Meilenaufschlag
- 2682.51 NUC x 1.05 = 2816.63 NUC

		FRA
	960	ALG
	630	TIP
	1089	CAI
3686	1007	KRT ▼

Fare Calculation

FRA YY ALG YY TIP YY CAI YY KRT5M2816.63NUC2816.63END ROE ...

---

b) Hamburg -YY- Paris -YY- Dublin -YY- Frankfurt -YY- Hamburg

Farebasis: YIF

Hinweg:

- Tarifkonstruktionspunkte HAM – DUB, ½ RT 915.83 NUC
- TPM: 942
- MPM: 799
- 942 : 799 = 1.1789 = 20 % Meilenaufschlag
- 915.83 NUC x 1.20 = 1098.99 NUC

		HAM
	450	PAR
942	492	DUB
	676	FRA
933	257	HAM

Rückweg:

- Tarifkonstruktionspunkte HAM – DUB, ½ RT 915.83 NUC
- TPM: 933
- MPM: 799
- 933 : 799 = 1.1677 = 20 % Meilenaufschlag
- 915.83 NUC x 1.20 = 1098.99 NUC

Fare Calculation

HAM YY PAR YY DUB20M1098.99LH FRA LH HAM20M1098.99NUC2199.98END ROE …

---

c) München -YY- Berlin -YY- Frankfurt -YY- Madrid -YY- Mexiko City -YY- Cancun

Farebasis: CIF (AT)

- Tarifkonstruktionspunkte MUC – CUN, OW 4043.31 NUC
- TPM: 7917
- EMA: 550
- 7917 – 550 = 7367
- MPM: 6633
- 7367 : 6633 = 1.1106 = 15 % Meilenaufschlag
- 4043.31 NUC x 1.15 = 4649.80 NUC

		MUC
	294	BER
	269	FRA
	884	MAD
	5650	MEX
7917	820	CUN

Fare Calculation

MUC YY BER YY FRA YY MAD YY E/MEX YY CUN15M4649.80NUC4649.80END ROE …

ÜBUNG 4.4.2.3

a) Frankfurt -YY- Brüssel -YY- Kopenhagen -YY- Stockholm

Farebasis: YIF

- Tarifkonstruktionspunkte FRA – STO, OW 1543.22 NUC
- TPM: 967
- MPM: 878
- 967 : 878 = 1.1013 = 15 % Meilenaufschlag
- HIP BRU – STO, OW 1762.57
- 1762.57 NUC x 1.15 = 2026.95 NUC

		FRA
	194	BRU
	462	CPH
967	311	STO

Fare Calculation

FRA YY BRU YY CPH YY STO15M BRUSTO2026.95NUC2026.95END ROE ...

---

b) Frankfurt -YY- Peking -YY- Hongkong -YY- Peking -YY- Frankfurt

Farebasis: FIF (Eastern Hemisphere)

Hinweg:

-	Tarifkonstruktionspunkte FRA – HKG, ½ RT 7628.99 NUC			FRA
-	TPM: 6079		4840	BJS
-	MPM: 7725	6079	1239	HKG
-	TPM < MPM, also kein Meilenaufschlag		1239	BJS
-	HIP FRA – BJS, ½ RT 7905.90 NUC	6079	4840	FRA
=	7905.90 NUC			

Rückweg:

- identische Tarifberechnung wie beim Hinweg!

Fare Calculation

FRA YY BJS YY HKG M FRABJS7905.90YY BJS YY FRA M FRABJS7905.90NUC
15811.80END ROE ...

---

c) Frankfurt -YY- München -YY- Madrid -YY- Paris -YY- Nürnberg -YY- Frankfurt

Farebasis: YIF

Hinweg:

-	Tarifkonstruktionspunkte FRA – MAD, ½ RT 1337.87 NUC			FRA
-	TPM: 1117			
-	MPM: 1060			FRA
-	kein HIP		186	MUC
-	1117 : 1060 = 1.0537 = 10 % Meilenaufschlag	1117	931	MAD
-	1337.87 NUC x 1.10 = 1471.65 NUC		664	PAR
			381	NUE
		1163	118	FRA

Rückweg:

- Tarifkonstruktionspunkte FRA – MAD, ½ RT 1337.87 NUC
- TPM: 1163
- MPM: 1060
- 1163 : 1060 = 1.0971 = 10 % Meilenaufschlag
- HIP NUE – MAD, ½ RT 1638.11 NUC
- 1638.11 NUC x 1.10 = 1801.92 NUC

Fare Calculation

FRA YYY MUC YY MAD10M1471.65YY PAR YY NUE YY FRA10M NUEMAD1801.92
NUC3273.57END ROE ...

ÜBUNG 4.4.2.4

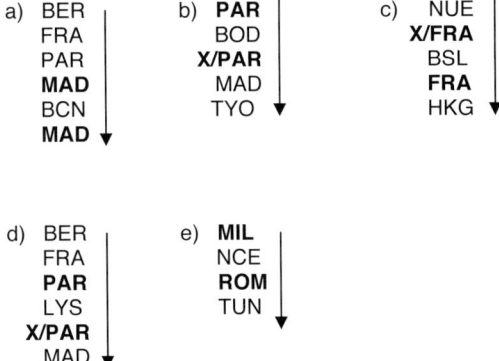

a) Nicht erlaubt, weil MAD als fare construction point nicht noch einmal innerhalb derselben Tarifkomponente angeflogen werden darf (Regel B).

b) Nicht erlaubt, weil PAR als fare construction point nicht noch einmal innerhalb derselben Tarifkomponente angeflogen werden darf – nicht einmal als Transferpunkt (Regel B).

c) Nicht erlaubt, denn bei Reisen von Europa nach Orten außerhalb Europas gilt: Innerhalb einer Tarifkomponente darf es nur eine internationale Ankunft und einen internationalen Abflug an irgendeinem Ticketed Point im Ausgangsland geben, hier wären es jedoch 2 internationale Abflüge von Deutschland (FRA – BSL und FRA – HKG) (Regel 2a).

d) Erlaubt, denn pro Tarifkomponente dürfen am selben Ort (hier PAR) ein Stopover und beliebig viele Transfers gemacht werden (Regel A).

e) Erlaubt: Da diese Reise gänzlich innerhalb Europas stattfindet (TUN ist IATA-Europa), greifen die Regeln 2a und 2b nicht.

ÜBUNG 4.4.2.5.1

a) Frankfurt -YY- X/Windhoek -YY- Capetown -YY- Windhoek -YY- Frankfurt

Farebasis: YIF

Hinweg:

- Tarifkonstruktionspunkte FRA – CPT, ½ RT 4286.64 NUC
- TPM: 5837
- MPM: 8755
- TPM < MPM, also kein Meilenaufschlag
- kein HIP (WDH ist nur Transferpunkt)
- = 4286.64 NUC

		FRA
	5044	X/WDH
5837	793	CPT
	793	WDH
5837	5044	FRA

Rückweg:

- Tarifkonstruktionspunkte FRA – CPT, ½ RT 4286.64 NUC
- TPM und MPM wie Hinweg, da gleiche Streckenführung
- HIP FRA – WDH, ½ RT 4442.20 NUC
- = 4442.20 NUC

CTM: FRA – WDH, RT : 8884.40 NUC
– Errechneter Tarif : 8728.84 NUC

= CT-PLUS 155.56 NUC

Fare Calculation

FRA YY X/WDH YY CPT M4286.64YY CPT YY FRA M FRAWDH4442.20P
FRAWDH155.56NUC8884.40END ROE …

---

b) Frankfurt -YY- BKK -YY- Kalkutta (Kolkata) -YY- X/Bangkok -YY- Frankfurt

Hinweg:

- Tarifkonstruktionspunkte FRA – CCU, ½ RT 5447.16 NUC
- TPM: 6591
- MPM: 6132
- 6591 : 6132 = 1.0748 = 10 % Meilenaufschlag
- HIP FRA – BKK, ½ RT 6494.91 NUC
- 6494.91 NUC x 1.10 = 7144.40 NUC

		FRA
	5583	BKK
6591	1008	CCU
	1008	X/BKK
6591	5583	FRA

Rückweg:

- Tarifkonstruktionspunkte FRA – CCU, ½ RT 5447.16 NUC
- Meilenberechnung wie beim Hinweg, d. h. 10 % Meilenaufschlag
- kein HIP, da Bangkok Transferort
- 5447.16 NUC x 1.10 = 5991.87 NUC

CTM: FRA – BKK RT: 12989.82 NUC
Errechneter Tarif: 13136.27 NUC

→Der errechnete Tarif ist höher und wird damit angewendet.

Fare Calculation

FRA YY BKK YY CCU10M FRABKK7144.40YY X/BKK YY FRA10M591.87NUC13136.27END
ROE …

ÜBUNG 4.4.2.5.2

a) Berlin –YY– Frankfurt –YY– Muscat –YY– Doha

Farebasis: CIF

- Tarifkonstruktionspunkte BER – DOH, OW 4807.01 NUC
- TPM: 3948
- MPM: 3896
- 3948 : 3896 = 1.0133 = 5 % Meilenaufschlag
- HIP BER – MCT, OW 4953.24 NUC
- Errechneter Tarif: 4953.24 NUC x 1.05 = 5200.90 NUC

		BER
	268	FRA
	3227	MCT
3948	453	DOH

Backhaul Check:

BER – MCT	4953.24 NUC
– BER – DOH	4807.01 NUC

= Differenz	146.23 NUC
+ BER – MCT	4953.24 NUC

= Mindestpreis	5099.47 NUC

Errechneter Tarif   5200.90 NUC

→ Der errechnete Tarif ist höher und wird damit angewendet!

Fare Calculation

BER YY FRA YY MCT YY DOH5M BERMCT5200.90NUC5200.90END ROE ...

---

b) Frankfurt -YY- Wien -YY- New York -YY- Los Angeles -YY- Salt Lake City

Farebasis: C

- Tarifkonstruktionspunkte FRA – SLC, OW 6401.04 NUC
- TPM: 7688
- MPM: 6447
- 7688 : 6447 = 1.1893 = 20 % Meilenaufschlag
- HIP VIE – LAX, OW 6671.72 NUC
- 6671.72 NUC x 1.20 = 8006.06 NUC

		FRA
	385	VIE
	4232	NYC
	2461	LAX
7688	590	SLC ▼

Backhaul Check:

FRA – LAX	6457.04 NUC
– FRA – SLC	6401.04 NUC

= Differenz	56.00 NUC
+ FRA – LAX	6457.04 NUC

= Mindestpreis	6513.04 NUC

Errechneter Tarif   8006.06 NUC

→ Der errechnete Tarif ist höher und wird damit angewendet!

Fare Calculation

FRA YY VIE YY NYC YY LAX YY SLC20M VIELAX8006.06NUC8006.06END ROE ...

ÜBUNG 4.4.2.5.3

1)

a) TNOJ

```
BER  ↓
STO  ↓
 X
CPH  ↑
BER  ↑
```

b) Oneway bzw. OOJ

```
BER  ↓
ROM  ↓
CPH  ↓
```

c) DOJ

```
BER ↓
JNB ↓
 X
CPT ↑
FRA ↑
```

2)
```
                    HAM  ↓
                    HEL  ↓
            726  X/HAM  ↑
      912   186   BER   ↑
```

1. Hinflug:

- Tarifkonstruktionspunkte HAM – HEL, ½ RT 1063.29 NUC
- TPM / MPM / HIP: Direktflug
= Errechneter Tarif: 1063.29 NUC

2. Rückflug:

- Tarifkonstruktionspunkte BER – HEL, ½ RT 1001.07 NUC
- TPM: 912
- MPM: 930
- TPM < MPM, also kein Meilenaufschlag
- kein HIP
= Errechneter Tarif: 1001.07 NUC

Gesamtpreis Hin- und Rückflug: 2064.36 NUC
Mindestpreis CPM (HAM-HEL RT): 2126.58 NUC

Differenz: 62.22 NUC

Fare Calculation

HAM YY HEL1063.29YY X/HAM YY BER M1001.07P R/HAM62.22NUC2126.58END ROE ...

ÜBUNG 4.4.2.7.1

a) Frankfurt -YY- IST -YY- KHI -YY- SIN -YY- TYO

Farebasis: FIF/F

A) Variante: Ein Durchgangstarif FRA –TYO (EH)

		FRA
	1169	IST
	2446	KHI
	2946	SIN
9873	3312	TYO

- Tarifkonstruktionspunkte FRA – TYO, OW (EH) 12336.4 NUC
- TPM: 9873
- MPM: 9320
- 9873 : 9320 = 1.0593 = 10 % Meilenaufschlag
- kein HIP
- 12336.44 NUC x 1.10 = 13570.08 NUC

B) Variante: Zwei OW-Tarife

		FRA
	1169	IST
3615	2446	KHI
	2946	SIN
6258	3312	TYO

1. Sektor:

- Tarifkonstruktionspunkte FRA – KHI, OW 7058.06 NUC
- TPM: 3615
- MPM: 4617
- TPM < MPM, also kein Meilenaufschlag
- kein HIP
= Errechneter Tarif: 7058.06 NUC

2. Sektor:

- Tarifkonstruktionspunkte KHI – TYO, OW 1937.66 NUC
- TPM: 6258
- MPM: 5185
- 6258 : 5185 = 1.2069 = 25 % Meilenaufschlag
- HIP SIN –TYO, OW 3226.01 NUC
- 3226.01 NUC x 1.25 = 4032.51NUC
= Errechneter Tarif: 4032.51 NUC

Gesamtpreis 1.+ 2. Sektor: 11090.57 NUC
Mindestpreis (OSC): FRA – TYO 12336.44 NUC

Differenz: 1245.87 NUC

Bei dieser Variante muss auf den Durchgangsflugpreis FRA – TYO angehoben werden. Die Differenz wird mit H/FRATYO in der Fare Calculation ausgewiesen:

Fare Calculation

FRA YY IST YY KHI M7058.06YY SIN YY TYO25M SINTYO4032.51H FRATYO1245.87NUC
12336.44END ROE …

ÜBUNG 4.4.2.8

1) Berlin -YY/C- Frankfurt -YY/C- Athen -YY/F- Damaskus -YY/C- Berlin

A) Berechnung mit Differential

1. Berechnung der gesamten Reise in C-Class:

Hinweg Farebasis C:

- Tarifkonstruktionspunkte BER – DAM, ½ RT 2042.59 NUC
- TPM: 2168   BER
- MPM: 2619   268   FRA
- TPM < MPM, also kein Meilenaufschlag   1129   ATH
- kein HIP   2169   771   DAM
- = Errechneter Tarif: 2042.59 NUC   BER

Rückweg in C-Class: keine Meilenberechnung, kein HIP, da Direktflug
= Errechneter Tarif: 2042.59 NUC

2. Berechnung des Differentials:

   ATH – DAM, ½ RT F-Class: 1047.74 NUC
 – ATH – DAM, ½ RT C-Class: 667.38 NUC

= Differential   380.36 NUC

3. Gesamtpreis: 2042.59 NUC
                 + 2042.59 NUC
                 + 380.36 NUC

                 = 4465.54 NUC

B) Vergleich: Wäre der Hinflug, ganz in der First-Class berechnet, billiger geworden?

Hinflug mit Differential: BER – DAM, ½ RT C-Class 2042.59 NUC + 380.36 NUC = 2422.95 NUC

Hinflug komplett in F: BER – DAM, ½ RT F-Class = 3056.88 NUC

→ Die Berechnung mit Differential ist günstiger!

Fare Calculation

BER YY FRA YY ATH YY DAM M2042.59YY BER2042.59D ATHDAM380.36NUC4465.54END
ROE …

---

2) Frankfurt -YY/F- Addis Abbeba -YY/Y- Johannesburg -YY/Y- Windhoek

A) Berechnung mit Differential:

1. Berechnung der gesamten Strecke in Y:

- Tarifkonstruktionspunkte FRA – WDH, OW/Y 6219.55 NUC
- TPM: 6572
- MPM: 6105
- 6572 : 6105 = 1.0764 = 10 % Meilenaufschlag
- 6219.55 NUC x 1.10 = 6841.50 NUC

		FRA
	3324	ADD
	2526	JNB
6572	722	WDH

2. Berechnung des Differentials FRA - CPT

  FRA – ADD, OW/F 7204.29 NUC
– FRA – ADD, OW/Y 3372.68 NUC

= Differential   3831.61 NUC

3. Gesamtpreis in Y-Class + Differential

6841.50 NUC + 3831.61 NUC = 10673.11 NUC

B) Vergleich mit dem F-Class-Preis für die Gesamtstrecke:

- Tarifkonstruktionspunkte FRA – WDH, OW/F 11357.92 NUC
- 10 % Meilenaufschlag (s.o.)
- 11357.92 NUC x 1.10 = 12493.71 NUC

→ diese Variante ist teurer als mit Differential.

C) Berechnung mit fare construction point ADD

FRA
ADD----Y--
JNB
WDH

1. Berechnung der beiden PUs:

PU1: FRA – ADD OW/F 7204.29 NUC

PU2:

- Tarifkonstruktionspunkte ADD – WDH, OW/Y 1034.00 NUC
- TPM: 3248
- MPM: 3577
- TPM < MPM, also kein Meilenaufschlag
- kein HIP
= Errechneter Tarif 1034.00 NUC

		ADD
	2526	JNB
3248	722	WDH

2. OSC-Check (durchgeführt für Y-Class):

Mindestpreis FRA – WDH, OW/Y 6219.55 NUC

```
  FRA – ADD   3372.68 NUC
+ ADD – WDH  1034.00 NUC
----------------------------------------
            = 4406.68 NUC
Mindestpreis = 6219.55 NUC
----------------------------------------
OSC-H:     = 1812.87 NUC
```

3. Gesamtpreis:

```
  1. PU:  7204.29 NUC (FRA – ADD, OW/F)
+ 2. PU:  1034.00 NUC (ADD – WDH, OW/Y)
+ OSC-H 1812.87 NUC (FRA – WDH)
--------------------------------
=        10051.16 NUC
```

→ Diese Variante ist billiger als A).

D) Berechnung mit Tarifkonstruktionspunkte ADD und JNB

```
FRA   |
ADD---┼--
JNB---┼--
WDH   |
```

1. Errechneter Tarif:

```
  1. PU:  7204.29 NUC (FRA – ADD, OW/F)
+ 2. PU:  1034.00 NUC (ADD – WDH, OW/Y)
+ 3. PU :  291.78 NUC (JNB – WDH, OW/Y)
```

2. OSC-Checks :

a) Check 1: Mindestpreis FRA – JNB, OW/Y 5482.17 NUC

```
  FRA – ADD 3372.68 NUC
+ ADD – JNB  986.00 NUC
------------------------------------
            = 4358.68 NUC
Mindestpreis  5482.17 NUC
------------------------------------
OSC-H      1123.49 NUC
```

b) Check 2: Mindestpreis ADD – WDH, OW/Y 1034.00 NUC

```
  ADD – JNB  986.00 NUC
+ JNB – WDH 291.78 NUC
------------------------------------
            1277.78 NUC
```

Mindestpreis   1034.00 NUC

→ Der Mindestpreis ADD – WDH wird nicht unterboten.

c) Check 3: Mindestpreis: FRA – WDH, OW/Y 6219.55 NUC

    FRA – JNB 5482.17 NUC (s.o. → OSC 1)
+ JNB – WDH   291.78 NUC

=   5773.95 NUC
Mindestpreis   6219.55 NUC

OSC-H   445.60 NUC

→ Es muss also um 445.60 NUC auf den Mindestpreis von 6219.55 NUC angehoben werden.

3. Gesamtpreis:

  1. PU: 7204.29 NUC (FRA – ADD, OW/F)
+ 2. PU: 1034.00 NUC (ADD – WDH, OW/Y)
+ 3. PU :   291.78 NUC (JNB – WDH, OW/Y)
+ OSC-H:1123.49 NUC (FRA – JNB)
+ OSC-H: 445.60 NUC (FRA – WDH)

=   10051.16 NUC

→ Dieser Endpreis ist identisch mit der Variante C). Das nochmalige Aufbrechen hat sich durch die Anhebung auf die OCS-Mindespreise also nicht rentiert.

Fare Calculation für Variante C):

FRA YY ADD7204.29YY JNB YY WDH M1034.00H FRAWDH1812.87NUC10051.16END ROE ...

Fare Calculation für Variante D:

FRA YY ADD7204.29YY JNB986.00YY WDH291.78H FRAJNB1123.49H FRAWDH445.60NUC 10051.16END ROE ...

ÜBUNG 4.5.1

1)

a) Der Tarif ME3MDE1 für 885 € in M-Klasse ist anwendbar:
    → Mindestaufenthalt 6 Tage: eingehalten
    → Maximumaufenthalt 3 Monate: eingehalten
    → Verkaufs-Einschränkungen: Ticketverkauf und Reisebeginn müssen bis zum 31. Dezember
      2009 erfolgen.

b) 75 %, also 664.00 EUR

c) VALID ON EK und CHG OF RES EUR75
    (Gültig auf EK, Reservierungsänderung 75.00 EUR)

d) 75.00 EUR

Tarifdarstellung nach >*FXP* in AMADEUS:

```
FXP

01 SORGLOS/SUSI *

LAST TKT DTE 28JUN09 - DATE OF ORIGIN
----------------------------------------------------------
      AL FLGT  BK T DATE  TIME  FARE BASIS      NVB  NVA  BG
  FRA
  DXB EK  0046 M  M 28JUN 1515  ME3MDE1         28JUN28JUN 20
  FRA EK  0047 M  M 05JUL 1430  ME3MDE1         05JUL05JUL 20

EUR    885.00      28JUN09FRA EK DXB688.38EK FRA688.38NUC
                   1376.76END ROE0.642811
EUR     22.77RA
EUR      6.57DE
EUR      5.53AE
EUR    919.87
PRICED WITH VALIDATING CARRIER EK - REPRICE IF DIFFERENT VC
TICKETS ARE NON-REFUNDABLE
ENDOS VALID ON EK/CHG OF RES EUR75
```


2)

a) weil Maximumaufenthalt 1 Monat ist

b) ja, Altersgrenze 24 Jahre

c) innerhalb 24 Stunden nach Reservierung

d) mit einem offiziellen Dokument, z. B. Reisepass

Tarifdarstellung nach >*FXP* in AMADEUS:

```
FXP/RZZ

01 HAARSCHARF/GABI *

LAST TKT DTE 13JUN07 - SEE ADV PURCHASE
----------------------------------------------------------
      AL FLGT  BK T DATE  TIME  FARE BASIS      NVB  NVA  BG
  FRA
  TUN LH  4110 V  V 08AUG 2225  VYOUNG          08AUG08AUG 20
  FRA LH  4111 V  V 12SEP 0335  VYOUNG          12SEP12SEP 20

EUR    295.00      08AUG07FRA LH TUN193.67LH FRA193.67NUC
                   387.34END ROE0.761600
EUR     40.00YQ    XT EUR 6.79DE EUR 6.00RL EUR 0.80RK
EUR     20.61RA
EUR     13.59XT
EUR    369.20
PRICED WITH VALIDATING CARRIER LH - REPRICE IF DIFFERENT VC
TICKETS ARE NON-REFUNDABLE
ENDOS NONREFUNDABLE
ATTN AGE MIN02 MAX24  **
```

ÜBUNG 4.6

```
TST00001     FRAL12902 AB/12SEP I 0 LD 23JAN09 OD FRAFRA SI
T-
FXP/RCH
   1.TOCHTER/LENA (CHD)
 1   FRA SA  261 C 23JAN 2045  OK CRCH                    30K
 2 O JNB SA  260 C 26JAN 2020  OK CRCH                    30K
     FRA
FARE  F EUR    4188.00
TX001 X EUR    275.76YRVA TX002 X EUR    22.77RAEB TX003 X EUR    6.57DESE
TX004 X EUR      0.90EVAB TX005 X EUR    11.28ZAEB TX006 X EUR   10.74WCTR
TOTAL   EUR    4516.02
FRA SA JNB3257.56SA FRA3257.56NUC6515.12END ROE0.642811
```

ÜBUNG 4.7

a) 256.00 NUC in Euro (EUR) x 0.642811 = 164.55961 = 165.00 EUR
b) 586.00 NUC in Aruban Guilder (AWG) x 1.79 = 1048.94 = 1049.00 AWG
c) 398.00 NUC in Bahraini Dinar (BHD) x 0.3761 = 149.6878 = 150.00 BHD
d) 854.00 NUC in Australian Dollar (AUD) x 1.044421 = 891.93553 = 892.00 AUD

ÜBUNG 5

1) Sicherung des Reisepreises durch Insolvenzabsicherung/Sicherungsschein des Veranstalters
    → nicht für Gelegenheitsveranstalter und Nichtgewerbliche
    → nicht, wenn die Reise weniger als 24 Std. dauert und ohne Übernachtung durchgeführt wird und weniger als 75 € kostet
    → nicht für Veranstalter als jur. Person des öffentl. Rechts

2) Zubucher und Einbucherverträge

ÜBUNG 6

1) Online-Vertriebskanäle wie Online-Reisebüros und Webportale

2) Miles & More

3) Bei einer Transaction fee lässt sich ein Reisebüro von Firmenkunden jeden einzelnen Prozess nach einer Gebührentabelle bezahlen.

ÜBUNG 7

1) Aus 58 Lufträumen

2) Weil es die Emissionen des Luftverkehrs nicht erfasst

3)
-   Einführung emissionsabhängiger Flughafenentgelte
-   Reduzierung der Wartezeiten an Start- und Landebahnen
-   Optimierung von Abfertigungsprozessen
-   Einsatz von Brennstoffzellenfahrzeugen
-   Ausrüstung der für die Flugzeugabfertigung eingesetzten mobilen Arbeitsmaschinen mit den schadstoffärmsten Motoren
-   Einrichtung geeigneter Stromversorgung auf dem Vorfeld, die den Einsatz von Hilfstriebwerken der Flugzeuge auf den Parkpositionen teilweise ersetzt.

8.2 Literaturverzeichnis

1. Sammelbände, Nachschlagewerke und Bücher:

BACH, T.: AMADEUS. Ein Handbuch für die Praxis, 3. Aufl., Frankfurt, 2006

BERG, W.: Tourismusmanagement, 1. Aufl., Ludwigshafen, 2006

FRAPORT AG: Arbeitsmappe Frankfurt Airport, 2007 u. 2008

MAURER, P.: Luftverkehrsmanagement, 4. Aufl., München, 2006

MUNDT, J.: Reiseveranstaltung, 6. Aufl, München, 2006

ORTLEPP, R.: Geographie für Touristiker, 3. Aufl., Frankfurt, 2007

POMPL, W.: Luftverkehr, 5. Aufl., Berlin; Heidelberg, 2007

SCHWENK, W.: Handbuch des Luftverkehrsrechts, 2. Aufl., Köln, 1996

STERZENBACH, R., CONRADY, R.: Luftverkehr: Betriebswirtschaftliches Lehr- und Handbuch, 3. Aufl., München, 2003

ZANTKE; S.: ABC des Luftverkehrs, 6. Aufl., Hamburg, 1990

2. Zeitschriften:

FVW International, Verlag Dieter Niedecken GmbH, Hamburg

3. Tarife, Flugpläne u.a.:

Passenger AirTariff (PAT), Hrsg.: SITA+IATA, Middlesex, United Kingdom

BSP-Handbuch für IATA-Agenten; Hrsg: BSP-Germany, Frankfurt

LH-Flugplan, Hrsg.: Deutsche Lufthansa AG, Flugplanredaktion, Frankfurt

4. www-Links

Airbus Industrie	http://www.airbus.com
Airports Council International (ACI)	http://www.airports.org
Arbeitsgemeinschaft Deutscher Verkehrsflughäfen e.V. (ADV)	http://www.adv.aero
Association of European Airlines (AEA)	http://www.aea.be
Auswärtiges Amt	http://www.auswaertiges-amt.de
Board of Airline Representatives in Germany (BARIG)	http://www.barig.org
Boeing	http://www.boeing.com

Bundesministerium für Verkehr, Bau und Stadtentwicklung (BMVBS)   http://www.bmvbs.de

Allianz selbständiger Reiseunternehmen e.V. (asr)   http://www.asr-berlin.de

Deutsche Bahn AG   http://www.db.de

Deutscher Reiseverband (DRV)   http://www.drv.de

EUROCONTROL   http://www.eurocontrol.be

European Regions Airline Association (ERA)   http://www.eraa.org

Flughafen Frankfurt Main   http://www.airportcity-frankfurt.de

Initiative Luftverkehr   http://www.initiative-luftverkehr.de

International Air Transport Association (IATA)   http://www.iata.org

Joint Aviation Authorities (JAA)   http://www.jaa.nl

Luftfahrt-Bundesamt (LBA)   http://www.lba.de

Lufthansa Erlebnis Wissen   http://erlebnis-wissen.lufthansa.com

Luftrecht online   http://www.luftrecht-online.de

Oneworld   http://www.oneworld.com

Sky Team   http://www.skyteam.com

Société Internationale de Télécommunications Aéronautiquesist (SITA)   http://www.sita.com

Star Alliance   http://www.staralliance.com

Verband Deutsches Reisemanagement e.V. (VdR)   http://www.vdr-service.de

Wikipedia, die freie Enzyklopädie   http://www.wikipedia.de

Inhaltsverzeichnis